As Restrições
aos Direitos Fundamentais
por Ato Normativo
do Poder Executivo

As Restrições aos Direitos Fundamentais por Ato Normativo do Poder Executivo

2017

Marcela Rosa Abrahão

**AS RESTRIÇÕES AOS DIREITOS FUNDAMENTAIS
POR ATO NORMATIVO DO PODER EXECUTIVO**
© Almedina, 2017
AUTOR: Marcela Rosa Abrahão
DIAGRAMAÇÃO: Almedina
DESIGN DE CAPA: FBA
ISBN: 978-858-49-3249-8

Dados Internacionais de Catalogação na Publicação (CIP)
(Câmara Brasileira do Livro, SP, Brasil)

Abrahão, Marcela Rosa
As restrições aos direitos fundamentais por ato
normativo do poder executivo / Marcela Rosa Abrahão.
-- São Paulo : Almedina, 2017.

Bibliografia.
ISBN 978-85-8493-249-8

1. Atos normativos 2. Direito constitucional -
Alemanha 3. Direito constitucional - Brasil
4. Direito constitucional - Portugal 5. Direitos
fundamentais 6. Poder executivo 7. Restrições
(Direito) I. Título.

17-09390 CDU-342.7

Índices para catálogo sistemático:

1. Direitos fundamentais : Restrições por ato normativo do poder executivo :
Direito constitucional 342.7

Este livro segue as regras do novo Acordo Ortográfico da Língua Portuguesa (1990).

Todos os direitos reservados. Nenhuma parte deste livro, protegido por copyright, pode
ser reproduzida, armazenada ou transmitida de alguma forma ou por algum meio, seja
eletrônico ou mecânico, inclusive fotocópia, gravação ou qualquer sistema de armazena-
gem de informações, sem a permissão expressa e por escrito da editora.

Dezembro, 2017

EDITORA: Almedina Brasil
Rua José Maria Lisboa, 860, Conj.131 e 132, Jardim Paulista | 01423-001 São Paulo | Brasil
editora@almedina.com.br
www.almedina.com.br

Ao Meu Pai

AGRADECIMENTOS

O trabalho que agora se publica corresponde à dissertação de Mestrado em Ciências Jurídico-Políticas na Faculdade de Lisboa, cujas provas realizaram-se no dia 22 de fevereiro de 2016. Gostaria de manifestar meu agradecimento ao Professor Doutor Jorge Reis Novais, por quem tenho a mais profunda admiração, pela cuidadosa orientação e sempre disposição em atender às minhas dúvidas, recebendo-me sempre com gentil atenção quando estive em Lisboa. Ainda, a ele agradeço pelo estímulo à publicação do trabalho e por não medir esforços para que isso fosse possível. Ao Professor Doutor Ingo Wolfgang Sarlet, por aceitar a tarefa da coorientação e por ter me incentivado a seguir esse trajeto, demonstrando sempre interesse em ajudar e proporcionando esforços para o meu crescimento intelectual. Ao Professor Doutor José de Melo Alexandrino pelos ricos ensinamentos na disciplina de Direitos Fundamentais no ano de 2011/2012. Agradeço ao arguente da prova mestrado, Professor Doutor Domingos Soares Farinho, cujas críticas foram por mim interpretadas e deram origem a algumas modificações no texto do trabalho.

Ainda, gostaria de agradecer aos colegas de mestrado, Monia Ghignone e Edvaldo Gomes Filho, pelas conversas e troca de ideias que contribuíram para a minha formação durante o período que estive em Lisboa. Ao colega André de Azevedo Coelho pelas discussões sobre o tema dos direitos fundamentais. Ao amigo Pedro Austin Adamy por estar sempre aberto ao diálogo. À Anna Carolina Pinho, que se tornou uma grande amiga durante essa trajetória. Ao Marcelo agradeço por me apresentar o mundo da investigação científica e por ter sido o grande incentivador para que eu acreditasse e permanecesse nesse caminho. À minha família e amigos pelo apoio incondicional.

Agradeço ao Max-Planck-Institut für ausländisches öffentliches Recht und Völkerrecht pela recepção no mês de maio de 2013 e permissão de acesso irrestrito à bibliografia, sem a qual a pesquisa não teria sido possível. À Editora Almedina agradeço a publicação desta obra.

SUMÁRIO

INTRODUÇÃO   13
1. Delimitação do objeto da pesquisa e apresentação do problema   13
2. Estruturação do livro   16

PARTE 1. CONTEXTUALIZAÇÃO DO PROBLEMA NO ÂMBITO JURÍDICO-CONSTITUCIONAL PORTUGUÊS, ALEMÃO E BRASILEIRO E DELIMITAÇÃO DAS PREMISSAS DOGMÁTICAS   19

CAPÍTULO 1. OS ATOS NORMATIVOS DO PODER EXECUTIVO EM DIFERENTES SISTEMAS CONSTITUCIONAIS   21
  1.1. A competência normativa do Poder Executivo na Constituição portuguesa e o sistema de governo semipresidencial   21
  1.2. O Parlamentarismo e a emissão normativa do Poder Executivo na Alemanha   39
  1.3. O modelo presidencialista brasileiro e os atos normativos emitidos pelo Poder Executivo   55

CAPÍTULO 2. CONCEITOS FUNDAMENTAIS DA DOGMÁTICA DAS RESTRIÇÕES AOS DIREITOS FUNDAMENTAIS   75
  2.1. O conceito de afetação aos direitos fundamentais   76
  2.2. A delimitação do âmbito de proteção dos direitos fundamentais   81
  2.3. A figura da intervenção restritiva em direitos fundamentais   85
  2.4. O conceito de restrição aos direitos fundamentais por meio de lei   90

2.4.1. A diferenciação das modalidades legislativas de direitos
fundamentais e suas consequências jurídicas — 92
2.5. O conceito de restrição utilizado na investigação — 101

PARTE 2. ALTERNATIVAS TEÓRICAS PARA A SOLUÇÃO DO PROBLEMA — 107

CAPÍTULO 3. A CONSTRUÇÃO DA DOGMÁTICA ALEMÃ DA RESERVA DE LEI — 109

3.1. O desenvolvimento histórico da reserva de lei no Direito alemão:
da concepção tradicional da reserva de lei como reserva
de intervenção em direitos fundamentais (*Eingriffsvorbehalt*)
ao conceito de reserva de lei republicano — 110

3.2. As diferentes concepções da reserva de lei no âmbito
da Lei Fundamental alemã de 1949 — 120

3.3. A teoria da essencialidade — 135

3.3.1. O desenvolvimento conceitual dos critérios propostos
pela teoria — 139

3.3.1.1. O critério da relevância da decisão para
os direitos fundamentais — 140

3.3.1.2. O critério do politicamente importante
ou controverso — 144

3.3.2. Consequências da aplicação da teoria da essencialidade:
a obrigatoriedade e a densidade da norma parlamentar — 147

3.3.2.1. O significado da reserva parlamentar: a definição
do Tribunal Constitucional alemão e do Tribunal
Administrativo Federal alemão — 148

3.3.2.2. A densidade da norma parlamentar essencial — 152

3.3.3. As críticas frequentes à teoria — 155

3.3.3.1. A possibilidade de defesa de uma reserva
parlamentar de lei fundamentada nos princípios
democrático e de Estado de Direito no âmbito
da LF — 156

3.3.3.2. O perigo da utilização do critério desvinculado
do direito constitucional positivo — 159

3.3.3.3. A capacidade contributiva dos critérios dogmáticos
oferecidos pela teoria para a solução do problema — 166

SUMÁRIO

CAPÍTULO 4. A COMPETÊNCIA PARA RESTRIÇÃO A DIREITOS FUNDAMENTAIS NA CONSTITUIÇÃO PORTUGUESA — 173

4.1. A competência restritiva de direitos fundamentais
na Constituição portuguesa — 174

4.1.1. A divisão material de competência legislativa prevista
na ordem constitucional portuguesa (artigos 164 e 165
da CRP) — 175

4.1.2. O significado da reserva de lei restritiva
constitucionalmente expressa: o artigo 18, n.2, da CRP — 183

CAPÍTULO 5. OS ARTIGOS RELACIONADOS ÀS RESTRIÇÕES AOS DIREITOS FUNDAMENTAIS NA CONSITUIÇÃO BRASILEIRA — 193

5.1. A divisão constitucional material de competências: o artigo 68,
§1, da CF — 193

5.2. O sentido da norma prevista no artigo 5º, II, e da existência
de reservas legislativas no catálogo de direitos fundamentais
da CF — 199

CAPÍTULO 6. DELIMITAÇÃO DE CRITÉRIOS DOGMÁTICOS PARA A DIVISÃO DE COMPETÊNCIAS NO ÂMBITO DE REGULAMENTAÇÃO DE DIREITOS FUNDAMENTAIS — 209

6.1. As Constituições portuguesa e brasileira e sua relação com
o critério da essencialidade — 210

6.2. Demais critérios para a fundamentação da competência
parlamentar para restrição a direitos fundamentais
nas Constituições brasileira e portuguesa — 220

6.2.1. O entendimento orgânico-funcional da divisão
de poderes do Estado e a competência legislativa
para restringir direitos fundamentais — 221

6.2.1.1. O Legislativo como órgão competente
para restringir direitos fundamentais — 223

6.3. A possibilidade de delimitação de critérios para definir
as situações de normação dos Poderes Legislativo e Executivo
no âmbito dos direitos fundamentais nas Constituições
portuguesa e brasileira — 234

6.3.1. Indicadores para definição da extensão da reserva
parlamentar em matéria de direitos fundamentais — 235

6.3.2. Indicadores para a admissibilidade da intervenção normativa do Poder Executivo no âmbito normativo de direitos fundamentais 259

CONCLUSÕES 273

REFERÊNCIAS 283

Introdução

1. Delimitação do objeto da pesquisa e apresentação do problema

A crescente intervenção normativa do Poder Executivo no âmbito socio-econômico – conseqüência principalmente de uma perspectiva de Estado realizador das liberdades individuais e da atribuição de maior capacidade estrutural e organizatória a esse órgão para fornecer respostas mais urgentes e adequadas a demandas específicas decorrentes da complexidade social atual – [1] faz surgir o debate sobre sua extensão e limites. Em especial, indaga-se a possibilidade de extensão de tal competência à atividade normativa restritiva de direito fundamental[2] e seu eventual conflito com o "âmbito nuclear" da função parlamentar.[3] Trabalhar-se-á,

---

[1] KADRI, Omar Francisco do Seixo. *O Executivo legislador: o caso brasileiro*. Coimbra: Coimbra editora, 2004. pp. 16-17; VALLE, Jaime. *A participação do Governo no exercício da função legislativa*. Coimbra: Coimbra editora, 2004. pp. 221-224; NOVAIS, Jorge Reis. *Separação de Poderes e Limites da Competência Legislativa da Assembleia da República*. Lisboa: Lex, 1997, em especial, pp. 37-39 e 44-49.

[2] Nesse sentido, abordando o problema dos limites da competência normativa do Presidente da República e dos órgãos administrativos, nomeadamente o Conselho Nacional de Justiça e Conselho Nacional do Ministério Público, e sua legitimidade para restringir direitos fundamentais: CLÈVE, Clemerson Merlin; SARLET, Ingo Wolfgang; STRECK, Lenio Luis. Os limites constitucionais das resoluções do Conselho Nacional de Justiça (CNJ) e Conselho Nacional do Ministério Público (CNMP) in *Revista da ESMESC*, v. 12, n. 18, 2005. pp. 15-24.

[3] Conforme, entre todos: NOVAIS, Jorge Reis. *Separação de Poderes e Limites da Competência Legislativa da Assembleia da República*. pp. 11 e 55 e ss., embora o autor utilize a expressão para designar a existência de um "âmbito nuclear da função governativa e administrativa". Recorre-se, nesta exposição, à figura para justificar a possibilidade de dedução, no conjunto das

portanto, no âmbito desta exposição, com os *fundamentos* e *critérios* da reserva de lei parlamentar, bem como com os *limites* da admissibilidade de intervenções normativas do Poder Executivo, tenham elas natureza legislativa, ou sejam resultado do exercício de sua função administrativa, no âmbito dos direitos fundamentais. Dar-se-á particular ênfase às normações expedidas pelo Governo que eventualmente afetam desvantajosamente, de forma direta ou indireta, direitos fundamentais.[4]

A investigação não é centrada em uma dogmática especificamente desenvolvida no âmbito próprio de uma cultura constitucional, mas busca, por meio da ferramenta do direito comparado, analisar as principais indagações que acompanham em geral a reflexão sobre o tema, quais sejam: 1) existindo capacidades autônomas e delegadas do Poder Executivo no ordenamento jurídico-constitucional, qual seria a extensão dessas funções quando se trata da matéria de direitos fundamentais;[5] 2) se, uma vez que ao Poder Legislativo sejam reservados âmbitos de atuação constitucionalmente prescritos, poder-se-ia falar em uma "proibição de autorização" relacionada a determinadas matérias.[6]

---

funções do Estado, de um âmbito de atuação exclusiva do Poder Legislativo, no qual a sua decisão "não pode ser substituída ou essencialmente determinada pela decisão de outro órgão" (*Idem*, p. 57).

[4] Constatando o inevitável tangenciamento, direto ou indireto, de direitos fundamentais por legislação do Poder Executivo: NOVAIS, Jorge Reis. *As restrições aos direitos fundamentais não expressamente autorizadas pela Constituição*. Coimbra: Coimbra editora, 2003. pp. 872 e 875.

[5] A questão é especialmente importante quando levada em conta a atribuição, pela CRP, de *competência legislativa normal* ao Governo (sobre a qualificação e reflexos dessa atividade: ALEXANDRINO, José de Melo. A preponderância do Governo no exercício da função legislativa in *Elementos de direito público lusófono*. Coimbra: Coimbra editora, 2011, em especial, pp. 101 e ss.). Ademais, analisando os contextos jurídicos-constitucionais português e brasileiro, entende-se que embora haja previsão expressa da matéria de direitos fundamentais incluída na reserva relativa (artigo 165, n. 1, alínea "b" da CRP) e absoluta (artigo 68, §1, inciso II da CFB) de competência parlamentar, o texto não trata de forma definitiva a divisão de competências em toda a sua extensão (assim, no contexto jurídico português: COUTINHO, Luís Pedro Pereira. Regime orgânico dos direitos, liberdades e garantias e determinação normativa. Reserva de parlamento e reserva de acto legislativo in *Revista Jurídica*, n.24. Lisboa: A.A.F.D, abr.2001. pp. 557-558).

[6] Questão colocada também, referindo-se especificamente ao âmbito dos direitos, liberdades e garantias na CRP, por: COUTINHO, Luís Pedro Pereira. Regime orgânico dos direitos, liberdades e garantias e determinação normativa. Reserva de parlamento e reserva de acto legislativo. pp. 552 e 557-558.

INTRODUÇÃO

Tal problematização aponta para uma diversidade de propostas dogmáticas desenvolvidas no âmbito de diferentes sistemas jurídico-constitucionais e exige a análise da possibilidade de sua utilização e transmissão a realidades jurídicas diversas. Assim, se propõe a análise das seguintes questões: *a*) questionar a possibilidade do recurso unicamente ao sistema de reservas estatuído no texto constitucional para estabelecer a divisão material de competência normativa entre os órgãos Legislativo e Executivo;[7] *b*) ao contrário, averiguar a capacidade dos critérios estabelecidos pela teoria da essencialidade, originada no domínio da dogmática juspublicista alemã,[8] para, exclusivamente, determinar as situações de indispensabilidade de lei parlamentar; *c*) avaliar, julgando-se necessária uma construção dogmática orientada às particularidades de cada ordenamento jurídico, a capacidade de contribuição da teoria da essencialidade para oferecer respostas,[9] conjugada com uma leitura orgânico-funcional da divisão de poderes baseada em elementos dos textos constitucionais brasileiro e português, se é possível definir um âmbito de atuação do Parlamento em que sua decisão "não pode

---

[7] Assim, sustentando ser suficiente o recurso ao texto constitucional português para definir as matérias reservadas à competência legislativa absoluta do Parlamento: VAZ, Manuel Afonso. *Lei e reserva de lei: a causa da lei na Constituição portuguesa de 1976*. Porto: UCP, 1996. pp. 33-34.

[8] A teoria da essencialidade empenha-se em desenvolver respostas para a divisão material de competências legislativas no âmbito da Constituição alemã, que não as define expressamente. Avaliar-se-á, no capítulo III da exposição, a possibilidade de contribuição da teoria diante das inúmeras críticas a ela direcionadas.

[9] Assim, conjugando a teoria da essencialidade com a lei fundamental de forma a fazê-la alcançar precisamente seus "contornos internos": PAPIER, Hans-Jürgen. Der Vorbehalt des Gesetzes und seine Grenzen in GÖTZ, Volkmar; KLEIN, Hans Hugo; STARCK, Christian (orgs.), *Die öffentliche Verwaltung zwischen Gesetzgebung und richterliche Kontrolle*. München: Beck, 1985. p. 50, e, no mesmo sentido, entendendo a teoria da essencialidade como critério auxiliar na interpretação da divisão de competências legislativas constitucionalmente prevista: NOVAIS, Jorge Reis. *As restrições aos direitos fundamentais não expressamente autorizadas pela Constituição*. pp. 874-880. Lidar-se-á, nesse ponto, com a possibilidade de transmissão e adaptação da teoria ao âmbito constitucional português e brasileiro, especificamente, encarando a existência de dispositivos que prevêem uma divisão material da competência legislativa. Para tanto, centrar-se-á, aqui, na identificação da racionalidade material subjacente aos dispositivos que versam sobre a divisão de competência legislativa constantes no ordenamento positivo constitucional português e brasileiro (questão colocada, no âmbito jurídico português, também por: VAZ, Manuel Afonso. *Lei e reserva de lei*. pp. 397 e ss.).

ser substituída ou essencialmente determinada pela decisão de outro órgão".[10]

Objetiva-se, então, sob o olhar atento às especificidades de variados sistemas positivos de reservas, examinar a possibilidade de aceitação de uma dogmática comum a diferentes ordenamentos constitucionais que possibilite a identificação dos casos em que o Poder Executivo seria competente para legislar ou regulamentar questões referentes a direitos fundamentais e, principalmente, *se e em que circunstâncias* tal legislação ou atividade normativa poderia revestir *natureza restritiva de direito fundamental*, embora, ao mesmo tempo, se preocupe com o respeito e satisfação das exigências referentes ao sistema de reservas de cada ordenamento jurídico-positivo. Tal construção intenta facilitar o reconhecimento de situações em que o Governo excede os limites de sua função normativa, seja atuando com fundamento em uma prévia autorização do órgão legislativo, seja concretizando sua competência constitucionalmente prevista, ou mesmo, cumprindo suas atribuições no exercício das funções administrativas.

2. Estruturação do livro

Em um primeiro momento, partindo da necessidade de delimitação do âmbtio positivo-constitucional no qual o problema é tratado, demonstrar-se-á a competência normativa do Poder Executivo em três ordenamentos constitucionais – nomeadamente, em Portugal, Alemanha e Brasil (capítulo I). Estabelecendo, ainda, a delimitação conceitual em que basear-se-ão as futuras indagações da investigação, é considerada importante a definição da dogmática de restrição de direitos fundamentais elegida como ponto de partida para a pesquisa, conceituando as principais categorias, o que significa: (a) estabelecer a diferenciação entre as figuras da afetação, delimitação do âmbito de proteção, restrição e intervenção restritiva nos direitos fundamentais, com atenção à dogmática correspondente aos direitos, liberdades e garantias em sua dimensão negativa; (b) dedicar especial atenção à delimitação do significado de *restrição* aos direitos fundamentais de liberdade, discriminando as leis

---

[10] NOVAIS, Jorge Reis. *Separação de poderes e limites da competência legislativa da Assembleia da República*. pp. 57 e 59, embora se refira, aí, à delimitação de um âmbito de atuação reservado ao Governo.

restritivas das demais tipicidades legislativas, com o intento de diferenciação do controle exercido a cada uma delas (capítulo II).

Elaboradas as linhas dogmáticas iniciais, apresentar-se-ão as alternativas para a solução do problema da competência normativa do Executivo no âmbito das restrições aos direitos fundamentais. Para tanto, expor-se-á, em um primeiro momento, a dogmática tradicional da reserva de lei, desde o seu surgimento e o desenvolvimento até a atualidade no âmbito da literatura juspublicista alemã. Dedicar-se-á especial atenção à teoria da essencialidade e sua capacidade contributiva para a definição de um âmbito exclusivo de atuação do Parlamento, especificando-se seus pressupostos dogmáticos, utilizando-se de alguns exemplos e demonstrando-se a pertinência ou não das críticas a ela direcionadas (capítulo III). Em seguida, expor-se-ão as especificidades dos diferentes sistemas de reserva e os contornos da divisão material de competência legislativa prevista nas ordens constitucionais portuguesa e brasileira, atendendo, em especial, aos seguintes pontos: (a) o significado da previsão da condição da autorização expressa para restrições aos direitos fundamentais na CRP (artigo 18, n. 2) e, na CF, diante da inexistência da previsão da reserva de lei restritiva, o significado da norma do artigo 5º, II; (b) a existência de um âmbito material atribuído ao legislador em ambos os ordenamentos (artigos 164 e 165 da CRP e 68 da CF) (capítulos IV e V). Objetiva-se, ao final desses capítulos, averiguar a capacidade das reservas constitucionalmente expressas de estabelecer exaustivamente a distribuição de competência material entre os órgãos responsáveis pela emanação legislativa no âmbito dos dois ordenamentos jurídico-constitucionais em análise.

Enfim, com base nesse panorama, indagar-se-á a possibilidade de transmissão das categorias dogmáticas desenvolvidas no âmbito da Teoria da Essencialidade ao tratamento do problema na esfera constitucional brasileira e portuguesa (capítulo VI). Para tanto, em um primeiro momento, proceder-se-á à identificação da racionalidade material subjancente à divisão de poderes normativos nas referidas constituições e sua conformidade ou identidade com os pressupostos teóricos da concepção em análise. Ademais, corroborar-se-á tais pressupostos com o entendimento orgânico-funcional da divisão de poderes e a conclusão da maior aptidão do Parlamento para restringir direitos fundamentais, considerando sua capacidade para debater e negociar as questões, a forma dialética de composição das discussões e a publicidade de seus atos. Por fim, tentar-se-á estabelecer critérios auxiliares à teoria da essencialidade para a delimitação da extensão da reserva parlamentar e a densidade da norma quando tratada da matéria dos direitos fundamentais nas Constituições portuguesa e brasileira, bem como para a especificação das capacidades normativas do Poder Executivo nesse âmbito material.

PARTE 1
Contextualização do Problema no Âmbito Jurídico-Constitucional Português, Alemão e Brasileiro e Delimitação das Premissas Dogmáticas

A primeira parte da exposição estabelecerá as definições conceituais sobre as quais basear-se-ão as futuras indagações da investigação. No primeiro capítulo, demonstrar-se-á o âmbito positivo-constitucional no qual o problema da investigação é tratado, definindo-se a competência normativa do Poder Executivo em Portugal, na Alemanha e no Brasil. Como forma de entender as diferenças dos ordenamentos constitucionais de cada país e as particularidades da distribuição normativas entre os poderes constituídos, contextualizar-se-á a análise segundo as diferenças estruturais dos três sistemas de governo e seus consequentes reflexos no âmbito normativo. Assim, depois de uma breve análise do modo de funcionamento do Governo, proceder-se-á a análise da atuação normativa do Poder Executivo quando executa as funções constitucionalmente concedidas de legislar e de emitir regulamentos.

O segundo capítulo tem como objeto a definição da dogmática de restrição de direitos fundamentais elegida como ponto de partida para a pesquisa. Ocupar-se-á, portanto, das categorias que compõem as espécies do gênero *afetação* a direitos fundamentais que possuam conexão com o conceito de *restrição*, em atenção à dogmática correspondente aos direitos, liberdades e garantias em sua dimensão negativa. São esses os conceitos da delimitação do âmbito de proteção, restrição por meio de lei, intervenção restritiva e violação. Ademais, demonstrar-se-á os tipos de legislação que tratam da matéria de direitos fundamentais e a importância ou não de uma divisão conceitual das formas normativas de sua regulamentação. Este capítulo tem como objetivo a definição de um conceito de lei e atividade normativa restritiva que permita identificar quando o Poder Executivo intervém no âmbito de proteção de um direito, refletindo em "efeitos adversos" ao princípio jusfundamental, por meio de um ato normativo.

Capítulo 1
Os Atos Normativos do Poder Executivo em Diferentes Sistemas Constitucionais

Inicia-se a conceituação dos pressupostos teóricos da pesquisa com a análise das atribuições normativas do Governo nas constituições portuguesa, alemã e brasileira. Porém tal estruturação teórica, que tem como objetivo traçar as linhas orientadoras da relação entre os Poderes Executivo e Legislativo nos diferentes sistemas juríco-constitucionais, pressupõe a análise conjunta dos diferentes sistemas de governo dos respectivos ordenamentos jurídicos, de forma que se possa compreender o papel normativo do Poder Executivo em um sentido global no âmbito das funções políticas e administrativas conferidas ao Governo por determinada constituição. Passa-se, então, à síntese das principais idéias dos sistemas de governos e à breve análise da competência normativa do Poder Executivo no cumprimento das funções atribuídas pela Constituição em Portugal, na Alemanha e no Brasil.

1.1. A competência normativa do Poder Executivo na Constituição portuguesa e o sistema de governo semipresidencial

O entendimento do regime constitucional dos atos normativos do Poder Executivo depende de uma pré-compreensão do sistema de governo português e seu enquadramento em um dos modelos previamente "experimentados noutros quadrantes constitucionais ou elaborados a nível teórico-constitucional",[11] que disponha sobre os deveres, os poderes, as faculdades e as relações de responsabilidade, dependência e interação entre os órgãos de soberania que o compõem. Propõe-se a tratar aqui, então, dos elementos que permitem qualificar o sistema de governo português como semipresidencial e das consequências decorrentes dessa opção dos constituintes de 1976 para o estatuto do Governo e sua competência normativa.

A inserção do modo de estruturação do governo português na categoria do semipresidencialismo decorre, especialmente, da presença de dois elementos, quais sejam, (1) o Presidente da República, que figura como o Chefe de Estado, é eleito por sufrágio universal e direto[12] e detém capacidades de atuação política relevantes que são constitucionalmente atribuídas; (2) o Governo responde politicamente perante o Parlamento.[13] Qualifica-se como especialmente importante a capacidade do Presidente da República de, conforme seus interesses políticos e esco-

---

[11] CANOTILHO, José Joaquim Gomes. Governo in *Dicionário Jurídico de Administração Pública*, V, Lisboa: (s/ed.), 1993. p. 23.

[12] Conforme o artigo 121 da CRP.

[13] Assim, sustentando a adequação do sistema de governo português ao modelo semipresidencial em remissão a tais características, por todos: NOVAIS, Jorge Reis. *Semipresidencialismo – Teoria do Sistema de Governo Semipresidencial*. v. I. Coimbra: Almedina, 2007. pp. 141 e ss, referindo-se, esse autor, a uma "matriz portuguesa do semipresidencialismo"; já anteriormente nesse sentido, ainda que sem sobrevalorizar a competência extensiva do Presidente, mas a forma de sua eleição: SOUSA, Marcelo Rebelo de. *O sistema de Governo português – antes e depois da revisão constitucional*, 3ª edição revista e actualizada. Lisboa: Cognitio, 1984. pp. 15-16; considerando, além do disposto, também importante a responsabilidade política do Governo perante o Presidente da República como ponto fundamental do sistema português: MORAIS, Carlos Blanco de. As metamorfoses do semipresidencialismo português in *Revista Jurídica da AAFDL*, nº 22, 1998. pp. 143-145 e 148; CANOTILHO, José Joaquim Gomes. Governo. pp. 23-24; CANOTILHO, José Joaquim Gomes; MOREIRA, Vital. *Os poderes do Presidente da República – especialmente em matéria de defesa e política externa*. Coimbra: Coimbra editora, 1991. pp. 9-18 e 25-26. Os dois últimos autores denominam a estrutura de governo como "sistema misto parlamentar-presidencial" ou "sistema de base parlamentar", embora mantenham as características do sistema aqui descrito como *semipresidencial*. Ainda, sustentando ser o sistema parlamentar – ou "semi-parlamentar" – o acolhido constitucionalmente em Portugal, com destaque às atribuições institucionais do Primeiro-Ministro que permitem até classificá-lo como um "sistema parlamentar de gabinete": QUEIROZ, Cristina. *O Sistema político e constitucional português*. Lisboa: AAFDL, 1992. pp. 67 e ss; *Idem, O Sistema de Governo Semi-Presidencial*. Coimbra: Coimbra editora, 2007. pp. 137 e ss, 153-155.

1. OS ATOS NORMATIVOS DO PODER EXECUTIVO EM DIFERENTES SISTEMAS CONSTITUCIONAIS

lhendo uma situação eleitoral que o favoreça,[14] dissolver o Parlamento,[15] característica própria das matrizes portuguesa e francesa do sistema e que figura como "o poder dos poderes" do semipresidencialismo, atribuindo "proeminência objectiva" ao Presidente diante dos outros poderes.[16]

O formato português do sistema semipresidencial é composto por três órgãos soberanos, autônomos e funcionalmente independentes entre si,[17]embora sujeitos à cooperação recíproca para levar a cabo seus interesses e o bom funcionamento das instituições para o cumprimento das finalidades constitucionais.[18] O Governo é um órgão "complexo"[19] especificamente competente pela "condução da política geral do país"[20] e pela execução de seu programa político mediante ações concretas,[21] cujo cumprimento justifica também a utilização de instrumentos normativos.[22] O estatuto constitucional do Governo português o intitula como o Poder Executivo,[23]o que significa, no âmbito da exposição, que as futuras referências à normação desse poder serão referências à competência normativa do Governo, já não do Presidente da República. Compete-lhe, ademais, executar e cumprir as atuações concretas previstas na lei parlamentar ou em ato governamental com intuito de materializar os "interesses públicos da comunidade" perseguidos por

---

[14] Condicionado juridicamente apenas ao disposto nos artigos 133, alínea "e", e 172 da CRP, que, entretanto, são limites "temporais e circunstanciais" que apenas impedem que o poder não seja exercido de forma "leviana" pelo Presidente (Novais, Jorge Reis. *Semipresidencialismo*. pp. 161 e 168).

[15] *Idem*, pp. 155 e ss; Morais, Carlos Blanco de. As metamorfoses do semipresidencialismo português. p. 148.

[16] Novais, Jorge Reis. *Semipresidencialismo*. pp. 156-158 e 164-165.

[17] Canotilho, José Joaquim Gomes. Governo. p. 27.

[18] Canotilho, José Joaquim Gomes; Moreira, Vital. *Os poderes do Presidente da República*. pp. 53, 62-63, 71-72 e 76-77.

[19] Composto por três "órgãos necessários", quais sejam, o Primeiro-Ministro, o Conselho de Ministros e os ministros considerados individualmente (assim, por todos, Canotilho, José Joaquim Gomes. Governo. p. 20).

[20] Artigo 182 CRP.

[21] Canotilho, José Joaquim Gomes. Governo. pp. 16-19.

[22] O cumprimento dos "poderes de direcção política" constitucionalmente atribuídos ao Governo envolve a capacidade de utilização do instrumento legislativo (Valle, Jaime. *A participação do Governo no exercício da função legislativa*. Coimbra: Coimbra editora, 2004. pp. 221-222).

[23] Canotilho, José Joaquim Gomes; Moreira, Vital. *Os poderes do Presidente da República*. p. 43.

esses atos abstratos e,[24] ainda no cumprimento da função administrativa, intervir de forma a concretizar as finalidades asseguradas na Constituição e na lei. [25]O Governo é responsável perante os dois outros órgão de soberania,[26] embora se entenda que a obrigação perante o Presidente se resume a um mero dever de informação "acerca da condução política interna e externa".[27]

O Presidente da República não possui funções próprias do Poder Executivo[28] e não é identificado com o órgão governamental,[29] apesar de, ao mesmo tempo, não lhe ser próprio o desempenho de um mero papel "representativo",[30] dado que antes assume a figura de "garante da unidade do Estado" e do "regular funcionamento das instituições democráticas".[31] Assim, ainda que não seja encarregado da função governamental, acaba por influenciá-la na medida em que detém poderes que a orientam ou a definem indiretamente e que assumem carácter de participação política,[32] por exemplo, as funções de nomear o Primeiro-Ministro,[33]condicionado a ouvir os partidos representados no Parlamento e considerando o resultados das eleições parlamentares,[34] e os demais Ministros que compõem o Governo,[35] cuja nomeação parte do Primeiro-Ministro. O Chefe de Estado possui também importantes poderes de fiscalização, entre eles está a competência de demitir o

---

[24] CANOTILHO, José Joaquim Gomes. *Direito Constitucional e Teoria da Constituição*. 7ª ed. Coimbra: Almedina, 2007. p. 651.

[25] *Idem, ibidem*.

[26] Assim, artigo 190 e 191 da CRP.

[27] NOVAIS, Jorge Reis. *Semipresidencialismo*. pp. 146-147.

[28] O que diferencia a realidade portuguesa da forma de governo semipresidencial instituído na França (*Idem*, pp. 144 e 219 e ss).

[29] CANOTILHO, José Joaquim Gomes; MOREIRA, Vital. *Os poderes do Presidente da República*. p. 11 e 32.

[30] *Idem*, p. 9.

[31] Artigo 120 CRP.

[32] CANOTILHO, José Joaquim Gomes; MOREIRA, Vital. *Os poderes do Presidente da República*. pp. 33; 44 e ss e 52; NOVAIS, Jorge Reis. *Semipresidencialismo*. pp. 153 e 219.

[33] Artigo 187, n. 1 CRP.

[34] Assim, por todos, SOUSA, Marcelo Rebelo de. *O sistema de Governo português*. p. 13.Trata-se de ato discricionário, embora seu poder decisório seja reduzido quando, por exemplo, o Parlamento é composto por uma maioria partidária absoluta (CANOTILHO, José Joaquim Gomes; MOREIRA, Vital. *Os poderes do Presidente da República*. pp. 48-49; NOVAIS, Jorge Reis. *Semipresidencialismo*. pp. 173 e ss).

[35] Artigo 187, n. 2.

Governo, embora condicionalmente nos casos em que seja "necessário para assegurar o regular funcionamento das instituições democráticas",[36]o que acaba por reduzir esse poder a um "estado de necessidade constitucional"[37] e privá-lo de significado político.[38] Nesse âmbito, também se considera especialmente importante o já referido poder de dissolução da Assembléia da República.[39] Relacionados ao objeto da exposição estão o poder do Presidente de promulgação e veto das leis da Assembléia da República, que dispõe de natureza superável,[40] e igual poder sobre os decretos do Governo, embora o veto relacionado ao diploma legislativo governamental seja absoluto.[41] A influência decisória do Presidente fica aí mais uma vez clara, dado que, detendo a capacidade de bloqueio das propostas normativas, cabe ao Presidente avaliar e possibilitar todas as escolhas políticas do Governo.[42]

É ínsita ao Parlamento a função de representação do povo, que não significa a defesa de interesses particulares ou próprios de camadas sociais específicas, mas o resguardo dos assuntos da *comunidade* em geral,[43] especialmente ao possibilitar o diálogo e o debate entre os diferentes grupos que a compõem e ao ser responsável pela eleição de membros de importantes instituições do Estado português.[44] Ademais, ao contribuir

---

[36] Artigo 195, n. 2 da CRP.

[37] CANOTILHO, José Joaquim Gomes; MOREIRA, Vital. *Os poderes do Presidente da República.* pp 50-51.

[38] NOVAIS, Jorge Reis. *Semipresidencialismo.* pp. 146-14, o que justifica a atribuição de maior importância à responsabilidade do Governo perante o Parlamento no elenco das características determinantes do semipresidencialismo português (*Idem, ibidem*).

[39] *Idem*, pp. 155 e ss. Aliás, ao dissolver o Parlamento e proceder novas eleições, o Presidente automaticamente demite também o Governo, conforme o disposto nos artigos 171, n. 2, combinado com o artigo 195, n. 1, alínea "a" (CANOTILHO, José Joaquim Gomes; MOREIRA, Vital. *Os poderes do Presidente da República.* p. 75).

[40] Artigo 136, ns. 1, 2 e 3 CRP.

[41] Assim, subentendido no artigo 136, n. 4 (MORAIS, Carlos Blanco de. As metamorfoses do Semipresidencialismo português. p. 146, nota 21; CANOTILHO, José Joaquim Gomes; MOREIRA, Vital. *Os poderes do Presidente da República.* p. 53).

[42] CANOTILHO, José Joaquim Gomes; MOREIRA, Vital. *Os poderes do Presidente da República.* p. 53.

[43] QUEIROZ, Cristina. *O Parlamento como factor de decisão política.* Coimbra: Coimbra editora, 2009. pp. 38-39.

[44] Artigo 163, alíneas "g" e "h", da CRP, referindo também essa capacidade como fundamental concretização da função de representação parlamentar: *Idem*. pp. 39-40.

para a definição da política do Estado de forma geral,[45] pode, ao discordar da sua forma de condução e orientação, demitir o Governo em três situações: ao rejeitar seu programa por maioria dos deputados em efetividade de funções;[46] ao rejeitar uma moção de confiança[47] e ao aprovar uma moção de censura (função de controle).[48] A função que situa o Parlamento no centro das decisões e "formação da vontade política"[49] é, sem dúvida, a sua capacidade legislativa, que se realiza, principalmente para o que aqui importa, por meio dos atos de votação e aprovação das leis e da fiscalização política dos decretos-leis governamentais.[50]

Considerando tal delimitação do funcionamento do Poder Executivo na ordem jurídica portuguesa, passa-se a descrever os casos em que é atribuída ao Governo a função legislativa ou normativa nesse âmbito jurídico. Analisar-se-á o exercício da função normativa pelo Poder Executivo em dois momentos, quais sejam: quando executa competência constitucionalmente concedida para legislar – seja ela originalmente reservada ao Governo, assim a competência exclusiva e a competência concorrencial, seja ela primariamente reservada ao Parlamento e atribuída posteriormente ao Governo, ou seja, competência delegada e, finalmente, a competência complementar – [51] e, ademais, quando exer-

---

[45] CANOTILHO, José Joaquim Gomes; MOREIRA, Vital. *Os poderes do Presidente da República.* pp. 44-45 e 75.

[46] Artigo 195, n. 1, "d", combinado com artigo 192, n. 4, da CRP. Ao ser nomeado, o Governo só exerce suas funções em plenitude depois de apresentar seu programa de Governo à Assembléia da República e não obter a rejeição por sua parte, conforme os artigos 186, n. 5, e 195, n.1, alínea "d", da CRP (CANOTILHO, José Joaquim Gomes. Governo. p. 26).

[47] Assim, artigo 193 combinado com o artigo 195, n. 1, alínea "e", da CRP.

[48] Artigo 194 e 195, n. 1, "f", da CRP, que também requer a aprovação por maioria absoluta dos deputados em efetividade de funções.

[49] QUEIROZ, Cristina. *O Parlamento como factor de decisão política.* p. 40; *Idem, O Sistema de Governo Semi-Presidencial.* p. 143, embora não se concorde com Cristina Queiroz quando imputa ao sistema, em razão dessa característica, o caráter de Parlamentarismo.

[50] Artigos 169, n. 1 e 162, alínea "c" da CRP.

[51] Segue-se a tipologia trabalhada na doutrina portuguesa com base no texto constitucional, assim, por todos: MORAIS, Carlos Blanco de. *Curso de Direito Constitucional – As funções do Estado e o poder Legislativo no ordenamento português,* 2ª edição. Tomo I. Coimbra: Coimbra editora, 2012. pp. 479 e ss. É importante referir que o elenco de situações em que o Poder Executivo pode legislar será analisado conforme essa capacidade diante de um "estado normal das coisas", ou seja, analisar-se-ão as competências legislativas do Governo constitucionalmente atribuídas para as situações em não que esteja caracterizado um "Governo de Gestão", nos termos do artigo 186, n. 5, da CRP, cujas capacidades normativas se limitariam

1. OS ATOS NORMATIVOS DO PODER EXECUTIVO EM DIFERENTES SISTEMAS CONSTITUCIONAIS

cita função normativa no cumprimento das funções administrativas, excluindo-se, desde já, a participação do Governo no procedimento legislativo parlamentar. Essa primeira delimitação negativa da conceituação aqui procedida dá-se em virtude de o objeto da pesquisa serem as restrições aos direitos fundamentais por ato normativo do Poder Executivo, assim, ato legislativo ou normativo administrativo que seja de autoria, tanto no cumprimento de uma função autônoma ou derivada, desse mesmo poder e, ademais, o exame dos reflexos dessa normação restritiva na divisão de poderes constitucionalmente consagrada.[52]

Os *decretos-leis* são "os atos normativos da função política"[53] do Governo na Constituição portuguesa, cuja classificação está prevista no seu artigo 198 e a que é atribuída hierarquia idêntica à lei parlamentar.[54] Aponta-se, como característica principal do estatuto constitucional do Governo português no âmbito normativo, a concessão de espaço de atuação legislativa que não se limita a casos de urgência e necessidade

ao "estritamente necessário para a gestão dos negócios públicos". Nessas circunstâncias, considerar-se-ia proibida a emissão de decretos-lei autorizados – ou seja, somente a Assembléia da República poderia legislar sobre as matérias constantes no artigo 165, em que estão incluídos os direitos, liberdades e garantias – e relativamente proibida a emissão de qualquer ato legislativo, o que significa dizer que estão proibidos a não ser que "ocorram circunstâncias excepcionais que legitimem a sua prática" (AMARAL, Diogo Freitas de. *Governos de Gestão*, 2ª edição revista e actualizada. Cascais: Principia, 2002. pp. 35-36). Por se tratar de uma situação de exceção, opta-se por não dedicar maiores contornos à capacidade normativa do Governo e sua relação com as restrições aos direitos fundamentais nesses casos.

[52] A atuação do Governo no âmbito do processo legialtivo parlamentar não dá origem a restrições a direitos fundamentais de sua autoria, já que participa de um procedimento que é sediado no Parlamento e, aliás, que assegura as garantias da publicidade e confronto das opiniões políticas divergentes, próprias do processo parlamentar (Assim, por todos, MIRANDA, Jorge. *Manual de Direito Constitucional – Actividade constitucional do Estado*, 4ª edição. Tomo V. Coimbra: Coimbra editora, 2010. p. 167). A proposta da pesquisa é indagar a possibilidade da atuação normativa restritiva a direitos fundamentais por órgão que não é o primeiro encarregado na feitura das leis e, assim, não proporciona as mesmas condições processuais e funcionais que aquele, questões essas que serão trabalhadas no capítulo VI da exposição. Aliás, isso não significa que se ignora aqui a importância das funções de iniciativa, participação e fiscalização do Governo no procedimento legislativo parlamentar, ao possibilitar que ele se situe no debate público e possa se posicionar em questões relativas a sua função política que merecem tratamento legislativo (COCOZZA, Francesco. *Il Governo nel procedimento legislativo*. Milano: Giuffrè, 1989. pp. 225 e ss e 257).

[53] MIRANDA, Jorge. Decreto in *Dicionário Jurídico de Administração Pública*, II, Lisboa: (s/ed.), 1974. p. 314.

[54] Conforme o artigo 112, ns. 1 e 2 da CRP.

AS RESTRIÇÕES AOS DIREITOS FUNDAMENTAIS POR ATO NORMATIVO DO PODER EXECUTIVO

ou não depende de prévia autorização ou é submetido a um controle mais rígido do Parlamento,[55] a que se atribui a qualidade de "competência legislativa normal" –[56] são os casos de atuação legislativa do Governo no exercício das competências exclusiva e concorrente.[57]

As matérias de competência exclusiva do Governo são aquelas referentes "à sua própria organização e funcionamento",[58] o que se resumiria na sua capacidade de dispor sobre a "lei orgânica do Governo",[59] ou, poder-se-ia também entender, segundo uma visão mais ampla, que tal poder de organização e funcionamento se estende à amplitude de órgãos que compõem o Governo, ou seja, abrangeria "também a organização de seus Ministérios", do "Conselho de Ministos",[60] bem como das "direções gerais (serviços da administração direta, integradas nos ministérios)".[61] Isso é assim principalmente porque o exercício do conjunto de funções políticas e administrativas necessita de uma coerência

[55] CANOTILHO, José Joaquim Gomes. *Direito Constitucional e Teoria da Constituição*. p. 795.

[56] Assim, por todos, VAZ, Manuel Afonso. *Lei e reserva de lei: a causa da lei na Constituição portuguesa de 1976*. p. 437. Segundo Jorge Miranda, assim não poderia deixar de ser principalmente por três razões: primeiramente, porque já faria parte da "tradição portuguesa" atribuir competências legislativas ao Governo; ademais, não caberia à Assembléia da República a autorização de toda a legiferação do Governo, já que essa teria outras inúmeras competências e, por fim, porque faria parte de uma tendência, "comum a todos os países", a regulamentação de questões técnicas e complexas que não corresponderiam à competência legislativa parlamentar (MIRANDA, Jorge. O actual sistema português de actos legislativos in *Legislação*, n. 2, 1991.p. 8). Sobre a qualificação e reflexos dessa atividade: ALEXANDRINO, José de Melo. A preponderância do Governo no exercício da função legislativa in *Elementos de direito público lusófono*. Coimbra: Coimbra editora, 2011, em especial, pp. 101 e ss, embora refletindo criticamente no sentido de que tal "anomalia" presente na CRP decorre de uma cultura autoritária de preponderância do Governo nas constituições anteriores (*Idem*, pp. 100-102).

[57] Previstas no artigo 198, n. 1, alínea "a" e n. 2 da CRP.

[58] Artigo 198, n. 2 CRP.

[59] Limitando a competência exclusiva do Governo unicamente a esse aspecto e excluindo desse âmbito as decisões sobre as "leis orgânicas dos Ministérios": CANOTILHO, José Joaquim Gomes. *Direito Constitucional e Teoria da Constituição*. p. 796; MIRANDA, Jorge. *Manual de Direito Constitucional*. Tomo V. p. 200, nota n. 2.

[60] OTERO, Paulo. *O Poder de Substituição em Direito Administrativo*. pp. 642-643; MORAIS, Carlos Blanco de. *Curso de Direito Constitucional*. p. 480.

[61] MORAIS, Carlos Blanco de. *Curso de Direito Constitucional*. p. 480, já não faria parte da competência do Governo a disposição organizatória da administração indireta (*Idem*, pp. 480-481). Segundo Jaime Valle, essa é a concepção que melhor se conforma com o disposto na norma do artigo 183, n. 3, da CRP, segundo a qual caberia à forma de decreto-lei, ou de decreto de nomeação dos respectivos titulares, a determinação do "número, a designação e as atri-

1. OS ATOS NORMATIVOS DO PODER EXECUTIVO EM DIFERENTES SISTEMAS CONSTITUCIONAIS

e de uma integração organizatória dos órgãos do Governo, para que os membros que o compõem possam concretizar eficientemente suas atribuições.[62] A organização interna é também reflexo do próprio programa de Governo adotado,[63] a que igualmente esses membros estão vinculados.[64] A regulamentação legislativa do seu funcionamento deve cumprir a função de distribuir a competência constitucionalmente atribuída aos órgãos do Governo e definir a forma e o procedimento a que eles devem obedecer para o cumprimento dessas funções.[65] Ademais, por fazer parte de reserva exclusiva do Governo, os decretos-leis que versem sobre organização e funcionamento estão excluídos do âmbito de apreciação da Assembléia da República e,[66] em caso de serem vetados pelo Presidente da República, não podem ser objeto de legislação parlamentar ou de projeto de lei do próprio Governo.[67]

Tratando-se ainda de competência legislativa primária do Poder Executivo no âmbito da CRP,[68] dedica-se atenção, então, aos contornos da competência concorrencial do Governo.[69] Em conformidade com os traços conferidos por essa ordem constitucional, conclui-se que essa função legislativa tem natureza residual, ou seja, é deduzida de um recorte negativo daquilo que não compete ao Parlamento, de forma absoluta ou relativa, legislar.[70] Significa isso dizer que, sendo a competência concorrencial e não estando reservada a matéria a qualquer dos dois poderes constituídos, sua regulamentação pode ser feita tanto por lei parlamentar como por decreto-lei do Governo, podendo, inclusive, haver suspensão, revogação ou interpretação recíproca entre eles, em obediência ao

---

buições dos Ministérios e Secretarias de Estado, bem como as formas de coordenação entre eles" (VALLE, Jaime. *A participação do Governo no exercício da função legislativa*. pp. 230-231).

[62] VALLE, Jaime. *A participação do Governo no exercício da função legislativa*. pp. 230-231.

[63] MORAIS, Carlos Blanco de. *Curso de Direito Constitucional*. p. 480.

[64] Assim, conforme o disposto no artigo 189 da CRP (VAZ, Manuel Afonso. *Lei e reserva de lei*. p. 417).

[65] VALLE, Jaime. *A participação do Governo no exercício da função legislativa*. p. 232.

[66] Artigo 169, n. 1 CRP.

[67] Assim, por todos, MORAIS, Carlos Blanco de. *Curso de Direito Constitucional*. p. 480.

[68] São atribuições primárias no sentido de que não necessitam da intermediação do Poder Legislativo (MIRANDA, Jorge. *Manual de Direito Constitucional*. Tomo V. p. 200, nota n. 2; *Idem*, O actual sistema português de actos legislativos. p. 18).

[69] Prevista no artigo 198, n. 1, alínea "a", da CRP.

[70] VALLE, Jaime. *A participação do Governo no exercício da função legislativa*. p. 255.

artigo 112, n. 2 da CRP.[71] O exercício da competência concorrencial é facultativo e não há previsão constitucional das matérias que correspondem a essa competência.

Ademais, é conferida ao Governo, a título de competência complementar, a tarefa de desenvolvimento da lei de bases, atribuição que se definiria como a concretização dos regimes jurídicos correspondentes às "opções político-legislativas fundamentais"[72] – bases gerais – proporcionadas pela Assembléia da República em lei.[73] Considera-se importante referir a divergência existente na doutrina constitucional portuguesa sobre que matérias a Assembléia da República limita-se a estabelecer somente os fundamentos e princípios gerais e, em contrapartida, qual a amplitude da reserva do Governo ao desenvolver a legislação emitida pelo Parlamento. Assim, reproduzir-se-ão aqui as propostas que se consideram mais importantes no seio da literatura jurídica portuguesa, como forma de ilustrar o problema, sem, entretanto, ter a pretensão do esgotamento de seu tratamento.[74] As principais pretensões dessas contribuições doutrinárias seriam: (a) conceder à lei de bases um sentido de "comunicabilidade de competência legislativa ao Governo em matérias reservadas à Assembléia da República",[75] ou seja, caberia ao Governo o desenvolvimento das bases gerais ou princípios fundamentais de matérias reservadas à Assembléia da República, seja reserva absoluta ou relativa, quando ela tenha se limitado ao estabelecimento dessas bases na lei emitida. Diversamente, já não teria o Governo competência complementar, caso o Parlamento legislasse a matéria de sua competência em termos "globais" (chamada tese de "autolimitação da Assembléia da República");[76] (b) restringir o papel da Assembléia da República em matérias de competência absoluta e relativa obrigatoriamente à promulgação da "legislação básica", conferindo uma "reserva complementar de desenvolvimento das leis de bases em referência, em favor do Governo"

---

[71] *Idem*, p. 256; Morais, Carlos Blanco de. *Curso de Direito Constitucional*. p. 480.

[72] Canotilho, José Joaquim Gomes. *Direito Constitucional e Teoria da Constituição*. pp. 754-755.

[73] Disposta no artigo 198, n. 1, alínea "c", da CRP.

[74] Para um mapeamento, no âmbito da doutrina portuguesa, das linhas argumentativas principais de definição da competência do Governo em âmbito de desenvolvimento de lei de bases: Valle, Jaime. *A participação do Governo no exercício da função legislativa*. p. 233 e ss., estabelecendo, também, sua opinião crítica sobre cada uma delas.

[75] Assim, o entendimento de: Vaz, Manuel Afonso. *Lei e reserva de lei*. p. 447.

[76] *Idem*, p. 448.

1. OS ATOS NORMATIVOS DO PODER EXECUTIVO EM DIFERENTES SISTEMAS CONSTITUCIONAIS

(chamada tese de "heterolimitação da Assembléia da República");[77] (c) restringir o papel do Governo, tanto em matérias reservadas à competência da Assembléia da República como em matérias de competência concorrencial, ao desenvolvimento das bases gerais conferidas por ela;[78] (d) estabelecer, em sede de matérias de competência absoluta da Assembléia da República, a obrigatoriedade do desenvolvimento de suas bases por lei parlamentar e, nos casos de matérias reservadas relativamente a sua competência legislativa, exigir a necessidade de lei autorizadora para que o Governo possa, então, desenvolver suas bases.[79] Finalmente, o sentido da alínea "c" do artigo 198 da CRP seria, conforme essa idéia, vincular a forma legislativa ao desenvolvimento da lei de bases, em prejuízo da forma de regulamento administrativo.[80]

Por fim, trata-se da capacidade de o Governo legislar, quando a matéria, sendo reservado o seu tratamento originalmente ao Parlamento, por enquadrar-se no âmbito da reserva dita *relativa*, é-lhe atribuída por meio de autorização, conforme o artigo 198, n. 1, alínea "b" combinado com o artigo 165, n. 1 da CRP. O exercício da competência legislativa pelo Governo depende da decisão da Assembléia da República em não regulamentar a situação jurídica, concedendo-lhe o poder, e de uma lei autorizadora, cujos contornos estão estabelecidos na Constituição, no artigo 165, n. 2.[81] A lei que delega o poder legislativo ao Governo deve disciplinar, pelo menos, o objeto, o sentido, a extensão e a duração da auto-

---

[77] MORAIS, Carlos Blanco de. *As Leis Reforçadas – As Leis Reforçadas pelo procedimento no âmbito dos critérios estruturantes das relações entre actos legislativos.* Coimbra: Coimbra editora, 1998. p. 305. reconhecendo, também, uma preferência à atuação do Governo no desenvolvimento de lei de bases em matéria de competência concorrencial: VALLE, Jaime. *A participação do Governo no exercício da função legislativa.* pp. 242-244.

[78] Assim, a concepção de: CANOTILHO, José Joaquim Gomes. *Direito Constitucional e Teoria da Constituição.* pp. 755 e 756.

[79] Nesse sentido é a opinião de: COUTINHO, Luís Pedro Pereira. Regime orgânico dos direitos, liberdades e garantias e determinação normativa. Reserva de parlamento e reserva de acto legislativo. pp. 558-559.

[80] *Idem*, pp. 560-562.

[81] A lei autorizadora figura como um "acto parâmetro", cuja inobservância acarreta a inconstitucionalidade ou ilegalidade do ato delegado (assim, por todos, MIRANDA, Yara. Autorização legislativa in *Dicionário Jurídico de Administração Pública*, 3º Supl. Lisboa: (s/ed.), 2007. pp. 68-69).

rização.[82] Dir-se-ia, por isso, que o Governo estaria diante de uma competência própria,[83] já que é órgão constitucionalmente legítimo para legislar, estando apenas o *exercício* dessa capacidade regulamentadora condicionado à vontade do Parlamento,[84] que não tem força, entretanto, para tornar a atuação normativa do Governo compulsória.[85] Ao mesmo tempo, dir-se-ia que o Parlamento não cede ou renuncia aos seus poderes constitucionalemente concedidos, podendo, inclusive, "interpretar, modificar, suspender ou revogar" a lei de autorização, desde que o Governo não tenha feito uso de sua capacidade normativa por ela atribuída.[86]

O âmbito de atuação do Governo em matéria reservada relativamente à Assembléia da República depende das limitações impostas pela lei de autorização, as quais são diferenciadas em:[87] (a) limitações de natureza "substancial", ou seja, a autorização limita-se às matérias elencadas no artigo 165, n. 1 e deve esclarecer o *objeto* e a *extensão* da autorização, concluindo-se a impossibilidade de existirem autorizações "em branco" que

---

[82] A insuficiência, porém, da lei habilitante em definir tais elementos gera, também, dúvidas sobre a sua constitucionalidade (*Idem*, p. 71).

[83] MIRANDA, Jorge. *Manual de Direito Constitucional.* Tomo IV. p. 341; VALLE, Jaime. *A participação do Governo no exercício da função legislativa.* p. 246.

[84] A iniciativa da lei de autorização compete unicamente ao Governo (MIRANDA, Yara. *Autorização legislativa.* p. 69, a autora entende, entretanto, que a inexistência de solicitação não impede que o próprio Parlamento decida por conceder a autorização legislativa; ao contrário, CANOTILHO, José Joaquim Gomes. *Direito Constitucional e Teoria da Constituição.* p. 766, nota 36). Jorge Miranda entende que a "impossibilidade de legislar sobre determinadas matérias" é condição prévia para o exercício da capacidade delegativa do Parlamento (MIRANDA, Jorge. *Manual de Direito Constitucional.* Tomo V. pp. 311 e 343), não se tratando, assim, propriamente de uma escolha. Contrários a essa posição: VAZ, Manuel Afonso. *Lei e reserva de lei.* p. 435, esse último fundamenta a impossibilidade de agregar o sentido de "necessidade e urgência" aos decretos-lei autorizados em uma constituição que concede, além dos casos de autorização, uma capacidade legislativa qualificada como "normal" ao Governo (*Idem*, p. 437); VALLE, Jaime. *A participação do Governo no exercício da função legislativa.* p. 246.

[85] MIRANDA, Jorge. *Manual de Direito Constitucional.* Tomo V. p. 341; MORAIS, Carlos Blanco de. *Curso de Direito Constitucional.* p. 383.

[86] MIRANDA, Jorge. *Manual de Direito Constitucional.* Tomo V. pp. 341 e 350; *Idem*, Decreto. pp. 325-326; VALLE, Jaime. *A participação do Governo no exercício da função legislativa.* pp. 252-253.

[87] Segue-se aqui, na essência, esquematização feita por Jorge Miranda (MIRANDA, Jorge. *Manual de Direito Constitucional.* Tomo V. pp. 343 e ss; semelhante catálogo de critérios encontra-se também em: CANOTILHO, José Joaquim Gomes. *Direito Constitucional e Teoria da Constituição.* pp. 767 e ss), embora de forma resumida para aquilo que se considera relacionado com o objeto da pesquisa.

1. OS ATOS NORMATIVOS DO PODER EXECUTIVO EM DIFERENTES SISTEMAS CONSTITUCIONAIS

atribuam de forma geral a matéria para regulamentação pelo Governo ou de delegações implícitas,[88] bem como o seu *sentido*;[89] (b) limitações de "natureza formal", ou seja, a lei de autorização deve seguir uma determinada tramitação processual, e as matérias ali arroladas só podem ser objeto de regulamentação por decreto-lei, nunca por outra forma legislativa ou normativa do Poder Executivo;[90] (c) limitações de natureza "subjetiva", o que significa dizer que a autorização parte da Assembléia a *"certo* Governo" e não a qualquer Governo que venha substituí-lo ou a qualquer outro órgão;[91] e (d) limitações de natureza "temporal", que seria a limitação da habilitação a determinado prazo – que deve ser "adequado e necessário" – estabelecido na lei autorizadora.[92]

Os decretos-leis seguem um procedimento que é conduzido no âmbito interno do próprio Governo,[93] cabendo a sua promulgação ao Presidente da República, que pode, ademais, requerer a fiscalização preventiva da constitucionalidade de suas normas ao Tribunal Constitucional[94] ou vetar o diploma.[95] Nesse último caso, há a alternativa ao Governo, tendo em conta a característica de insuperabilidade do veto político,[96]

---

[88] MORAIS, Carlos Blanco de. *Curso de Direito Constitucional.* p. 386. Isso significa dizer que a lei autorizadora tem que proporcionar um "conteúdo mínimo exigível" de densidade (*Idem, ibidem*), cuja obediência deve ser aferida conforme a interpretação de tais parâmetros constitucionais.

[89] MIRANDA, Jorge. *Manual de Direito Constitucional.* Tomo V. pp. 343-345. Por *sentido* entende-se o estabelecimento da orientação a ser seguida pelo Governo por meio de critérios, objetivos ou princípios (*Idem*, p. 345; MIRANDA, Yara. Autorização legislativa. p. 70, essa última, alertando no sentido de que o Parlamento não deve, ao delimitar o sentido da autorização, exaurir o conteúdo da lei delegada). A capacidade autorizadora e os pressupostos dogmáticos da delegação em matéria de restrição a direitos fundamentais serão tratadas com maior cuidado no capítulo VI da exposição.

[90] MIRANDA, Jorge. *Manual de Direito Constitucional.* Tomo V. p. 346.

[91] *Idem*, pp. 346-347.

[92] *Idem*, pp. 347-348.

[93] Cujas normas são previstas em seu regimento (apresentando as fases do procedimento de feitura dos decretos-leis governamentais, por todos, VALLE, Jaime. *A participação do Governo no exercício da função legislativa.* pp. 257 e ss; MORAIS, Carlos Blanco de. *Curso de Direito Constitucional.* pp. 484 e ss.).

[94] Artigo 278, n. 1, da CRP.

[95] Artigo 136, n. 4, da CRP. Tais atos do Presidente possibilitam a conclusão de que o Chefe do Estado, embora não tenha capacidades legislativas, participa sempre dos decretos de autoria do Governo (MIRANDA, Jorge. Decreto. pp. 315-316).

[96] MORAIS, Carlos Blanco de. *Curso de Direito Constitucional.* p. 502.

de apresentar o conteúdo do decreto-lei como proposta de lei à Assembléia da República.[97] Posteriormente, retorna o diploma para o âmbito do Governo, que fiscaliza o ato promulgativo do Presidente.[98] Ainda, a Assembléia da República detém o poder de apreciação política dos decretos-leis governativos, com exceção daqueles emitidos no âmbito de sua competência exclusiva, para fins de "cessação de vigência ou de alteração".[99] Tal função parlamentar "tem por fim aferir do mérito ou da oportunidade dos actos legislativos do Governo, não da sua inconstitucionalidade ou ilegalidade",[100] capacidade que dá forma à responsabilidade política do Governo perante o Parlamento e que justifica a idéia de que a Assembléia da República, embora não detenha a exclusividade da feitura das leis no sistema jurídico português, é o órgão legislativo "supremo".[101] Por fim, cabe ao Tribunal Constitucional, no âmbito da fiscalização preventiva ou normal, o exame da ilegalidade ou inconstitucionalidade dos decretos-leis do Governo.[102]

O cumprimento da função normativa pelo Poder Executivo dá-se, no âmbito da CRP, também pela edição de regulamentos no exercício da função administrativa, [103]normação que é hierarquicamente inferior

---

[97] VALLE, Jaime. *A participação do Governo no exercício da função legislativa*. p. 262; MORAIS, Carlos Blanco de. *Curso de Direito Constitucional*. pp. 503-506. Excetuam-se, porém, os decretos-leis emitidos no âmbito de sua competência exclusiva (VALLE, Jaime. *A participação do Governo no exercício da função legislativa*. p. 262), cuja matéria não se beneficia dessa oportunidade de ser reexaminada seguindo os trâmites do processo legislativo parlamentar.

[98] Por instrumento da Referenda ministerial, consagrado no artigo 140 da CRP (VALLE, Jaime. *A participação do Governo no exercício da função legislativa*. pp. 263-264).

[99] Artigos 169, n. 1, e 162, alínea "c", da CRP, assim se dará a requerimento de dez deputados e nas condições impostas no n. 1 do artigo 169.

[100] VALLE, Jaime. *A participação do Governo no exercício da função legislativa*. p. 302; VELOZO, José António. Natureza Jurídica da Lei de Meios in *Scientia Juridica*. 1968. (Separata).p. 30, nota n. 22. Referindo-se às leis autorizadas, Yara MIRANDA sinaliza um juízo de "conformidade e de adequação" do decreto-lei em relação à lei habilitadora (MIRANDA, Yara. Autorização legislativa. p. 73).

[101] MIRANDA, Jorge. Decreto. p. 320; COUTINHO, Luís Pedro Pereira. Regime orgânico dos direitos, liberdades e garantias e determinação normativa. p. 562.

[102] Artigo 223, n. 1, da CRP.

[103] Previstos nos artigos 112, ns. 6 e 7, 199, alínea "c", da CRP. Têm a titularidade do poder regulamentar a Administração estatal – composta pelo Governo e seus órgãos –, e a Administração autônoma – descentralizada ou autárquica (assim, por todos, QUEIRÓ, Afonso Rodrigues. Teoria dos Regulamentos, 1ª parte in *Revista de Direito e Estudos Sociais*, ano XXVII, 1980. p. 4).

à lei[104] e submete-se ao princípio da legalidade.[105] O Governo é o "órgão regulamentar por excelência" [106]e, sendo assim, possui uma atribuição regulamentar genéria, competindo-lhe editar regulamentos para a "boa execução das leis".[107] Isso significa dizer que ao Governo, ao regulamentar determinada matéria, cumpre a função de intermediação entre a lei e a realidade, tornando possível a aplicação da lei ao caso concreto e conferindo sentido a instrumentos legislativos que dependem de um conhecimento técnico ou específico para que lhe seja conferida exequibilidade.[108] Em virtude de sua natureza de norma jurídica com *efeito externo*,[109] o regulamento administrativo vincula comportamentos[110] e pode ser objeto de questionamento perante os tribunais, embora não os vinculando, de maneira que os juízes podem recusar-se a aplicá-lo, caso o considerarem contrário à lei.[111] Os regulamentos administrativos possuem a forma de regulamentos de execução, regulamentos independentes e regulamentos autônomos e têm como limites a *proibição* de "interpretar, modificar, suspender ou revogar", com eficácia externa, uma lei parlamentar,[112] regra cuja sujeição depende do seu "maior ou menor grau de dependência em relação à lei".[113]

---

[104] Artigo 112, n. 7, da CRP.

[105] CANOTILHO, José Joaquim Gomes. *Direito Constitucional e Teoria da Constituição*. p. 833; MONIZ, Ana Raquel Gonçalves. A titularidade do poder regulamentar no direito administrativo português in *Boletim da Faculdade de Direito da Universidade de Coimbra*, vol. LXXX, 2004. pp. 498 e ss.

[106] MIRANDA, Jorge. A competência do Governo na Constituição de 1976 in *Estudos sobre a Constituição*, v. III, Lisboa, 1979. p. 642.

[107] *Idem, ibidem.*

[108] MONIZ, Ana Raquel Gonçalves. A titularidade do poder regulamentar no direito administrativo português. p. 508.

[109] Tratar-se-á, aqui, dos regulamentos administrativos que tenham eficácia externa, ou seja, que se dirijam não somente à Administração, "mas também a terceiras pessoas, a particulares ou administrados que se encontrem em face dela numa relação geral de poder" (QUEIRÓ, Afonso Rodrigues. Teoria dos Regulamentos. 1ª parte, p. 5).

[110] MONIZ, Ana Raquel Gonçalves. A titularidade do poder regulamentar no direito administrativo português. pp. 486.

[111] MONCADA, Luís Cabral de. *Lei e Regulamento*. Coimbra: Coimbra editora, 2002. pp. 1045-1046.

[112] Artigo 112, n. 5 da CRP.

[113] QUEIRÓ, Afonso Rodrigues. Teoria dos Regulamentos. 1ª parte, p. 8; MONIZ, Ana Raquel Gonçalves. A titularidade do poder regulamentar no direito administrativo português. p. 499. Isso quer dizer que a maior ou menor vinculação ao preceito depende do tipo de

Os regulamentos de execução têm a função principal de uniformização da aplicação da legislação, quando seus ditames não estejam precisamente esclarecidos, conferindo "medidas instrumentais e organizativas"[114] no sentido somente de revelação ou "repetição" da vontade do legislador.[115] Reportam-se, assim, totalmente à lei – não inovam no sentido de criação do direito – ou, quase totalmente, pois lhes cumpre também a função de integrar lacunas, quando há a necessidade de enunciação de "pormenores e minúcias do regime que o legislador involuntáriamente omitiu",[116] assumindo um caráter de complementação ou integração,[117] desde que correspondente ao necessário à boa execução da lei.[118] Qualificam-se os regulamentos de execução, em qualquer dos casos, como normas secundárias.[119]

Os regulamentos independentes são aqueles em que a administração regulamenta sem habilitação ou fundamento em lei e que não cumprem as funções de execução ou complementação,[120] mas inovam ou regulamentam uma matéria primariamente. Tal forma regulamentar não tem aceitação pacífica na doutrina portuguesa, possibilitando duas compreensões. Poder-se-ia dizer, em um primeiro momento, que

---

regulamento. Assim, em uma escala decrescente, a vinculação à lei é maior nos regulamentos de execução e menor nos regulamentos independentes e autônomos (MONIZ, Ana Raquel Gonçalves. *A titularidade do poder regulamentar no direito administrativo português*, p. 499). Cabral de Moncada entende, nesse sentido, que a norma constitucional "foi longe demais" e não deve ser interpretada no sentido proibitivo (MONCADA, Luís Cabral de. *Lei e Regulamento*. pp. 1037-138 e 1042-1046).

[114] MONCADA, Luís Cabral de. *Lei e Regulamento*. p. 1028.

[115] QUEIRÓ, Afonso Rodrigues. Teoria dos Regulamentos, 1ª parte. pp. 8-9.

[116] *Idem*, p. 9; MONCADA, Luís Cabral de. *Lei e Regulamento*. 1036-1037.

[117] MONCADA, Luís Cabral de. *Lei e Regulamento*. p. 1036.

[118] Assim, em conformidade com artigo 199, alínea "c", da CRP (QUEIRÓ, Afonso Rodrigues. Teoria dos Regulamentos. 1ª parte, p. 9).

[119] *Idem*, p. 8. Mostra-se interessante o questionamento da possibilidade de regulamentação de execução inexistindo habilitação expressa da lei que, em sentido positivo, poderia ser justificada quando "os mesmos se tornem necessários ou imprescindíveis para permitir a aplicação de uma determinada lei" (assim, posicionando-se favorável a essa possibilidade desde que limitada a alguns critérios: MONIZ, Ana Raquel Gonçalves. A titularidade do poder regulamentar no direito administrativo português. pp. 497-498; QUEIRÓ, Afonso Rodrigues. Teoria dos Regulamentos, 1ª parte. p. 10).

[120] CANOTILHO, José Joaquim Gomes. *Direito Constitucional e Teoria da Constituição*. p. 838, o autor utiliza a denominação "regulamentos autônomos" no sentido do que aqui se designa "regulamentos independentes".

tais normações não possuem fundamento constitucional e que a regulamentação jurídica autônoma por parte do Governo já é atribuição – ou esgota-se nela – de sua capacidade legislativa por meio de decreto-lei.[121] Tal orientação considera, contudo, que o impedimento de atribuição de poder regulamentar originário e autônomo à administração pública não significa que, em certos casos, não haverá regulamentação com base em "habilitações legais ímplicitas", ou seja, com fundamento em leis que definem "funções e objetivos", de modo que caberia ao regulamento a sua prossecução.[122] A motivação dessa posição doutrinária é, essencialmente, que a atribuição de poderes regulamentares independentes à administração pode significar a "acentuação da governamentalização da forma de governo", que disporia de liberdade normativa sem a correspondente fiscalização parlamentar.[123] Ao contrário, outra corrente aceita a existência, fundamentada no aumento das atribuições administrativas no âmbito do Estado Social e na necessidade, em certas situações, de uma "maior simplicidade do processo" de produção normativa,[124] da regulamentação administrativa pelo Governo sem habilitação do legislador e com caráter primário ou inicial.[125]

---

[121] CANOTILHO, José Joaquim Gomes. *Direito Constitucional e Teoria da Constituição*. p. 839.

[122] *Idem*, p. 833, segundo Canotilho, tal atividade normativa ainda seria qualificada como "*secundum legem*" (*Idem*, p. 839, nota 11).

[123] CANOTILHO, José Joaquim Gomes. *Direito Constitucional e Teoria da Constituição*. p. 841. Luís Pereira Coutinho também refere que a utilização do decreto regulamentar, nesses casos, poderia servir como uma forma de "contornar" as exigências constitucionalmente impostas aos decretos-leis (COUTINHO, Luís Pereira. Regulamentos independentes do Governo in *Perspectivas Constitucionais – Nos 20 Anos da Constituição de 1976*, v. III, Jorge Miranda (org.). Coimbra: Coimbra Editora.pp. 1032 e ss,). Conclui, entretanto, que o reconhecimento da existência de regulamentos independentes no ordenamento jurídico português não afasta os princípios da "precedência de lei" e da "preferência de lei" (*Idem*, p. 1064).

[124] QUEIRÓ, Afonso Rodrigues. Teoria dos Regulamentos, 1ª parte. pp. 12-13, atribuindo tal capacidade ao disposto na alínea "g", do artigo 199; considerando, diferentemente, que o fundamento constitucional para qualquer regulamento administrativo seria a alínea "c" do mesmo artigo e mostrando-se favorável aos regulamentos independentes: MIRANDA, Jorge. A competência do Governo na Constituição de 1976. p. 644; OTERO, Paulo. *O Poder de Substituição em Direito Administrativo – Enquadramento dogmático-constitucional*, vol. II. pp. 617-617, elencando, além da celeridade processual e vantagens aos Governos minoritários, outros motivos para a aceitação dos regulamentos independentes (*Idem*, pp. 616 e ss).

[125] A aceitação ou não dos regulamentos independentes no domínio dos direitos fundamentais e a sua conformidade com o texto da CRP será mencionado no capítulo VI da exposição.

Finalmente, a doutrina refere-se aos regulamentos autônomos para definir as normações regulamentares emitidas por regiões autônomas[126] e entes autárquicos locais – nesse caso, poder-se-ia dizer que é reflexo de um princípio constitucional de *"autonomia administrativa territorial"* – [127] no âmbito dos seus interesses próprios.[128] As normas possuem caráter primário[129] e exclusivo[130] na regulamentação de matérias que dizem respeito aos interesses e situações não relacionados àqueles de cunho nacional, o que permite a "descentralização" das decisões normativas em nome de realidades políticas, sociais e econômicas diversas.[131] Dir-se-ia, então, que o legislador teria que atribuir a elas o poder regulamentar em sentido *"global"*, não pontuando os casos de utilização do poder nomativo,[132]ainda que observados os limites relacionados à matéria e aos destinatários da regulamentação, bem como ao princípio da legalidade.[133] Ademais, incluir-se-iam aqui os regulamentos emitidos por

---

[126] Excluem-se, desde já, demais análises sobre a capacidade regulamentar das regiões autônomas, já que a matéria excede os limites do objeto da pesquisa.

[127] ANDRADE, José Carlos Vieira de. Autonomia regulamentar e reserva de lei in *Estudos em Homenagem ao Prof. Doutor Afonso Rodrigues Queiró*, v. I, Coimbra, 1984. p. 19; MONIZ, Ana Raquel Gonçalves. A titularidade do poder regulamentar no direito administrativo português. p. 525 (referindo-se, nesse mesmo sentido, a um "princípio da autonomia local"). Tal base material está prevista nos artigos 6, 235, n. 1 e 288, "n", da CRP.

[128] ANDRADE, José Carlos Vieira de. Autonomia regulamentar e reserva de lei. p. 19. Assim, essa capacidade regulamentar está prevista, no caso das autarquias locais, no artigo 241 da CRP.

[129] QUEIRÓ, Afonso Rodrigues. Teoria dos Regulamentos, 1ª parte. p. 15-16. O que não significa dizer que tais entes públicos não emitam também regulamentos de execução ou complementares, atribuindo-se, assim, ao adjetivo "autônomo" o sentido de "independente" (MONIZ, Ana Raquel Gonçalves. A titularidade do poder regulamentar no direito administrativo português. p. 526-527).

[130] ANDRADE, José Carlos Vieira de. Autonomia regulamentar e reserva de lei. pp. 21-23.

[131] MONIZ, Ana Raquel Gonçalves. A titularidade do poder regulamentar no direito administrativo português. p. 525. Assim, relacionado às autarquias locais, o artigo 237 da CRP.

[132] ANDRADE, José Carlos Vieira de. Autonomia regulamentar e reserva de lei. p. 22 e ss; MONIZ, Ana Raquel Gonçalves. A titularidade do poder regulamentar no direito administrativo português. pp. 540-541. O poder regulamentar em termos "gerais" pode ser remetido ao artigo 112, n. 7, da CRP, que significaria a limitação do legislador à definição da competência subjetiva e objetiva regulamentar (*Idem, ibidem*).

[133] MONIZ, Ana Raquel Gonçalves. A titularidade do poder regulamentar no direito administrativo português. pp. 526 e 529-533 e 541 e ss, referentemente à matéria, essa deve ser de interesse ou que reflita uma "especificidade" regional ou específica e não pode invadir o âmbito da competência legislativa e regulamentar do Governo e da Assembléia da República (*Idem*, pp. 530-534 e 542). Ainda, no caso das autarquias locais, essas devem respei-

I. OS ATOS NORMATIVOS DO PODER EXECUTIVO EM DIFERENTES SISTEMAS CONSTITUCIONAIS

associações públicas, "entidades públicas autônomas não territoriais",[134] de que são exemplos os estatutos e regulamentos das Universidades[135] e das ordens profissionais e que, da mesma forma, possuem autonomia normativa justificada na persecução de interesses próprios[136] e cujos limites se identificam com os dos outros regulamentos autônomos referidos.[137]

1.2. O Parlamentarismo e a emissão normativa do Poder Executivo na Alemanha

Seguir-se-á a estrutura anteriormente elaborada para a exposição dos atos normativos do Poder Executivo no âmbito jurídico-constitucional português, relacionando-se, também aqui, o sistema de governo alemão aos poderes normativos atribuídos ao Governo pela Lei Fundamental de 1949 (LF). Passa-se, portanto, à análise do sistema parlamentar e sua influência na composição da interrelação entre os órgãos soberanos para a compreensão da limitada intervenção normativa do Governo atribuída pela Constituição alemã.

Qualifica-se como principais características do sistema de governo alemão a consagração constitucional (1) de um Chefe de Estado (Presidente da República) com limitadas funções políticas;[138] (2) de um órgão governamental que responde politicamente perante o Parlamento,[139] instituição de que depende sua composição e existência ou continuidade;[140] (3)

---

tar os "regulamentos emanados das autarquias de grau superior", conforme o próprio artigo 241 CRP.

[134] *Idem*, pp. 547-548.

[135] Artigo 76, n. 2 da CRP.

[136] MONIZ, Ana Raquel Gonçalves. *A titularidade do poder regulamentar no direito administrativo português.* p. 547.

[137] *Idem*, pp. 548 e ss.

[138] NOVAIS, Jorge Reis. *Semipresidencialismo.* p. 71; Cristina Queiroz atribui importância a sua condição de *imparcialidade* como um dos aspectos que qualificam o sistema como parlamentarismo (QUEIROZ, Cristina. *O Sistema de Governo Semi-Presidencial.* p. 32).

[139] NOVAIS, Jorge Reis. *Semipresidencialismo.* p. 71. O autor considera esses dois primeiros critérios como suficientes para definir o sistema de governo como sistema parlamentar; QUEIROZ, Cristina. *O Sistema de Governo Semi-Presidencial.* p. 32; SCHNEIDER, Hans-Peter. Das parlamentarische System in BRENDA, Ernst; MAIHOFER, Werner; VOGEL, Hans-Jochen, *Handbuch des Verfassungsrechts der Bundesrepublik Deutschland*, Teil I, 1984. pp. 251-252.

[140] SCHNEIDER, Hans-Peter. Das parlamentarische System. p. 240 e 251; KLOEPFER, Michael. *Verfassungsrecht.* Band I. München: Beck, 2011. p. 572, Nm. 10.

AS RESTRIÇÕES AOS DIREITOS FUNDAMENTAIS POR ATO NORMATIVO DO PODER EXECUTIVO

de igual capacidade de o Governo dissolver o Parlamento;[141] (4) do direito de o Chanceler Federal propor ao Presidente os Ministros a serem por ele eleitos e de sua capacidade de determinar as diretrizes da política do Estado,[142] traços os quais, se considerados conjuntamente, permitem sua inserção no modelo parlamentarista de governo. À primeira vista, se pode já concluir que se trata de um modelo que concentra as decisões políticas na relação entre o Governo, na pessoa do Chanceler,[143] e o Parlamento,[144] cujas funções se complementam e se relacionam, de forma a "flexibilizar" a concepção tradicional da separação de poderes,[145] deixando a contraposição rígida para a oposição entre o grupo que apoia o governo e o contrário a sua política.[146]

O sistema parlamentar tem decerto como instituição fundamental o conjunto de representantes do povo denominado como Parlamento,[147] único órgão soberano cuja legitimação decorre de eleições diretas.[148] Por asssim ser, seu funcionamento e a fiscalização de suas funções representa, relativamente a diversidade de interesses partidários, a realização do princípio da soberania popular[149] e do mandamento democrático, pi-

---

[141] QUEIROZ, Cristina. *O Sistema de Governo Semi-Presidencial*. p. 32.

[142] SCHNEIDER, Hans-Peter. Das parlamentarische System. p. 253.

[143] Comparativamente, nos modelos parlamentares inglês e italiano o líder do Governo é o Primeiro Ministro (sobre o tema, na Inglaterra, GRIFFITH, J.A.G.; RYLE, Michael. *Parliament: functions, practice and procedures*. London: Sweet & Maxwell, 1989. pp. 19 e ss; na Itália: BIN, Roberto; PITRUZZELA, Giovanni. *Diritto Costituzionale*, 12ª edizione. Torino: G. Giappichelli Editore, 2011. pp. 177 e ss).

[144] SCHNEUER, Ulrich. Die Lage des parlamentarischen Regierungssystems in der Bundesrepublik in *Staatstheorie und Staatsrecht – Gesammelte Schriften*, 1978. pp. 361-362; NOVAIS, Jorge Reis. *Semipresidencialismo*. p. 64.

[145] QUEIROZ, Cristina. *O Sistema de Governo Semi-Presidencial*. p. 32.

[146] *Idem*, p. 36; SCHNEIDER, Hans-Peter. Das parlamentarische System. p. 269. O estudo de um sistema parlamentar requer a análise de sua configuração constitucional e das condições reais de seu funcionamento, ou seja, a existência ou não de uma maioria parlamentar favorável à política do Governo, o que permite qualificar seu funcionamento como "de gabinete" ou "de assembléia" (Assim, por todos, NOVAIS, Jorge Reis. *Semipresidencialismo*. pp. 72-76). Tratar-se-á, aqui, somente dos traços constitucionais do sistema e sua influência na atribuição de capacidade normativa do Governo no âmbito da mesma Lei Fundamental.

[147] SCHNEIDER, Hans-Peter. Das parlamentarische System. pp. 243; 252 e 260.

[148] KLOEPFER, Michael. *Verfassungsrecht*. p. 422, Nm. 1.

[149] Positivado no artigo 20, n. 2 LF (SCHNEIDER, Hans-Peter. Das parlamentarische System. pp. 252-253).

1. OS ATOS NORMATIVOS DO PODER EXECUTIVO EM DIFERENTES SISTEMAS CONSTITUCIONAIS

lar da ordem jurídica alemã,[150] que asseguram a forma de governo da *democracia parlamentar*.[151] O Parlamento é o órgão encarregado de "decidir sobre as questões fundamentais da Nação",[152] cabendo-lhe as funções de *legislação*, sendo essa sua competência primária, e de *criação* ou *eleitoral*, *controle* e *publicidade*,[153] cuja concretização se dará por atos a ele constitucionalmente atribuídos. Salienta-se, relativamente a sua relação com os demais órgãos e ao contexto da exposição, a sua participação na emissão de legislação governamental, ao decidir sobre a delegação da matéria objeto da lei autorizada e definir seus limites conforme o artigo 80 da LF (função legislativa).[154] Ademais, o Parlamento é competente para eleger o Chanceler Federal, por proposta do Presidente,[155] e participa da eleição desse último pela Assembléia Federal, que é composta também por seus membros (função de "criação de outros órgãos constitucionais" ou eleitoral).[156] A capacidade de dissolução do Governo pelo Parlamento, por meio do "voto de desconfiança", indica sua posição decisória no "centro gravitacional do jogo de forças políticas"[157], resultado da influência que a existência dessa ferramenta de controle pode exercer sobre a tomada de posição do Poder Executivo.[158] Por tal instrumento pode o Parlamento destituir o Chanceler e, consequentemente, demitir o Governo,[159] sendo, entretanto, obrigatória a nomeação de um novo candidato para o cargo, eleito pela maioria parlamentar.[160] Fruto também de sua função de controle está a possibilidade de instituir uma "comissão de inquérito", que tem a finalidade de averiguar comportamentos considerados escandalosos ou errôneos,[161] e de convocar um membro

---

[150] Assim, artigos 20, n. 1 e 28, n. 1 LF (*Idem*, p. 252).

[151] *Idem*, p. 252.

[152] ACHTERBERG, Norbert. Das Parlament im modernen Staat in *Deutsches Verwaltungsblatt*, n. 18, 1974. p. 697.

[153] KLOEPFER, Michael. *Verfassungsrecht*. p. 425, Nm. 12; SCHNEIDER, Hans-Peter. Das parlamentarische System. p. 261, esse último autor refere-se, ainda, à função de *formação da vontade* ou *decisória* (*Willensbildung*) (*Idem*, p. 262).

[154] KLOEPFER, Michael. *Verfassungsrecht*. p. 426, Nm. 20.

[155] Artigo 63, n. 1 da LF.

[156] Artigo 54, n. 3 (KLOEPFER, Michael. *Verfassungsrecht*. pp. 427-428, Nm 25).

[157] SCHNEIDER, Hans-Peter. Das parlamentarische System. p. 252.

[158] KLOEPFER, Michael. *Verfassungsrecht*. p. 428, Nm. 27.

[159] Artigo 69, n. 2 da LF.

[160] Artigo 67, n. 1 da LF.

[161] SCHNEIDER, Hans-Peter. Das parlamentarische System. p. 273.

do Governo para participar de suas comissões, obrigando-o a responder e intervir sobre o tema debatido.[162]

O Poder Executivo no sistema parlamentar é composto pelo órgão governamental e pela administração pública.[163] O Governo, na pessoa do Chanceler, é responsável pela direção política do Estado,[164] determinando as finalidades a serem alcançadas e tomando as decisões políticas fundamentais para a condução da Nação.[165] É-lhe atribuída, ainda, a tarefa de conduzir os "assuntos governamentais",[166] ou seja, cabe ao Chanceler a utilização de técnicas para uma direção unívoca dos negócios govenamentais em todas as esferas das instituições que o compõem.[167] A Constituição alemã dispõe ao Chefe do Governo a capacidade de determinar as diretrizes da condução de sua política, sendo responsável perante o Parlamento,[168] e impõe aos Ministros Federais seu obedecimento, cabendo-lhes também responsabilidade por seus atos.[169] Ademais, relativamente a sua capacidade normativa e a sua participação na competência legislativa do Parlamento, são funções do Governo Federal, especialmente: a emissão de leis autorizadas, nesse caso também são competentes os Ministros Federais e os Governos Estaduais;[170]a proposição de projetos de lei;[171]a aprovação de leis que contenham aumento ou diminuição futuras de despesas do Governo[172] e a emissão de prescrições administrativas no âmbito da administração pública.[173]

---

[162] Artigos 44 e 43 da LF, respectivamente (KLOEPFER, Michael. *Verfassungsrecht.* pp. 428-429, Nm. 29 e 31). Soma-se a esse instrumento a capacidade de o Parlamento requerer "grandes" e "pequenas" solicitações de informações, bem como a solicitação de informação "oral" (*Grossen, Kleinen* e *Mündliche Anfragen*), todas a serviço de informar sobre questões politicamente controversas e previstas no regulamento interno do Parlamento (*Geschäftsordnung des Deutschen Bundestages*) (SCHNEIDER, Hans-Peter. Das parlamentarische System. p. 274).

[163] KLOEPFER, Michael. *Verfassungsrecht.* p.572, Nm. 8.

[164] *Idem*, p. 572, Nm. 8.

[165] *Idem*, p. 618, Nm. 253.

[166] Artigo 65, frase n. 4 da LF.

[167] KLOEPFER, Michael. *Verfassungsrecht.* p. 619, Nm. 258.

[168] Artigo 65, n. 1, capacidade que é denominada "Princípio do Chanceler" (*Kanzlerprinzip*) (SCHNEIDER, Hans-Peter. Das parlamentarische System. p. 244).

[169] Artigo 65, frase n. 2 da LF.

[170] Artigos 80, n. 1.

[171] Artigo 76, n. 1.

[172] Artigo 113 da LF.

[173] 84, n. 2 e 85, n. 2 frase 1 da LF.

I. OS ATOS NORMATIVOS DO PODER EXECUTIVO EM DIFERENTES SISTEMAS CONSTITUCIONAIS

O Presidente da República é uma figura com limitadas atribuições políticas no âmbito da LF, fruto da necessidade de composição de um modelo de Governo que fosse antagônico àquele da República de Weimar[174] e que resulta na dependência de confirmação do Chanceler Federal ou de Ministro Federal para qualquer disposição e resolução de sua autoria.[175] Tal obrigatoriedade de validação do ato por Chanceler ou Ministro restringe uma possível tomada de posição política própria e diferente daquela escolhida pelo Governo e permite que esses últimos, ao revisar suas decisões, possam ser politicamente responsáveis por elas,[176] já que o Presidente da República não responde perante os outros órgãos soberanos, segundo sua configuração estatutária da LF alemã.[177] Independentemente da validação de seus atos, são funções constitucionalmente e politicamente atribuídas ao Presidente da República as competências de (a) representar a Nação internacionalmente;[178] (b) controlar e autenticar atuações de outros órgãos (*função notarial*); (c) atuar excepcionalmente como órgão decisório (*funções reservadas*).[179] Cabe, assim, ao Presidente funções comparadas a de um notário no sentido de atuar na verificação dos atos de outros órgãos e conceder-lhes eficácia externa,[180] tais como a promulgação das leis,[181] a proposta e a nomeação do Chanceler Federal, embora seja eleito pelo Parlamento[182] e a nomeação e a exoneração dos Ministros Federais, por proposta do Chanceler.[183] Por fim, compete-lhe, excepcionalmente, tomar decisões políticas, quando as

---

[174] KLOEPFER, Michael. *Verfassungsrecht*. p. 548, Nm. 95.

[175] Assim, artigo 58 da LF.

[176] KLOEPFER, Michael. *Verfassungsrecht*. p. 562, Nm. 165-166.

[177] *Idem*, p. 561, Nm. 160-162. Há, entretanto, a possibilidade de acusação do Presidente da República pelo Parlamento ou Conselho Federal perante o Tribunal Constitucional por violação da Lei Fundamental alemã ou qualquer lei federal, que pode destituí-lo do cargo, conforme o artigo 61, ns. 1 e 2, da LF.

[178] Artigo 59 da LF.

[179] KLOEPFER, Michael. *Verfassungsrecht*. pp. 534-535, Nm. 17-25. O autor refere-se, ainda, à *função de integração*, que seria a capacidade do Presidente da República, mediante pronunciamentos, conservar a unidade e a estabilidade das relações entre as instituições e órgãos estatais (*Idem*, p. 534, Nm. 21-23).

[180] *Idem*, p. 535, Nm. 24.

[181] Artigo 82, n. 1 LF.

[182] Artigo 63, ns. 1 e 2 da LF.

[183] Artigo 64, n. 1.

intituições competentes estejam incapacitadas,[184] como, por exemplo, o direito de dissolver o Parlamento sob certas circunstâncias[185] ou declarar estado de emergência legislativa.[186]

Passa-se, então, à análise da capacidade normativa do Poder Executivo no âmbito do exercício de competência própria e no cumprimento de suas funções políticas ou administrativas estatuídas pela Constituição alemã. Aponta-se, desde já, que a Lei Fundamental alemã concede a exclusividade da função legislativa ao Poder Parlamentar, que atua como representante do povo e como figura "orientadora" que coordena a atuação dos outros poderes,[187] sendo-lhe atribuído um âmbito decisório "fundamentalmente livre" para a tomada de decisões políticas a que confere forma legislativa.[188] Dir-se-ia, por isso, que ao Governo não corresponde um "direito de legislar", tampouco um poder autônomo,[189] o qual é concedido constitucionalmente somente ao órgão por excelência da produção normativa, o Parlamento. O relacionamento inter-orgânico averiguado na configuração do regime parlamentar possibilita a explicação da reduzida atuação do Poder Executivo no âmbito normativo da Lei Fundamental alemã, cuja fundamentação se confirma nos perigos revelados no período constitucional anterior,[190] que explica

---

[184] KLOEPFER, Michael. *Verfassungsrecht.* p. 535, Nm. 25.

[185] Artigos 63, n. 4, frase n. 3 e 68 da LF.

[186] Artigo 81, n. 1,da LF.

[187] DEGENHART, Christoph. *Staatsrecht I –Staatsorganisationsrecht,* 28ª edição. Heidelberg: C.F. Müller, 2012. p. 117, Nm. 281.

[188] *Idem, ibidem.*

[189] BRADURA, Peter. *Staatsrecht – Systematische Erläuterung des Grundgesetzes.* 4a edição. München: Beck, 2010. pp. 636, Rn. 16.

[190] Embora a constituição que vigorava no período nacional-socialista fosse a Constituição de Weimar, a aprovação de lei – no ano de 1933 – que transferia plenos poderes a Hitler (*Ermächtigungsgesetz*) permitiu a "superação por meios legais da democracia de Weimar" (APEL, Hans. *Der deutsche Parlamentarismus – Unreflektierte Bejahung der Demokratie?* Reinbek: Rowohlt Taschenbuch, 1968. p. 40). A ordem jurídica em vigência atribuía à figura do "*Führer*" as competências legislativa e executiva, concentrando nele todas as funções do Estado (*Gesamtgewalt*) como garantia de uma "configuração unitária da comunidade nacional" (*Volksgemeinschaft*) (DIECKMANN, Charlotte. *Der Vorbehalt des Führerwillens und der Vorbehalt des Gesetzes im nationalsozialistischen Verfassungsrechts.* Düsseldorf: Nolte, 1937. p. 28). Ao contrário, a separação de poderes resultaria na "segurança individual" em prejuízo dos interesses de "toda a comunidade" (*Idem, ibidem*).

a preocupação e cuidado dos "pais da Constituição" em não constituir um Poder Executivo excessivamente forte.[191]

Na Constituição alemã cabe ao Governo a emissão de normas jurídicas infralegais (*untergesetzliche Rechtsnormen*),[192] ou seja, a atuação dá-se somente com alguma espécie de autorização ou permissão, o que se reflete na característica de não haver na LF sistematização das capacidades normativas do Poder Executivo, aparecendo essas isoladamente em dispositivos diversos inseridos em diferentes capítulos da Constituição e sem tratamento detalhado.[193] A normação governamental tem natureza de lei em sentido material no caso dos (a) regulamentos jurídicos (*Rechtsverordnungen*) e dos (b) estatutos jurídicos (*Satzungen*);[194] já, no cumprimento da função administrativa, as (c) prescrições administrativas (*Verwaltungsvorschriften*) possuem força vinculativa externa em alguns casos e segundo determinadas condições.

Os regulamentos jurídicos são a forma de produção legislativa do Poder Executivo que corresponde à legislação autorizada sujeita a uma lei autorizadora parlamentar, nos moldes da norma prevista no artigo 80, n. 1, da LF.[195] Por depender da concessão de capacidade normativa pelo Poder Legislativo, a atuação do Poder Executivo em âmbito autorizado é regida pelos princípios da primazia da lei e da reserva de lei,[196] o que, sendo essa a forma por excelência da atuação do Governo no âmbito legislativo, corrobora o entendimento da existência daquilo que se sustenta por "Estado legislador"[197] no âmbito jurídico alemão e que significa a total submissão do Poder Executivo à lei parlamentar. O elenco de órgãos capacitados para legislar em âmbito delegado está previsto no

---

[191] SCHNEUER, Ulrich. Die Lage des parlamentarischen Regierungssystems in der Bundesrepublik. p. 361.

[192] IPSEN, Jörn. *Allgemeines Verwaltungsrecht*. München: Franz Vahlen, 2012. pp. 30, Nm. 105 e 108 e 78-79, Nm. 290.

[193] AXER, Peter. *Normsetzung der Exekutive in der Sozialversicherung – Ein Beitrag zu den Voraussetzungen und Grenzen untergesetzlicher Normsetzung im Staat des Grundgesetzes*. Tübingen: Mohr Siebeck, 2000. pp. 208-209, 211-212 e 218.

[194] Assim, por todos, OSSENBÜHL, Fritz. Satzung in J. Isensee/P. Kirchhof, *Handbuch des Staatsrechts der Bundesrepublik Deutschland*, Band III, Heidelberg: C.F. Müller 1996. p.481, Nm. 35.

[195] O artigo 80 está previsto no capítulo intitulado "A Legislação da Federação".

[196] DEGENHART, Christoph. *Staatsrecht I*. p. 134, Nm. 328.

[197] Referindo-se ao conceito: CORREIA, Sérvulo. *Legalidade e autonomia contratual nos contratos administrativos*. Coimbra: Almedina, 2013. p. 77; VAZ, Manuel Afonso. *Lei e reserva de lei*. p. 54.

n. 1 do referido artigo, quais sejam, o Governo Federal, um Ministro Federal e os governantes estaduais, e há possibilidade, inclusive, de subdelegação, desde que prevista a possibilidade na lei autorizadora.[198]

Tendo como traço principal do seu estatuto constitucional a titularidade de competência legislativa derivada[199] e inexistindo, no âmbito da LF, a definição do significado da legislação governamental ou do conteúdo a ser regulamentado por ele,[200] no sentido de estabelecimento de quando e em que sentido seria conveniente que o Governo pudesse legislar, o momento e a capacidade de transmissão da função legislativa ao Poder Executivo são problematizados pela doutina e jurisprudência germânica. Pergunta-se, especialmente, qual o alcance da reserva parlamentar – e, eventualmente, se pode-se fundamentá-la no texto da LF – [201] e o que competiria ao Parlamento legislar, que matérias *podem* ser delegadas, se poder-se-ia falar em proibição de delegação referente a alguns conteúdos ou âmbitos materiais e o quão determinada e densa deve ser a lei autorizadora parlamentar.[202] Constitucionalmente expressas estão, porém, as exigências de determinação, na lei delegante, do *conteúdo*, *objeto* e *extensão* da utilização da permissão normativa pelo Poder Executivo.[203] Significaria isso que o legislador tem o dever de, pelo menos, pontuar em *"quais casos"*, no sentido de definição do âmbito de utilização, *"qual o conteúdo"* e *"que tendência"*, ou seja, quais as finalidades deverão ser seguidas pelo órgão governamental no uso da autorização.[204] A exigência de determinação contida na Lei Fundamental alemã corresponde a um nível de "suficiência", não coincidindo com o dever de determinação do legislador autorizador um mandamento de definir

---

[198] Artigo 80, n. 1, 4ª frase da LF.

[199] BRADURA, Peter. *Staatsrecht.* pp. 635-636, Nm. 16.

[200] AXER, Peter. *Normsetzung der Exekutive in der Sozialversicherung.* pp. 213-215.

[201] STAUPE, Jürgen. *Parlamentsvorbehalt und Delegationsbefugnis – Zur "Wesentlichkeitstheorie" und zur Reichweite legislativer Regelungskompetenz, insbesondere im Schulrecht.* Berlin: Duncker & Humblot, 1985. 24.

[202] Assim, por todos, *Idem*, pp. 23 e ss; 103; As proposições doutrinárias e jurisprundenciais alemãs que refletem sobre o problema do alcance e dos limites da *reserva parlamentar,* com especial importância aos contributos da *teoria da essencialidade* para a solução do problema, serão também objeto de análise no capítulo III da investigação.

[203] Artigo 80, n. 1, 2ª parte.

[204] DEGENHART, Christoph. *Staatsrecht I.* p. 135, Nm. 330, referindo-se aos critérios definidos em decisão *BVerfGE* 1,14,60.

1. OS ATOS NORMATIVOS DO PODER EXECUTIVO EM DIFERENTES SISTEMAS CONSTITUCIONAIS

toda a ação normativa do Governo "tão precisa quanto possível".[205] Por fim, a intenção do artigo é disciplinar somente o "como" da delegação legislativa, mas já não o "se",[206] evitando a atribuição de uma "procuração em branco" ao Governo[207] e imputando-lhe, ao contrário, a capacidade de normação de *questões pontuais* que concretizam a legislação parlamentar primária.[208]

A LF menciona, ademais, em outro momento, os regulamentos jurídicos do Governo, embora sem conceder sentido diferenciado ao instrumento.[209] O artigo 109, n. 3, prevê à Federação a possibilidade de emissão de regulamentos jurídicos, observados os requisitos de existência de lei autorizadora prévia e com a aprovação do Conselho Federal, em situações de abalos financeiros, catástrofes naturais ou momentos "extraordinários de emergência" que alterem as circunstâncias econômicas normais, em um sentido de "intrumento de controle" com intuito de reequilibrar a economia[210] e com âmbito de incidência material reduzido.[211]

O processo dos regulamentos jurídicos emitidos pelo Governo não está previsto na LF, ao contrário do que ocorre com as leis parlamentares. Entretanto, há dispositivos dos quais se pode concluir questões processuais importantes, como é o caso do artigo 80, n. 2, que dispõe sobre a obrigatoriedade de aprovação pelo Conselho Federal das leis autorizadas que disponham sobre as matérias ali elencadas. Ao Parlamento também é atribuída uma ampla margem de *participação* na produção dos regulamentos jurídicos, já que pode interferir de forma a introduzir no diploma autorizador poderes próprios,[212] tais como: possibilidade de condicionar o regulamento jurídico a sua concordância;[213] capacidade

---

[205] STAUPE, Jürgen. *Parlamentsvorbehalt und Delegationsbefugnis.* p. 147.

[206] *Idem*, p. 144.

[207] DEGENHART, Christoph. *Staatsrecht I.* p. 135, Nm. 328.

[208] IPSEN, Jörn. *Allgemeines Verwaltungsrecht.* p. 81, Nm. 302.

[209] AXER, Peter. *Normsetzung der Exekutive in der Sozialversicherung.* p. 215.

[210] *Idem, ibidem.*

[211] Conforme artigo 10, n. 3, frases n. 1 e 2.

[212] Fala-se em "reservas de participação" parlamentar (GRUPP, Klaus. Zur Mitwirkung des Bundestages bei dem Erlass von Rechtsverordnungen in *Deutsches Verwaltungsblatt*, n. 5, 1974. p. 178) para se referir às várias reservas possíveis de serem previstas nas leis autorizadoras e que permitem a atuação do Parlamento no âmbito legislativo do Poder Executivo.

[213] KONZAK, Olaf. Die Änderungsvorbehaltsverordnung als neue Mitwirkungsform des Bundestages beim Erlass von Rechtsverordnungen in *Deutsches Verwaltungsblatt*,

de cancelamento e modificação da legislação autorizada; [214]atribuir a si um direito de embargo ou veto,[215] obrigar o Executivo a um "dever de fundamentação" e condicionar a lei autorizada a sua tomada de opinião sobre algum assunto específico.[216] O exercício de delegar ao Poder Executivo o tratamento de determinada matéria que faria parte origialmente de seu âmbito de competência não significa que o órgão legislativo transmita seu poder de forma absoluta, podendo ainda cancelar ou modificar a norma autorizadora,[217] o que deixa claro seu amplo poder de influência no âmbito decisório do Governo de modo, também, a garantir sua primazia no desempenho da função legislativa.[218] Cabe ainda referir que a LF atribui ao próprio Governo as capacidades de emissão e promulgação dos regulamentos jurídicos, ou seja, é função do Chanceler Federal ou do Ministro Federal responsável por sua elaboração também promulgá-los para, a seguir, serem publicados no Diário Oficial da Federação.[219] A fiscalização dar-se-á de forma que os tribunais comuns, ao duvidarem de sua validade, podem deixar de aplicá-los,[220] e o Tribunal Constitucional afere, no âmbito do controle abstrato de normas ou por meio de queixa constitucional,[221] a constitucionalidade do decreto autorizado e a "compatibilidade material" da lei autorizada com a autorização,[222] no sentido de observância dos requisitos impostos nessa última.

Os estatutos (*Satzungen*) são também "fonte jurídica de nível inferior ao da lei formal",[223] a que se concede natureza de lei em sentido

---

n. 19, 1994. p. 1109; GRUPP, Klaus. Zur Mitwirkung des Bundestages bei dem Erlass von Rechtsverordnungen. p. 178, e exemplos aí citados; DEGENHART, Christoph. *Staatsrecht I.* p. 137, Nm. 338.

[214] *Idem, ibidem.*

[215] KONZAK, Olaf. Die Änderungsvorbehaltsverordnung als neue Mitwirkungsform des Bundestages beim Erlass von Rechtsverordnungen. p. 1109.

[216] *Idem, ibidem.*

[217] GRUPP, Klaus. Zur Mitwirkung des Bundestages bei dem Erlass von Rechtsverordnungen. pp. 179-180, o que permite sua qualificação como delegação "imprópria" (*Idem*, p. 179).

[218] *Idem*, p.178.

[219] Assim, artigo 82, n. 1, fase n. 2 da LF.

[220] DEGENHART, Christoph. *Staatsrecht I.* p. 138, Nm. 339.

[221] No primeiro caso, a regra está prevista no artigo 93, n. 1, frase n. 2; KLOEPFER, Michael. *Verfassungsrecht.* p. 765, Nm. 366.

[222] *Idem*, p. 139, Nm. 340.

[223] OSSENBÜHL, Fritz. *Satzung.* p. 464, Nm. 1.

material,[224] destinados principalmente às entidades da administração indireta e às autoridades da administração autônoma,[225] ou seja, entidades, corporações e fundações tais como os municípios,[226] as universidades, as ordens profissionais, as Câmaras de Comércio e Indústria e as emissoras de radiofusão.[227] Os titulares são pessoas jurídicas de direito público também encarregadas, com a administração direta originária do Estado, de cumprimento da função executiva,[228] cuja capacidade normativa decorre justamente de um atributo de regulamentação em nome e responsabilidade próprios,[229]e a emissão resulta da deliberação de seus órgãos decisórios.[230] O amplo âmbito de diferentes titulares do poder regulamentar autônomo reflete na "diversidade e hetorogenidade" dos estatutos,[231] que permite a generalização de suas características somente em termos limitados.[232]

A normação se dá no âmbito daquilo que corresponde, para aqueles órgãos que o detenham, ao seu direito de autonomia,[233] não havendo,

---

[224] Assim, por todos, *Idem*, p. 481, Nm. 35; SCHNEIDER, Hans. Autonome Satzung und Rechtsverordnung: Unterschiede und Übergänge in *Festschrift für Philipp Möhring zum 65. Geburtstag*, 1965. p. 522.

[225] A doutrina alemã comumente atribui a capacidade estatutária às autoridades jurídico-públicas da administração autônoma em geral: IPSEN, Jörn. *Allgemeines Verwaltungsrecht*. München: Franz Vahlen, 2012. p. 81, Rn. 301; DEGENHART, Christoph. *Staatsrecht I*. p. 140, Rn. 343. Diversamente, Klaus Stern refere-se também à administração indireta como titular específico (STERN, Klaus. *Das Staatsrecht der Bundesrepublik Deutschland*. Band III/1. pp. 1337 e ss) e Ossenbühl, além dessa, confere tal capacidade normativa a outros dois titulares: as instituições *independentes*, constitucionalmente ou por meio de lei, do Estado, de que são exemplos o Banco Federal alemão e as emissoras públicas de radiofusão, e as *intermediárias*, que exemplifica com o Instituto Federal de transportes de longa distância e o Instituto Federal de formação profissional (OSSENBÜHL, Fritz. Satzung. pp. 465-471, Nm. 4-16). Optou-se por seguir a orientação que atribui competência estatutária aos órgãos da administração indireta, que praticam atos da administração pública, e às autoridades administrativas autônomas (STERN, Klaus. *Das Staatsrecht der Bundesrepublik Deutschland*. Band III/1. pp. 1337 e ss).

[226] A autonomia administrativa dos municípios está prevista na LF, artigo 28, n. 2, frase n. 1.

[227] Exemplos referidos por: OSSENBÜHL, Fritz. Satzung. pp. 465-469, Nm. 5-11.

[228] STERN, Klaus. *Das Staatsrecht der Bundesrepublik Deutschland*. Band III/1. pp. 1332-1337.

[229] DEGENHART, Christoph. *Staatsrecht I*. p. 140, Nm. 343; SCHNEIDER, Hans. Autonome Satzung und Rechtsverordnung: Unterschiede und Übergänge. p. 521.

[230] DEGENHART, Christoph. *Staatsrecht I*. p. 140, Nm. 343.

[231] OSSENBÜHL, Fritz. Satzung. p. 464, Nm. 2.

[232] *Idem*, pp. 464-465, Nm. 2

[233] IPSEN, Jörn. *Allgemeines Verwaltungsrecht*. p. 81, Nm. 301 e 302.

AS RESTRIÇÕES AOS DIREITOS FUNDAMENTAIS POR ATO NORMATIVO DO PODER EXECUTIVO

portanto, imposição da exigência de uma lei anterior autorizadora nos termos da previsão do 80 da LF.[234] Entretanto isso não significa dizer que o exercício da regulamentação estatutária não dependa de uma permissão expressa da lei que institui seu funcionamento e delimita suas tarefas.[235] Isso porque, embora não haja previsão, no texto da LF, de um artigo destinado à conceituação desse instrumento normativo e que disponha sobre os termos correspondentes a sua utilização e,[236] ademais, que se diga que tal poder se movimenta em uma "zona não estatal", é, ainda assim, um âmbito público[237] regido pelo Direito do Estado. Isso quer dizer que, mesmo que seja um *poder autônomo* e não resultado da transmissão de competência primária estatal, a capacidade de normação de pessoas jurídicas de direito público é *exercício do Poder Executivo*,[238] e, assim, vinculada à obediência à lei, nos termos do artigo 20, n. 3, da LF.[239] Ao mesmo tempo, no âmbito do objeto da exposição, é conhecida a existência de um "mandamento de determinabilidade" direcionado ao legislador na regulamentação ou na transmissão de poder normativo de questões e matérias inseridas no âmbito da reserva de lei,[240] cujo debate doutrinário e jurisprudencial envolve especialmente as atuações relevantes aos direitos fundamentais, o qual serve como norteador da imposição de requisitos e limites para a capacitação normativa desses orga-

---

[234] Assim, por todos, DEGENHART, Christoph. *Staatsrecht I.* p. 140, Nm. 343, o que afastaria, em tese, os estatutos das discussões sobre a violação, pelo Poder Executivo, ao princípio da divisão de poderes (no sentido de que essa forma regulamentar não provocaria uma "ruptura" do princípio, *Idem, ibidem*). Voltar-se-á a esse ponto na discussão sobre a capacidade regulamentária em âmbito dos direitos fundamentais e da eventual disposição estatutária de normas que afetem, mesmo que indiretamente, de forma negativa tais direitos.

[235] *Idem*, p. 140, Nm. 343. Assim, no caso da autonomia municipal, o artigo 28, n. 2, da LF, dispõe que seu exercício regulamentar seja exercido "nos limites da lei".

[236] AXER, Peter. *Normsetzung der Exekutive in der Sozialversicherung.* p. 216; DEGENHART, Christoph. *Staatsrecht I.* p. 13, Nm. 30.

[237] SCHNEIDER, Hans. Autonome Satzung und Rechtsverordnung: Unterschiede und Übergänge. p. 522. STERN, Klaus. *Das Staatsrecht der Bundesrepublik Deutschland.* Band III/1. p. 1339.

[238] STERN, Klaus. *Das Staatsrecht der Bundesrepublik Deutschland.* Band III/1. p. 1337.

[239] JACHMANN, Monika. Die Bindungswirkung normkonkretisierender Verwaltungsvorschriften in *Die Verwaltung*, n. 28, 1995. p. 19.

[240] STAUPE, Jürgen. *Parlamentsvorbehalt und Delegationsbefugnis.* pp. 136 e ss.; OSSENBÜHL, Fritz. Satzung. p. 482, Nm. 37.

1. OS ATOS NORMATIVOS DO PODER EXECUTIVO EM DIFERENTES SISTEMAS CONSTITUCIONAIS

nismos de direito público.[241] Poder-se-ia imaginar a concessão de uma espécie de "carta branca" de poder regulamentar aos organismos da administração autônoma somente em casos que não envolvessem matéria de direitos fundamentais e se dirigissem limitadamente ao "âmbito administrativo autônomo" ou organizacional da instituição.[242]

A capacidade normativa corresponde à competência, no caso dos municípios, de lidar com as questões relacionadas a uma realidade local, incidindo em três âmbitos em especial, quais sejam, a estruturação da organização própria,[243] a capacidade de gerência dos encargos e a organização dos serviços públicos no sentido de conformação do instrumentário comunitário institucional,[244] e, por fim, no âmbito do planejamento orçamentário e financeiro municipal, regulamentando, por exemplo, planos de fiscalização de construções.[245] Relativamente a outras corporações ou instituições autônomas, a fundamentação da existência de capacidades normativas refere-se ao desempenho das tarefas a elas atribuídas por lei e ao âmbito exclusivo da definição de regras internas para seu funcionamento.[246] Assim, no caso das universidades, a atribuição da competência normativa é feita por algumas constituições estaduais[247] ou baseada argumentativamente no direito fundamental à liberdade científica,[248] centrando-se, principalmente, no âmbito da con-

---

[241] Assim, referindo-se particularmente à reserva de lei incidente na regulamentação de matérias relevantes aos direitos fundamentais e a especial determinação da lei que prevê a capacidade estatutária de órgão jurídico-público da administração autônoma nesse âmbito, OSSENBÜHL, Fritz. Satzung. p. 482, Nm. 37.

[242] *Idem*, p. 482, Nm. 37. Salientando, entretanto, a importância da vinculação da capacidade regulamentar autônoma ao respeito aos direitos fundamentais mesmo quando dispõem sobre atribuições próprias, STERN, Klaus. *Das Staatsrecht der Bundesrepublik Deutschland*. Band III/1. pp. 1339 e ss. Referindo-se aos efeitos indiretos dos estatutos que acabam por vincular obrigações a terceiros e a necessidade de sua fundamentação em lei: SCHNEIDER, Hans. Autonome Satzung und Rechtsverordnung. pp. 530 e ss.

[243] OSSENBÜHL, Fritz. Satzung. p. 466, Nm. 5.

[244] *Idem, ibidem*.

[245] *Idem, ibidem*.

[246] DEGENHART, Christoph. *Staatsrecht I*. p. 140, Nm. 343.

[247] OSSENBÜHL, Fritz. Satzung. p. 466, Nm. 7.

[248] Referindo que, nesse caso, embora a capacidade normativa não esteja constitucionalmente explícita na norma do direito fundamental, a faculdade regulamentar deriva de um poder "originado anteriormente ao Estado e solidificado historicamente", STERN, Klaus. *Das Staatsrecht der Bundesrepublik Deutschland*. Band III/1. p. 1339.

formação da pesquisa e do ensino.[249] As câmaras profissionais disciplinam os deveres e os direitos do profissional no exercício do ofício, e as Câmaras de Indústria e Comércio, cuja finalidade é o "fomento da economia autônoma",[250] além da organização interna da entidade, regulamentam a arrecadação de contribuições e taxas dos empresários representados para sua manutenção.[251]

O controle abstrato que pode resultar na nulidade estatutária examinará, além da existência de fundamentação legal do estatuto e de regras processuais especiais,[252] a observância dos limites da competência autônoma e dos parâmetros constitucionais materiais, como os princípios da proporcionalidade e da igualdade.[253] Ademais, é conferido ao juiz, no âmbito de um caso concreto, a capacidade de avaliação incidental do estatuto e, até, a declaração de nulidade, embora a decisão não tenha efeitos gerais.[254]

Por fim, as prescrições administrativas são normas gerais e abstratas emitidas por autoridades administrativas superiores aos funcionários a elas subordinadas no âmbito de um mesmo órgão (prescrições intrasubjetivas) ou emitidas por autoridades de diferentes postos organizacionais e válidas em geral no âmbito de outros órgãos administrativos (prescrições intersubjetivas),[255] com a finalidade de disciplinar a atuação

---

[249] OSSENBÜHL, Fritz. Satzung. p. 466, Nm. 7. Assim, por exemplo, emitem as universidades ordenações no campo das promoções, das regras dos títulos de Habilitação, Mestrado e Graduação e das formas de avaliação dos alunos (*Idem, ibidem*).

[250] *Idem*, p. 467, Nm. 9.

[251] *Idem*, p. 467, Nm. 8 e 9.

[252] O processo do estatuto apresenta-se em conformidade com a realidade diferenciada dos órgãos que possuem tal competência e traduz-se nos seguintes passos: iniciativa; decisão de seu conteúdo por órgão colegiado (*Satzungsbeschluss*); autorização da autoridade fiscalizadora que controla sua legalidade; formalização com a concordância das autoridades que a emitem e a emissão do documento (*Ausfertigung*) e divulgação (*Bekanntmachung*) (*Idem*. pp. 489-493, Nm. 50-60).

[253] DEGENHART, Christoph. *Staatsrecht I*. p. 141, Nm. 345.

[254] OSSENBÜHL, Fritz. Satzung. pp. 494-450, Nm. 62.

[255] Esse último é o caso, por exemplo, da capacidade de o Governo Federal emitir "normas administrativas de caráter geral" a que os Estados devem observar (artigos 84, n. 2 e 85, n. 2, frase n. 1, da LF) (JARASS, Hans. Bindungswirkung von Verwaltungsvorschriften in *Juristische Schulung*, n. 39, 1999. pp. 105-106); em sentido semelhante: OSSENBÜHL, Fritz. Autonome Rechtsetzung der Verwaltung in J. Isensee/P. Kirchhof, *Handbuch des Staatsrechts der Bundesrepublik Deutschland*, Band III, Heidelberg: C.F. Müller 1996. p. 439, Nm. 29.

1. OS ATOS NORMATIVOS DO PODER EXECUTIVO EM DIFERENTES SISTEMAS CONSTITUCIONAIS

e a organização da administração pública, abrangendo toda a extensão desses âmbitos.[256] A LF não regulamenta, de forma sistemática, a competência normativa administrativa, havendo artigos esparsos que a disciplinam, em sua maioria no capítulo referente à "execução das leis federais e a administração pública", cuja consequência é também a inexistência de uma forma processual predisposta.[257]

As prescrições administrativas são utilizadas para o exercício de diferentes funções conforme seu conteúdo. Assim, dir-se-ia que as prescrições "organizatórias" servem à estruturação interna dos órgãos administrativos, disciplinando, por exemplo, a distribuição de competências e procedimentos a serem seguidos internamente por suas autoridades.[258] Diversamente, as prescrições ditas "diretivas" são as que "dirigem e racionalizam o procedimento decisório administrativo e outras medidas",[259] orientando a atuação discricionária de seus agentes e possibilitando uma aplicação mais uniformizada da lei, principalmente nos casos em que são utilizados, em sua disposição, conceitos indefinidos, cuja concretização ou interpretação possibilita sua execução nos casos concretos.[260] Estariam incluídas nessa espécie não só toda a normação que permite a execução legislativa, estabelecendo "escalas ou padrões decisórios" e facilitando as ponderações de interesses na aplicação da lei,[261] como também as prescrições que a complementam ou preenchem, desde que sua emissão pertença à competência do Poder Executivo e respeite o limite da reserva de lei.[262] Admitem-se, ainda, prescrições administrativas em situações de inexistência de lei, principalmente no âmbito da administração prestadora,[263] cuja utilização deve respeitar, pelo menos, limites materiais como o princípio da igualdade e os direitos fundamentais.[264]

---

[256] Ossenbühl, Fritz. Autonome Rechtsetzung der Verwaltung. p. 427, Nm. 4.

[257] Axer, Peter. *Normsetzung der Exekutive in der Sozialversicherun.* p. 216.

[258] Ossenbühl, Fritz. Autonome Rechtsetzung der Verwaltung. p. 433, Nm. 14-16.

[259] *Idem.* p. 434, Nm. 17.

[260] Degenhart, Christoph. *Staatsrecht I.* p. 143, Nm. 348-349; Ossenbühl, Fritz. Autonome Rechtsetzung der Verwaltung. pp. 434, Nm. 18 e 438, Nm. 26; Jachmann, Monika. Die Bindungswirkung normkonkretisierender Verwaltungsvorschriften. pp. 20-22.

[261] Ossenbühl, Fritz. Autonome Rechtsetzung der Verwaltung. pp. 435-436, Nm. 19.

[262] *Idem*, pp. 436-437, Nm. 24-26.

[263] *Idem*, p. 438, Nm. 27-28. A problematização da necessidade de respeito à reserva de lei também nesse âmbito será objeto também do capítulo VI da exposição.

[264] *Idem*, p. 438, Nm. 27.

A capacidade de produzir efeitos externos das prescrições administrativas é correspondente ao seu conteúdo e natureza,[265] embora sejam, em geral, "intencionalmente não direcionadas à coletividade".[266] Assim, as "prescrições organizatórias" vinculam seus endereçados internamente no âmbito da administração pública, a que compete a observância do dever de obediência,[267] mas já não podem sujeitar os tribunais a sua aplicação.[268] Isso não quer dizer, entretanto, que não devem estar em conformidade com a Constituição e dever respeito ao mandamento de primazia da lei,[269]sendo submetidas à fiscalização parametrizada no respeito aos direitos fundamentais.[270] Diversamente, as prescrições administrativas que concretizam conceitos indeterminados ou esclarecem termos técnicos são, em certas circunstâncias, impostas tanto às autoridades administrativas quanto aos tribunais. O efeito vinculativo é concedido a tais normas administrativas, desde que respeitadas algumas condições, das quais se atribui especial peso à obrigatoriedade de previsão em lei da necessidade de normação administrativa,[271] havendo a exigência de que a prescrição não agregue ou modifique o conteúdo legislativo, cuja substância a orienta e limita,[272]ou contenha diretrizes cientificamente inovatórias ou previsão de comportamentos atípicos.[273]

---

[265] Assim, por todos, JARASS, Hans. Bindungswirkung von Verwaltungsvorschriften. pp. 107 e ss; OSSENBÜHL, Fritz. Autonome Rechtsetzung der Verwaltung. pp. 441, Nm. 33 e 453, Nm. 55.

[266] STERN, Klaus. *Das Staatsrecht der Bundesrepublik Deutschland*. Band III/1. p. 1328.

[267] JARASS, Hans. Bindungswirkung von Verwaltungsvorschriften. p. 110.

[268] DEGENHART, Christoph. *Staatsrecht I*. p. 144, Nm. 350 e 351.

[269] JARASS, Hans. Bindungswirkung von Verwaltungsvorschriften. p. 106; DEGENHART, Christoph. *Staatsrecht I*. p. 145, Nm. 352.

[270] Referindo que a capacidade de influenciar a esfera jurídica do cidadão faz com que se exija a observância dos direitos fundamentais também das normas organizatórias: STERN, Klaus. *Das Staatsrecht der Bundesrepublik Deutschland*. Band III/1. pp. 1329-1331. Isso porque, conforme aqui se entende, as consequências indesejáveis de qualquer tipo de prescrição administrativa podem ser relevantes ao exercício de direitos fundamentais. Voltar-se-á, como já referido, ao assunto adiante, nomeadamente no capítulo VI da exposição.

[271] JARASS, Hans. Bindungswirkung von Verwaltungsvorschriften. p. 109; JACHMANN, Monika. Die Bindungswirkung normkonkretisierender Verwaltungsvorschriften. pp. 24-25.

[272] DEGENHART, Christoph. *Staatsrecht I*. p.144, Nm. 351; OSSENBÜHL, Fritz. Autonome Rechtsetzung der Verwaltung. p. 438, Nm. 26.

[273] JARASS, Hans. Bindungswirkung von Verwaltungsvorschriften. pp. 110-111. Dar-se-á maior atenção às exigências impostas às prescrições administrativas quando regulamentam assuntos relacionados a direitos fundamentais no capítulo VI da investigação.

É importante notar que essas não são prescrições interpretativas, as quais dificilmente é atribuído efeito externo,[274] já que a interpretação não é domínio exclusivo da administração, e a última palavra nesse âmbito cabe ao juiz,[275] mas são normas que proporcionam conhecimentos específicos de que fica dependente a aplicação da lei. Já as prescrições emitidas na ausência de lei anterior ou independentes de lei[276] são internamente vinculativas, tendo a confirmação de sua constitucionalidade também dependente do exame de sua conformidade com o princípio da reserva de lei, considerando o respeito à competência do Poder Executivo em emitir prescrições administrativas em geral, e da averiguação da possível anterior disposição de seu conteúdo em qualquer outra fonte normativa constitucionalmente prevista.[277]

1.3. O modelo presidencialista brasileiro e os atos normativos emitidos pelo Poder Executivo

Por fim, trata-se aqui do sistema de governo estatuído na Constituição brasileira, o presidencialismo, e a contribuição de sua estrutura para a justificação das capacidades normativas do Poder Executivo nessa mesma constituição. O modelo brasileiro de governo presidencial compõe-se das seguintes características: (a) o Poder Executivo é liderado unipessoalmente pelo Presidente da República, que acumula as funções de Chefe de Estado e Chefe de Governo; (b) o Chefe do Executivo é eleito diretamente pelo povo e exerce amplos poderes políticos; (c) o Poder Executivo não responde politicamente perante o Parlamento e,[278] portanto, não pode ser por ele demitido (d) ao mesmo tempo, o Governo não tem a capacidade de dissolução do Parlamento.[279]

---

[274] Excepcionalmente, as prescrições interpretativas podem vir a ter força vinculativa, em obediência ao princípio da igualdade, no caso de existência de uma prática uniformizada por parte da administração pública no seu âmbito de atuação discricionário (Jarass, Hans. Bindungswirkung von Verwaltungsvorschriften. pp. 107-108).

[275] Ossenbühl, Fritz. Autonome Rechtsetzung der Verwaltung. p. 453, Nm. 56.

[276] Assim, por exemplo, as Diretrizes dos Subsídios (*Subventionsrichtlinien*) (*Idem*, p. 456, Nm. 62).

[277] *Idem, ibidem.*

[278] Considerando as duas últimas características como suficientes para a caracterização do sistema de governo presidencial: Novais, Jorge Reis. *Semipresidencialismo*. p. 80.

[279] Assim, aproximando-se dessa sistematização ao definir o presidencialismo: Queiroz, Cristina. *O Sistema de Governo Semi-Presidencial*. p. 32; Moraes, Alexandre de. *Presidencia-*

A Constituição brasileira consagra, no artigo 2º, a *independência* e a *harmonia* entre os poderes, o que significa uma relação que preza por um afastamento "rígido"entre eles,[280] no sentido de que a investidura e a permanência de seus membros, o exercício de seus poderes próprios e a organização interna dos órgãos não dependem da concordância, da autorização ou da vontade dos outros poderes.[281] Ao mesmo tempo, a referência a uma relação harmoniosa incentiva o contato entre o Presidente e o Congresso Nacional por via de atividades que dependem da colaboração de ambos, compondo o chamado "sistema de freios e contrapesos",[282] cuja finalidade é a "busca do equilíbrio necessário à realização do bem da coletividade e indispenável para evitar o arbítrio".[283] É necessário referir ainda, considerando-se ser um dado importante para o tema da exposição, uma característica própria do presidencialismo brasileiro, qual seja, o "desequilíbrio crônico entre os poderes",[284] que permite a preponderância do Presidente da República no exercício de suas funções relativamente aos outros órgãos.[285] Essa situação, embora não faça parte da análise constitucional do sistema, sobrecarrega o Chefe do Executivo com atribuições e exige uma posição intervencionista de sua parte, refletindo no abuso de suas capacidades normativas,[286] ponto que será analisado adiante.

---

lismo. 2ª edição. São Paulo: Atlas, 2013. pp. 59-60; FILHO, Manoel Gonçalves Ferreira. *Curso de Direito Constitucional*. 34ª edição. São Paulo: Saraiva, 2008. pp. 143-144; SARTORI, Giovanni. *Engenharia constitucional*. Sérgio Bath (trad.). Brasília: editora UNB, 1996. pp. 97-99.

[280] QUEIROZ, Cristina. *O Sistema de Governo Semi-Presidencial*. p. 32.

[281] SILVA, José Afonso da. *Curso de Direito Constitucional positivo*. 24ª edição. São Paulo: Malheiros, 2005. p. 110.

[282] *Idem*, pp. 110-111.

[283] *Idem*, p. 110.

[284] MARIOTTI, Alexandre. *Teoria do Estado*. Porto Alegre: Síntese, 1999. p. 83.

[285] *Idem, ibidem*; FILHO, Manoel Gonçalves Ferreira. *Curso de Direito Constitucional*. pp. 145-146. Ao contrário das realidades latino-americanas, a estabilidade política do sistema presidencial norte-americano decorre justamente da "combinação única de um Congresso forte e de uma forte presidência" (MEZEY, Michael L. Congress within the U.S. Presidential System in THURBER, James A., *Divided Democracy: cooperation and conflict between the President and the Congress*. Washington: Congressional Quarterly, 1991.pp. 11 e 22).

[286] MARIOTTI, Alexandre. *Teoria do Estado*. pp. 83-84; FILHO, Manoel Gonçalves Ferreira. *Curso de Direito Constitucional*. pp. 146 e 221-222.

O Poder Executivo presidencial é exercido de forma "centralizada" e "personificada" pelo Presidente da República,[287] cabendo-lhe a escolha discricionária dos ministros que o *auxiliam* na condução de sua política,[288] estando esses eximidos de compartilhar a responsabilidade com o Presidente por suas decisões.[289] Ao mesmo tempo, os ministros podem ser demitidos a qualquer tempo, e tal decisão independe de aceitação pelo Congresso Nacional,[290] que não participa também de sua seleção. Os ministros têm a função de gerenciar os ministérios e atuar na administração pública no âmbito de sua competência,[291] e, referentemente à matéria objeto da pesquisa, referendar os decretos presidenciais e emitir regulamentos no âmbito da capacidade autônoma do Presidente, caso a tarefa lhes seja delegada.[292]

As funções do Presidente da República como Chefe de Estado são principalmente a representação do país no cenário internacional, a relação com as demais nações, que se expressa pela assinatura de tratados internacionais e pelo contato e negociações com os líderes dos países,[293] e pelo estabelecimento da política a ser desempenhada pelo Estado no âmbito internacional, que deve estar de acordo com o direito constitucional pátrio,[294] além do comando das Forças Armadas e da celebração da guerra e da paz.[295] No âmbito da chefia do Governo, cabe à pessoa do Presidente a gestão dos "negócios internos",[296] a tomada das decisões políticas principais e a gerência do aparelho administrativo,[297] atuando, portanto, também na execução de suas deliberações e finalidades gover-

---

[287] Artigo 76 da CF (MORAES, Alexandre de. *Presidencialismo*. p. 57).

[288] Assim, o texto do artigo 76 da CF.

[289] QUEIROZ, Cristina. *O Sistema de Governo Semi-Presidencial*. p. 40.

[290] MORAES, Alexandre de. *Presidencialismo*. pp. 60, 166-173 e 175-176.

[291] Conforme o artigo 87, parágrafo único, inciso I da CF (SILVA, José Afonso da. *Curso de Direito Constitucional positivo*. p. 658; FILHO, Manoel Gonçalves Ferreira. *Curso de Direito Constitucional*. p. 231).

[292] Artigos 87, parágrafo único, inciso I e 84, parágrafo único, da CF.

[293] MORAES, Alexandre de. *Presidencialismo*. pp. 124 e 135-143.

[294] *Idem*, p. 136.

[295] Artigo 84, inciso XIII, XIX e XX, da CF.

[296] MORAES, Alexandre de. *Presidencialismo*. p. 59.

[297] *Idem, ibidem*; FILHO, Manoel Gonçalves Ferreira. *Curso de Direito Constitucional*. pp. 223-225. Assim previsto no artigo 84, II da CF.

namentais.[298] O Presidente participa do processo legislativo, na medida em que é responsável pela promulgação e sanção ou veto das leis,[299] além de ser destinatário privativo da iniciativa de leis sobre determinadas matérias[300] e deter poderes legislativos próprios, quais sejam, a capacidade de emissão de medidas provisórias e leis delegadas.[301]

O Presidente da República não responde politicamente perante o Congresso Nacional, uma vez que não depende de sua confiança para ingressar e permanecer no cargo, já que tem mandato fixo de quatro anos constitucionalmente previsto.[302] Entretanto pode o Chefe do Executivo ser responsabilizado tanto por crimes comuns que sejam relacionados à função e cometidos durante o mandato,[303] ocasião em que é julgado pelo Supremo Tribunal Federal, como por crimes de responsabilidade, esses últimos definidos em lei especial e cujo julgamento se dá perante o Senado Federal.[304] O juízo condenatório, nesse último caso, implica a perda do cargo, com inabilitação, por oito anos, para o exercício da função pública.[305]

O Poder Legislativo é responsável, analisando-se especialmente a "colaboração e controle recíproco"[306] entre os poderes que é própria do sistema presidencial,[307] pelo controle dos atos normativos do Poder Executivo que exorbitem o poder regulamentar ou os limites da delegação legislativa,[308] por delegar competência legislativa,[309] fiscalizar e con-

---

[298] SILVA, José Afonso da. *Curso de Direito Constitucional positivo.* pp. 655 e 657; FILHO, Manoel Gonçalves Ferreira. *Curso de Direito Constitucional.* pp. 225 e 233.

[299] A Constituição Federal prevê a possiblidade superação do veto presidencial havendo concordância da maioria absoluta dos deputados e senadores, conforme o artigo 66, §4, da CF.

[300] Artigos 84, III, e 61, § 1º, da CF.

[301] Previstas nos artigos 62 e 68 da CF, respectivamente.

[302] Regra prevista no artigo 82 da CF (SILVA, José Afonso da. *Curso de Direito Constitucional positivo.* p. 543; MARIOTTI, Alexandre. *Teoria do Estado.* p. 81).

[303] MORAES, Alexandre de. *Presidencialismo.* pp. 64-65, assim, conforme a regra prevista no §4º do artigo 86 da CF.

[304] Artigos 52, I e parágrafo único, 85 e 86 da CF.

[305] Assim, o texto do artigo 52, parágrafo único, da CF.

[306] SILVA, José Afonso da. *Curso de Direito Constitucional positivo.* p. 111.

[307] A importância de uma relação "harmoniosa" entre os poderes é consagrada na Constituição brasileira no artigo 2º, conforme já mencionado.

[308] Conforme o texto do artigo 49, inciso V, da CF.

[309] Artigo 68 da CF.

trolar os atos do Poder Executivo[310] e julgar o Presidente da República por crimes de responsabilidade.[311]

A Constituição brasileira, assim como as duas ordens jurídico-constitucionais anteriormente abordadas, é fruto da superação de um momento político ditatorial, cujo modo de exercício do governo foi marcado por uma abusiva atividade normativa, ou seja, a legitimação dos atos políticos governamentais fora somente possível "debaixo da tutela e violência dos atos institucionais"[312] dos militares emitidos nesse período. A ordem jurídica sobressalente em 1988 fora, portanto, promulgada observando o cuidado de atribuir ao Poder Executivo principalmente, na figura do Presidente, uma capacidade normativa "anômala",[313] por sua característica de ser desempenhada somente em situações de "relevância e urgência", o que a torna excepcional,[314] embora lhe seja atribuída *força de lei* (1).[315] Além disso, é própria do poder legislativo presidencial,

---

[310] Artigo 49, inciso X, da CF.

[311] Artigos 85 e 86 da CF.

[312] ANDRADE, Paes de; BONAVIDES, Paulo. *História constitucional do Brasil*. 9ª edição. Brasília: OAB editora, 2008. p. 455.

[313] MELLO, Celso Antônio Bandeira de. O poder normativo do Executivo no Brasil in LEITE, George Salomão; SARLET, Ingo Wolfgang; TAVARES, André Ramos (org.), *Estado constitucional e organização do poder*. São Paulo: Saraiva, 2010. p. 193.

[314] CLÈVE, Clèmerson Merlin. *Atividade legislativa do Poder Executivo*. p. 165. A medida provisória é inspirada, entretanto, no instrumento normativo do decreto-lei, cuja origem teria "raízes fascistas", previsto nas constituições de 1937, 1967 e 1969, todas com caráter autoritário (DANTAS, Francisco Wildo Lacerda. O Estado-de-Direito e as medidas provisórias in *Revista dos Tribunais*, ano 79, abril 1990, v. 654. pp. 240-241).

[315] Artigo 62 da CF. A doutrina brasileira divide-se ao identificar a natureza jurídica das medidas provisórias, considerando-as, por exemplo, (i) leis ("no sentido técnico-formal") emanadas pelo Poder Executivo em razão de estarem estabelecidas no artigo 59 da CF (previsão das espécies normativas primárias) (CLÈVE, Clèmerson Merlin. *Atividade legislativa do Poder Executivo*. pp. 161-164; KADRI, Omar Francisco do Seixo. *O Executivo legislador: o caso brasileiro*. Coimbra: Coimbra editora, 2004. pp. 154-155; ROTHENBURG, Walter Claudius. Medidas provisórias e suas necessárias limitações in *Revista dos Tribunais*, ano 82, abril 1993, v. 690. p. 318); (ii) atos políticos com caráter normativo emitidos pelo Presidente da República na realização de sua função governamental, ainda assim, possuindo força de lei (NIEBUHR, Joel de Menezes. *O novo regime constitucional da medida provisória*. São Paulo: Dialética, 2001. pp. 85-88); (iii) ato normativo do Governo, que não é ato administrativo mas que, por sua vez, não identifica-se com a "lei propriamente dita", embora tenha força de lei (RAMOS, Carlos Roberto. *Da medida provisória*. Belo Horizonte: Del Rey, 1994. pp. 55 e ss; Ávila, Humberto Bergmann. *Medida Provisória na Constituição de 1988*. pp. 95-96, esse último refere-se a "categoria especial de atos normativos primários emanados do Poder Executivo")

assim como nos sistemas de governo já mencionados, (2) a promulgação de leis delegadas, conforme o artigo 68 da Constituição brasileira. No que diz respeito à emissão de regulamentação administrativa (3), dir-se-ia que a atividade normativa do Poder Executivo é, nessa esfera, qualificada como "normal", por tratar-se essencialmente, embora não só, de emissão regulamentar "executiva" das leis formais,[316] capacidade que espelha a essência desse poder. Cumpre referir ainda que a limitada atuação normativa do Poder Executivo está de acordo com o sistema de governo presidencial, já que, ao contrário do que ocorre nas formas parlamentarista e semipresidencialista de governo, nesse o Presidente da República – ou, o Poder Executivo – não responde politicamente perante o Parlamento, o que representa a verdadeira *repartição* dos poderes[317] e, portanto, justifica a necessidade de comedir em seu estatuto constitucional a sua atuação normativa.[318]

A legislação provisória (1) é justificada pela necessidade de respostas imediatas a determinadas circunstâncias fáticas, geradas principalmente, no que se refere ao quadro jurídico e social da atualidade, pelas demandas do Estado Social a que corresponde um comportamento intervencionista do Estado, cuja importância e urgência de normatização e necessidade de conhecimento específico impedem o tratamento do assunto pelas vias processuais normais.[319] Na Constituição brasileira, tal

---

e, ainda, (iv) "ato administrativo normativo, dotado de rigor e eficácia de lei" (ROCHA, Cármen Lúcia Antunes. Medidas provisórias e princípio da separação de poderes in MARTINS, Ives Granda da Silva (coord.), *Direito contemporâneo: estudos em homenagem a Oscar Dias Corrêa*. Rio de Janeiro: Forense Universitária, 2001. pp. 55-56), embora todas essas posições estejam de acordo quanto aos efeitos da medida provisória (NIEBUHR, Joel de Menezes. *O novo regime constitucional da medida provisória*. pp. 84-85).

[316] MELLO, Celso Antônio Bandeira de. O poder normativo do Executivo no Brasil. p. 193, no sentido do artigo 84, IV, da CF que atribui ao Presidente da República a capacidade de emitir decretos e regulamentos para a "fiel execução" da lei.

[317] Diversamente da realidade parlamentar, em que o Chefe de Estado é eleito pelo próprio Parlamento e, assim, vê-se não o "choque", mas uma "partilha" do poder, já que "o governo criado pelo parlamento é parte do parlamento" (SARTORI, Giovanni. *Engenharia constitucional*. p. 176).

[318] MELLO, Celso Antônio Bandeira de. O poder normativo do Executivo no Brasil. pp. 206-207.

[319] Assim, KADRI, Omar Francisco do Seixo. *O Executivo legislador*. p. 135, referindo-se à ideologia subjacente à Constituição brasileira de 1988, e pp.161-162; em sentido semelhante: GRAU, Eros Roberto. Medidas provisórias na Constituição de 1988 in *Revista dos Tribunais*,

1. OS ATOS NORMATIVOS DO PODER EXECUTIVO EM DIFERENTES SISTEMAS CONSTITUCIONAIS

instrumento normativo é de competência única do Presidente da República e condicionada aos requisitos fáticos de "relevância e urgência".[320] O primeiro requisito imporia a necessidade do poder público de agir normativamente em situações de necessidade de um grupo social ou de toda a sociedade que manifestem "relevância extraordinária",[321] desde que a exigência seja constitucionalmente legítima e reflita uma finalidade ou valor constitucionalmente assegurado, objetivando o restabelecimento da "paz social"[322]e cuja omissão do poder público ensejaria um prejuízo irreparável. Ao mesmo tempo, a reivindicação deve mostrar-se *urgente*, requisito que reflete imediatidade em termos temporais que im-

ano 79, agosto 1990, v. 658. p. 240; CONTERAS, Ana M. Carmona. *La configuración constitucional del Decreto-ley*. Madrid: Centro de Estudios Polyticos y Constitucionales, 1997. p. 86.

[320] Assim, artigo 62 da CF. Comparativamente, tal instrumento normativo aproxima-se dos atos legislativos provisórios também estatuídos nas realidades jurídico-constitucionais italiana e espanhola, sendo inspirado no modelo consagrado na primeira. Assim, na Itália o "*decreto-legge*" é condicionado aos "casos extraordinários de necessidade e urgência" (Conforme o artigo 77 da CI de 1977. Definindo a fórmula constitucionalmente prescrita como uma "exigência improrrogável de determinar uma modificação no ordenamento jurídico" (necessidade) em que, ao mesmo tempo, "não resulte possível recorrer à fonte ordinária de direito, que é a lei" (urgência): FRESA, Carlo. *Provvisorietà com forza di legge e gestione degli stati di crisi*. Padova: Cedam, 1981. pp. 48-49; VARI, Filippo. *La conversione del decreto-legge*. Roma: Bardi editore, 2004. pp. 13-15) e na Espanha, o "*decreto-ley*" previsto no artigo 86, n. 1, da Constituição espanhola de 1986 é recorrido em "casos de extraordinária e urgente necessidade" (para uma qualificação de tais pressupostos habilitantes, defendendo a idéia de que a atuação estatal transitória "não implica excepcionalidade alguma", de modo que o termo "extraordinária" serviria como reforço, em sentido de indicação de uma situação "não normal", dos termos principais, quais sejam, a *urgência* da *necessidade* que desencadeia a ação governamental: CONTERAS, Ana M. Carmona. *La configuración constitucional del Decreto-ley*. pp. 76 e ss; MACHETTI, Pablo Santolaya. *El regímen constitucional de los Decretos-leyes*. Madrid: Tecnos, 1988. pp. 105 e ss; diversamente, atribuindo significância autônoma ao requisito de "extraordinariedade", embora sem especificá-lo: SALAS, Javier. *Los Decretos-leyes en la Constitución española de 1978*. Madrid: Civitas, 1979. pp. 30-31). Importa dizer, ainda, que tais situações de relevância e urgência ocorrem "em estados de plena normalidade constitucional e institucional", diversamente dos casos previstos nos artigos 136 (Estado de Defesa) e 137 (Estado de Sítio) da CF, os quais se remetem a momentos de instabilidade e "grave alteração mais ou menos generalizada" (KADRI, Omar Francisco do Seixo. *O Executivo legislador*. pp. 161-162, assim também, para a Constituição espanhola: SALAS, Javier. *Los Decretos-leyes en la Constitución española de 1978*. pp. 33-34; CONTERAS, Ana M. Carmona. *La configuración constitucional del Decreto-ley*. pp. 77-79).

[321] CLÈVE, Clèmerson Merlin. *Atividade legislativa do Poder Executivo*. p. 171, o autor refere-se à relevância tanto da matéria como da situação de necessidade da atuação (*Idem*, p. 173).

[322] KADRI, Omar Francisco do Seixo. *O Executivo legislador*. pp. 163-164.

possibilite a procedimentação da matéria pelas vias legislativas ordinárias e mesmo pelas formas constitucionalmente prescritas de aceleração do processo legislativo.[323]

O procedimento das medidas provisórias está previsto, por sua especialidade, no próprio artigo 62 da CF, embora não de forma detalhada, se comparado ao processo legislativo ordinário.[324] O ato normativo transitório deve, após sua emissão, ser submetido de imediato ao Congresso Federal, ao qual é imposta a necessidade de apreciação no prazo de sessenta dias a partir da sua publicação, tempo de vigência do ato normativo presidencial.[325] O resultado do exame da medida provisória pelo Congresso Nacional pode levar a sua: (a) rejeição,[326] situação em que o ato nomativo presidencial "perde a eficácia desde a sua edição"[327], e o próprio Parlamento fica obrigado a "disciplinar, por decreto legislativo, as relações jurídicas delas decorrentes";[328] (b) aprovação e, portanto, conversão em lei da medida, o que não significa dizer que a legislação parlamentar tem efeito retroativo sob a medida provisória, mas que se limita a estabelecer uma relação de "continuidade" entre elas.[329] É atri-

---

[323] Ávila, Humberto Bergmann. *Medida Provisória na Constituição de 1988*. pp. 82-83; Kadri, Omar Francisco do Seixo. *O Executivo legislador*. pp. 164-166.

[324] Kadri, Omar Francisco do Seixo. *O Executivo legislador*. pp. 169-10.

[325] Redação do artigo 62, *caput* e §3 da CF.

[326] A Constituição veda a reedição de medida provisória rejeitada ou que tenha perdido a eficácia por decurso do prazo na mesma sessão legislativa (§10 do artigo 62 CF). Entende-se que mesmo a reedição da medida em sessão legislativa seguinte deve exigir a "demonstração pelo Executivo da renovação dos pressupostos constitucionais habilitadores de relevância e urgência" (Clève, Clèmerson Merlin. *Atividade legislativa do Poder Executivo*. p. 245), ou mesmo a perduração dessa situação (Ávila, Humberto Bergmann. *Medida Provisória na Constituição de 1988*. p. 88). Diversamente, não aceitando a reedição sob qualquer hipótese: Niebuhr, Joel de Menezes. *O novo regime constitucional da medida provisória*. p. 150.

[327] Artigo 62, §3º, CF.

[328] Artigo 62, § 3º, CF. Esse é o efeito também considerado para as medidas provisórias que perdem a eficácia por não serem objeto de votação do Congresso Nacional no prazo de sessenta dias, prorrogáveis por igual período (referindo-se à equiparação de "efeitos normativos" das medidas rejeitadas e daquelas cuja votação omitiu-se o Parlamento: Ávila, Humberto Bergmann. *Medida Provisória na Constituição de 1988*. pp. 92-93, analisando, entretanto, o texto constitucional com redação anterior à EC 32/2011; Kadri, Omar Francisco do Seixo. *O Executivo legislador*. p. 199, nota n. 356).

[329] Já que é atribuída constitucionalmente ao Poder Executivo uma verdadeira capacidade legislativa (Kadri, Omar Francisco do Seixo. *O Executivo legislador*. pp. 201-202 e 206; Conteras, Ana M Carmona. *La configuración constitucional del Decreto-ley*. pp. 240-243).

1. OS ATOS NORMATIVOS DO PODER EXECUTIVO EM DIFERENTES SISTEMAS CONSTITUCIONAIS

buída ao Congresso Nacional, ainda, a possibilidade de alterar a medida provisória por emenda, caso em que o ato normativo retorna ao Presidente da República para que emita o veto ou a sanção ao projeto alterado.[330] A decorrência do prazo de sessenta dias após a publicação da medida sem sua apreciação pelo Congresso Nacional possibilita, ocorrendo uma única vez, a prorrogação do prazo por igual período[331], e a omissão do Congresso Nacional em editar o decreto legislativo após a rejeição ou perda de eficácia da medida provisória leva à preservação das "relações jurídicas constituídas e decorrentes de atos praticados durante sua vigência".[332]

É importante notar que o exame das medidas provisórias no âmbito do sistema de governo presidencialista, diferentemente do que acontece na Itália e na Espanha, cuja ordem jurídico-constitucional atende às necessidades da estrutura parlamentarista de governo, exige uma fiscalização mais rígida do instrumento normativo no ordenamento brasileiro.[333]Isso porque inexistem, na composição do ato normativo, debate público e representação direta do povo, sendo, ao contrário, uma decisão autoritária emitida por um ente unitário, tampouco há responsabilidade política do Presidente perante o Parlamento relativamente à edição do ato transitório.[334] A medida provisória é, assim, submetida ao controle parlamentar, que, em um primeiro momento, afere os pressupostos fáticos de *relevância* e *urgência*,[335] de que depende a conversão definitiva em lei da regulamentação de sua matéria pelo Parlamento.[336] Essa aferição tem caráter político, já que não é ele o órgão responsável

---

[330] Artigo 62, §12, da CF.

[331] Artigo 62, § 7º, da CF.

[332] Artigo 62, §11, da CF.

[333] CLÈVE, Clèmerson Merlin. *Atividade legislativa do Poder Executivo.* pp. 156 e 270.

[334] Ávila, Humberto Bergmann. *Medida Provisória na Constituição de 1988.* pp. 37-39; CLÈVE, Clèmerson Merlin. *Atividade legislativa do Poder Executivo.* p. 155. Referindo-se ao papel representativo do Governo, em razão de sua relação de dependência com o Parlamento e seu necessário envolvimento com a maioria parlamentar, que proporciona a ele um "frequente contato com as múltiplas manifestações do pluralismo social" e, assim, justifica a atribuição de capacidades normativas àquele órgão no sistema de governo italiano: PITRUZZELLA, Giovanni. *La legge di conversione del Decretro Legge.* Padova: Cedam, 1989. pp. 83-84 e 87.

[335] KADRI, Omar Francisco do Seixo. *O Executivo legislador.* p. 195.

[336] *Idem,* pp. 195 e 197; FRESA, Carlo. *Provvisorietà com forza di legge e gestione degli stati di crisi.* pp. 75-77.

AS RESTRIÇÕES AOS DIREITOS FUNDAMENTAIS POR ATO NORMATIVO DO PODER EXECUTIVO

pelo exame jurídico dos atos normativos do Poder Executivo.[337] Em seguida, entende-se existir uma aferição, segundo os critérios de "conveniência e oportunidade" relativamente à CF,[338] que significa um "juízo prévio de constitucionalidade"[339] e desencadeará a decisão do Parlamento sobre a rejeição ou conversão da medida. Ademais, cabe ao STF a averiguação tanto dos requisitos fáticos,[340] embora se limite à verificação da existência de evidente *abuso de poder* ou *arbítrio* do Presidente ao avaliar e aplicar os requisitos ao caso concreto,[341] como também da avaliação de se a matéria é possível de ser veiculada por ato normativo transitório,[342] e ainda das questões relacionadas à constitucionalidade da medida provisória, por se tratar de ato com força de lei.[343]

A atribuição de "eficácia precária"[344] às medidas provisórias e o procedimento decisório a que são submetidas as matérias que, em razão da relevância e urgência, necessitam de regulamentação imediata são motivações que contribuem para a limitação da utilização desse instrumento normativo a determinados âmbitos substanciais. São matérias excluídas do âmbito de normação por medidas provisórias, segundo o §1º do artigo 62 da CF,[345] as relativas a: (I) (a) nacionalidade, direitos políticos, partidos políticos e direito eleitoral; (b) direito penal,[346] processual

---

[337] ÁVILA, Humberto Bergmann. *Medida Provisória na Constituição de 1988*. pp. 96-97; KADRI, Omar Francisco do Seixo. *O Executivo legislador*. p. 196 e, na Itália, FRESA, Carlo. *Provvisorietà con forza di legge e gestione degli stati di crisi*. pp. 74-75 e 78. Clemerson Clève defende que o exame dos pressupostos fáticos das medidas provisórias é tanto jurídico quanto político, um vez que sua atividade é vinculada aos parâmetros ("diretrizes, normas e princípios") constitucionalmente consagrados (CLÈVE, Clèmerson Merlin. *Atividade legislativa do Poder Executivo*. p. 237).

[338] *Idem*, p. 237.

[339] Artigo 62, § 3 (assim: *Idem*, p. 238, nota n. 279).

[340] KADRI, Omar Francisco do Seixo. *O Executivo legislador*. p. 215.

[341] Assim: *Idem*, p. 217 e decisões aí citadas; CLÈVE, Clèmerson Merlin. *Atividade legislativa do Poder Executivo*. pp. 263-264; ÁVILA, Humberto Bergmann. *Medida Provisória na Constituição de 1988*. pp. 84-86.

[342] CLÈVE, Clèmerson Merlin. *Atividade legislativa do Poder Executivo*. p. 260.

[343] *Idem, ibidem*.

[344] KADRI, Omar Francisco do Seixo. *O Executivo legislador*. pp. 171 e ss.

[345] Rol de matérias estabelecido pela Emenda Constitucional n. 32/2001.

[346] Já anteriormente à EC 32/2001, que alterou o texto constitucional no sentido de inserir o direito penal como matéria vedada de tratamento por medida provisória, defendendo a observância do processo legislativo ordinário para "dar margem à montagem de tipos de

1. OS ATOS NORMATIVOS DO PODER EXECUTIVO EM DIFERENTES SISTEMAS CONSTITUCIONAIS

penal e direito civil;[347] (c) organização do Poder Judiciário e do Ministério Público, a carreira e a garantia de seus membros; (d) planos pluranuais, diretrizes orçamentárias e créditos adicionais e suplementares, ressalvado o previsto no art. 67, §3;[348] (II) que vise a detenção ou seqüestro de bens, de poupança ou qualquer outro ativo financeiro; (III) reservada a lei complementar; (IV) já disciplinada em projeto de lei aprovado pelo Congresso Nacional e pendente de sanção ou veto do Presidente da República. Por fim, no §2º é estatuída a permissão de medidas provisórias que instituam ou majorem impostos, embora não haja consenso doutrinário sobre quais espécies de tributos podem ser regulamentados pelo instrumento provisório – se a regra abrangeria também outras espécies tributárias ou restringir-se-ia aos impostos.[349] Nesse último caso, a medida produz efeitos apenas no próximo exercício financeiro após ser convertida em lei,[350] o que demonstra a desnecessidade de obedecer ao requisito de "urgência".[351]

Entende-se, majoritariamente na doutrina, que a discriminação material negativa feita pelo artigo 62 não é exaustiva e, por meio da interpretação sistemática da Constituição,[352] poder-se-ia ainda restringir o

---

crime e à cominação de penas", por todos: FRANCO, Alberto Silva. A medida provisória e o princípio da legalidade in *Revista dos Tribunais*, ano 78, out. 1989, v. 648. p. 366.

[347] Entende-se que qualquer regramento processual deve ser excluído do tratamento por medidas provisórias, assim, por exemplo, regras do processo tributário ou trabalhista estariam também protegidas por essa proibição (CLÈVE, Clèmerson Merlin. *Atividade legislativa do Poder Executivo*. p. 191).

[348] A exceção refere-se à utilização de medida provisória para a "abertura de crédito extraordinário para atender a despesas imprevisíveis e urgentes, como as decorrentes de guerra, comoção interna ou calamidade pública" (artigo 167, §3 da CF).

[349] Considerando que somente os impostos podem ser veiculados por medidas provisórias: CLÈVE, Clèmerson Merlin. *Atividade legislativa do Poder Executivo*. pp. 203 e ss. Mostrando-se contrário à instituição ou majoração de qualquer forma de tributo por meio de medidas provisórias, em que pese haja a previsão constitucional (KADRI, Omar Francisco do Seixo. *O Executivo legislador*. p. 186, nota 336) e, defendendo a mesma posição, embora antes da EC 32/2001 e, portanto, de previsão da permissão de instituição e majoração de impostos pelo Poder Executivo (atual § 2 do artigo 62) (ÁVILA, Humberto Bergmann. *Medida Provisória na Constituição de 1988*. pp. 122-128).

[350] Com exceção dos impostos previstos nos artigos 153, I, II, IV, V, e 154, II, os quais não se submetem ao princípio da anterioridade tributária, segundo o próprio texto constitucional.

[351] CLÈVE, Clèmerson Merlin. *Atividade legislativa do Poder Executivo*. p. 204.

[352] *Idem*, p. 180. Assim, já anteriormente à edição da EC 32/2001, referindo-se à necessidade de interpretação sistemática do artigo que faça sobressair a "excepcionalidade da compe-

campo de normação provisória do Presidente da República concernente a: (1) matérias a que se impõe uma proibição de delegação ao Poder Executivo,[353] atribuindo-se especial importância à inserção, nesse âmbito, dos *direitos individuais*;[354] (2) limites materiais constitucionalmente expressos às emendas constitucionais ("cláusulas pétreas");[355] (3) matéria de competência concorrente da União, dos Estados e do Distrito Federal;[356] (4) codificação de qualquer área do direito, o que as tornaria permanentes;[357](6) matérias suscetíveis de serem tratadas por regulamento administrativo, em razão de inexistirem, nessas situações, os pressupostos de "relevância e "urgência".[358]

Também na ordem jurídica brasileira, pode o Poder Legislativo autorizar o Executivo, exclusivamente na pessoa do Presidente da República,[359] para que legisle sobre matérias que seriam primariamente de sua competência relativa (2). Assim como fora referido na exposição das medidas provisórias, é importante notar que a justificação da adoção de legislação delegada no sistema de governo presidencial é menos evi-

---

tência presidencial": ÁVILA, Humberto Bergmann. *Medida Provisória na Constituição de 1988.* pp. 73 e 87; em sentido semelhante, também: DANTAS, Francisco Wildo Lacerda. O Estado--de-Direito e as medidas provisórias. pp. 241-242.

[353] Assim, artigo 68,§1º, da CF. Parece fazer sentido a consideração de que as matérias não transmitíveis ao Poder Executivo sejam também impedidas de serem objeto de normação provisória, já que ao não dispor à vontade do Poder Legislativo sua normação, a Constituição estabelece-o como o poder com capacidade exclusiva para regulamentá-las (KADRI, Omar Francisco do Seixo. *O Executivo legislador.* pp. 180-182; CLÈVE, Clèmerson Merlin. *Atividade legislativa do Poder Executivo.* pp. 182-183 e 188; ÁVILA, Humberto Bergmann. *Medida Provisória na Constituição de 1988.* pp. 70-71; NIEBUHR, Joel de Menezes. *O novo regime constitucional da medida provisória.* pp. 112-113). Contrário à transmissão das restrições materiais das leis delegadas às medidas provisórias: ROTHENBURG, Walter Claudius. Medidas provisórias e suas necessárias limitações. p. 317.

[354] O que não exclui a possibilidade de haver restrições indiretas provocadas por medidas provisórias que versem, principalmente, sobre outros temas (também se referindo ao perigo de restrição indireta de direitos fundamentais por medida provisória: CLÈVE, Clèmerson Merlin. *Atividade legislativa do Poder Executivo.* pp. 184-185, nota 117).

[355] CLÈVE, Clèmerson Merlin. *Atividade legislativa do Poder Executivo.* p. 182; ÁVILA, Humberto Bergmann. *Medida Provisória na Constituição de 1988.* p. 70.

[356] CLÈVE, Clèmerson Merlin. *Atividade legislativa do Poder Executivo.* p. 201. Assim, artigo 24 da CF.

[357] *Idem*, p. 201-202.

[358] *Idem*, p. 211, nota n. 202.

[359] Artigo 68 da CF.

1. OS ATOS NORMATIVOS DO PODER EXECUTIVO EM DIFERENTES SISTEMAS CONSTITUCIONAIS

dente e mais artificial do que no parlamentarismo, já que nesse a própria composição do Governo se aproxima da ideia de uma delegação de poderes do Parlamento.[360] A lei delegada é, no direito constitucional brasileiro, fonte legislativa primária,[361] embora dependente de autorização para sua emissão. Segundo o artigo 68 da CF, que disciplina a lei delegada nesse ordenamento constitucional, a habilitação do Parlamento dá-se sob a forma de *resolução* do Congresso Nacional,[362] ato parlamentar "com força e valor de lei"[363] e que "servem para veicular matérias que estão submetidas à reserva do Parlamento".[364] A norma jurídica habilitadora tem a finalidade de especificar seu conteúdo e os termos de seu exercício,[365] ou seja, define os "parâmetros" ou "princípios" que servirão de orientação ao Poder Executivo[366] e o prazo em que o Governo deve exercer a capacidade de legislar,[367] que pode ser feito em mais de um diploma legal, caso o Executivo seja encarregado de displinar mais de uma matéria.[368]

As matérias insuscetíveis de delegação estão arroladas na Constituição Federal, a exemplo da reserva absoluta parlamentar prevista na ordem jurídica portuguesa, embora não seja uma listagem exaustiva.[369] Encontrar-se-iam, então, indisponíveis à vontade parlamentar as matérias referentes a: (§1) competência exclusiva do Congresso Nacional

---

[360] RÁO, Vicente. *As delegações legislativas no parlamentarismo e no presidencialismo*, v. I. São Paulo: Max Limonad, 1966. p. 38.

[361] Consta no rol do artigo 59 da CF.

[362] Assim, conforme o disposto no artgo 68, §2º, da CF.

[363] KADRI, Omar Francisco do Seixo. *O Executivo legislador*. p. 120; CLÈVE, Clèmerson Merlin. *Atividade legislativa do Poder Executivo*. p. 284. As resoluções estão previstas no artigo 59 como espécies de ato jurídico normativo de valor equivalente ao da lei ordinária.

[364] KADRI, Omar Francisco do Seixo. *O Executivo legislador*. p.120.

[365] Texto do § 2º, artigo 68 CF.

[366] CLÈVE, Clèmerson Merlin. *Atividade legislativa do Poder Executivo*. p. 297.

[367] KADRI, Omar Francisco do Seixo. *O Executivo legislador*. pp. 121-122; CLÈVE, Clèmerson Merlin. *Atividade legislativa do Poder Executivo*. p. 284.

[368] Por isso o texto constitucional contém o vocábluo "termos" (KADRI, Omar Francisco do Seixo. *O Executivo legislador*. pp. 123-124; CLÈVE, Clèmerson Merlin. *Atividade legislativa do Poder Executivo*. p. 290).

[369] KADRI, Omar Francisco do Seixo. *O Executivo legislador*. pp. 125-126; CLÈVE, Clèmerson Merlin. *Atividade legislativa do Poder Executivo*. pp. 292-297, os autores referem-se à proibição de delegação referente à legislação que discipline o controle do Poder Legislativo sobre os atos do Poder Executivo, como é o caso da função que exercem as leis de conversão de medidas provisórias.

(artigo 49, CF), competência privativa da Câmara dos Deputados ou do Senado Federal (artigos 51 e 52, CF, respectivamente) e reservadas à lei complementar (artigo 59, parágrafo único, CF). Ademais, são proibidas de disposição pelo Poder Executivo as leis referentes a: (I) organização do Poder Judiciário e do Ministério Público, a carreira e a garantia de seus membros; (II) nacionalidade, cidadania, direitos individuais, políticos e eleitorais; (III) planos plurianuais, diretrizes orçamentárias e orçamentos.

Há a previsão constitucional da possiblidade de o Congresso Nacional prever na resolução autorizativa a necessidade de sua apreciação do projeto de lei presidencial da matéria delegada, que só poderá ocorrer em votação única, vedada qualquer emenda.[370] Encontra-se aí uma espécie de controle por parte do Parlamento que, entretanto, não tem o poder de revogar a autorização, mas somente rejeitar de forma absoluta um projeto legislativo, que pode ser novamente apresentado pelo Presidente, se dentro do prazo previsto na resolução parlamentar.[371] Ademais, o Congresso Nacional controla a atuação normativa delegada do Executivo, ao estabelecer parâmetros relacionados ao conteúdo e termo de sua execução (controle preventivo),[372] além de fiscalizar posteriormente, cumprindo a prescrição constitucional que lhe compete de *sustar*[373] os atos normativos do Poder Executivo que exorbitem os limites

---

[370] Assim, §3, artigo 68 CF.

[371] KADRI, Omar Francisco do Seixo. *O Executivo legislador.* pp. 128-129; CLÈVE, Clèmerson Merlin. *Atividade legislativa do Poder Executivo.* pp. 289 e 297.

[372] KADRI, Omar Francisco do Seixo. *O Executivo legislador.* pp. 129; CLÈVE, Clèmerson Merlin. *Atividade legislativa do Poder Executivo.* p. 297.

[373] O que não significa vetar ou alterar o projeto, embora caiba ao Poder Legislativo uma espécie de "controle de correção" comparado à atividade judiciária, na medida em que, ao detectar a ilegitimidade da atuação do Poder Executivo, corrige-o parcialmente ao suspender sua execução (NETO, Diogo de Figueiredo Moreira. Interferências entre poderes do Estado in *Revista de Informação Legislativa*, v.26, n. 103, jul./set. 1989. pp. 18-19). Ao contrário, o "veto legislativo", considerado como a ferramenta equivalente de controle de poderes delgados ao Executivo no direito norte-americano, modifica e revoga o diploma legislativo delegado, embora seja exercido antes da entrada em vigor dessa lei (VASCONCELOS, Pedro Carlos Bacelar de. *A separação dos poderes na Constituição americana: do veto legislativo ao executivo unitário – a crise regulatória.* Coimbra: Coimbra editora, 1994. p. 17; KADRI, Omar Francisco do Seixo. *O Executivo legislador.* pp. 130). Defendendo a existência de um verdadeiro "veto legislativo" na competência parlamentar aqui discutida: CLÈVE, Clèmerson Merlin. *Atividade legislativa do Poder Executivo.* pp. 297-298.

de delegação legislativa.[374] O STF, por sua vez, afere a inconstitucionalidade da lei delegada, parametrizando o exame na resolução habilitadora do Congresso Nacional ao fiscalizar a adequação da lei governamental aos parâmetros por ela definidos e,[375] evidentemente, pode ser invocado a pronunciar-se sobre a constitucionalidade da lei habilitadora,[376] afastando, no que se refere ao tema objeto da pesquisa, qualquer manifestação de *"delegações disfarçadas"*[377] envolvendo a regulamentação de direitos fundamentais.

A capacidade de emitir atos normativos de natureza jurídica secundária é atribuída, em geral, à administração pública e, em sentido estrito, ao Presidente da República, atribuindo-se à forma regulamentar as características de generalidade e abstração (3).[378] A capacidade de emitir regulamentos é, na Constituição brasileira, própria do Chefe do Executivo para o cumprimento de sua função administrativa (regulamento em sentido estrito).[379] O texto constitucional é fonte direta da atribuição do poder regulamentar ao Presidente e prevê a sua realização por meio de *decreto*, ato pelo qual o Chefe do Executivo exerce sua função política e administrativa,[380] ou seja, a forma constitucionalmente prevista para a manifestação de sua vontade que,[381] nesse caso, se trata

---

[374] Artigo 49, V da CF.

[375] Acentuando o controle de constitucionalidade de lei delegada relativamente à lei de delegação, por terem ambas o mesmo grau hierárquico (CLÈVE, Clèmerson Merlin. *Atividade legislativa do Poder Executivo*. pp. 285-286).

[376] *Idem*, p. 298.

[377] Assim, consideram-se as delegações do Poder Legislativo "que meramente transferem ao Executivo" a disciplina dos direitos fundamentais (BARROSO, Luís Roberto. Apontamentos sobre o princípio da legalidade (delegações legislativas, poder regulamentar e repartição constitucional das competências legislativas) in *Temas de Direito Constitucional*. Rio de Janeiro: Renovar, 2001. p. 176).

[378] CLÈVE, Clèmerson Merlin. *Atividade legislativa do Poder Executivo*. pp. 306-307; CYRINO, André Rodrigues. *O poder regulamentar autônomo do Presidente da República: a espécie regulamentar criada pela EC n. 32/2001*. Belo Horizonte: Fórum, 2005. pp. 67-69.

[379] CLÈVE, Clèmerson Merlin. *Atividade legislativa do Poder Executivo*. pp. 301 e 307. Ao contrário, CYRINO, André Rodrigues. *O poder regulamentar autônomo do Presidente da República*. pp. 72-74, não diferencia os regulamentos em duas espécies. Os regulamentos presidenciais estão previstos no artigo 84, incisos IV e VI, da CF.

[380] CLÈVE, Clèmerson Merlin. *Atividade legislativa do Poder Executivo*. p. 310 e 316

[381] ATALIBA, Geraldo. Poder regulamentar do Executivo in CLÈVE, Clèmerson Merlin; BARROSO, Luís Roberto, *Direito constitucional: organização dos poderes da República*. Coleção doutrinas essenciais, v. 4. São Paulo: RT, 2011. p. 467.

de *decreto regulamentar*. Ademais, compete à administração pública emitir atos normativos tais como instruções, regimentos, resoluções, estatutos, que, em sentido constitucional não seriam classificados como "regulamentos", embora possa se considerar exercício do poder regulamentar em sentido lato.[382] Tal capacidade normativa tem fundamento formal em lei.[383]

Considerando os regulamentos em sentido estrito, pode-se dividi-los, acompanhando a doutrina constitucional brasileira, conforme as seguintes espécies: (a) regulamentos de execução e (b) regulamentos autônomos ou organizatórios. Os regulamentos presidenciais são considerados leis em sentido material[384] e inovam o ordenamento jurídico, embora de forma acessória e não originalmente, o que significa que não podem criar direitos e obrigações e, assim, restringir direitos fundamentais,[385] em obediência ao princípio da legalidade disposto no artigo 5, II, da CF. A eventual violação da competência parlamentar implica questionamentos sobre a constitucionalidade do regulamento, independentemente de sua espécie, e, ademais, é impugnada sua ilegalidade, quando tal ato normativo contraria lei que o precede e cujos preceitos ele executa.[386]Ademais, assim como ocorre em face da legislação delegada, cabe ao Congresso Nacional *sustar* os atos que excedam os limites constitucionais ou legais do poder regulamentar.[387]

Os regulamentos de execução possibilitam, mediante interpretação, detalhamento, concretização da lei ou especificação de conceitos

---

[382] Assim, CLÈVE, Clèmerson Merlin. *Atividade legislativa do Poder Executivo*. p. 301 e 316-317

[383] *Idem*, pp. 305 e 316.

[384] *Idem*, p. 318. São hierarquicamente inferiores à lei (*Idem*, p. 319-320).

[385] *Idem*, p. 339; ATALIBA, Geraldo. Poder regulamentar do Executivo. pp. 476-477; VELLOSO, Carlos Mário da Silva. Do poder regulamentar in *Revista de Direito Público*, ano XVI, jan./ /mar.1983, n. 65. pp. 41 e 46. Contrário ao argumento da acessoriedade dos regulamentos, mas concordando com a impossibilidade, fundamentada na reserva de lei, de criação de direitos e obrigações por norma regulamentária: CYRINO, André Rodrigues. *O poder regulamentar autônomo do Presidente da República*. pp. 83-84.

[386] CLÈVE, Clèmerson Merlin. *Atividade legislativa do Poder Executivo*. p. 318, nota n. 62; CYRINO, André Rodrigues. *O poder regulamentar autônomo do Presidente da República*. p. 172, nota 102; ATALIBA, Geraldo. Poder regulamentar do Executivo. pp. 475-476 e 481.

[387] CYRINO, André Rodrigues. *O poder regulamentar autônomo do Presidente da República*. p. 180, concorda-se com o autor quando nega que na norma do artigo 49, V, da CF, possa haver a previsão de um controle político.

1. OS ATOS NORMATIVOS DO PODER EXECUTIVO EM DIFERENTES SISTEMAS CONSTITUCIONAIS

técnicos contidos em preceitos legislativos, bem como, ao estabelecer procedimentos padrão para sua atuação, a aplicação e execução legislativa pela administração pública.[388] Embora não dependam de legislação autorizativa para sua emissão, pressupõem a existência de uma "lei não autoexecutável" que expresse a necessidade de regulamento para ser aplicada.[389] Ademais, como são resultado da preocupação em "melhor assegurar a aplicação das leis administrativas", destinam-se aos indivíduos subordinados à administração pública, embora tenham, em alguns casos e em termos limitados, eficácia externa, já que "indiretamente pode atingir os administrados".[390] Já o exercício do poder regulamentar prescrito no artigo 84, VI, é para alguns doutrinadores, considerado poder autônomo já que elenca âmbitos materiais em que o legislador está impossibilitado de intervir e em que não se exige a observância do mandamento da primazia da lei,[391] quais sejam, (a) a organização e o funcionamento da administração federal, desde que não implique aumento de despesas nem criação ou extinção de órgãos públicos e (b) a extinção de funções ou órgãos públicos, quando vagos.[392] Ao contrário, outros autores defendem não haver espaço na ordem jurídica brasileira para se falar em autonomia regulamentar sobre qualquer matéria, classificando a capacidade prevista na norma do artigo 84 como regulamentos de organização,[393] isso porque inexiste qualquer reserva material à atividade regulamentar que impeça o legislador de atuar nesses âmbitos.[394] De qualquer forma, regulamentos organizatórios ou autô-

---

[388] CLÈVE, Clèmerson Merlin. *Atividade legislativa do Poder Executivo*. p. 330-333; BARROSO, Luís Roberto. Apontamentos sobre o princípio da legalidade. p. 179.

[389] CLÈVE, Clèmerson Merlin. *Atividade legislativa do Poder Executivo*. p. 321-322; VELLOSO, Carlos Mário da Silva. Do poder regulamentar. pp. 49-50.

[390] ATALIBA, Geraldo. Poder regulamentar do Executivo. pp. 463, 465-469 e 475-476.

[391] Defendendo essa idéia: CYRINO, André Rodrigues. *O poder regulamentar autônomo do Presidente da República*. pp. 94 e ss. e 129 e ss; JÚNIOR, José Levi Mello do Amaral. Decreto autônomo: questões polêmicas in DI PIETRO, Maria Sylvia Zanella (org), *Direito regulatório: temas polémicos*. Belo Horizonte: Fórum, 2009. pp. 531-533.

[392] Assim o texto das normas contidas nas alíneas "a" e "b" do inciso VI, artigo 84 da CF.

[393] CLÈVE, Clèmerson Merlin. *Atividade legislativa do Poder Executivo*. p. 311-312.

[394] Posicionando-se contra a existência de regulamentos autônomos na CF: *Idem*, pp. 312 e 325; ATALIBA, Geraldo. Poder regulamentar do Executivo. pp. 477-479; MELLO, Celso Antônio Bandeira de. O poder normativo do Executivo no Brasil. pp. 197-199.

AS RESTRIÇÕES AOS DIREITOS FUNDAMENTAIS POR ATO NORMATIVO DO PODER EXECUTIVO

nomos podem surgir independentemente da existência de legislação anterior,[395]embora respeitem o princípio da legalidade.[396]

Além dos casos de competência regulamentar privativos do Presidente da República, é importante referir a emissão de normas jurídicas infralegais que é, na atualidade, utilizada frequentemente pelo Poder Executivo brasileiro no exercício de uma quase "autêntica função legislativa"[397]e que impõe questionamentos, principalmente, sobre seus limites materiais.[398] Trata-se da capacidade de órgãos colegiados da administração pública, quais sejam, os Conselhos Nacionais, que possuem, em geral, funções de fiscalização e controle externo de instituições,[399] de padronização de "normas ou questões técnicas"[400] e de "solucionar" ou "facilitar" a execução da lei.[401] A concretização de tais tarefas justifica a atribuição de um poder de emissão de resoluções, competência nor-

[395] CYRINO, André Rodrigues. O poder regulamentar autônomo do Presidente da República. p. 76.

[396] JÚNIOR, José Levi Mello do Amaral. Decreto autônomo: questões polêmicas. pp. 533-534.

[397] FONTES, Vera Cecília Gonçalves; SEGATTO, Antônio Carlos. Legiferação do Poder Executivo: as resoluções do CONAMA in *Revista Jurídica da UniFil*, ano V, n. 5. pp. 25 e 30.

[398] A exemplificação da problemática e as questões relacionadas à emissão de resoluções e eventuais intervenções em direitos fundamentais serão tratadas no capítulo VI.

[399] Assim é o caso dos Conselhos Nacionais do Ministério Público e de Justiça, criados pela Emenda Constitucional n. 45/04, cujas atribuições estão especificadas nos artigos 103-B e 130-A da CF (CLÈVE, Clemerson Merlin; SARLET, Ingo Wolfgang; STRECK, Lenio Luiz. Os limites constitucionais das resoluções do Conselho Nacional de Justiça (CNJ) e Conselho Nacional do Ministério Público (CNMP) in *Revista da ESMESC*, v. 12, n. 18, 2005. pp. 15-17 e 20; GARCIA, Emerson. Poder normativo primário dos Conselhos Nacionais do Ministério Público e de Justiça: a génese de um equívoco in *MPMG jurídico*, ano I, n. 4, fev./mar. 2006. pp. 10-14. Disponível em: https://aplicacao.mp.mg.gov.br/xmlui/bitstream/handle/123456789/832/1.1%20Poder%20normativo%20prim%c3%a1rio%20dos%20CNMP.pdf?sequence=1. Acesso em: 30/09/2013. p. 10.

[400] SARLET, Ingo Wolfgang (coord.). As resoluções do CONAMA e o princípio da legalidade: a proteção ambiental à luz da segurança jurídica in *Revista Jurídica*, v. 10, n. 90, abr./maio 2008. pp. 01-25. Disponível em: http://www.planalto.gov.br/ccivil_03/revista/Rev_90/Artigos/PDF/IngoWolfgang_Rev90.pdf. Acesso em: 20/05/2013. p. 5.

[401] *Idem*, p. 9. Essas últimas são as funções do Conselho Nacional do Meio Ambiente, instituído pela lei n. 6.938/81 (*Idem, ibidem*), e do Conselho Nacional de Saúde, competindo-lhe a assistência técnica do Ministério da Saúde, criado pela Lei n. 378/37 (FILHO, Marcílio Toscano Franca; FRANCA, Nevita Maria Pessoa de Aquino. A força normativa das diretrizes do Conselho Nacional de Saúde no Brasil. p. 2).

1. OS ATOS NORMATIVOS DO PODER EXECUTIVO EM DIFERENTES SISTEMAS CONSTITUCIONAIS

mativa que aqui se considera como ato regulamentar em sentido lato.[402] Isso porque as resoluções têm natureza jurídica secundária,[403] sendo hierarquicamente inferiores aos regulamentos presidenciais e à lei formal.[404] Podem, entretanto, ao cumprir a função de execução legislativa e possibilitar a sua aplicação, em caso de essa concretização ser condição para a eficácia da lei, ter, excepcionalmente, natureza de lei em sentido material,[405]sendo-lhe, ainda assim, imposto o respeito ao princípio da reserva de lei.

Importa, enfim, referir que a emissão de resoluções serve à finalidade do cumprimento das atribuições constitucionais ou daquelas constantes na lei que os instituiu ou do regimento interno dos Conselhos,[406]esse último com natureza regulamentar.[407] Assim, embora possam ter eficácia externa, "destinam-se a concreções e individualizações"[408] e não podem restringir direitos e atribuir obrigações aos administrados,[409]sendo-lhes transmitidos os limites impostos ao poder regulamentar presidencial.[410]

---

[402] Assim, segundo a classificação de: CLÈVE, Clèmerson Merlin. *Atividade legislativa do Poder Executivo*. p. 301, nota 5.

[403] GARCIA, Emerson. Poder normativo primário dos Conselhos Nacionais do Ministério Público e de Justiça. pp. 11-12. Diversamente, menciona-se a opinião do STF em Ação Declaratória de Constitucionalidade n. 12. O julgamento resultou na confirmação da constitucionalidade da Resolução n. 7 do Conselho Nacional de Justiça, que proibe a prática do nepotismo, ao considerá-la "diploma normativo primário" e atribuir ao órgão colegiado legitimidade para impor a vedação.

[404] CLÈVE, Clèmerson Merlin. *Atividade legislativa do Poder Executivo*. p. 308; MELLO, Celso Antônio Bandeira de. *Curso de Direito Administrativo*, 25ª edição. São Paulo: Malheiros, 2008. pp. 363-364.

[405] SARLET, Ingo Wolfgang (coord.). As resoluções do CONAMA e o princípio da legalidade. p. 8.

[406] GARCIA, Emerson. Poder normativo primário dos Conselhos Nacionais do Ministério Público e de Justiça. p. 10.

[407] *Idem*, p. 12.

[408] CLÈVE, Clemerson Merlin; SARLET, Ingo Wolfgang; STRECK, Lenio Luiz. Os limites constitucionais das resoluções do Conselho Nacional de Justiça (CNJ) e Conselho Nacional do Ministério Público (CNMP). p. 19.

[409] SARLET, Ingo Wolfgang (coord.). As resoluções do CONAMA e o princípio da legalidade. pp. 8-9; MELLO, Celso Antônio Bandeira de. *Curso de Direito Administrativo*. p. 364; CLÈVE, Clemerson Merlin; SARLET, Ingo Wolfgang; STRECK, Lenio Luiz. Os limites constitucionais das resoluções do Conselho Nacional de Justiça (CNJ) e Conselho Nacional do Ministério Público (CNMP). pp. 20-21 e 23-24.

[410] MELLO, Celso Antônio Bandeira de. *Curso de Direito Administrativo*. pp. 363-364.

Certo é que a atuação legislativa do Poder Executivo é realidade presente em diversos ordenamentos jurídicos – embora com nomenclaturas que podem diferir – e cujas categorias devem ser estudadas e analisadas em conformidade com os traços e parâmetros atribuídos pela ordem positiva (regime jurídico) e inseridos na realidade da divisão de poderes normativos e do estatuto do governo no sistema constitucional em questão.[411] Ao traçar as diferenças estruturais dos três sistemas de governo e de seus consequentes reflexos no ordenamento constitucional e na distribuição de funções normativas entre os poderes constituídos, percebe-se também semelhanças. É importante notar que, em qualquer dos ordenamentos, inexiste um papel originário do Poder Executivo de feitura das leis que se considere determinante para o funcionamento do Estado ou de um "monopólio" da função por esse Poder,[412] reflexão que se torna fundamental, quando inserida na problemática da divisão de poderes normativos e da capacidade dos órgãos soberanos para restringir os direitos fundamentais, tema objeto de análise dessa investigação.

A análise das figuras normativas de competência do Poder Executivo nos ordenamentos jurídicos de Portugal, da Alemanha e do Brasil deu-se aqui de forma superficial e com o intento de conceituar os institutos para futuras indagações a respeito do uso desses instrumentos por esse Poder no âmbito das restrições aos direitos fundamentais, para o que é necessária uma delimitação dos termos gerais propostos pela doutrina e pelo texto constitucional.

---

[411] Assim, reflexão proposta por: MIRANDA, Yara. Autorização legislativa. p. 68, embora restringindo-se ao debate sobre as autorizações legislativas.

[412] MIRANDA, Jorge. *Manual de Direito Constitucional*. Tomo V. p. 169. Mesmo em Portugal, onde o Poder Executivo possui "poderes legislativos muito mais amplos do que os da generalidade dos Governos" (*Idem*, p. 201), atribui-se, ainda assim, ao fato de que se trata de um função coadjuvante exercida por esse poder relativamente à *Primazia do Parlamento* nesse âmbito (*Idem*, pp. 191 e ss).

Capítulo 2
Conceitos Fundamentais da Dogmática das Restrições aos Direitos Fundamentais

A principal indagação da pesquisa – se e até onde pode o Poder Executivo restingir direitos fundamentais por via normativa – pressupõe a delimitação conceitual das categorias dogmáticas da teoria das restições aos direitos fundamentais, de forma que se possibilite saber quando se está diante de uma verdadeira intervenção normativa restritiva por parte dos poderes públicos. Para tal, construir-se-á um panorama dogmático inicial, que não é centrado no texto de uma Constituição em especial, mas preocupa-se com os conceitos utilizados para a definição das atuações ablativas dos poderes constituídos nos direitos, liberdades e garantias em sua dimensão negativa, que servem a um contexto constitucional geral. Assim, definir-se-á o significado de *afetação* a direitos fundamentais e conceituar-se-ão as figuras a ele relacionadas como espécies do gênero – em especial, cuidar-se-á da diferenciação entre os conceitos de limitação, delimitação do âmbito de proteção,[413] restrição, intervenção restritiva e violação. Ademais, atender-se-á aos conceitos que cercam as leis restritivas, quais sejam, as leis regulamentadoras, concretizadoras, conformadoras, determinadoras, etc. e a consequente

---

[413] Falar-se-á da particularidade desta categoria que, embora não possa ser considerada espécie de afetação aos direitos fundamentais, merece menção em função da sua íntima relação com a categoria dogmática da restrição aos direitos fundamentais.

submissão ou dispensabilidade de orientação dessas pelos requisitos de controle direcionados às normas desvantajosas ao conteúdo dos direitos fundamentais.

2.1. O conceito de afetação aos direitos fundamentais

Há, primeiramente, a necessidade de esclarecimentos prévios para que se esteja apto a propor as premissas teóricas as quais acompanharão o tratamento do problema na presente exposição. Para tanto, entende-se lógica a contextualização do conceito empregado para a definição de *afetação* aos direitos fundamentais na linha teórica que aqui se considera mais adequada para explicar tal problemática.[414] Parte-se, então, do pressuposto de que existe um conteúdo do direito definido pela Constituição,[415] ou seja, há condutas que, com base numa interpretação prévia, podem ou não fazer parte do conteúdo constitucionalmente atribuído ao direito fundamental, ou seja, *o âmbito de proteção do direito*.[416] Os poderes constituídos podem, em determinadas circunstâncias e desde que observados alguns requisitos, *diminuir* o âmbito originário de proteção do direito fundamental, a cujo resultado se denominará *garantia efetiva do direito*,[417] mediante ações ablativas fáticas ou jurídicas que são classificadas, em seu todo, como *afetações aos direitos fundamentais*.[418]

---

[414] A contextualização do problema das afetações no quadro das três principais linhas teóricas que se preocupam com questão é feita por, entre todos: ALEXANDRINO, José de Melo. *A estruturação do Sistema de Direitos, Liberdades e Garantias na Constituição portuguesa*, volume II – A Construção Dogmática. Coimbra: Almedina, 2006. pp. 439 e ss; *Idem, Direitos Fundamentais – Introdução Geral.* 2ª edição. Lisboa: Principia, 2011. pp. 119-120; CANOTILHO, José Joaquim Gomes. Dogmática de Direitos Fundamentais e Direito Privado in *Estudos sobre Direitos Fundamentais*, 2ª edição. Coimbra: Coimbra Editora, 2008. pp. 201 e ss; NOVAIS, Jorge Reis. *As restrições aos direitos fundamentais não expressamente autorizadas pela Constituição.* pp. 289 e ss.; SILVA, Virgílio Afonso da. *Direitos Fundamentais: conteúdo essencial, restrições e eficácia.* São Paulo: Malheiros, 2009. pp. 126 e ss., embora esse último trate a teoria dos princípios como expressão da teoria externa.

[415] NOVAIS, Jorge Reis. *As restrições aos direitos fundamentais não expressamente autorizadas pela Constituição.* p. 169.

[416] *Idem*, pp. 303-304.

[417] Assim por todos, *Idem*, p. 304; CANOTILHO, José Joaquim Gomes. Dogmática de Direitos Fundamentais e Direito Privado. p. 202; ALEXANDRINO, José de Melo. *Direitos Fundamentais.* p. 121.

[418] Empregando o mesmo vocábulo: ALEXANDRINO, José de Melo. *Direitos Fundamentais.* p. 113. Conforme nota o autor, o termo não é comumente utilizado na doutrina (*Idem*, p. 113, nota 322; *Idem, A estruturação do Sistema de Direitos, Liberdades e Garantias na Constituição*

2. CONCEITOS FUNDAMENTAIS DA DOGMÁTICA DAS RESTRIÇÕES AOS DIREITOS FUNDAMENTAIS

O legislador ordinário restringe os direitos fundamentais em abstrato, havendo a necessidade do cumprimento dos pressupostos de legitimidade do Estado de Direito,[419] e, em concreto, embasados no cumprimento da lei ordinária, cabe também à administração e aos tribunais procederem as *intervenções restritivas*.[420] Caso não seguidos os parâmetros constitucionais, classsificar-se-á a intervenção estatal como *violação* ao direito fundamental. A corrente teórica que propõe tais premissas é a *teoria externa* das restrições aos direitos fundamentais,[421] que tem como

---

portuguesa, v. II. pp. 434 e 457), podendo aparecer com outras denominações como "restrições em sentido lato" (NOVAIS, Jorge Reis. *As restrições aos direitos fundamentais não expressamente autorizadas pela Constituição*. pp. 192-193 e 247; CANOTILHO, José Joaquim Gomes. Dogmática de Direitos Fundamentais e Direito Privado. p. 194), "limites em sentido amplo" (SARLET, Ingo Wolfgang. *A eficácia dos direitos fundamentais*. 10ª ed. Porto Alegre: Livraria do Advogado, 2009. p. 391; PEREIRA, Jane Reis Gonçalves. *Interpretação constitucional e direitos fundamentais: uma contribuição ao estudo das restrições aos direitos fundamentais na perspectiva da teoria dos princípios*. Rio de Janeiro: Renovar, 2006. p. 137), ou meramente "restrição" (CORREIA, Sérvulo. *O direito de manifestação: âmbito de protecção e restrições*. Coimbra: Almedina, 2006. p. 61). Contudo tais autores mantêm a delimitação conceitual que se pretende aproveitar no âmbito do trabalho. Na doutrina alemã, vê-se, na maioria das vezes, o emprego da designação *"Eingriff"* para as afetações em um sentido geral (Cfr., por todos, BETHGE, Herbert. Der Grundrechtseingriff in *VVDStRL* 57, 1998. p. 13; ROTH, Wolfgang. *Faktische Eingriffe in Freiheit und Eigentum: Struktur und Dogmatik des Grundrechtstatbestandes und der Eingriffsrechtfertigung*. Berlin: Dunker & Humblot, 1994. pp. 225 e ss).

[419] Parte-se, portanto, de um modelo teórico que é "orientado para o controle" (NOVAIS, Jorge Reis. *As restrições aos direitos fundamentais não expressamente autorizadas pela Constituição*. p. 300; ALEXANDRINO, José de Melo. *A estruturação do Sistema de Direitos, Liberdades e Garantias na Constituição portuguesa*, v. II. p. 440; ECKHOFF, Rolf. *Der Grundrechtseingriff*. Köln: Carl Heymanns Verlag, 1992. pp. 14-15).

[420] NOVAIS, Jorge Reis. *As restrições aos direitos fundamentais não expressamente autorizadas pela Constituição*. pp. 193-194.

[421] A utilização de alguns pressupostos teóricos da teoria externa das restrições aos direitos fundamentais é feita, em Portugal, referindo-se a sua adequação ao texto constitucional, por: NOVAIS, Jorge Reis. *As restrições aos direitos fundamentais não expressamente autorizadas pela Constituição*. pp. 156, 263 e 360-361, embora esse último deixe claro não acolher a "formulação 'pura'" da teoria pela impossibilidade de aplicação de todos os seus ditames; ALEXANDRINO, José de Melo. *A estruturação do Sistema de Direitos, Liberdades e Garantias na Constituição portuguesa*, v. II. pp. 476 e ss; BAPTISTA, Eduardo Correia. *Os direitos de reunião e de manifestação no direito português*. Coimbra: Almedina, 2006. p. 159. No Brasil: SARLET, Ingo Wolfgang. *A eficácia dos direitos fundamentais*. p. 389. Diversamente, a *teoria interna* propõe que as limitações aos direitos fundamentais seriam a declaração dos limites implícitos ao seu conteúdo que formariam com ele uma unidade e, assim, toda a legislação ordinária relacionada aos direitos fundamentais seria *declarativa de limites*, não havendo a perspectivação do problema sob a

idéias nucleares a independência e autonomia dos direitos fundamentais e de suas restrições e,[422]ademais, da diferenciação entre restrições legítimas e restrições ilegítimas.[423] Além disso, entende-se que a definição dogmática das categorias que circundam o conceito de restrição aos direitos fundamentais depende de uma anterior divisão das normas em normas regras e normas princípios, pois,[424] mesmo que não seja uma

ótica de um ato verdadeiramente restritivo (esboçando tais pressupostos teóricos, por todos: SILVA, Virgílio Afonso da. *Direitos Fundamentais.* pp. 128 e ss; SARLET, Ingo Wolfgang. *A eficácia dos direitos fundamentais.* pp. 388-389; BOROWSKI, Martin. La restricción de los derechos fundamentales in *Revista Española de Derecho Constitucional.* Madrid: n. 59, mayo/ago., 2000. p. 32; NOVAIS, Jorge Reis. *As restrições aos direitos fundamentais não expressamente autorizadas pela Constituição.* pp. 309 e ss. e 437 e ss). Cita-se como um dos defensores da teoria interna o autor alemão Peter Häberle, que defende ser sempre possível, mediante recursos interpretativos, o estabelecimento de uma relação de equilíbrio entre os direitos fundamentais, afastando a ideia de contraposições: HÄBERLE, Peter. *Die Wesensgehaltgarantie des Art. 19 Abs. 2 Grundgesetz: Zugleich ein Beitrag zum institutionellen Verständnis der Grundrechte und zur Lehre vom Gesetzesvorbehalt.* Karlsruhe: Müller, 1962. pp. 6-7). Descarta-se, ademais, a argumentação proposta pela *teoria dos princípios* para justificar as restrições aos direitos fundamentais, que parte do pressuposto de que as normas que tenham caráter de princípios são normas de caráter *prima facie* que devem ser realizadas na "maior medida possível" (*mandamentos de otimização*) (assim, ALEXY, Robert. *Theorie der Grundrechte.* Baden-Baden: Suhrkamp, 1994. pp. 75 e ss e 87 e ss). Por terem um âmbito de proteção amplíssimo, qualquer atuação normativa interventiva do poder público é considerada uma restrição, não sendo concebido, portanto, o exercício de delimitação prévia do âmbito de proteção do direito (assim, *Idem,* pp. 254 e ss e 292; BOROWSKI, Martin. Abwehrrechte als grundrechtliche Prinzipien in SIECKMANN, Jan-R. (org.) *Die Prinzipientheorie der Grundrechte: Studien zur Grundrechtstheorie Robert Alexys.* Baden-Baden: Nomos Verlag, 2007. p. 89, seguindo-se, aqui, a crítica de: NOVAIS, Jorge Reis. *As restrições aos direitos fundamentais não expressamente autorizadas pela Constituição.* p. 262). Alguns pressupostos teóricos dessa linha argumentativa serão, contudo, também utilizados adiante.

[422] NOVAIS, Jorge Reis. *As restrições aos direitos fundamentais não expressamente autorizadas pela Constituição.* p. 301; ALEXANDRINO, José de Melo. *A estruturação do Sistema de Direitos, Liberdades e Garantias na Constituição portuguesa,* v. II. p. 440; CANOTILHO, José Joaquim Gomes. Dogmática de Direitos Fundamentais e Direito Privado. p. 201. Concorda-se, assim, com o chamado *Eingriffs-Schema* (assim, por todos: LÜBBE-WOLF, Gertrude. *Die Grundrechte als Eingriffsabwehrrechte.* Baden-Baden: Nomos, 1988. pp. 25 e ss.) que se presta a explicar a diferenciação entre o âmbito de proteção do direito constitucionalmente protegido, a sua posterior intervenção/restrição e a proteção definitiva que resulta dessa atuação.

[423] NOVAIS, Jorge Reis. *As restrições aos direitos fundamentais não expressamente autorizadas pela Constituição.* pp. 198 e 251-254; LÜBBE-WOLF, Gertrude. *Die Grundrechte als Eingriffsabwehrrechte.* pp. 25-26.

[424] NOVAIS, Jorge Reis. *As restrições aos direitos fundamentais não expressamente autorizadas pela Constituição.* p. 576.

2. CONCEITOS FUNDAMENTAIS DA DOGMÁTICA DAS RESTRIÇÕES AOS DIREITOS FUNDAMENTAIS

diferenciação estática ou em um sentido forte como pretendido por Alexy,[425] o que se intenta é a "verificação da medida em que a decisão constituinte admite ou exclui a eventualidade de posterior cedência de um direito fundamental constitucionalmente garantido",[426] de forma a facilitar, em casos que haja a possibilidade, o enquadramento da atuação estatal como verdadeira restrição e submetê-la a seus critérios.

Trabalhar-se-á, enfim, nesta exposição, com o conceito de *afetação* que é empregado para designar as ações ou omissões[427] dos poderes

---

[425] No mesmo sentido de: *Idem*, pp. 344 e 357 e ss. Opta-se por se vincular a diferenciação de *grau* entres as normas (Cfr., por todos: SANCHIS, Luis Prietro. Diez Argumentos a propósito de los principios in *Jueces para La Democracia*, n. 26, 1996. Disponível em: http://dialnet.unirioja.es/servlet/articulo?codigo=174663. Acesso em: 18/06/2011. pp. 46 e ss), em que nem sempre é possível a percepção exata de se uma norma se trata de um princípio ou de uma regra, embora existam casos em que não haja dúvidas quanto a sua natureza (VALE, André Rufino do. *Estrutura das Normas de Direitos Fundamentais: repensando a distinção entre regras, princípios e valores*. São Paulo: Saraiva, 2009. pp. 113-115).

[426] NOVAIS, Jorge Reis. *As restrições aos direitos fundamentais não expressamente autorizadas pela Constituição*. p. 576.

[427] A consideração de que os direitos fundamentais de liberdade não se esgotam na dimensão de defesa levou ao início do debate, na Alemanha, a respeito de uma possível ampliação do conceito de afetação que abrangesse as omissões estatais e representasse a superação do conceito clássico (assim, conforme: BETHGE, Herbert. Der Grundrechtseingriff. pp. 10 e 37 e ss; PIEROTH, Bodo; SCHLINK, Bernhard. *Grundrechte, Staatsrecht II.* 25 ed. Heidelberg: C.F. Müller, 2009. p. 62, n. 252; SCHERZBERG, Arno. *Grudrechtsschutz und "Eingriffsintensität"*. Berlin: Duncker & Humblot, 1989. pp. 144 e ss; LÜBBE-WOLF, Gertrude. *Die Grundrechte als Eingriffsabwehrrechte*. pp. 206 e ss; referindo-se a questão também, em Portugal: MEDEIROS, Rui. Direitos, Liberdades e Garantias e Direitos Sociais: entre a unidade e a diversidade in *Estudos em Homenagem ao Professor Doutor Sérvulo Correia*, vol. I, Lisboa, 2010. p. 671). A doutrina não é unânime quanto a essa possibilidade ou à extensão dessa ampliação e sobre a dogmática a ser aplicada às atuações estatais nesse âmbito (LÜBBE-WOLF, Gertrude. *Die Grundrechte als Eingriffsabwehrrechte*. pp. 207-209). No direito português, defendendo uma dogmática de restrição unitária, aplicada a todos dos direitos fundamentais: MATOS, André Salgado de. O direito ao ensino – Contributo para uma dogmática unitária dos direitos fundamentais in *Estudos em Homenagem ao Professor Doutor Paulo de Pitta e Cunha*, vol. III. Coimbra: Almedina, 2010. p. 399 e ss.; NOVAIS, Jorge Reis. *Direitos Sociais: Teoria Jurídica dos Direitos Sociais enquanto Direitos Fundamentais*. Coimbra: Coimbra editora, 2010, em especial, pp. 251 e ss.; *Idem*, O Tribunal Constitucional e os direitos sociais in *Direitos Fundamentais: Trunfos contra a maioria*. Coimbra: Coimbra Editora, 2006. pp. 196-197; SILVA, Vasco Pereira da. *A cultura a que tenho direito*. Coimbra: Almedina, 2007. pp. 133 e ss. Considerando, também, que se possa vir a falar em uma dogmática unitária sem que, com isso, seja possível a identificação de um "único regime jurídico" na Constituição portuguesa: ALEXANDRINO, José de Melo. *Direitos Fundamentais – Introdução Geral*. 2011. p. 158.

públicos que causem supressão – eliminação, redução ou dificuldade imposta à fruição do bem protegido pelo direito ou abstenção de promoção das obrigações de agir decorrentes da sua garantia – [428] da "norma, objeto, conteúdo ou outros efeitos de proteção de um direito, liberdade e garantia",[429] *independentemente da intervenção ser legítima ou não*,[430] ou seja, conforme os parâmetros de legitimidade do Estado de Direito ou não. É importante que seja estabelecido o parâmetro para identificação da afetação a um direito fundamental, qual seja, entender-se-á que se trata de atuação do Estado que provoca um efeito "desvantajoso" no direito fundamental não apenas quando o âmbito de proteção do direito é atingido, mas tendo como referência a dimensão subjetiva do direito fundamental, "que, do ponto de vista do seu titular actual ou potencial, nele produzam efeitos ablativos, restritivos ou impeditivos do acesso individual ao bem protegido",[431] ou seja, que haja redução de liberdade e autonomia para a "prossecução dos próprios fins".[432] A categoria da afetação abrange tanto atuações do Estado concretas e individuais, como as gerais e abstratas, e, ainda, as ações que tenham como finalidade principal a intervenção na liberdade, bem como as que se referem a outro objetivo, mas incidentalmente produzam efeitos negativos nos direitos fundamentais de particulares. [433]

---

[428] NOVAIS, Jorge Reis. *As restrições aos direitos fundamentais não expressamente autorizadas pela Constituição*. p. 157. A desvantagem é condição *sine qua non* para a atuação ser considerada afetação, já que a mera incidência no âmbito de proteção não significa impedimento de fruição do bem protegido (*Idem, ibidem*; CANOTILHO, José Joaquim Gomes. Dogmática de Direitos Fundamentais e Direito Privado. p. 194).

[429] ALEXANDRINO, José de Melo. *Direitos Fundamentais*. p. 113

[430] Cfr., por todos, CANOTILHO, José Joaquim Gomes. Dogmática de Direitos Fundamentais e Direito Privado. p. 198.

[431] NOVAIS, Jorge Reis. *As restrições aos direitos fundamentais não expressamente autorizadas pela Constituição*. pp. 157, 193, 249 e 251, em sentido semelhante: PIEROTH, Bodo; SCHLINK, Bernhard. *Grundrechte, Staatsrecht II*. p. 62, n. 253.

[432] NOVAIS, Jorge Reis. *As restrições aos direitos fundamentais não expressamente autorizadas pela Constituição*. pp. 249-251; ROTH, Wolfgang. *Faktische Eingriffe in Freiheit und Eigentum*. p. 225, esse último, referindo-se à liberdade como "chance de realização dos próprios fins".

[433] NOVAIS, Jorge Reis. *As restrições aos direitos fundamentais não expressamente autorizadas pela Constituição*. p. 251; PIEROTH, Bodo; SCHLINK, Bernhard. *Grundrechte, Staatsrecht II*. p. 62, ns. 253 e 254.

2. CONCEITOS FUNDAMENTAIS DA DOGMÁTICA DAS RESTRIÇÕES AOS DIREITOS FUNDAMENTAIS

Tais manifestações de "prejuízo na *liberdade*"[434] individual pelo poder público materializam-se, por exemplo, pelas figuras das restrições; intervenções restritivas; renúncia e autolimitação; suspensão e extinção; limitações e violações aos direitos, liberdades e garantias. Optou-se por tratar, nos pontos seguintes, apenas das figuras dogmáticas que tenham uma relação íntima ou influenciem na compreensão do conceito de *restrição aos direitos fundamentais*, já que o aprofundamento temático de todas as figuras espécies do gênero "afetação" demandaria algum esforço que o tema da exposição não pressupõe.[435] Por isso, passa-se a referir brevemente cada uma das categorias que comporiam as espécies do gênero afetação que possuam conexão com o conceito de restrição aos direitos fundamentais, em atenção à dogmática correspondente aos direitos, liberdades e garantias em sua dimensão negativa.

2.2. A delimitação do âmbito de proteção dos direitos fundamentais

Julga-se importante primeiramente a abordagem de um tema que é identificado como "questão de fundo"[436] da contextualização teórica das restrições aos direitos fundamentais e é pressuposto para a compreensão do objeto deste tópico: a definição e a escolha pela configuração ampla ou restrita do âmbito de proteção dos direitos.[437] Assim, âmbito de proteção do direito fundamental[438] pode ser definido como os "bens ou domínios existenciais" protegidos pela norma do direito

---

[434] NOVAIS, Jorge Reis. *As restrições aos direitos fundamentais não expressamente autorizadas pela Constituição*. p. 249 (grifos do autor).

[435] Para um tratamento do quadro geral das modalidades de afetação aos direitos fundamentais, ver: ALEXANDRINO, José de Melo. *Direitos Fundamentais*. pp. 113 e ss.

[436] *Idem*, p. 119.

[437] A importância do tratamento autônomo das teorias da amplitude do âmbito de proteção como "questão de fundo" para a problematização das afetações aos direitos fundamentais é reconhecida por: ALEXANDRINO, José de Melo. *A Estruturação do Sistema de Direitos, Liberdades e Garantias na Constituição Portuguesa*, v. II. p. 439; *Idem, Direitos Fundamentais*. p. 120; CANOTILHO, José Joaquim Gomes. Dogmática de Direitos Fundamentais. pp. 198-201 e 209; NOVAIS, Jorge Reis. *As restrições aos direitos fundamentais não expressamente autorizadas pela Constituição*. p. 303, nota 522; SILVA, Virgílio Afonso da. *Direitos Fundamentais*. pp.79 e ss.

[438] Utilizar-se-á o conceito daquilo que a doutrina alemã chama de *"Schutzbereich"*, *"Normbereich"*, *"Geltungsbereich"*, *"Garantiebereich"* e *"Gewährleistungsbereich"* (referindo-se aos termos geralmente utilizados para designá-lo: ROTH, Wolfgang. *Faktische Eingriffe in Freiheit und Eigentum*. pp. 111-112).

fundamental,[439] como o "âmbito da vida protegido pelo direito"[440] ou, nas palavras do Tribunal Constitucional alemão, como a "substância material do direito fundamental",[441] delimitações conceituais que explicam a existência de "um fragmento da realidade da vida dentro do qual um comportamento do titular do direito fundamental constitui parte da liberdade".[442] Em termos de amplitude desse âmbito normativo, utilizar-se-ão, no presente trabalho, as idéias de uma concepção intermediária de sua extensão,[443] que parte do pressuposto de que todas as condutas

[439] CANOTILHO, José Joaquim Gomes. *Direito Constitucional e Teoria da Constituição*. p. 1262.

[440] Höfling, Wolfram. Grundrechtstatbestand – Grundrechtsschranken – Grundrechtsschrankenschranken in *Jura*, 1994. p. 170; PIEROTH, Bodo; SCHLINK, Bernhard. *Grundrechte, Staatsrecht II*. p. 54, n. 214; LERCHE, Peter. Grundrechtlicher Schutzbereich, Grundrechtsprägung und Grundrechtseingriff in J. Isensee/P. Kirchhof, *Handbuch des Staatsrechts der Bundesrepublik Deutschland*, Band V, Heidelberg: C.F. Müller 1992. p. 748.

[441] STERN, Klaus. Idee und Elemente eines Systems der Grundrechte in Isensee/P. Kirchhof, *Handbuch des Staatsrechts der Bundesrepublik Deutschland*, Band V, Heidelberg: C.F. Müller, 1992. p. 91; *Idem*, Die Grundrechte und ihre Schranken in P. Bradura/Dreier (orgs.), *Festschrift 50 Jahre Bundesverfassungsgericht*, v. 2, 2001. pp. 1 e 7 -8.

[442] ROTH, Wolfgang. *Faktische Eingriffe in Freiheit und Eigentum*. p. 112.

[443] No mesmo sentido da *"concepção restritiva* mitigada" defendida por Jorge Reis Novais (NOVAIS, Jorge Reis. *As restrições aos direitos fundamentais não expressamente autorizadas pela Constituição*. p. 427) (grifos do autor); ALEXANDRINO, José de Melo. *A Estruturação do Sistema de Direitos, Liberdades e Garantias na Constituição Portuguesa*, v. II. p. 478, nota 2056. Entende-se que sejam inadequadas as idéias da concepção restritiva do âmbito de proteção, que elabora a norma aplicável ao caso concreto valendo-se da interpretação prévia das condutas que poderiam ou não fazer parte da proteção de determinada previsão constitucional. Excluir-se-ia, então, a partir de uma *valoração*, o conteúdo que não tenha uma relação de *especificidade* com o âmbito da vida protegido pelo direito (MÜLLER, Friedrich. *Die Positivität der Grundrechte*. 2ª edição. Berlin: Duncker & Humblot, 1990. pp. 99-100; NOVAIS, Jorge Reis. *As restrições aos direitos fundamentais não expressamente autorizadas pela Constituição*. pp. 400-401). Citam-se como principais autores que defendem tal determinação prévia do conteúdo do direito: MÜLLER, Friedrich. *Métodos de trabalho do direito constitucional*. 3. ed. Rio de Janeiro: Renovar, 2005, especialmente, pp. 17-23; 42 e ss; *Idem, Die Positivität der Grundrechte*, em especial, pp. 88 e ss; ISENSEE, Josef. *Wer definiert die Freiheitsrechte?*. Heidelberg, Karlsruhe: C.F.Müller Juristischer Verlag, 1980, esse último refere que o Estado é destinatário de um "dever de definição", *Idem*, p. 36. O entendimento amplo ou amplíssimo do âmbito de proteção (a exemplo, poder-se-ia dizer que a idéia de âmbito de proteção proposta por Alexy é "radicalmente ampliativa", assim: NOVAIS, Jorge Reis. *As restrições aos direitos fundamentais não expressamente autorizadas pela Constituição*. pp. 396 e 408 e ss, ou que se trataria de um "âmbito de protecção máximo do preceito", conforme: ANDRADE, José Carlos Vieira de. *Os direitos fundamentais na Constituição Portuguesa de 1976*. 4ª ed. Coimbra: Almedina, 2009. p. 268. Defendem o entendimento alexyano do âmbito de proteção: na Alemanha, HÖFLING,

2. CONCEITOS FUNDAMENTAIS DA DOGMÁTICA DAS RESTRIÇÕES AOS DIREITOS FUNDAMENTAIS

podem fazer parte do âmbito de proteção do direito, admitindo, entretanto, a possibilidade de exclusão de certos comportamentos *a priori* pela interpretação das normas, quais sejam, aqueles que *claramente* não estejam inseridos na proteção do direito fundamental,[444] como é o caso de grande parte das condutas criminosas[445] ou dos comportamentos que "apresentem intolerável danosidade social".[446] Entende-se que a inclusão de tais condutas no âmbito dos direitos implicaria a contrariedade à própria concepção de direito fundamental e à "racionalidade da tradição dos direitos humanos".[447]

Wolfram. *Offene Grundrechtsinterpretation.* Berlin: Duncker & Humblot, 1987. pp. 172 e ss; no Brasil: SILVA, Virgílio Afonso da. *Direitos Fundamentais.* pp. 153-156), também é aqui descartado porque, segundo esse entendimento, toda e qualquer conduta seria suscetível de ser invocada como inserida no âmbito de proteção do direito (ALEXY, Robert. *Theorie der Grundrechte.* pp. 291-292) – fala-se em uma "permissividade *prima facie* do exercício dos direitos fundamentais" (HÖFLING, Wolfram. *Offene Grundrechtsinterpretation.* p. 176) – mesmo quando não haja dúvidas que essas seriam excluídas da proteção, se submetidas ao método de ponderação, acabando por propiciar uma "renúncia à interpretação" (OSSENBÜHL, Fritz. Abwägung im Verfassungsrecht in Erbguth (et. al), *Abwägung im Recht*, Köln: Carl Heymanns Verlag, 1996. p. 32).

[444] Assim, SARLET, Ingo Wolfgang. *A eficácia dos direitos fundamentais.* p. 390; NOVAIS, Jorge Reis. *As restrições aos direitos fundamentais não expressamente autorizadas pela Constituição.* p. 427.

[445] Condutas que, concordando-se com a concepção de Jorge Reis Novais, façam parte do "ilícito criminal em sentido jurídico-material" (NOVAIS, Jorge Reis. *As restrições aos direitos fundamentais não expressamente autorizadas pela Constituição.* p. 430). José de Melo Alexandrino aceita, também, a exclusão de condutas do âmbito de proteção se o ilícito for "corroborado por uma inequívoca linha de sustentação constitucional" (ALEXANDRINO, José de Melo. *A Estruturação do Sistema de Direitos, Liberdades e Garantias na Constituição Portuguesa*, v. II. pp. 474-475). Exemplificando a tarefa de delimitação do âmbito de proteção dos direitos fundamentais com a exclusão de atividades ilícitas: CANOTILHO, José Joaquim Gomes. *Direito Constitucional e Teoria da Constituição.* pp. 1275-1276.

[446] NOVAIS, Jorge Reis. *As restrições aos direitos fundamentais não expressamente autorizadas pela Constituição.* pp. 427-428. O autor remete a orientação ao critério desenvolvido por Christian Starck (STARCK, Christian. Die Grundrechte des Grundgesetzes in *JuS*, 1981, n. 4. p. 45) que, por sua vez, se refere a "atuações evidentemente danosas a sociedade", exemplificando com os atos de matar, roubar, falsificar dinheiro, etc. Starck não vê sentido em considerar tais atuações como fazendo parte do âmbito de proteção de um direito fundamental para, ao final (depois da aplicação da metodologia da ponderação, no caso da teoria dos princípios), serem retiradas e não concebidas como direitos definitivos (*Idem, ibidem*).

[447] STARCK, Christian. Die Grundrechte des Grundgesetzes. p. 45. Pensamento em que se embasa Jorge Reis Novais ao criticar a concepção ampliativa do âmbito de proteção: NOVAIS, Jorge Reis. *As restrições aos direitos fundamentais não expressamente autorizadas pela Constituição.* p. 409.

Assim, a delimitação e a precisão do âmbito de proteção dos direitos, embora constitua uma "mera operação, fase ou procedimento jurídico"[448] e não propriamente uma *afetação*,[449] é de essencial necessidade para que não se incorra nas deficiências da concepção proposta pela teoria dos princípios.[450] A delimitação do âmbito de proteção significa o primeiro confronto do intérprete com os elementos fáticos[451] e as estruturas semânticas da norma de direito fundamental que, ao contextualizar a previsão normativa na ordem jurídico-constitucional – ou seja, analisando, por exemplo, a existência ou não de reservas legislativas, a importância em nível abstrato dos direitos, a diferente natureza e eventual ancoração em princípios ou valores básicos do ordenamento jurídico e a posição jurisprudencial sobre seu conteúdo –,[452] pode, ao fim, dimensionar os bens, as atuações ou as faculdades por ela protegidas e

---

[448] ALEXANDRINO, José de Melo. *Direitos Fundamentais*. p. 114, nota 324; CANOTILHO, José Joaquim Gomes. *Direito Constitucional e Teoria da Constituição*. p. 1275.

[449] Mas uma "realidade afim" ao conceito de afetação (ALEXANDRINO, José de Melo. *Direitos Fundamentais*. p. 114, nota 324).

[450] NOVAIS, Jorge Reis. *As restrições aos direitos fundamentais não expressamente autorizadas pela Constituição*. pp. 410-416. Sem que se defenda, entretanto, que tudo o que diz respeito à delimitação e à restrição do direito se resuma a essa fase.

[451] Procede-se nessa fase também à consideração problemática da questão, no sentido da interpretação em conjunto dos elementos fatuais do caso, ou seja, no sentido de uma "dialética (...) entre sua intencionalidade normativa e a realidade problemático-decidenda" (NEVES, A. Castanheira. *Metodologia jurídica: problemas fundamentais*. Coimbra: Coimbra Editora, 1993. p. 127). Nesse sentido, considerando a necessidade de contextualização dos "elementos empíricos e das circunstâncias de facto dos casos concretos": NOVAIS, Jorge Reis. *As restrições aos direitos fundamentais não expressamente autorizadas pela Constituição*. p. 395. Ao contrário, referindo uma análise apenas em abstrato da delimitação do âmbito de proteção: ANDRADE, José Carlos Vieira de. *Os direitos fundamentais na Constituição Portuguesa de 1976*. p. 267.

[452] ALEXANDRINO, José de Melo. *A Estruturação do Sistema de Direitos, Liberdades e Garantias na Constituição Portuguesa*, v. II., p. 474; *Idem*, A greve dos juízes – segundo a Constituição e a Dogmática Constitucional in *Estudos em Homenagem ao Professor Doutor Marcello Caetano no Centenário do seu Nascimento*, vol. I. Coimbra: Coimbra editora, 2006. pp. p. 782. O procedimento é composto por várias fases, requerendo do intérprete "um suficiente conhecimento dos textos" (*Idem, ibidem*) e de forma que promova uma "consideração unitária e sistemática da Constituição" (NOVAIS, Jorge Reis. *As restrições aos direitos fundamentais não expressamente autorizadas pela Constituição*. p. 395; LERCHE, Peter. Grundrechtlicher Schutzbereich, Grundrechtsprägung und Grundrechtseingriff. p. 752). Peter Lerche refere, ainda, a importância para o processo de determinação do âmbito do direito fundamental, da influência histórica e da concepção atual de cada direito fundamental concebida no presente, devendo sua interpretação acompanhar os comportamentos de mudança na sociedade de forma a conectar-se

2. CONCEITOS FUNDAMENTAIS DA DOGMÁTICA DAS RESTRIÇÕES AOS DIREITOS FUNDAMENTAIS

a extensão da proteção.[453] A tarefa requer a utilização dos instrumentos de interpretação constitucional,[454] e o resultado pode ser concebido como o "pressuposto da restrição".[455]

2.3. A figura da intervenção restritiva em direitos fundamentais

A atuação do poder público que diminui o âmbito de proteção do direito fundamental em concreto e individualmente é denominada *intervenção restritiva*.[456] Tal figura tanto pode ter origem e fundamento em lei – [457] ou seja, seria o cumprimento, no caso concreto, da situação prevista em uma lei restritiva, o que não torna a ação, por isso, imune de fiscalização –,[458] bem como pode decorrer de uma ação do Estado

---

à realidade (LERCHE, Peter. Grundrechtlicher Schutzbereich, Grundrechtsprägung und Grundrechtseingriff. pp. 740 e 749 e ss).

[453] CANOTILHO, José Joaquim Gomes. *Direito Constitucional e Teoria da Constituição*. p. 1275. Ou seja, o intérprete define as "formas ou modos pensáveis do exercício do direito" (ANDRADE, José Carlos Vieira de. *Os direitos fundamentais na Constituição Portuguesa de 1976*. p. 267).

[454] NOVAIS, Jorge Reis. *As restrições aos direitos fundamentais não expressamente autorizadas pela Constituição*. p. 395; ALEXANDRINO, José de Melo. *A Estruturação do Sistema de Direitos, Liberdades e Garantias na Constituição Portuguesa*, v. II. p. 472.

[455] ALEXANDRINO, José de Melo. *A Estruturação do Sistema de Direitos, Liberdades e Garantias na Constituição Portuguesa*, v. II. p. 473; *Idem, A greve dos juízes*. p. 782; ANDRADE, José Carlos Vieira de. *Os direitos fundamentais na Constituição Portuguesa de 1976*. p. 267.

[456] Assim, por todos, NOVAIS, Jorge Reis. *As restrições aos direitos fundamentais não expressamente autorizadas pela Constituição*. pp. 194 e 227; CANOTILHO, José Joaquim Gomes. *Direito Constitucional e Teoria da Constituição*. p. 1265; *Idem*, Dogmática de Direitos Fundamentais e Direito Privado. pp. 197-198; MORAIS, Carlos Blanco. *Direito Constitucional II: sumários desenvolvidos*. Lisboa: AAFDL: 2004. p. 83; MIRANDA, Jorge. *Manual de Direito Constitucional – Direitos Fundamentais*, 5ª edição. Tomo IV. Coimbra: Coimbra editora, 2012. pp. 422-423; ALEXANDRINO, José de Melo. *A Estruturação do Sistema de Direitos, Liberdades e Garantias na Constituição Portuguesa*, v. II. p. 475; *Idem, Direitos Fundamentais*. p. 125. Referindo-se ao mesmo fenômeno, embora adotando a expressão "ablações" para denominá-las: BAPTISTA, Eduardo Correia. *Os direitos de reunião e de manifestação no direito português*. pp. 180-182.

[457] ALEXANDRINO, José de Melo. *Direitos Fundamentais*. p. 125; COUTINHO, Luís Pedro Pereira. Sobre a justificação das restrições aos direitos fundamentais in *Estudos em Homenagem ao Prof. Doutor Sérvulo Correia*, v. I, Lisboa, 2010. p.566.

[458] A previsão em lei não exclui a necessidade de verificação da legitimidade da intervenção restritiva. Isso porque, mesmo que a norma abstrata seja conforme a Constituição, a atuação em concreto com base na lei pode mostrar-se desproporcional. Segue-se a orientação de Jorge Reis Novais ao referir que, mesmo a atuação estatal que cumpre, por exemplo, a lei penal, deve ser submetida, pelo juiz, a um controle segundo a "intensidade do prejuízo na

sem fundamentação em ato jurídico abstrato.[459] Assim, são exemplo de intervenções restritivas as atuações resultantes da imprevisibilidade de todos os casos de colisão de direitos pelo legislador ordinário ou constitucional, que incumbiria o juiz da solução da maioria dos casos de antagonismo de direitos.[460] Nesse caso, a intervenção no direito fundamental resultará do sopesamento dos direitos em conformidade com as circunstâncias concretas, cuja solução será válida somente para os fatos em particular. A inexistência de legislação prévia também justifica a eventual atuação da administração pública interventiva em direito fundamental, contanto que existam "circunstâncias de facto extraordinárias",[461] ou seja, seria o caso de instalação de um estado de necessidade de ação da administração capaz de excetuar o princípio da legalidade e a garantia da reserva de lei,[462] situações que demandam uma fiscalização cautelosa baseada "nos padrões da proporcionalidade, da imparcialidade e da igualdade".[463] Por fim, são exemplos de intervenção restritiva fundamentada em lei o ato expropriativo da propriedade, a proibição de uma manifestação pela autoridade administrativa, a ordem de detenção e a sentença privativa de liberdade.[464] Em qualquer das situações elen-

---

liberdade efectivamente verificado, as circunstâncias do caso, a existência dos nexos de causalidade e prejuízos fáticos e, desde logo, o facto de o comportamento controvertido ser subsumível a exercício de um direito fundamental" (Novais, Jorge Reis. *As restrições aos direitos fundamentais não expressamente autorizadas pela Constituição*. pp. 230 e ss.).

[459] Albers, Marion. Faktische Grundrechtsbeeinträchtigungen als Schutzbereichsproblem in *Deutsches Verwaltungsblatt*, 1996. p. 233; Coutinho, Luís Pedro Pereira. Sobre a justificação das restrições aos direitos fundamentais. pp. 566 e ss; Novais, Jorge Reis. *As restrições aos direitos fundamentais não expressamente autorizadas pela Constituição*. pp. 864 e ss.

[460] Coutinho, Luís Pereira. Sobre a justificação das restrições aos direitos fundamentais. pp. 566-567.

[461] Otero, Paulo. *Legalidade e Administração Pública: o sentido da vinculação administrativa à juridicidade*. 2ª reimpressão. Coimbra: Almedina, 2011. p. 997; Coutinho, Luís Pedro Pereira. Sobre a justificação das restrições aos direitos fundamentais. pp. 566-568.

[462] Otero, Paulo. *Legalidade e Administração Pública: o sentido da vinculação administrativa à juridicidade*. pp. 997-998; Coutinho, Luís Pereira. Sobre a justificação das restrições aos direitos fundamentais. pp. 567-568; Novais, Jorge Reis. *As restrições aos direitos fundamentais não expressamente autorizadas pela Constituição*. pp. 485-487 e 864 e ss.

[463] Novais, Jorge Reis. *As restrições aos direitos fundamentais não expressamente autorizadas pela Constituição*. p. 487; Coutinho, Luís Pedro Pereira. Sobre a justificação das restrições aos direitos fundamentais. pp. 566-568.

[464] Exemplos referidos por: Canotilho, José Joaquim Gomes. *Direito Constitucional e Teoria da Constituição*. p. 1265; *Idem*, Dogmática de Direitos Fundamentais e Direito Privado. p. 198;

2. CONCEITOS FUNDAMENTAIS DA DOGMÁTICA DAS RESTRIÇÕES AOS DIREITOS FUNDAMENTAIS

cadas não há consequências para a norma considerada em abstrato, que permanece inalterada, mas somente a intervenção no âmbito subjetivo em concreto.[465]

É importante referir, em consideração ao tema da investigação, que a atividade normativa regulamentar da administração pública que concretiza normas restritivas de direitos fundamentais, por ser concreta e direcionar-se a sujeitos individuais, é considerada intervenção restritiva. Por se tratar de ato executivo de legislação ordinária, tal poder regulamentar não tem a mesma amplitude de capacidade de conformação e liberdade decisória do legislador, principalmente em razão de os atos regulamentares não serem submetidos ao mesmo controle judicial das leis restritivas e não observarem as mesmas garantias constitucionais.[466] Resumir-se-iam, por isso, a concretizar os termos da decisão restritiva de direito fundamental tomada pelo legislador e, ao contrário, não seriam capazes de adotar uma medida restritiva sem legislação anterior que a autorize.[467]

A definição da atividade restritiva fática a um direito fundamental, que é pressuposto e fundamento indiscutível para invocação de violação de direito fundamental pelo sujeito de direito,[468] apresenta complexidades principalmente no que se refere à problemática de *quando* e de que *natureza* deve ter o ato do poder público para qualificar uma verdadeira intervenção e desencadear, portanto, a fiscalização pelo tribunal.[469]

MORAIS, Carlos Blanco. *Direito Constitucional II: sumários desenvolvidos*. p. 83; ALEXANDRINO, José de Melo. *Direitos Fundamentais*. p. 125.

[465] NOVAIS, Jorge Reis. *As restrições aos direitos fundamentais não expressamente autorizadas pela Constituição*. pp. 194 e 227; ALEXANDRINO, José de Melo. *A Estruturação do Sistema de Direitos, Liberdades e Garantias na Constituição Portuguesa*, v. II. p. 475; *Idem, Direitos Fundamentais*. p. 125; BAPTISTA, Eduardo Correia. *Os direitos de reunião e de manifestação no direito português*. pp. 181-182.

[466] Referindo a possível interpretação de inobservância dos regulamentos administrativos à garantia do núcleo essencial dos direitos fundamentais, baseando-se no texto da norma prevista no artigo 18, n. 3 do texto constitucional português: BAPTISTA, Eduardo Correia. *Os direitos de reunião e de manifestação no direito português*. pp. 182-185.

[467] *Idem*, pp. 184-187.Voltar-se-á ao tema no capítulo VI da exposição, ao tratar-se da amplitude de atuação normativa da administração pública no âmbito dos direitos fundamentais.

[468] NOVAIS, Jorge Reis. *As restrições aos direitos fundamentais não expressamente autorizadas pela Constituição*. p. 208; ECKHOFF, Rolf. *Der Grundrechtseingriff*. pp. 127 e ss.

[469] Em sentido semelhante: NOVAIS, Jorge Reis. *As restrições aos direitos fundamentais não expressamente autorizadas pela Constituição*. p. 206.

Entende-se existir uma intervenção restritiva, quando a atuação concreta ou ameaça de dano ao bem jurídico individual pelo Estado[470] é tanto uma finalidade propositalmente provocada ou não, ou seja, nesse último caso, seria a desvantagem na esfera individual não prevista ou não desejada, decorrente de efeitos secundários e não intencionais da ação,[471] desde que haja um *efeito restritivo* para o prejudicado[472] e a possibilidade de atribuição do fato ao Estado.[473] Já que qualquer atuação do Estado pode, de alguma forma, tangenciar indiretamente os direitos fundamentais em sua dimensão negativa e um conceito de intervenção restritiva baseada no efeito desvantajoso da ação no âmbito individual poderia levar a uma "paralisia das atividades" estatais, causando prejuí-

---

[470] *Idem*, p. 212; ECKHOFF, Rolf. *Der Grundrechtseingriff.* pp. 283 e ss.

[471] NOVAIS, Jorge Reis. *As restrições aos direitos fundamentais não expressamente autorizadas pela Constituição.* p. 209 e ss.; ECKHOFF, Rolf. *Der Grundrechtseingriff.*, pp. 192-197; GALLWAS, Hans-Ulrich. *Faktische Beeinträchtigungen im Bereich der Grundrechte: ein Beitrag zum Begriff der Nebenwirkungen.* Berlin: Dunckler &Humblot, 1970. pp. 12 e ss.

[472] NOVAIS, Jorge Reis. *As restrições aos direitos fundamentais não expressamente autorizadas pela Constituição.* pp. 211, 213 e 216 e ss; ECKHOFF, Rolf. *Der Grundrechtseingriff.* pp. 192 e ss e 288; GALLWAS, Hans-Ulrich. *Faktische Beeinträchtigungen im Bereich der Grundrechte: ein Beitrag zum Begriff der Nebenwirkungen.* pp. 43 e ss e 48.

[473] NOVAIS, Jorge Reis. *As restrições aos direitos fundamentais não expressamente autorizadas pela Constituição.* pp. 211, 213 e 216 e ss; ECKHOFF, Rolf. *Der Grundrechtseingriff.* pp. 270 e ss. Tal definição representa a superação do entendimento "clássico" de intervenção em direitos fundamentais, que considerava como atuação restritiva concreta o ato estatal com as seguintes características: atuação com qualidade jurídica, cujos endereçados são determinados; imperativa, com comando mandamental ou proibitivo; imediata e que se direcione diretamente a uma posição individual juridicamente protegida; e, por fim, com finalidade restritiva (caracterização feita, por todos, por: GRABITZ, Eberhard. *Freiheit und Verfassungsrecht.* Tübingen: Mohr Siebeck, 1976. pp. 25-32; BETHGE, Herbert. Der Grundrechtseingriff. pp. 38-40; LÜBBE-WOLF, Gertrude. *Die Grundrechte als Eingriffsabwehrrechte.* p. 42-50; ALBERS, Marion. Faktische Grundrechtsbeeinträchtigungen als Schutzbereichsproblem. p. 234; ECKHOFF, Rolf. *Der Grundrechtseingriff.* pp. 175 e ss; STERN, Klaus. *Das Staatsrecht der Bundesrepublik Deutschland.* Band III/2, Allgemeine Lehren der Grundrechte. München: C.H.Beck, 1994. pp. 104 e ss; NOVAIS, Jorge Reis. *As restrições aos direitos fundamentais não expressamente autorizadas pela Constituição.* pp. 209, 211 e 218; CANOTILHO, José Joaquim Gomes. *Direito Constitucional e Teoria da Constituição.* pp. 1265-1266). Essa concepção corresponde à visão de proteção da liberdade individual perante o Estado e pretende dar sentido ao conceito de intervenção restritiva com base em critérios formais considerados abstratamente (ALBERS, Marion. Faktische Grundrechtsbeeinträchtigungen als Schutzbereichsproblem. pp. 236-237; NOVAIS, Jorge Reis. *As restrições aos direitos fundamentais não expressamente autorizadas pela Constituição.* p. 211; GRABITZ, Eberhard. *Freiheit und Verfassungsrecht.* pp. 26-28 e 32).

2. CONCEITOS FUNDAMENTAIS DA DOGMÁTICA DAS RESTRIÇÕES AOS DIREITOS FUNDAMENTAIS

zos especialmente nas obrigações referentes à concretização do Estado Social,[474] se reconhece a necessidade de precisão dos critérios definidores da noção de intervenção restritiva utilizada na investigação. Elege-se, então, como critério identificador de uma intervenção fática por parte do Estado a existência de uma "intensidade especialmente significativa do efeito restritivo" gerado ao direito fundamental,[475] o que aqui significaria dizer que seriam restrições interventivas as ações concretas que causem "prejuízo efetivo" na liberdade[476] ou gerem uma "ameaça relevante" aos bens jurídicos,[477] que somente serão aferidas mediante as circunstâncias do caso concreto e, em especial, a análise do âmbito de proteção do direito e que,[478] além disso, sejam imputáveis ao próprio Estado e não decorrentes, por exemplo, de catástrofes naturais.[479]

---

[474] GRABITZ, Eberhard. *Freiheit und Verfassungsrecht*. p. 36; NOVAIS, Jorge Reis. *As restrições aos direitos fundamentais não expressamente autorizadas pela Constituição*. p. 214.

[475] Referindo ser essa uma exigência imposta pelos tribunais alemães: NOVAIS, Jorge Reis. *As restrições aos direitos fundamentais não expressamente autorizadas pela Constituição*. p. 219; ECKHOFF, Rolf. *Der Grundrechtseingriff*. pp. 252 e ss e 285, embora ambos os autores critiquem a eventual graduação da intensidade do prejuízo causado na esfera individual para a definição da restrição interventiva (NOVAIS, Jorge Reis. *As restrições aos direitos fundamentais não expressamente autorizadas pela Constituição*. p. 219; ECKHOFF, Rolf. *Der Grundrechtseingriff*. p. 255).

[476] Esse critério afasta a relevância de atuações do Estado consideradas "bagatelas" e as que não ultrapassem um limite mínimo de "sensibilidade" do prejuízo pelo particular (NOVAIS, Jorge Reis. *As restrições aos direitos fundamentais não expressamente autorizadas pela Constituição*. pp. 220-221), sendo esse último requisito aferido subjetiva e individualmente (*Idem*, p. 221).

[477] ECKHOFF, Rolf. *Der Grundrechtseingriff*. pp. 283 e ss; NOVAIS, Jorge Reis. *As restrições aos direitos fundamentais não expressamente autorizadas pela Constituição*. p. 226. Poder-se-iam considerar relevantes as ameaças: (*i*) capazes de gerar resultados "irreparáveis" aos direitos fundamentais, (*ii*) cujos efeitos seriam "incalculáveis" e (*iii*) que o "perigo potencial não seja regulável pelos afetados" (BRÜNING, Christoph. Voraussetzungen und Inhalt eines grundrechtlichen Schutanspruchs – BVerwG, NVwZ 1999, 1234 in *JuS* 2000, n. 10. p. 956), critérios que são utilizados pela doutrina dos deveres de proteção como capazes de desencadear a proteção do direito fundamental pelo Estado.

[478] ECKHOFF, Rolf. *Der Grundrechtseingriff*. pp. 253 e ss e 285; NOVAIS, Jorge Reis. *As restrições aos direitos fundamentais não expressamente autorizadas pela Constituição*. p. 226.

[479] NOVAIS, Jorge Reis. *As restrições aos direitos fundamentais não expressamente autorizadas pela Constituição*. p. 222.

2.4. O conceito de restrição aos direitos fundamentais por meio de lei

Passa-se, então, a sistematizar o conceito de restrição aos direitos fundamentais e as categorias legislativas afins, com o intuito de saber que qualidade deve ter a legislação para implicar a sua submissão aos requisitos de contole do Estado de Direito. Antes de tudo, porém, é necessário centrar a exposição no conceito de *limite*, por se entender ser pressuposto para a compreensão da idéia de *restrição* aos direitos fundamentais de liberdade e por existir uma especial dificuldade na precisão terminológica daquela categoria dogmática. Isso porque, na literatura, o termo *limite* aos direitos fundamentais é utilizado para designar diferentes atuações, desde o resultado da atividade de delimitação do âmbito de proteção do direito até a atuação restritiva do legislador.[480]

---

[480] Entende-se que a dificuldade de precisão resulta, também, da tradução dos termos utilizados pela doutrina alemã. Isso porque a definição das categorias *limites* e *limitação* são referidas, para além da utilização de termos como *"Schranken","Grenzen", "Beschränkung"* e *"Einschränkung"*, por alguns autores, com a designação de "restrição" – ou "intervenção" – (*"Eingriffen"*, referente, por exemplo, ao artigo 2, §2, frase 2, da LF alemã) (STERN, Klaus. Die Grundrechte und ihre Schranken. p. 12, denominações que o autor utiliza para exemplificar a inexistência de unidade terminológica na LF para determinar os "limites constitucionais diretos"). À parte disso, a referência a *limites* pode ser feita para designar, por exemplo, o resultado da atuação delimitativa do âmbito de proteção do direito (NOVAIS, Jorge Reis. *As restrições aos direitos fundamentais não expressamente autorizadas pela Constituição*. pp. 277-278; STERN, Klaus. Die Grundrechte und ihre Schranken. p. 13; WINKLER, Markus. *Kollisionen verfassungsrechtlicher Schutznormen*. Berlin: Duncker & Humblot, 2000. p. 35; ANDRADE, José Carlos Vieira de. *Os direitos fundamentais na Constituição Portuguesa de 1976*. pp. 273 e ss, denominando-os, este último autor, como *"limites imanentes implícitos"*); ou, para os autores filiados à concepção da teoria interna das restrições, utilizado para referir a delimitação do âmbito definitivo do direito fundamental (nesse caso, limite *dos* direitos e não *aos* direitos, conforme, NOVAIS, Jorge Reis. *As restrições aos direitos fundamentais não expressamente autorizadas pela Constituição*. p. 277; ALEXANDRINO, José de Melo. *A Estruturação do Sistema de Direitos, Liberdades e Garantias na Constituição Portuguesa*, v. II. p. 458). Ainda, é referido para designar a possibilidade de "externalização de limites" (*Schrankenziehung*) autorizada pela reserva de lei, atuação essa que é submetida à fiscalização pelos critérios chamados *Limites aos Limites* (STERN, Klaus. Die Grundrechte und ihre Schranken. pp. 1-2; 11 e ss; SCHNAPP, Friedrich. Grenzen der Grundrechte in *JuS*, 1978, n. 11. pp. 731-732), nesse caso, aparecendo como sinônimo de "restrição" (CANOTILHO, José Joaquim Gomes. *Direito Constitucional e Teoria da Constituição*. pp. 1276-1277; NOVAIS, Jorge Reis. *As restrições aos direitos fundamentais não expressamente autorizadas pela Constituição*. pp. 277-278, para esses últimos, podendo ocorrer independentemente de existir autorização) ou determinação/delimitação legislativa (SCHNAPP, Friedrich. Grenzen der Grundrechte. p. 730, referindo-se ao ato de "*Grundrechte*

2. CONCEITOS FUNDAMENTAIS DA DOGMÁTICA DAS RESTRIÇÕES AOS DIREITOS FUNDAMENTAIS

Trabalhar-se-á, portanto, com o termo limite no sentido de designar a *norma* que tenha feição de fronteira *ou* fundamento para a limitação ao direito fundamental,[481] ou seja, (1) *fronteiras* que "assinalam normativamente âmbitos não incluidos no objeto ou conteúdo do direito"[482] ou (2) normas constitucionais que constituem *fundamento* para futuras delimitações, restrições ou afetações (legítimas) de outros direitos de igual nível.[483] Tais grandezas normativas podem ser gerais ou indivi-

---

zu beschränken") e, também, pode ser empregado para designar o resultado das "afetações" em geral (ou seja, *limites em sentido amplo*: SARLET, Ingo Wolfgang. *A eficácia dos direitos fundamentais*. p. 391; NABAIS, José Casalta. Os Direitos Fundamentais na Jurisprudência do Tribunal Constitucional in *Por uma liberdade com responsabilidade: estudos sobre direitos e deveres fundamentais*. Coimbra: Coimbra Editora, 2007. pp. 266-267; Markus Winkler fala na extensão do conceito de "limites" a "*toda* a diminuição de efeito das normas de garantia" (WINKLER, Markus. *Kollisionen verfassungsrechtlicher Schutznormen*. pp. 35-36) (grifos do autor). Para uma demonstração detalhada da utilização do termo na doutrina portuguesa: ALEXANDRINO, José de Melo. *A Estruturação do Sistema de Direitos, Liberdades e Garantias na Constituição Portuguesa*, v. II. pp. 429 e ss.

[481] Sentido atribuído por: ALEXANDRINO, José de Melo. *A estruturação do Sistema de Direitos, Liberdades e Garantias na Constituição portuguesa*, v. II. p. 467; WINKLER, Markus. *Kollisionen verfassungsrechtlicher Schutznormen*. p. 30. O conceito de limite seria referido a normas (*normbezogen*), isso significa que normas (limites) influem sob outras normas (direitos fundamentais) (WINKLER, Markus. *Kollisionen verfassungsrechtlicher Schutznormen*. pp. 30-31; ALEXY, Robert. *Theorie der Grundrechte*. pp. 255 e ss., para este último, normas que podem ser regras ou princípios e que limitam direitos fundamentais de natureza *prima facie*).

[482] ALEXANDRINO, José de Melo. *A estruturação do Sistema de Direitos, Liberdades e Garantias na Constituição portuguesa*, v. II. p. 458; *Idem, Direitos Fundamentais*, p. 121. Nesse caso, "grandezas negativas" (*Idem*, p. 459; *Idem, ibidem*), ou, considerando-se pela perspectiva da delimitação do conteúdo a ser garantido (considerando assim, SCHNAPP, Friedrich. Grenzen der Grundrechte. p. 730, referindo que estes seriam os casos em que os "problemas de limites" se reduziriam à interpretação) tratar-se-ia do "lado positivo do direito fundamental" (STERN, Klaus. Die Grundrechte und ihre Schranken. p. 1). Exemplifica-se com a liberdade de reunião nas Constituições portuguesa (artigo 45, n.1) e brasileira (artigo 5º, inciso XVI), que é protegida desde que exercida pacificamente e sem o porte de armas.

[483] ALEXANDRINO, José de Melo. *A Estruturação do Sistema de Direitos, Liberdades e Garantias na Constituição Portuguesa*, v. II. p. 458; *Idem, Direitos Fundamentais*, p. 121. Seriam, então, "grandezas positivas que têm que ser protegidas" (*Idem, A Estruturação do Sistema de Direitos, Liberdades e Garantias na Constituição Portuguesa*, v. II. pp. 459 e 467), ou, visto pela perspectiva contrária, seria o "lado negativo dos direitos fundamentais" (STERN, Klaus. Die Grundrechte und ihre Schranken. p. 1). Estes são os casos a que Winkler denomina "*Beschränkung*" (WINKLER, Markus. *Kollisionen verfassungsrechtlicher Schutznormen*. p. 35), preferindo este ao termo "*Begrenzen*", por sua vez, vinculado à atuação delimitativa do âmbito de proteção (*Idem, ibidem*). Ou seja, são as normas que, por entrarem em colisão com outras, desenca-

duais,[484] constitucionais ou infraconstitucionais, diretas ou indiretas,[485] veiculadas por cláusulas explícitas ou implícitas.[486] Dir-se-á, por isso, e em concordância com a intenção de delimitação das figuras que se relacionam com a restrição aos direitos fundamentais propriamente dita, que "o conceito de restrição pressupõe o de limite"[487]: o limite é fundamento constitucional do ato restritivo e é o seu resultado.[488]

Tendo-se definido a figura dos limites, que pela relação com o conceito de restrição a direitos fundamentais sendo, até mesmo, por vezes, com ele confundido, faz-se imprescindível para a continuidade da investigação, centra-se a definição dos pressupostos dogmáticos da exposição no conceito de restrição legislativa a direitos fundamentais e sua diferenciação do restante das figuras legislativas relativas a direitos fundamentais.

2.4.1. A diferenciação das modalidades legislativas de direitos fundamentais e suas consequências jurídicas

A qualificação de uma legislação como *restritiva* de direitos faz decorrer, para algumas correntes doutrinárias, automaticamente a sua submissão

---

deiam a necessidade de intervenção em direitos fundamentais contrários igualmente protegidos, servindo, por isso, como fundamento para tal atuação (ALEXANDRINO, José de Melo. *A Estruturação do Sistema de Direitos, Liberdades e Garantias na Constituição Portuguesa*, v. II. p. 458; *Idem, Direitos Fundamentais*, p. 122; NOVAIS, Jorge Reis. *As restrições aos direitos fundamentais não expressamente autorizadas pela Constituição*. p. 278).

[484] As normas individuais correspondem àquelas referentes somente ao caso concreto, como, por exemplo, o mandado de busca domiciliar (ALEXANDRINO, José de Melo. *A Estruturação do Sistema de Direitos, Liberdades e Garantias na Constituição Portuguesa*, v. II. p. 468, nota 1998; *Idem, Direitos Fundamentais*, p. 123; STERN, Klaus. Die Grundrechte und ihre Schranken. p. 12).

[485] STERN, Klaus. Die Grundrechte und ihre Schranken. pp. 11 e ss. Desencadeando, nesse caso, a própria delimitação do âmbito de proteção (diretas) ou a afetação do conteúdo de um direito fundamental (indiretas) (ALEXANDRINO, José de Melo. *A Estruturação do Sistema de Direitos, Liberdades e Garantias na Constituição Portuguesa*, v. II. p. 468; *Idem, Direitos Fundamentais*. p. 122).

[486] ALEXANDRINO, José de Melo. *A Estruturação do Sistema de Direitos, Liberdades e Garantias na Constituição Portuguesa*, v. II. pp. 467-468; *Idem., Direitos Fundamentais*. pp. 122-123.

[487] ALEXANDRINO, José de Melo. *Direitos Fundamentais*. p. 117, nota 336.

[488] NOVAIS, Jorge Reis. *As restrições aos direitos fundamentais não expressamente autorizadas pela Constituição*. p. 277, referindo que a restrição resultaria em uma "nova delimitação do conteúdo do direito", compondo, então, novos limites (*Idem*, pp. 278-279 e nota 486; ALEXANDRINO, José de Melo. *Direitos Fundamentais*. p. 117, nota 336).

2. CONCEITOS FUNDAMENTAIS DA DOGMÁTICA DAS RESTRIÇÕES AOS DIREITOS FUNDAMENTAIS

aos requisitos de contole do Estado de Direito.[489] Importa, por isso e antes de estabelecer o conceito de legislação restritiva que servirá de ponto de partida para a investigação, atentar para as diferenciações legislativas previstas nas constituições aqui analisadas e para as divergências doutrinárias em torno das diversas tipificações de legislação relativa a direitos fundamentais, de forma a estabelecer um padrão que sirva a determinar quando a lei deve obedecer aos chamados *"limites aos limites".*

A utilização de diferentes terminologias para designar a legislação veiculadora de direitos fundamentais está presente nas constituições portuguesa, alemã e brasileira.[490] Assim, encontra-se, por exemplo, o vocábulo "restrição" no inciso LX no artigo 5º da Constituição brasileira, bem como a autorização para uma eventual intervenção legislativa posterior nos incisos LVIII, XII e XLV do mesmo artigo. Ademais, se pode perceber a utilização da forma legislativa da configuração ou da possibilidade de o legislador viabilizar as condições de exercício dos direitos fundamentais nos textos dos incisos VI, VII, XXVI e XXXII, também do artigo 5º da CF. Na Constituição portuguesa, o conceito de "restrição" está expresso, por exemplo, nos artigos 26, n. 4; 47, n. 1 e 270, e as capacidades de o legislador ordinário "definir", "regular" ou "especificar" os pormenores da garantia e as condições de exercício de alguns direitos fundamentais podem ser encontradas nos artigos 28, n. 4; 32, n. 3 e 7; 35, n. 2; 36, n. 2 e 40, n. 1 da mesma Lei Fundamental.[491] Por fim, a LF alemã emprega os verbos "restringir" (por exemplo, nos artigos 2, n. 2 e 11, n. 2), "definir" os conteúdos e limites do direito (artigo 14, n. 1, parte 2) e "regulamentar" (artigos 12, n. 1, frase 2 e 14, n. 3, frase 2) para refe-

---

[489] Ao contrário, excluindo a possibilidade de que uma classificação estática da legislação regulamentadora de direitos fundamentais faça surgir, mecanicamente, a exigência ou dispensabilidade de respeito aos requisitos formais e materiais de Estado de Direito, por todos: Novais, Jorge Reis. *As restrições aos direitos fundamentais não expressamente autorizadas pela Constituição.* p. 183.

[490] O tratamento das diferentes reservas, sua sistematização e contribuição para a solução do problema da divisão de competências normativas no âmbito das constituições portuguesa, alemã e brasileira será feito nos capítulos III, IV e V da investigação. Aqui apenas serão exemplificados os tipos de lei veiculadoras de direitos fundamentais com o propósito de analisar a relevância de uma classificação tipológica e a possibilidade de aplicação dos requisitos de Estado de Direito a todas ou algumas dessas leis.

[491] Exemplos mencionados em: Novais, Jorge Reis. *As restrições aos direitos fundamentais não expressamente autorizadas pela Constituição.* p. 170.

rir formas de atuação do legislador ordinário no âmbito dos direitos fundamentais. A utilização de tais conceitos constitucionalmente expressos tem como intento acentuar a qualidade imediata da legislação, seja ela restritiva ou configuradora de direitos.[492] Entretanto é importante referir que a eficácia da lei não se esgota nessa dimensão, podendo desencadear consequências indiretas e desvantajosas a direitos fundamentais de indivíduos que não seriam os primeiros destinatários da lei.

A atividade legislativa relativa aos direitos fundamentais é categorizada também pela doutrina conforme a sua *natureza*; assim, se ter-se-ia forma restritiva, definidora do conteúdo, concretizadora, detalhadora ou especificadora da forma de exercício do direito. Percebe-se, entretanto, a utilização de conceitos imprecisos e divergências quanto ao conteúdo das categorias empregadas na doutrina. Por isso, tentar-se-á delimitar um quadro geral com as principais formas legislativas e sua relação e diferenciação da categoria dogmática da *restrição* aos direitos fundamentais, para, ao fim, esclarecer a possibilidade de utilização dessa classificação terminológica na presente exposição.

A diferenciação mais comum encontrada na doutrina dá-se pelo reconhecimento de uma oposição estática entre a legislação restritiva e a legislação não restritiva,[493] que pode ser designada configuradora ou conformadora de direitos fundamentais –[494] como espécies do gênero

---

[492] PEREIRA, Jane Reis Gonçalves. *Interpretação constitucional e direitos fundamentais*. pp. 195-196.

[493] ALEXY, Robert. *Theorie der Grundrechte*. p. 300.

[494] LERCHE, Peter. *Übermass und Verfassungsrecht*. Köln/Berlin/München/Bonn: Carl Heymanns, 1961. pp. 106 e ss, onde, além das normas conformadoras (*grundrechtsprägenden Normen*) e das restritivas (*eingreifenden Normen*), o autor fala, ainda, em normas que "clarificam os limites já traçados" dos direitos fundamentais (*verdeutlichenden Normen*); referindo-se, em outro lugar, à classificação dicotômica de normas conformadoras e normas restritivas: LERCHE, Peter. Grundrechtlicher Schutzbereich, Grundrechtsprägung und Grundrechtseingriff. pp 763-772, Nm. 37 e ss. Baseando-se na referência feita pelo autor alemão: ALEXANDRINO, José de Melo. *A Estruturação do Sistema de Direitos, Liberdades e Garantias na Constituição Portuguesa*, v. II. pp. 475-476; *Idem, Direitos Fundamentais*. p. 129. Utilizando-se, também, do esquema "atividade conformadora/configuradora e atividade restritiva", em Portugal: CANOTILHO, José Joaquim Gomes Canotilho. *Direito Constitucional e Teoria da Constituição*. pp. 1263-1264; VAZ, Manuel Afonso. *Lei e Reserva de lei*. pp. 309 e 312; QUEIROZ, Cristina. *Direitos Fundamentais – Teoria Geral*. 2ª Edição. Coimbra: Coimbra editora, 2010. pp. 247 e ss.; MORAIS, Carlos Blanco. *Direito Constitucional II: sumários desenvolvidos*. p. 84. Jorge Reis Novais diferencia as leis restritivas das leis de desenvolvimento, estas últimas não teriam, "pelo menos em teoria e a título principal", vocação ablativa de uma posição jusfundamental: NOVAIS,

2. CONCEITOS FUNDAMENTAIS DA DOGMÁTICA DAS RESTRIÇÕES AOS DIREITOS FUNDAMENTAIS

da conformação se podem citar as leis *determinadoras, regulamentadoras, concretizadoras, protetivas*, etc., conceitos que são também, muita vezes, utilizados como sinônimos –,[495] de que decorrem consequências jurídicas importantes. A legislação restritiva é caracterizada, muitas vezes, por afetar desvantajosamente, de forma intencional e somente quando autorizada constitucionalmente,[496] o âmbito de proteção dos direitos individuais, ou seja, "incide sobre a substância do direito fundamental já definida".[497] O segundo tipo, a legislação configuradora ou conformadora de direito fundamental, teria a característica principal de não implicar a supressão do direito, no sentido de o legislador somente *formar* o âmbito de proteção ou a substância dos direitos fundamentais,[498] ou seja, seria apenas o exercício de delimitação, concretização ou viabilização de exercício de um direito cujo conteúdo já fora previamente estabelecido, embora possa também, em alguns casos, materializar ou densificar esse conteúdo.[499] Assim, dividir-se-ia, principalmente, tal espécie legislativa em normas que *constituem* a "substância jurídica" dos direitos,

---

Jorge Reis. *As restrições aos direitos fundamentais não expressamente autorizadas pela Constituição.* pp. 179 e ss. Compilando a doutrina portuguesa que se posiciona sobre o tema no sentido aqui referido: ALEXANDRINO, José de Melo. *A Estruturação do Sistema de Direitos, Liberdades e Garantias na Constituição Portuguesa*, v. II. p. 476, nota 2040. Assim, também, no Brasil: PEREIRA, Jane Reis Gonçalves. *Interpretação constitucional e direitos fundamentais.* pp. 195 e ss; FARIAS, Edilsom. Restrição de Direitos Fundamentais in *Revista Seqüência*, n. 41, 2000. pp. 72-73.

[495] Assim, por exemplo, Cristina Queiroz inclui no conceito de "configuração" as normas regulamentadoras e concretizadoras (QUEIROZ, Cristina. *Direitos Fundamentais.* p. 251).

[496] Assim, ANDRADE, José Carlos Vieira de. *Os direitos fundamentais na Constituição Portuguesa de 1976.* pp. 206-216, que entende que as leis restritivas são sempre expressamente previstas (proibição de restrição fora dos casos previstos) e submetidas ao conjunto de requisitos de validade do Estado de Direito (*Idem*, pp. 271-273 e 284 e ss); QUEIROZ, Cristina. *Direitos Fundamentais.* p. 248, para quem a restrição ao direito fundamental é sempre direta ou indiretamente autorizada, no restante dos casos tratar-se-ia de uma "'delimitação' de direitos no caso prático a decidir". Caracterizando tal pensamento, embora não partilhe dessa ideia: NOVAIS, Jorge Reis. *As restrições aos direitos fundamentais não expressamente autorizadas pela Constituição.* p. 174.

[497] LERCHE, Peter. Grundrechtlicher Schutzbereich, Grundrechtsprägung und Grundrechtseingriff. p. 762, Nm. 38.

[498] PIEROTH, Bodo; SCHLINCK, Bernhard. *Grundrechte, Staatsrecht II.* p. 57; LERCHE, Peter. Grundrechtlicher Schutzbereich, Grundrechtsprägung und Grundrechtseingriff. p. 762, Nm. 38.

[499] NOVAIS, Jorge Reis. *As restrições aos direitos fundamentais não expressamente autorizadas pela Constituição.* pp. 180-181.

como no caso das leis que se referem ao direito à propriedade privada ou ao direito a contrair casamento;[500] normas que possibilitam, por meio de medidas *concretizadoras*, o exercício dos direitos fundamentais, tanto explicitando seu conteúdo, ao definir conceitos indeterminados, protegendo seu exercício contra a ação de terceiros, bem como auxiliando e possibilitando as condições organizatórias e o funcionamento das estruturas necessárias para o usufruto dos direitos fundamentais;[501] normas que *realizam* substancialmente os direitos fundamentais sociais[502] e normas que servem a melhor execução do direito, detalhando a norma garantidora do direito fundamental.[503]

Os autores divergem, em especial, quanto ao entendimento do regime que decorre automaticamente ou não dessa tipologia. Assim, por exemplo, há entendimento no sentido de que os limites materiais e formais do Estado de Direito seriam aplicados às leis restritivas, já não às leis com natureza conformadora ou a outras formas de regulamentação de direitos fundamentais.[504] Tal entendimento parte do pressuposto de

---

[500] LERCHE, Peter. Grundrechtlicher Schutzbereich, Grundrechtsprägung und Grundrechtseingriff. p.763, Nm. 39; NOVAIS, Jorge Reis. *As restrições aos direitos fundamentais não expressamente autorizadas pela Constituição*. p. 180; em especial, sobre a tarefa de criar ou delimitar "aquilo que deve ser protegido jusfundamentalmente" pelo direito à propriedade: KEMPEN, Bernhard. *Der Eingriff des Staates in das Eigentum: Voraussetzung, Ausgleich und Abwehr durch den Bürger*. Köln/Berlin/Bonn/München: Heymann, 1991. p. 45.

[501] Classificação até aqui proposta por: LERCHE, Peter. Grundrechtlicher Schutzbereich, Grundrechtsprägung und Grundrechtseingriff. pp. 763-766, Nm. 39 e ss; em sentido semelhante: NOVAIS, Jorge Reis. *As restrições aos direitos fundamentais não expressamente autorizadas pela Constituição*. pp. 180-182.

[502] NOVAIS, Jorge Reis. *As restrições aos direitos fundamentais não expressamente autorizadas pela Constituição*. p. 180.

[503] *Idem*, p. 182.

[504] Nesse sentido, citam-se exemplos da doutrina portuguesa que atribuem a decorrência de efeitos imediatos do regime à tipificação das leis como concretizadoras *versus* leis restritivas: VAZ, Manuel Afonso. *Lei e Reserva de lei*. pp. 312 e ss, para quem a tarefa de concretização (que desvenda limites imanentes) e a de regulamentação legislativa não são submetidas ao padrão de controle das normas restritivas (essas, sempre autorizadas, *Idem*, pp. 312-315); Casalta Nabais sustenta a desnecessidade da aplicação do regime constitucionalmente expresso para as leis restritivas (artigo 18, ns. 2 e 3 da CRP) aos "condicionamentos" e "regulamentações" de direitos fundamentais (NABAIS, José Casalta. Os Direitos Fundamentais na Jurisprudência do Tribunal Constitucional. p. 22); Vieira de Andrade invoca o recurso à figura dos *limites imanentes* para justificar a desnecessidade de submissão ao controle conforme os requisitos de Estado de Direito das leis reguladoras, conformadoras, interpretativas,

2. CONCEITOS FUNDAMENTAIS DA DOGMÁTICA DAS RESTRIÇÕES AOS DIREITOS FUNDAMENTAIS

que as restrições aos direitos fundamentais seriam sempre autorizadas e todo o resto de legislação ordinária referente a direitos fundamentais seria contraposta à restrição, fazendo decorrer mecanicamente de uma tipologia abstrata a consequência de que "uma norma que não restringe um direito fundamental não deve ser justificada como restrição a um direito fundamental".[505] A crítica mais relevante a ser direcionada a tal posicionamento é que, se adotada pelos tribunais, a tática de fazer decorrer de uma classificação abstrata efeitos sobre o regime a ser aplicado às leis pode resultar em um défice de fundamentação nas decisões referentes a *verdadeiras* restrições a direitos fundamentamentais por serem, a título principal ou aparentemente, normas subsumíveis a um conceito de lei regulamentadora de direitos.[506] Diversamente, há a doutrina que se posiciona no sentido de que o regime a ser aplicado às normas que regulamentam direitos fundamentais, sejam elas conceitualmente restritivas ou não, depende da aferição da existência ou não de *efeitos restritivos* que possam causar "consequências desvantajosas no acesso de particulares a bens de liberdade jusfundamentalmente protegidos".[507] Assim, a definição de quais os requisitos a serem exigidos de cumprimento por uma determinada legislação depende da análise concreta da "extensão" e "intensidade" dos efeitos prejudiciais gerados na posição

---

protetoras, ampliadoras e promovedoras dos direitos fundamentais (ANDRADE, José Carlos Vieira de. *Os direitos fundamentais na Constituição Portuguesa de 1976*. pp. 217 e ss).

[505] ALEXY, Robert. *Theorie der Grundrechte*. p. 300.

[506] NOVAIS, Jorge Reis. *As restrições aos direitos fundamentais não expressamente autorizadas pela Constituição*. pp. 183-184.

[507] *Idem*, p. 189. Assim, partilhando dessa concepção: ALEXANDRINO, José de Melo. *Direitos Fundamentais*. p. 124-125; MACHADO, Jónatas E.M. *Liberdade de Expressão*: dimensões constitucionais da esfera pública no sistema social. Coimbra: Coimbra editora, 2002. pp. 711-714; BAPTISTA, Eduardo Correia. *Os direitos de reunião e de manifestação no direito português*. pp. 168-172 e 177; PEREIRA, Jane Reis Gonçalves. *Interpretação constitucional e direitos fundamentais*. pp. 202-203; GALLWAS, Hans-Ulrich. *Faktische Beeinträchtigungen im Bereich der Grundrechte*. pp. 12 e ss; ALEXY, Robert. *Theorie der Grundrechte*. pp. 306-307. Há, ainda, autores que entendem que a legislação não restritiva estaria vinculada, pelo menos, ao respeito ao núcleo essencial do direito (LERCHE, Peter. Grundrechtlicher Schutzbereich, Grundrechtsprägung und Grundrechtseingriff. p. 763, Nm. 39) e à submissão ao método da proporcionalidade (BOROWSKI, Martin. La restricción de los derechos fundamentales. pp. 53-54; CANARIS, Claus-Wilhelm. *Direitos Fundamentais e direito privado*. Trad. Ingo Wolfgang Sarlet e Paulo Mota Pinto. Coimbra: Almedina. 2006. pp. 34-36).

jusfundamental.[508] Às normas consideradas puras concretizações ou conformações de direitos fundamentais, no sentido de serem "integralmente" favoráveis[509] ao exercício ou à aplicabilidade de uma direito fundamental, não seriam aplicados os mesmos requisitos exigidos às leis restritivas, em especial, seriam excluídos de exigência os limites formais e orgânicos, como é o caso da reserva de lei.[510] Tal delimitação conceitual do que seriam verdadeiras restrições legislativas aos direitos fundamentais tem em vista "evitar a restrição interpretativa",[511] ou seja, evitar a restrição "disfarçada" em um exercício que se esgota na suposta interpretação dos "limites dos direitos" de que decorre a subsunção da legislação a um conceito legislativo não restritivo, o que fica salvaguardado pela fundamentação intersubjetiva com base nos requisitos constitucionais de toda a legislação que causar desvantagem a uma liberdade individual.

É importante analisar a ideia de legislação restritiva de direitos fundamentais comumente aplicada nos Tribunais Constitucionais português, alemão e brasileiro, em ordem a saber se condiz com a conceituação aqui levada em conta. Encontra-se, reiteradamente, na jurisprudência do TC português a utilização de uma distinção conceitual entre normas restritivas e normas condicionadoras do exercício do direito fundamental; essas últimas limitar-se-iam a "definir pressupostos e condições do seu exercício", de que decorre a consequência que, quanto às segundas, "não se põem, por definição" as "exigências e cautelas" previstas no artigo 18, ns. 2 e 3 da CRP.[512] Percebe-se, entretanto, atualmente, alguma

---

[508] NOVAIS, Jorge Reis. *As restrições aos direitos fundamentais não expressamente autorizadas pela Constituição.* p.189.

[509] BAPTISTA, Eduardo Correia. *Os direitos de reunião e de manifestação no direito português.* pp. 170-171; PEREIRA, Jane Reis Gonçalves. *Interpretação constitucional e direitos fundamentais.* p. 203.

[510] NOVAIS, Jorge Reis. *As restrições aos direitos fundamentais não expressamente autorizadas pela Constituição.* pp.191.

[511] MACHADO, Jónatas E.M. *Liberdade de Expressão.* p. 710.

[512] Assim, Acórdão n. 99/88, p. 8. Nesse sentido também os Acórdãos n. 289/92 e 367/99 (a menção e análise dos acórdãos aqui citados são feitas também por: NOVAIS, Jorge Reis. *As restrições aos direitos fundamentais não expressamente autorizadas pela Constituição.* p. 187, nota 322). Tal entendimento é baseado no fundamento de que toda a norma restritiva de direitos fundamentais é sempre também uma violação ao direito, já que ou é desproporcional ou viola o núcleo essencial do direito fundamental, e todo o resto da legislação relativa a direitos fundamentais resumir-se-ia a condicionamentos ao seu exercício, não havendo a necessidade, portanto, de aplicação dos pressupostos de validade das normas restritivas (pen-

2. CONCEITOS FUNDAMENTAIS DA DOGMÁTICA DAS RESTRIÇÕES AOS DIREITOS FUNDAMENTAIS

jurisprudência que utiliza uma fundamentação mais próxima da aplicação do regime das leis restritivas, ou, pelo menos, de alguns dos requisitos a elas exigidos, com base no exame do efeito prejudicial da norma para a situação jusfundamental do indivíduo,[513] uma vez que a qualificação conceitual não pode, por si só, "resolver concludentemente questões de regime de uma intervenção normativa".[514]

O Supremo Tribunal Federal brasileiro, embora adote, muitas vezes, a concepção que diferencia e autonomiza os direitos fundamentais de suas restrições,[515] parece utilizar um conceito alargado de restrição, ao qualificar, em geral, as reservas constitucionalmente previstas aos direitos fundamentais como "reservas restritivas", de forma a poder justificar a aplicação dos requisitos de Estado de Direito.[516] Consequentemente,

---

samento próprio da teoria interna das restrições aos direitos fundamentais), entendimento que ignora a diferenciação entre restrições legítimas e ilegítimas (assim, conforme a análise de: *Idem*, pp. 184-187).

[513] Assim, citam-se os Acórdãos n. 178/2007; 164/11; 24/12; 404/2012.

[514] Assim, conforme o Acórdão n. 404/2012.

[515] São exemplos as decisões: HC 85687/RS. Voto Ministro Gilmar Mendes. pp. 13 e ss; RE 603583/RS. Voto Ministro Marco Aurélio. pp. 7-17, voto Ministro Luiz Fux. pp. 1-11 e voto Ministro Gilmar Mender. pp. 1 e ss; RE 511961/SP. Voto Ministro Gilmar Mendes. pp. 24 e ss. É importante notar que em inúmeras decisões o Tribunal também se utilize de uma interpretação restrita do suporte fático dos direitos fundamentais para fundamentar situações que poderiam ser, conforme a concepção aqui adotada, consideradas verdadeiras *restrições* (assim, conforme as referências de: SILVA, Virgílio Afonso da. O conteúdo essencial dos direitos fundamentais e a eficácia das normas constitucionais in *Revista de Direito do Estado*, n. 4, 2006, pp. 32-33, embora o autor faça a crítica baseado em uma ideia de suporte fático amplíssimo dos direitos fundamentais, o que significa que desaprova a atuação do STF quando este exclui do âmbito dos direitos fundamentais também as condutas materialmente ilícitas, concepção da qual não se compartilha, conforme já restou demonstrado na análise do âmbito de proteção dos direitos fundamentais nesse capítulo). Ademais, encontra-se também o entendimento de identificação da restrição do direito fundamental à violação do seu núcleo essencial e, caso não ocorra esta no caso concreto, não há a avaliação da legislação conforme os outros requisitos de Estado de Direito (assim, MS 24045/DF. Voto Ministro Joaquim Barbosa. pp. 4-5, tratando-se, nesse caso, de exame de decreto emitido pelo Presidente da República). Esse pensamento, conforme referido na nota n. 421, é próprio da *teoria interna* das restrições, o que reflete a ausência de uma linha argumentativa coerente baseada em uma única teoria e de um verdadeiro desenvolvimento dogmático do conteúdo das restrições aos direitos fundamentais na jurisprudência do Supremo Tribunal Federal brasileiro.

[516] Assim, por exemplo, nas decisões: RE 603583/RS. Voto Ministro Marco Aurélio. pp. 7-27, voto Ministro Luiz Fux. pp. 1-11 e voto Ministro Gilmar Mender. pp. 1-16; RE 511961/

AS RESTRIÇÕES AOS DIREITOS FUNDAMENTAIS POR ATO NORMATIVO DO PODER EXECUTIVO

estando o direito fundamental "submetido a uma restrição legal expressa" que permite ao legislador "fazer as distinções e qualificações", devem ser respeitados os limites constitucionalmente impostos para as leis restritivas.[517] Ademais, encontra-se a referência, na jurisprudência do STF, às conformações legislativas decorrentes da dimensão objetiva dos direitos fundamentais, que são resultantes de mandamento constitucionalmente expresso ou não e são tratadas essencialmente no âmbito dos deveres de ação do estado mediante a aplicação do juízo de "proibição de insuficiência" da proteção ou promoção estatal. Em alguns casos, é salientada a importância de submissão da correspondente restrição ao direito fundamental de terceiros que resulta das medidas protetivas e promovedoras, também, ao princípio da *proporcionalidade* em sua dimensão de "proibição de excesso".[518] Por fim, na jurisprudência do Tribunal Federal alemão, embora haja a diferenciação das reservas referentes ao tratamento legislativo dos direitos fundamentais em reservas de conformação (*Ausgestaltungsvorbehalten*), reservas de regulamentação (*Regelungsvorbehalten*) e reservas restritivas (*Eingriffsvorbehalten*),[519] encontra-se

/SP. Voto Ministro Gilmar Mendes. pp. 24-46; RE 635023/DF. Voto Ministro Celso de Mello. pp. 1-16; em que a norma constitucional que estabelece a liberdade profissional (artigo 5º, inciso XIII, da CF) estatui que devem ser "atendidas as qualificações profissionais que a lei estabelecer", que é considerada pelo STF como uma reserva restritiva qualificada e, por isso, a lei é submetida aos requisitos da obrigatoriedade de reserva de lei, princípio da proporcionalidade e do respeito ao núcleo essencial dos direitos fundamentais. Não se pode deixar de mencionar, contudo, que, no âmbito das liberdades de expressão e comunicação, haja a menção a uma interpretação diferenciada da reserva, no sentido de que referente a essas liberdades, "a ordem constitucional apenas admite a definição legal das qualificações profissionais na hipótese em que sejam elas estabelecidas para proteger, efetivar e reforçar o exercício profissional das liberdades de expressão e de informação por parte dos jornalistas. Fora desse quadro, há patente inconstitucionalidade da lei"(RE 511961/SP. Voto Ministro Gilmar Mendes. p. 48), o que, aparentemente, contradiz a primeira caracterização da reserva como restritiva.

[517] Salienta-se a frequente aferição da conformidade das leis restritivas, em especial, aos requisitos da proporcionalidade e da garantia do núcleo essencial (assim, por exemplo, o HC85687/RS. Voto Ministro Gilmar Mendes. pp. 17 e ss, onde é examinado o respeito da legislação restritiva ao núcleo essencial do direito).

[518] Assim, por exemplo, os julgados: ADI 3112/DF. Voto Ministro Gilmar Mendes. pp. 6 e ss; ADI 1800. Voto Ministro Lewandowski. pp. 4 e ss; HC 102087/MG. Voto Ministro Gilmar Mendes. pp. 4 e ss; HC 104410/RS. Voto Ministro Gilmar Mendes. pp. 6 e ss; HC 96759/CE. Voto Ministro Gilmar Mendes. pp. 7 e ss.

[519] Lübbe-Wolf, Gertrude. *Die Grundrechte als Eingriffsabwehrrechte.* p. 60.

a submissão das disposições legislativas que tenham *efeito restritivo* nos interesses ou nas posições protegidas pelos direitos fundamentais aos requisitos exigidos às normas restritivas, independentemente da modalidade legislativa abstratamente definida.[520]

2.5. O conceito de restrição utilizado na investigação

Enfim, a partir da breve elucidação da problemática existente em torno do conceito das restrições legislativas aos direitos fundamentais, delimitam-se os conceitos que condicionam as futuras conclusões da investigação. Adotar-se-á, nos limites teóricos desta exposição, a concepção ampla das ações restritivas,[521] no sentido de considerar como restrição *todas as atividades* (ação) legislativas (e, portanto, abstratas) que sejam "modificativas do conteúdo dos direitos fundamentais e que, do ponto de vista da sua dimensão subjetiva, são desantajosas ou negativas para os titulares reais ou potenciais dos respectivos direitos" – [522] leis que

---

[520] *Idem*, pp. 60 e ss; LINDNER, Josef Franz. "Grundrechtseingriff" oder "grundrechtswidriger Effekt"? – Plädoyer für einen grundrechtsdogmatischen Pradigmenwechsel in *Die Öffentliche Verwaltung*, n. 18, 2004. pp. 767-768, embora esse último autor refira decisões em que o TC se embasa no conceito clássico de restrição, contradizendo esse entendimento, para sustentar o argumento de que o TC alemão não possui uma posição estável sobre o conceito de restrição a direitos fundamentais e sobre quando deve ser invocado o regime aplicado às leis restritivas (*Idem*, pp. 768-770). Encontra-se a aplicação do conceito de lei restritiva aferida a partir de seus *efeitos* na jurisprudência do TC alemão, por exemplo, nas decisões: *BVerfGE* 7, 377 (*Apothekenurteil*) in EICHBERGER, Michael; GRIMM, Dieter; KIRCHHOF, Paul (org). *Entscheidungen des Bundesverfassungsgerichts – Studienauswahl*. Band 1. 3 Auflage. Tübingen: Mohr Siebeck, 2007. pp. 58 e ss, ns. 403 e ss, caso em que é reconhecido que "toda a regulamentação contém em si também a presença de limites" (*Idem*, p. 59, n. 404) e que o legislador será "mais livre" quando "emite uma regulamentação *pura* do exercício profissional, que não atinja a liberdade da escolha profissional" (*Idem*, p. 60, n. 405) (grifos no original); *BVerfGE* 105, 279 (*Warnung vor "Jugendsekten"*) in EICHBERGER, Michael; GRIMM, Dieter; KIRCHHOF, Paul (org). *Entscheidungen des Bundesverfassungsgerichts – Studienauswahl*. Band 2. 3 Auflage. Tübingen: Mohr Siebeck, 2007. pp. 659-660, n. 301, em que o tribunal exige a necessidade de fundamentação da constitucionalidade de medidas que atingem de forma indireta a liberdade de crença; *BVerfGE* 105, 252 (*Glykol-Wein*) in *Idem*, p. 648, n. 273.

[521] NOVAIS, Jorge Reis. *As restrições aos direitos fundamentais não expressamente autorizadas pela Constituição*. p. 156; MACHADO, Jónatas E.M. *Liberdade de Expressão*. p. 712-713; BAPTISTA, Eduardo Correia. *Os direitos de reunião e de manifestação no direito português*. p. 169, nota n. 361; PEREIRA, Jane Reis Gonçalves. *Interpretação constitucional e direitos fundamentais*. p. 203; ALEXY, Robert. *Theorie der Grundrechte*. pp. 306-307.

[522] NOVAIS, Jorge Reis. *As restrições aos direitos fundamentais não expressamente autorizadas pela Constituição*. p. 227.

diminuem o âmbito de proteção do direito ⁻[523] e que devam ser aferidas conforme os parâmentros (os denominados *"Limites aos Limites"*) de legitimidade constitucional. Assim, a justificação da legislação consoante a *intenção* e o *juízo de prognose* efetuado pelo legislador ordinário deve ser aferida pelo tribunal quando há ameaça de futura restrição direta da norma ou incidem seus efeitos nocivos em um direito fundamental,[524] ou seja, quando se evidencia uma"diminuição objetiva, imediata ou potencial, das possibilidades de acção garantidas no âmbito de proteção de um direito fundamental".[525] O prejuízo na liberdade fundamental é constatado não só por efetiva diminuição do âmbito de proteção do direito, bem como por ameaça de sua ocorrência, ou seja, os indivíduos cujo comportamento se encontra protegido por determinado direito fundamental, ao saberem das possíveis consequências previstas pela norma para a prática da ação, sentem-se constrangidos a não exercer o direito fundamental.[526]

Delimitado inicialmente o conceito, é necessário abordar as diferenciações no âmbito da legislação infraconstitucional relacionada aos direitos fundamentais. A existência de leis restritivas não exclui que a atividade legislativa de configuração/conformação[527] dos direitos não possa somente regulamentar seu exercício,[528] ou seja, que não tenha

---

[523] CANOTILHO, José Joaquim Gomes. *Direito Constitucional e Teoria da Constituição*. p. 1276. Ou seja, delas decorre a "compressão" ou "modificação do nível de protecção precedente" (ALEXANDRINO, José de Melo. *Direitos Fundamentais*. p. 123; *Idem, A Estruturação do Sistema de Direitos, Liberdades e Garantias na Constituição Portuguesa*, v. II. p. 470; *Idem, A greve dos juízes.* p. 783).

[524] NOVAIS, Jorge Reis. *As restrições aos direitos fundamentais não expressamente autorizadas pela Constituição.* pp. 235-236 e 242; GALLWAS, Hans-Ulrich. *Faktische Beeinträchtigungen im Bereich der Grundrechte.* p. 23.

[525] NOVAIS, Jorge Reis. *As restrições aos direitos fundamentais não expressamente autorizadas pela Constituição.* p. 241.

[526] *Idem*, pp. 243-245.

[527] Conforme nomenclatura sugerida por: LERCHE, Peter. *Übermass und Verfassungsrecht.* pp. 106 e ss; *Idem*, Grundrechtlicher Schutzbereich, Grundrechtsprägung und Grundrechtseingriff, pp. 763-772, Rn. 37 e ss.

[528] LERCHE, Peter. *Übermass und Verfassungsrecht.* pp. 106-107; SARLET, Ingo Wolfgang. *A eficácia dos direitos fundamentais.* p. 391; NOVAIS, Jorge Reis. *As restrições aos direitos fundamentais não expressamente autorizadas pela Constituição.* p. 179, que as denomina "normas de desenvolvimento" (*Idem, ibidem*); PEREIRA, Jane Reis Gonçalves. *Interpretação constitucional e direitos fundamentais.* p. 203.

2. CONCEITOS FUNDAMENTAIS DA DOGMÁTICA DAS RESTRIÇÕES AOS DIREITOS FUNDAMENTAIS

intenção ou efeitos restritivos. Tratar-se-ia de uma legislação com intuito de "melhorar posições dos direitos fundamentais, possibilitar o seu exercício, desenvolvê-las, concretizá-las ou criar condições que possibilitem o seu exercício concreto de forma socialmente adequada e viável".[529] Em princípio, tais leis não seriam submetidas ao controle conforme os requisitos do Estado de Direito, ou, pelo menos, não suscitariam "idênticas preocupações de contolo".[530] Seguir-se-á, no âmbito da exposição, a proposta que diferencia a legislação primariamente não restritiva entre (a) situações em que o direito é verdadeiramente criado por lei, ou seja, depende da emissão normativa para a sua realização;[531] e (b) os casos em que a lei possibilita o exercício do direito fundamental (explicita, interpreta ou concretiza) que tem o conteúdo previsto constitucionalmente.[532]

É importante, em respeito ao conceito de restrição aqui utilizado, que fique claro que nem toda legislação infraconstitucional é restriva de direitos fundamentais,[533] embora se entenda que, ao configurar, delimitar ou conformar, o legislador infraconstitucional impõe, algumas vezes,

---

[529] NOVAIS, Jorge Reis. *As restrições aos direitos fundamentais não expressamente autorizadas pela Constituição.* p. 179.

[530] *Idem, ibidem.*

[531] *Idem*, p. 180. Seriam as normas de "materialização", que teriam capacidade de "densificar o conteúdo do direito fundamental" (*Idem*, pp. 180-181). Incluir-se-iam nessa categoria as normas referentes aos direitos de proteção normativa, como seria o exemplo do artigo 26, n. 1 da CRP (*Idem, ibidem*). No entendimento de José de Melo Alexandrino, seriam essas as leis que regulam ou favorecem o exercício do direito (ALEXANDRINO, José de Melo. *Direitos Fundamentais.* pp. 129-130), exemplificando com os casos das leis de proteção e as referentes à organização e procedimento (*Idem*, p. 130).

[532] NOVAIS, Jorge Reis. *As restrições aos direitos fundamentais não expressamente autorizadas pela Constituição.* p. 181. O autor denomina essa legislação como "configuração" e a divide em três tipos: a) "conformação em sentido estrito", em que o legislador "cria complexos normativos (...) que conferem exixibilidade" aos direitos fundamentais, como é o caso das normas no âmbito de organização e procedimento ou toda a legislação de proteção decorrente da dimensão objetiva dos direitos fundamentais (*Idem*, pp. 181-182); b) "regulamentação" que seria o simples detalhamento que possibilita o pleno exercício do direito (*Idem*, p. 182) e c) "concretização", que implicaria a interpretação do preceito constitucional; ALEXANDRINO, José de Melo. *Direitos Fundamentais.* p. 129, sem considerar a trilogia desenvolvida por Jorge Reis Novais.

[533] Assim, também: PEREIRA, Jane Reis Gonçalves. *Interpretação constitucional e direitos fundamentais.* p. 203, concluindo que é justamente por isso que a existência de uma classificação teórica dos tipos de legislação ordinária relacionados aos direitos fundamentais torna-se

condições para o exercício do direito, que, igualmente à restrição, refletem em "efeitos adversos" ao princípio jusfundamental e representam, somadas à ação de configuração, uma limitação.[534] Isso é especialmente importante porque, visto pela perspectiva do titular de direitos, não é relevante saber se a lei é configuradora ou restritiva, mas apenas qual o impacto que ela provoca no direito.[535] Por isso, quando se quiser apurar se a lei deve ser submetida à fiscalização segundo os requisitos de Estado de Direito, há a necessidade primeira de delimitação do âmbito de proteção do direito fundamental para, então, ser possível a verificação de se a norma "comprime as faculdades ou efeitos amparados pelo direito".[536] Ou seja, é da verificação da *"natureza* e do *efeito da intervenção em concreto* sobre as possibilidades de realização da norma jusfundamental que deve decorrer a satisfação desses 'limites aos limites'".[537] Por fim, se a restrição ao direito fundamental não é justificável com apoio nos requisitos formais e materiais que asseguram sua legitimidade, tratar-se-á de uma *violação* ao direito fundamental e, por isso, a medida legislativa será viciada de inconstitucionalidade.

A inevitável limitação dos direitos fundamentais aponta para a necessidade do estudo das restrições e dos limites ao poder limitador do Estado, como forma de resguardar a segurança jurídica inerente ao Estado de Direito.[538] No âmbito da dogmática das restrições dos direitos funda-

---

importante (*Idem*, p. 198); no mesmo sentido, com exemplos de legislação no âmbito do direito à propriedade: KEMPEN, Bernhard. *Der Eingriff des Staates in das Eigentum*. pp. 46-47.

[534] São as situações em que se possa "suscitar a presença de elementos restritivos" na legislação concretizadora (NOVAIS, Jorge Reis. *As restrições aos direitos fundamentais não expressamente autorizadas pela Constituição*. p. 189; BOROWSKI, Martin. La restricción de los derechos fundamentales. p. 55; MACHADO, Jónatas E.M. *Liberdade de Expressão*. pp. 712-713; COUTINHO, Luís Pedro Pereira. *As faculdades normativas universitárias no quadro do direito fundamental à autonomia universitária: o caso das universidades públicas*. Coimbra: Almedina, 2004. p. 123, nota 237; e, ANDRADE, José Carlos Vieira de. *Os direitos fundamentais na Constituição Portuguesa de 1976*. pp. 216 e ss, especialmente, nota 72, que embora entenda que as leis restritivas necessitem de autorização constitucional, mostra-se adepto da ideia de existência de leis não "especialmente dirigidas à restrição", mas que acabam por afetar o conteúdo do direito fundamental.

[535] MACHADO, Jónatas E.M. *Liberdade de Expressão*. p.717.

[536] ALEXANDRINO, José de Melo. *Direitos Fundamentais*. pp. 124-125.

[537] ALEXANDRINO, José de Melo. *A Estruturação do Sistema de Direitos, Liberdades e Garantias na Constituição Portuguesa*, v. II. pp. 480-481 (grifou-se).

[538] SARLET, Ingo Wolfgang. *A eficácia dos direitos fundamentais*. p. 386.

2. CONCEITOS FUNDAMENTAIS DA DOGMÁTICA DAS RESTRIÇÕES AOS DIREITOS FUNDAMENTAIS

mentais que se dedica a um contexto jurídico-constitucional europeu-continental, é pacífica a ideia de que o legislador ordinário, ao restringir os direitos fundamentais, deve observar critérios que servem ao controle da sua atuação e atestam a constitucionalidade do ato legislativo.[539] Tais pressupostos de legitimidade do ato legislativo dividem-se em: (a) *critérios formais*, quais sejam, a observância da reserva de lei,[540] a exigência de generalidade e abstração das leis retritivas e a irretroatividade da lei; (b) *critérios materiais*, que seriam o respeito ao núcleo essencial do direito fundamental e ao princípio da proporcionalidade em sua dimensão de proibição de excesso das medidas restritivas. Importa, para fins de conclusão, delimitar os artigos a que se recorre para fundamentar a existência das garantias de Estado de Direito nas constituições portuguesa, alemã e brasileira. O regime a que são submetidas as leis restritivas está consagrado, na Constituição alemã, no artigo 19,[541] e, na Constituição portuguesa, o artigo 18 conjugado com artigo 165, n. 1, alínea "b" são responsáveis por reunir os requisitos nessa ordem jurídica. Na Constituição brasileira, não há um artigo compilando as garantias, mas pode-se encontrá-las em determinados preceitos e por meio de uma interpretação sistemática da CF, o que não diminui o sentido garantista dos limites, em razão de serem considerados como "imanentes ao próprio imperativo de proteção jurídico-constitucional dos direitos",[542] dispensando a obrigatoriedade de previsão expressa para que se façam exigidos, des-

---

[539] Especialmente na Alemanha, onde o conceito de "limites aos limites" foi elaborado, encontram-se diversas pesquisas dedicadas ao tratamento do tema, de que é exemplo: CLÉRICO, Laura. *Die Struktur der Verhältnismässigkeit*. Baden-Baden: Nomos, 2001, especialmente, pp. 28 e ss.

[540] Dedicar-se-á maior atenção à garantia da reserva de lei nos capítulos seguintes da investigação, em razão da importância da sua contextualização histórica e do seu significado dogmático atual nas constituições ocidentais para o objeto da pesquisa.

[541] É importante notar que mesmo na LF alemã o princípio da proporcionalidade não mereceu consagração expressa, embora seja amplamente reconhecido pela jurisprudência e pela doutrina, que se dedicam à elaboração de seus contornos e remetem-no, principalmente, "ao princípio da igualdade (artigo 3, I da LF), ao princípio de Estado de Direito, à 'essência dos direitos fundamentais', 'à combinação do princípio de Estado de Direito com a própria essência dos direitos fundamentais', à garantia do núcleo essencial, ao Direito Constitucional, à justiça, etc." (CLÉRICO, Laura. *Die Struktur der Verhältnismässigkeit*. p. 19, citando as decisões e doutrinadores que invocam cada um desses argumentos).

[542] PEREIRA, Jane Reis Gonçalves. *Interpretação constitucional e direitos fundamentais*. p. 301.

AS RESTRIÇÕES AOS DIREITOS FUNDAMENTAIS POR ATO NORMATIVO DO PODER EXECUTIVO

de que se estabeleça seu "fundamento normativo" na ordem jurídica.[543] Assim, poder-se-iam considerar garantias consagradas expressamente: artigo 5º, II (princípio da legalidade na sua variante de reserva de lei);[544] artigo 5º, XXXVI, que consagra a garantia da segurança jurídica (proibição de retroatividade); a interpretação do artigo 60, §4º, IV,[545] juntamente com os artigos 5º, §1 (aplicabilidade imediata dos direitos fundamentais), 1º, III (Dignidade da Pessoa Humana) e 4º, II (prevalência dos direitos humanos) resultaria na garantia do *núcleo essencial* dos direitos fundamentais.[546] Ainda, remeter-se-iam as garantias à lei geral e abstrata e ao princípio da proporcionalidade à cláusula do Estado de Direito (1º CF),[547] quanto à proporcionalidade, a menção a esse princípio seria no sentido de vedação do excesso de poder.[548]

Por fim, é importante esclarecer que a tentativa de uma proposição solucionadora do problema das restrições de direitos fundamentais pelo Poder Executivo, que será objeto da segunda parte da exposição, requer o esclarecimento dos pressupostos dogmáticos que possibilitam a identificação de um verdadeiro ato normativo restritivo por parte desse poder, razão pela qual a diferenciação procedida no capítulo presente se fez necessária.

---

[543] *Idem*, pp. 319-320.

[544] Voltar-se-á ao tema da reserva de lei na Constituição brasileira e os artigos que induziriam a interpretação da intenção do legislador constituinte em garanti-la nessa ordem jurídica no capítulo V da investigação.

[545] SARLET, Ingo Wolfgang. *A eficácia dos direitos fundamentais*. pp. 403-404.

[546] FREITAS, Luiz Fernando Calil. *Direitos fundamentais: limites e restrições*. Porto Alegre: Livraria do Advogado, 2007. pp. 185-195. Ademais, poder-se-ia dizer que a garantia do núcleo essencial dos direitos fundamentais encontra respaldo na ideia de "supremacia da Constituição" e na importância concedida a esses direitos na ordem jurídico-constitucional brasileira (TRAVINCAS, Amanda Costa Thomé. Procusto e o mito da forma: o conteúdo essencial como limite às restrições aos direitos fundamentais e o problema da redução da eficácia das normas in *Anais do XIX Encontro Nacional do CONPEDI*, 2010. p. 4677).

[547] FREITAS, Luiz Fernando Calil. *Direitos fundamentais: limites e restrições*. p. 189; SARLET, Ingo Wolfgang. *A eficácia dos direitos fundamentais*. p. 396.

[548] SARLET, Ingo Wolfgang. *A eficácia dos direitos fundamentais*. p. 396.

PARTE 2
Alternativas Teóricas para a Solução do Problema

Elaboradas as linhas dogmáticas iniciais, a investigação encaminha-se para a apresentação de alternativas para a solução do problema da extensão da competência normativa do Poder Executivo no âmbito dos direitos fundamentais. Será aferida, na Parte II da investigação, a possibilidade de transmissão da solução adotada no âmbito jurídico alemão para os ordenamentos jurídicos português e brasileiro, em que serão atentados os diferentes contextos e textos constitucionais e, ao fim, serão propostas soluções alternativas à problemática. Para tanto, expor-se-á, em um primeiro momento, a dogmática tradicional da reserva de lei, desde o seu surgimento e o desenvolvimento até a atualidade no âmbito da literatura juspublicista alemã (capítulo III). O capítulo III dedica-se especialmente à análise da teoria da essencialidade, desenvolvida pelo Tribunal Constitucional alemão na década de 70, de seus pressupostos dogmáticos e das críticas a ela direcionadas, com intuito de averiguar a capacidade contributiva de seus ditames, pelo menos, para orientar a divisão de competências material quando não houver solução abstrata para tal ou quando se estiver diante de "zonas duvidosas".[549] Em seguida, proceder-se-á à identificação das especificidades dos diferentes sistemas de reserva e os contornos da divisão material de competência

---

[549] Assim o entendimento de: NOVAIS, Jorge Reis. *As restrições aos direitos fundamentais não expressamente autorizadas pela Constituição*. pp. 878-879.

legislativa prevista nas ordens constitucionais portuguesa e brasileira, buscando respostas definitivas para a definição exaustiva das competências dos órgãos constituídos quando tratam da matéria dos direitos fundamentais (capítulos IV e V).

A exposição segue, então, com a proposição da utilização da teoria da essencialidade como pressuposto teórico para identificação da competência normativa do Poder Executivo em sede de direitos fundamentais também nas Constituições portuguesa e brasileira, acompanhada dos argumentos conferidos por uma leitura orgânico-funcional da divisão de poderes que possibilita o estabelecimento de critérios auxiliares para definir a extensão da reserva parlamentar e dos poderes normativos do Poder Executivo no âmbito dos direitos fundamentais (capítulo VI). Por fim, no mesmo capítulo, proceder-se-á a definição de critérios e a exemplificação de situações para a identificação dos casos de atuação exclusiva do Poder Legislativo ou da capacidade de delegação ao Poder Executivo da normação da matéria de direitos fundamentais.

Capítulo 3
A Construção da Dogmática Alemã da Reserva de Lei

O instituto da reserva de lei impõe a reflexão sobre qual o nível da garantia de transparência e participação dos representantes do povo é exigido no processo decisório de determinada matéria e que órgão é o mais apto a proceder as decisões fundamentais sobre determinados temas, sendo a questão competencial a que envolve maiores pontos de encontro entre o direito constitucional e a política constitucional e é responsável pela intensa dedicação da doutrina alemã ao tema.[550] A importância da reflexão baseada na literatura alemã dá-se pelo reconhecimento de sua contribuição para a sistematização, classificação e teorização da doutrina da reserva de lei, desde a concepção da reserva de intervenção formulada no século XIX até as recentes contribuições relativas aos temas da reserva geral de lei, da reserva parlamentar e da teoria da essencialidade.[551] É importante notar que a modificação das condições sociais resultam em uma releitura da reserva de lei conforme a tônica que o contexto histórico atribui aos princípios do Estado de Direito, da Separação de Poderes ou da Soberania Popular, que pode ou não surtir

---

[550] KREBS, Walter. Zum aktuellen Stand der Lehre vom Vorbehalt des Gesetzes in *Jura*, 1979. p. 304.

[551] Assim, demonstrando a evolução da dogmática da reserva de lei na doutrina e jurisprudência constitucional alemã, por todos: ROTTMANN, Frank. Der Vorbehalt des Gesetzes und die grundrechtlichen Gesetzesvorbehalte in *EuGRZ*, 11, 1985. pp. 281 e ss.

alterações nos textos constitucionais.[552] Portanto, analisar-se-á, a partir de então, o caminho doutrinário e jurisprudencial da reserva de lei no Direito alemão em combinação com a contextualização da evolução de seu sentido aos acontecimentos fáticos até a noção atual maioritariamente considerada que se empenha no desenvolvimento dogmático da teoria da essencialidade.

3.1. O desenvolvimento histórico da reserva de lei no Direito alemão: da concepção tradicional da reserva de lei como reserva de intervenção em direitos fundamentais (*Eingriffsvorbehalt*) ao conceito de reserva de lei republicano

A primeira formulação constitucional da reserva de lei é remetida pela doutrina alemã ao tempo do constitucionalismo monárquico,[553] no período entre o Congresso de Viena (1814-1815) e a Revolução de Março, em 1848, que deu origem às constituições estaduais denominadas "*Vormärzverfassungen*".[554] O período marcado pela superação do Estado absolutista reflete a dicotomia entre a soberania da pessoa do monarca e o poder proveniente do povo que gera um compromisso entre essas duas forças.[555] Tal compromisso é marcado no Direito pela garantia de dois pilares principais, quais sejam, o *princípio monárquico* e o *conceito democrático de lei*.[556]

---

[552] Referindo-se à evolução constitucional e à importância atribuída a esses princípios que estão diretamente ligados ao sentido da legalidade em cada época: CORREIA, Sérvulo. *Legalidade e autonomia contratual nos contratos administrativos*. pp. 34-35; em sentido semelhante ao texto: VAZ, Manuel Afonso. *Lei e Reserva de lei*. p. 35.

[553] Embora haja referência de existência da noção de reserva de matérias como finanças e direito à decisão da assembleia popular já na Época Germânica e, mais tarde, na Idade Média, da importância atribuída à reserva dos assuntos tributários, em que era garantida aos Estados a capacidade de participação (EHRLICH, Wolfgang. *Der Vorbehalt des Gesetzes in der deutschen Verfassungsentwicklung*. Borna-Leipzig: Robert Noske, 1934. p. 10). Esse desenvolvimento inicial do instituto da reserva de lei foi interrompido com a ascensão do Estado Absolutista e a concentração de todo o poder na pessoa do monarca (*Idem, ibidem*).

[554] STAUPE, Jürgen. *Parlamentsvorbehalt und Delegationsbefugnis*. p. 44.

[555] JESCH, Dietrich. *Gesetz und Verwaltung*. 2 Auflage. Tübingen: Mohr Siebeck, 1968. p. 108; STAUPE, Jürgen. *Parlamentsvorbehalt und Delegationsbefugnis*. p. 45; HEUN, Werner. Das monarchische Prinzip und der deutsche Konstitutionalismus des 19. Jahrhunderts in IPSEN, Jörn; JORTZIG-SCHMIDT, Edzard. *Recht, Staat, Gemeinwohl. Festschrift für Dietrich Rauschning*. Köln: Carl Heymanns, 2000. pp. 52-53; VAZ, Manuel Afonso. *Lei e Reserva de lei*. pp. 41-42.

[556] JESCH, Dietrich. *Gesetz und Verwaltung*. p. 108.

As constituições dos estados alemães no século XIX podem ser, conforme a leitura feita da reserva de lei, dividas em dois grupos: aquelas que firmaram a necessidade de participação das assembleias estaduais na feitura de legislação que restringisse a liberdade ou a propriedade dos cidadãos (a conhecida fórmula "Liberdade-Propriedade") e as constituições que exigiam a colaboração dessas assembleias em toda a legislação emitida pelo Estado.[557] As segundas exigiram a dedicação doutrinária para a interpretação de um conceito de lei que proporcionasse a divisão das competências normativas entre o Estado e os Representantes do Povo. Assim também é o caso da Constituição prussiana, emitida no ano 1850, que marca uma segunda fase do constitucionalismo monárquico alemão, ainda sem superar o dualismo entre o poder do monarca e o povo e carecendo de uma definição material para o âmbito de participação das câmaras estaduais na legislação,[558] cuja formulação do conceito material de lei serve também à interpretação da reserva de lei do segundo grupo das *Vormärzverfassungen*.

O artigo 62 da Constituição prussiana propiciou a discussão e formação da doutrina do duplo conceito de lei, cujo principal autor fora Paul Laband,[559] que diferencia a lei em sentido formal da lei em sentido material, essa última, identificada a todo o âmbito do Direito.[560] Assim, lei em sentido material significaria toda a normação que contivesse uma regra jurídica (*Rechtssatz*) que regulamentasse a relação do Estado e indivíduo "fora" do próprio Estado, ou seja, as relações gerais entre eles, e que dependesse de participação dos representantes do povo para sua

---

[557] STAUPE, Jürgen. *Parlamentsvorbehalt und Delegationsbefugnis*. p. 44; JESCH, Dietrich. *Gesetz und Verwaltung*. p. 108. pp. 111-112; EHRLICH, Wolfgang. *Der Vorbehalt des Gesetzes in der deutschen Verfassungsentwicklung*. pp. 11-14. Exemplifica-se esse último tipo de reserva de lei com a constante no artigo 88 da Constituição de Wütemberg do ano de 1819.

[558] STAUPE, Jürgen. *Parlamentsvorbehalt und Delegationsbefugnis*. p. 49. Na Constituição prussiana, o poder decisório sobre a legislação é retirado do âmbito exclusivo do monarca sob a fórmula do artigo 62: "O poder legislativo é exercido em conjunto pelo rei e pelas duas câmaras. A concordância entre o rei e as duas câmaras é necessária para toda a lei" (RUPP, Hans Heinrich. Die "Verwaltungsvorschriften" im grundgesetzlichen Normensystem. Zum Wandel einer verfassungsrechtlichen Institution in *Juristische Schulung*, n.10, 1975. p. 609).

[559] Teoria introduzida na obra: LABAND, Paul. *Das Budgetrecht nach den Bestimmungen der Preussischen Verfassungs-Urkunde unter Berücksichtigung der Verfassung des Norddeutschen Bundes*. Berlin: Gruyter, 1871. pp. 3 e ss.

[560] VAZ, Manuel Afonso. *Lei e Reserva de lei*. pp. 48-49.

AS RESTRIÇÕES AOS DIREITOS FUNDAMENTAIS POR ATO NORMATIVO DO PODER EXECUTIVO

emissão.[561] Já a lei em sentido formal é o ato que manifesta a "vontade do Estado" e que obedece a um procedimento "solene",[562] ou seja, a participação das câmaras representativas do povo, mas não contém normas de direito.[563] Os regulamentos emitidos pelo Poder Executivo também poderiam ser qualificados como lei em sentido material, regulamentando matérias de direito, ou seja, quando "servissem a limitação de diferentes sujeitos de direito",[564] para que existia a exigência de uma autorização parlamentar para sua emissão (chamados de *Rechtsverordnungen*).[565] Todo o resto da regulamentação do Executivo faria parte de uma esfera autô-

---

[561] LABAND, Paul. *Das Budgetrecht nach den Bestimmungen der Preussischen Verfassungs-Urkunde unter Berücksichtigung der Verfassung des Norddeutschen Bundes*. pp. 5-6; VAZ, Manuel Afonso. *Lei e Reserva de lei*. pp. 49 e 130. É importante notar que embora Laband identifique a lei em sentido material à norma de direito, esse último conceito não fica claro em suas premissas teóricas (CANOTILHO, José Joaquim Gomes. A Lei do Orçamento na Teoria da Lei in *Boletim da Faculdade de Direito de Coimbra, Estudos em Homenagem ao Prof. Doutor J. J. Teixeira Ribeiro*, II. Coimbra, 1979. p. 549; VAZ, Manuel Afonso. *Lei e Reserva de lei*. p. 132). Somente no livro *Das Staatsrecht des Deutschen Reiches*, vol. II, no ano de 1876, é que ele esboça o conceito de direito como sendo a limitação da liberdade dos indivíduos por sua convivência em sociedade (VAZ, Manuel Afonso. *Lei e Reserva de lei*. p. 132). É, depois, Jellinek quem, no ano da primeira edição de seu livro *Gesetz und Verordnung* em 1887, ao aceitar as premissas teóricas de Laband, desenvolve o conceito de *"Rechtssatz"* pela aferição da finalidade da lei, que deve ser a de "colocação dos limites sociais" (*"soziale Schrankenziehung"*) (JELLINEK, Georg. *Gesetz und Verordnung*. 2. Auflage. Tübingen: Mohr Siebeck, 1919. pp. 240 e 252). Assim, se a lei em sentido material serve a essa finalidade, ou seja, se vem a limitar a "esfera da atividade livre" das pessoas em benefício dos interesses da comunidade, é uma regra jurídica (*Idem*, pp. 240 e ss; CANOTILHO, José Joaquim Gomes. A Lei do Orçamento na Teoria da Lei. p. 549; VAZ, Manuel Afonso. *Lei e Reserva de lei*. pp. 134-135).

[562] CANOTILHO, José Joaquim Gomes. A Lei do Orçamento na Teoria da Lei. p. 547.

[563] LABAND, Paul. *Das Budgetrecht nach den Bestimmungen der Preussischen Verfassungs-Urkunde unter Berücksichtigung der Verfassung des Norddeutschen Bundes*. pp. 5-6; VAZ, Manuel Afonso. *Lei e Reserva de lei*. p. 130. Assim, por exemplo, é o caso da lei de aprovação orçamento que, segundo as noções de lei formal e lei material introduzidas por Laband, "não contém nenhuma regra jurídica, nenhuma ordem, nenhuma proibição; só contém cifras de importância muito diversa e que não têm outra conexão entre si que não seja a de referir-se à gestão financeira do Império", apresentando-se, assim, como "lei meramente formal porque não continha normas jurídicas" (CANOTILHO, José Joaquim Gomes. A Lei do Orçamento na Teoria da Lei. pp. 548-549).

[564] STAUPE, Jürgen. *Parlamentsvorbehalt und Delegationsbefugnis*. p. 50.

[565] VAZ, Manuel Afonso. *Lei e Reserva de lei*. pp. 49 e 132. O desenvolvimento da teoria dualista da lei e sua extensão aos regulamentos administrativos e jurídicos é feito por Laband no livro *"Das Staatsrecht des Deutschen Reiches"*, vol. II, no ano de 1876 (*Idem*, p. 131).

3. A CONSTRUÇÃO DA DOGMÁTICA ALEMÃ DA RESERVA DE LEI

noma de produção normativa,[566] fora do âmbito do Direito e, portanto, da reserva de lei, de que são exemplos as normas de organização interna da administração e os regulamentos emitidos no âmbito das relações especiais de poder (*Verwaltungsverordnungen*).[567] Tal construção teórica oferece o mesmo resultado da fórmula "Liberdade-Propriedade",[568] ou seja, lei em sentido material seria toda norma que afetasse a liberdade ou propriedade do indivíduo, sendo, portanto, norma jurídica[569] cuja formulação exigiria a participação do órgão representante do povo.[570]

A fórmula "Liberdade-Propriedade" tinha como principal finalidade servir como um "sinônimo do âmbito da legislação",[571] o que significa dizer que fornecia critérios para a diferenciação da normação que necessitava da participação das assembleias, e por isso tinha a natureza de *lei*, daquela que não exigia e permanecia no âmbito de poder normativo originário do monarca, sendo-lhe, assim, extraído o carácter legislativo.[572]A assim referida *Eingriffsvorbehalt* manifesta a confluência de três ideias principais, quais sejam, a doutrina dos Direitos do Homem, a ideia de divisão de poderes e o Princípio da Soberania do Povo, e é baseada na noção de Estado principalmente como limitador da esfera individual e de reserva de lei como meio de proteção.[573] A tônica conferida ao componente democrático da reserva de lei salienta a oposição do Estado e sociedade e a existência de uma carta constitucional

---

[566] RUPP, Hans Heinrich. Die "Verwaltungsvorschriften" im grundgesetzlichen Normensystem. p. 610.

[567] VAZ, Manuel Afonso. *Lei e Reserva de lei*. p. 49; RUPP, Hans Heinrich. Die "Verwaltungsvorschriften" im grundgesetzlichen Normensystem. p. 610; STAUPE, Jürgen. *Parlamentsvorbehalt und Delegationsbefugnis*. p. 50.

[568] STAUPE, Jürgen. *Parlamentsvorbehalt und Delegationsbefugnis*. p. 44.

[569] Assim, a proposição de norma jurídica de Jellinek: JELLINEK, Georg. *Gesetz und Verordnung*. p. 240.

[570] VAZ, Manuel Afonso. *Lei e Reserva de lei*. p. 49.

[571] STAUPE, Jürgen. *Parlamentsvorbehalt und Delegationsbefugnis*. p. 45.

[572] *Idem*, pp. 44-45.

[573] JESCH, Dietrich. *Gesetz und Verwaltung*. pp. 117 e ss e 169-170; KREBS, Walter. Zum aktuellen Stand der Lehre vom Vorbehalt des Gesetzes. p. 305; CORREIA, Sérvulo. *Legalidade e autonomia contratual nos contratos administrativos*. pp. 80-81. Assim, referindo que a "luta contra um Executivo onipotente" é a realidade que marca o início do desenvolvimento da reserva de lei na Alemanha: NOLTE, Georg. Ermächtigung der Exekutive zur Rechtsetzung. Lehren aus dem deutschen und der amerikanischen Erfahrung in *Archiv des öffentlichen Rechts*, n. 118, 1993. p. 394.

que servia a assegurar os direitos do cidadão,[574] limitando os poderes absolutos do monarca,[575] de que decorria a garantia da participação dos representantes do povo na composição das leis interventivas nesses direitos.[576] Entretanto é importante referir que, na prática, a participação das assembleias estaduais na produção legislativa não servia a uma "efetiva influência ao conteúdo da regulamentação",[577] mas apenas a garantir formalmente essa participação.[578] Aliás, assim fica evidenciado com a concepção da amplitude de capacidade de delegação legislativa ao Poder Executivo na época, que era ilimitada baseada na ideia de que a legislação primária em si já garantia a participação das assembleias, podendo o poder de intervenção na liberdade e na propriedade do cidadão ser transmitido ao monarca que agia, por meio de atos jurídicos secundários, "com base em uma autorização legislativa formal".[579] Entretanto impõe-se a reflexão de que, embora existissem autorizações legislativas que equivaliam a um "cheque em branco" em favor do Poder Executivo, os regulamentos jurídicos não tinham o poder de modificar ou revogar as leis propriamente ditas.[580]

Ademais, para além da fórmula "Liberdade-Propriedade", ou seja, para além da "limitação constitucional da capacidade do Executivo",[581] o monarca atuava em um âmbito autônomo e livre de autorização que representava ainda a influência do *Princípio Monárquico* na ordem

---

[574] VAZ, Manuel Afonso. *Lei e Reserva de lei*. p. 123; JESCH, Dietrich. *Gesetz und Verwaltung*. p. 170; ROTTMANN, Frank. Der Vorbehalt des Gesetzes und die grundrechtlichen Gesetzesvorbehalte. pp. 284-285.

[575] RUPP, Hans Heinrich. Die "Verwaltungsvorschriften" im grundgesetzlichen Normensystem. p. 610; JESCH, Dietrich. *Gesetz und Verwaltung*. p. 108. p. 169; PIETZCKER, Jost. Vorrang und Vorbehalt des Gesetzes in *Juristische Schulung*, n. 10, 1979. p. 712; KREBS, Walter. Zum aktuellen Stand der Lehre vom Vorbehalt des Gesetzes. p. 304; ROTTMANN, Frank. Der Vorbehalt des Gesetzes und die grundrechtlichen Gesetzesvorbehalte. p. 285.

[576] VAZ, Manuel Afonso. *Lei e Reserva de lei*. pp. 123-124; JESCH, Dietrich. *Gesetz und Verwaltung*. pp. 108-109; 117 e ss e 169-170; ROTTMANN, Frank. Der Vorbehalt des Gesetzes und die grundrechtlichen Gesetzesvorbehalte. p. 285.

[577] STAUPE, Jürgen. *Parlamentsvorbehalt und Delegationsbefugnis*. pp. 46-47.

[578] *Idem*, p. 46.

[579] *Idem*, pp. 48 e 52-53; NOLTE, Georg. Ermächtigung der Exekutive zur Rechtsetzung. p. 394; CORREIA, Sérvulo. *Legalidade e autonomia contratual nos contratos administrativos*. p. 81.

[580] MONCADA, Luís Cabral de. *Lei e Regulamento*. p. 145.

[581] JESCH, Dietrich. *Gesetz und Verwaltung*. pp. 169-170.

3. A CONSTRUÇÃO DA DOGMÁTICA ALEMÃ DA RESERVA DE LEI

jurídica,[582] que tem origem na monarquia absolutista mas influenciou a prática e teoria constitucional alemã até a Constituição prussiana de 1850.[583] O princípio monárquico significava uma *presunção a favor do monarca* e contra o Legislativo no âmbito normativo,[584] o que significa dizer que toda a matéria que estava fora da reserva de lei, ou seja, toda norma que não interferisse na liberdade e na propriedade ou, mesmo que as restringisse, fosse emitida no âmbito de uma relação especial de poder,[585] seria de competência regulamentar primária do monarca, já que ele estava "acima da representação popular" na ordem de valores constitucionais.[586] O amplo âmbito de atuação do monarca fora da esfera do Direito, sob o signo de *Verwaltungsvorschriften*, tinha como consequências a não observância dessa normação aos requisitos formais das lei, tais como a autorização parlamentar, e a não submissão ao controle

---

[582] O princípio monárquico teve sua consagração expressa no texto da Ata Final do Congresso de Viena, no ano de 1820, no artigo 57: "Dado que na Confederação Germânica, com exceção das cidades livres, existem príncipes soberanos, a totalidade do poder estatal deve, em conformidade com o princípio fundamental aqui expresso, ficar incidido no Chefe de Estado, podendo o soberano ser limitado por uma constituição estamental somente na medida em que para o exercício de determinados direitos necessite da cooperação dos estamentos"(VAZ, Manuel Afonso. *Lei e Reserva de lei.* p. 115; HEUN, Werner. Das monarchische Prinzip und der deutsche Konstitutionalismus des 19. Jahrhunderts. p. 41; RUPP, Hans Heinrich. Die "Verwaltungsvorschriften" im grundgesetzlichen Normensystem. p. 610, nota 5; JESCH, Dietrich. *Gesetz und Verwaltung.* p. 108, nota 34), e influenciou as constituições dos estados de língua alemã ao longo do século XIX.

[583] HEUN, Werner. Das monarchische Prinzip und der deutsche Konstitutionalismus des 19. Jahrhunderts. pp. 41-42. embora ao tempo das monarquias constitucionais o princípio tenha sido equilibrado com os limites constitucionalmente impostos ao Príncipe para a emissão normativa e não mais considerado de forma absoluta (*Idem*, p. 46).

[584] STAUPE, Jürgen. *Parlamentsvorbehalt und Delegationsbefugnis.* p. 49; JESCH, Dietrich. *Gesetz und Verwaltung.* p. 108. p. 170; VAZ, Manuel Afonso. *Lei e Reserva de lei.* pp. 117-119; CORREIA, Sérvulo. *Legalidade e autonomia contratual nos contratos administrativos.* p. 79.

[585] VAZ, Manuel Afonso. *Lei e Reserva de lei.* pp. 52-53.

[586] STAHL, Friedrich Julius. *Das monarchische Prinzip.* Heidelberg: Mohr, 1845. p. 12; VAZ, Manuel Afonso. *Lei e Reserva de lei.* p. 116. É interessante notar que as inúmeras funções do príncipe no âmbito da legislação, tais como o monopólio da iniciativa legislativa; a inclusão do monarca no processo legislativo e o direito de convocação e dissolução das assembléias estatais refletem a atribuição de uma maior importância à figura do monarca em relação ao Parlamento e contribuem para esse "dualismo assimétrico das estruturas constitucionais" (ROTTMANN, Frank. Der Vorbehalt des Gesetzes und die grundrechtlichen Gesetzesvorbehalte. pp. 281-282).

dos tribunais,[587] o que implicava, na prática, a reprodução da cultura absolutista no Estado constitucional e a continuidade do domínio da Coroa no âmbito da competência normativa.[588]

A alteração político-social que ocorreu na República de Weimar, acarretada pela mudança estrutural expressa na Constituição de 1919 que atribuía ao Parlamento o papel central na função legislativa, proporcionou a rediscussão da reserva de lei e da autorização parlamentar na Alemanha. A Constituição republicana, ao estatuir em seu artigo 1º que "todo o poder estatal decorre do povo", implementou a democracia e propiciou a mudança de perspectiva de uma divisão dualista de poderes para a sua concentração em uma só força política, qual seja, o povo.[589] A diferenciação de dois órgãos principais que cumprem funções constitucionalmente prescritas a serviço do povo transforma a consideração da "divisão de poderes" em uma "divisão de funções",[590] de que resulta a atribuição de papel central ao Parlamento no cumprimento da função legislativa,[591] o que leva a falar-se em um "monismo parlamentar".[592] Conforme o texto da Constituição de Weimar, não há mais que se falar em regulamentos jurídicos originários do Poder Executivo,[593] cabendo-lhe, marginalmente, conforme a interpretação majoritária da doutrina de seu artigo 77, executar as leis parlamentares mediante regulamentos

---

[587] RUPP, Hans Heinrich. Die "Verwaltungsvorschriften" im grundgesetzlichen Normensystem. p. 611.

[588] *Idem, ibidem.*

[589] STAUPE, Jürgen. *Parlamentsvorbehalt und Delegationsbefugnis.* pp. 57-58; GRASSNER, Ulrich M. *Kriterienlose Genehmigungsvorbehalte im Wirtschaftsverwaltungsrecht.* Berlin: Duncker & Humblot, 1994. p. 64; OSSENBÜHL, Fritz. *Verwaltungsvorschriften und Grundgesetz.* Bad Homburg: Gehlen, 1968. p. 77.

[590] STAUPE, Jürgen. *Parlamentsvorbehalt und Delegationsbefugnis.* p. 58. Aliás, o órgão executivo passou a ser, conforme o texto constitucional, eleito indiretamente pelo povo e o Chanceler responsável perante o Parlamento (*Idem, ibidem*); GRASSNER, Ulrich M. *Kriterienlose Genehmigungsvorbehalte im Wirtschaftsverwaltungsrecht.* p. 64.

[591] Conforme o artigo 68 da Constituição de Weimar, o Parlamento seria o órgão responsável pela feitura das leis.

[592] STAUPE, Jürgen. *Parlamentsvorbehalt und Delegationsbefugnis.* p. 57; GRASSNER, Ulrich M. *Kriterienlose Genehmigungsvorbehalte im Wirtschaftsverwaltungsrecht.* p. 64.

[593] OSSENBÜHL, Fritz. *Verwaltungsvorschriften und Grundgesetz.* pp. 79-80; MONCADA, Luís Cabral de. *Lei e Regulamento.* p. 141; STAUPE, Jürgen. *Parlamentsvorbehalt und Delegationsbefugnis.* p. 60.

3. A CONSTRUÇÃO DA DOGMÁTICA ALEMÃ DA RESERVA DE LEI

administrativos e, quando especialmente autorizado, emitir regulamentação com força de lei.[594]

A nova posição constitucionalmente prevista do Parlamento como órgão em que se reuniam fundamentalmente as funções legislativa e política,[595] somada às transformações ocorridas no seio de uma sociedade mais complexa que aquela do período das monarquias constitucionais e, portanto, à maior intervenção do Estado no âmbito dos direitos fundamentais e às delegações a favor do Poder Executivo para a emissão de normas condizentes com seu papel positivo,[596] propiciavam a adoção de uma reserva de lei mais alargada do que a *Eingriffsvorbehalt*.[597] A alteração das condições jurídicas e sociais, embora não tenha evitado a utilização do conceito tradicional de lei e da divisão entre regulamen-

---

[594] Assim, por todos, é a opinião de Anschütz, cujo comentário ao texto constitucional da época é referência bibliográfica importante para sua compreensão: ANSCHÜTZ, Gerhard. *Die Verfassung des Deutschen Reichs vom 11. August 1919*. 14 Auflage. Darmstadt: Aalen: 1987. pp. 411-412 e 414; e OSSENBÜHL, Fritz. *Verwaltungsvorschriften und Grundgesetz*. p. 79. É importante notar que a Constituição de Weimar nada mencionava sobre as autorizações à emissão de regulamentos jurídicos (*Rechtsverordnungen*), mas somente a respeito dos *"allgemeinen Verwaltungsvorschriften"*, entendidos como regulamentos administrativos (STAUPE, Jürgen. *Parlamentsvorbehalt und Delegationsbefugnis*. p. 59 e nota 117). A obrigatoriedade de uma "autorização especial" para a emissão de regulamentos jurídicos possibilitaria a interpretação da noção da reserva de lei na Constituição de Weimar como uma "reserva total" ou, pelo menos, "tendencialmente total" a favor do Parlamento (MONCADA, Luís Cabral de. *Lei e Regulamento*. pp. 154-155).

[595] MONCADA, Luís Cabral de. *Lei e Regulamento*. p. 141.

[596] *Idem*, pp.143; 149 e 152-157.

[597] *Idem*, pp. 142-143, embora exista a crítica de que apesar das mudanças político-sociais e estruturais da constituição, a "dogmática tradicional da lei e da reserva de lei quase não foi posta em questão" e, aliás, sequer "foi reconhecido, em toda a sua dimensão, pelos Pais da Constituição de Weimar ou pela Teoria do Estado weimariana" que tais mudanças poderiam "refletir na reserva de lei e na capacidade de delegação parlamentar" (STAUPE, Jürgen. *Parlamentsvorbehalt und Delegationsbefugnis*. pp. 57 e 59). Relativamente ao tema, referindo-se a uma maior proteção dos direitos fundamentais na Constituição de Weimar em razão de fatores como a prescrição de deveres constitucionais ao legislador, a vinculação dos três poderes aos direitos fundamentais, o reconhecimento da figura da garantia da propriedade e a consideração das reservas especiais desses direitos: BUMKE, Christian. *Der Grundrechtsvorbehalt: Untersuchungen über die Begrenzung und Ausgestaltung der Grundrechte*. Baden-Baden: Nomos, 1998. pp. 109 e ss; em sentido semelhante, apontando uma maior proteção dos direitos fundamentais com base numa interpretação extensiva dos direitos de liberdade e a decorrente necessidade de uma releitura da reserva de intervenção: JESCH, Dietrich. *Gesetz und Verwaltung*. pp. 133-134.

tos jurídicos e regulamentos administrativos,[598] possibilitou que alguns doutrinadores repensassem os requisitos e os limites das autorizações legislativas como forma de garantir que o papel central do Parlamento conferido pela estrutura constitucional de Weimar não se "esvaziasse".[599] Nesse sentido é que surge a ideia da necessidade de "autorizações especiais" ao Poder Executivo para a emissão de *Rechtsverordnungen*,[600] cujo conteúdo não foi, entretanto, suficientemente desenvolvido pelos autores a ponto de propiciar limites dogmáticos ao poder de delegação do Parlamento.[601] A Constituição de Weimar marcou, assim, a superação da influência do princípio monárquico na ordem jurídica alemã e das autorizações globais a favor do Poder Executivo no âmbito legislativo.[602]

O desrespeito à intenção do texto constitucional nesse período deu-se, entretanto, a partir de uma manobra interpretativa do artigo 48 da mesma Constituição, que prescrevia os regulamentos de exceção (*Notverordnungen*). A norma constante no artigo 48, § 2º, referia-se à capacidade do Presidente, em caso de considerável perturbação ou perigo da segurança e ordem pública, de tomar as medidas necessárias

---

[598] Moncada, Luís Cabral de. *Lei e Regulamento*. pp. 141-142; Grassner, Ulrich M. *Kriterienlose Genehmigungsvorbehalte im Wirtschaftsverwaltungsrecht*. p. 64; Ossenbühl, Fritz. *Verwaltungsvorschriften und Grundgesetz*. pp. 79 e 81-84. É importante notar que a utilização dos conceitos tradicionais da monarquia constitucional pela maioria da doutrina weimariana não significa que não houve vozes contrárias que alertaram para sua aplicação acrítica a novas bases constitucionais (para o quadro geral da doutrina opositora ao conceito dualista de lei e de regulamentação labandiano nessa época: Ossenbühl, Fritz. *Verwaltungsvorschriften und Grundgesetz*. pp. 85 e ss). Assim, por exemplo, é a opinião de Hermann Heller que, ao criticar a teoria tradicional, constata que "todos os atos do Estado são iguais em sua natureza", ou seja, todos são *"Rechtssätze"*, e o que diferencia a lei dos outros atos normativos é o fato de a primeira ter uma "força de validade material superior" (*erhöhte materielle Geltungskraft*), ou seja, diferencia-se por "valer como decisão autônoma da vontade geral representante dos valores da sociedade", e não por ter a qualidade de *norma jurídica* (Heller, Hermann. Der Begriff des Gesetzes in der Reichsverfassung in *Veröffentlichungen der Vereinigung der Deutschen Staatsrechtslehrer*, n. 4, 1928. p. 116; Ossenbühl, Fritz. *Verwaltungsvorschriften und Grundgesetz*. pp. 89-90).

[599] Moncada, Luís Cabral de. *Lei e Regulamento*. pp. 144; 146-148; 150 e 154; Grassner, Ulrich M. *Kriterienlose Genehmigungsvorbehalte im Wirtschaftsverwaltungsrecht*. p. 65.

[600] Conforme já referido em: Anschütz, Gerhard. *Die Verfassung des Deutschen Reichs vom 11. August 1919*. p. 414; Moncada, Luís Cabral de. *Lei e Regulamento*. p. 146.

[601] Moncada, Luís Cabral de. *Lei e Regulamento*. pp. 145, nota 192 e 147-148.

[602] *Idem*, pp. 146-147.

3. A CONSTRUÇÃO DA DOGMÁTICA ALEMÃ DA RESERVA DE LEI

para o seu restabelecimento,[603] tendo como consequência expressa a suspensão de eficácia de diversos direitos fundamentais. A previsão do artigo 48 possibilitou a consideração, na prática, de uma autorização constitucional direta à emissão de regulamentos jurídicos e ocasionou a continuidade da prática de transferência ilimitada de capacidade legislativa ao Poder Executivo consagrada no período monárquico.[604] Tal utilização extensiva do instrumento dos regulamentos de exceção teve início na crise econômica ocorrida na Alemanha no ano de 1930, como forma de dirigir o Estado diante do fracionamento parlamentar,[605] e foi a forma de legislação padrão no período nacional-socialista. Nesse último caso, a legitimidade da transferência do poder legislativo ao Governo se deu mediante a aprovação de lei, no ano de 1933, que capacitava o Poder Executivo a repor a ordem em caso de "necessidade do povo e do Império", a chamada "*Ermächtigungsgesetz*", embora a ordem constitucional vigente na época fosse a Constituição de Weimar.[606] A concentração na pessoa do "*Führer*" do conjunto de funções do Estado[607] e a orientação de toda a legislação que dizia respeito à vida em comunidade conforme o princípio da "reserva à vontade do líder", segundo o qual somente ele poderia conformar o ordenamento jurídico e emitir leis,[608] afasta-se da ideia de "reserva de lei no sentido liberal--democrático".[609] Por isso, tornam-se dispensáveis maiores contornos de seu conteúdo para o estudo do desenvolvimento da dogmática da reserva de lei em conformidade com trajetória da evolução do Estado alemão para um Estado Social e Democrático de Direito.

---

[603] Entre as medidas necessárias estaria a possibilidade de emissão de regulamentos jurídicos (STAUPE, Jürgen. *Parlamentsvorbehalt und Delegationsbefugnis.* p. 61).

[604] STAUPE, Jürgen. *Parlamentsvorbehalt und Delegationsbefugnis.* pp. 60-62; MONCADA, Luís Cabral de. *Lei e Regulamento.* p. 148, nota 197.

[605] STAUPE, Jürgen. *Parlamentsvorbehalt und Delegationsbefugnis.* p. 61.

[606] Assim, conforme já referido anteriormente: APEL, Hans. *Der deutsche Parlamentarismus.* p. 40; EHRLICH, Wolfgang. *Der Vorbehalt des Gesetzes in der deutschen Verfassungsentwicklung.* p. 26.

[607] DIECKMANN, Charlotte. *Der Vorbehalt des Führerwillens und der Vorbehalt des Gesetzes im nationalsozialistischen Verfassungsrechts.* p. 28; EHRLICH, Wolfgang. *Der Vorbehalt des Gesetzes in der deutschen Verfassungsentwicklung.* p. 26.

[608] DIECKMANN, Charlotte. *Der Vorbehalt des Führerwillens und der Vorbehalt des Gesetzes im nationalsozialistischen Verfassungsrechts.* pp. 32 e ss.

[609] EHRLICH, Wolfgang. *Der Vorbehalt des Gesetzes in der deutschen Verfassungsentwicklung.* p. 26.

3.2. As diferentes concepções da reserva de lei no âmbito da Lei Fundamental alemã de 1949

A necessidade de releitura da constituição conforme a sua realidade política renovou-se, na Alemanha, em 1949 com a emissão da Lei Fundamental e exigiu (e exige) que os autores voltassem a considerar se os antigos conceitos dogmáticos se conformariam à nova ordem constitucional. A Constituição alemã não atribui capacidades legislativas autônomas ao Poder Executivo, o que significa dizer que o poder do Governo de emitir normas jurídicas infralegais (*untergesetzliche Rechtsnormen*)[610] é sempre derivado,[611] ou seja, depende de uma prévia autorização do Parlamento.[612] Aliado a essa característica está o fato de a LF não apresentar uma "solução inequívoca" sobre as matérias que são de competência normativa obrigatória do Poder Legislativo, tampouco um

---

[610] Conforme referência anterior: IPSEN, Jörn. *Allgemeines Verwaltungsrecht.* pp. 30, Nm. 105 e 108 e 78-79, Nm. 290.

[611] Assim, por todos: BRADURA, Peter. *Staatsrecht.* pp. 635-636, Nm. 16. A capacidade normativa do Poder Executivo no ordenamento jurídico-constitucional alemão já foi exposta no capítulo I da investigação.

[612] Assim preceitua o artigo 80, n. 1, da LF alemã: "Através de lei, podem ser autorizados a promulgar decretos o Governo Federal, um Ministro Federal ou os governos estaduais. Para tal, a lei deve determinar conteúdo, objetivo e extensão da autorização outorgada. O decreto deverá conter o dispositivo legal que o fundamenta. Quando a lei prevê que uma autorização pode ser subdelegada, a subdelegação da autorização deverá ser efetuada por um decreto" (tradução livre). Conforme anteriormente mencionado, a forma de produção legislativa do Poder Executivo a que se refere o artigo 80 são os regulamentos jurídicos (*Rechtsverordnung*), o que não significa dizer que a regulamentação estatutária (*Satzung*), que tem natureza de lei em sentido material, também não dependa de uma permissão expressa da lei que institui o funcionamento e delimita as tarefas da respectiva entidade, corporação ou fundação (DEGENHART, Christoph. *Staatsrecht I.* p. 140, Nm. 343), mas apenas que as discussões relativas ao artigo 80 se limitam aos regulamentos jurídicos. Quanto às prescrições administrativas, embora nem todas dependam de autorização legal nos termos exigidos à lei em sentido material, estas também devem estar em conformidade com o princípio da reserva de lei, o mandamento de primazia da lei, os direitos fundamentais e a Constituição (JARASS, Hans. *Bindungswirkung von Verwaltungsvorschriften.* p. 106; DEGENHART, Christoph. *Staatsrecht I.* p. 145, Nm. 352; STERN, Klaus. *Das Staatsrecht der Bundesrepublik Deutschland.* pp. 1329-1331) e, dependendo da natureza do ato normativo administrativo, exigirem ainda a previsão legislativa da justificação de sua necessidade (JARASS, Hans. *Bindungswirkung von Verwaltungsvorschriften.* p. 109; JACHMANN, Monika. Die Bindungswirkung normkonkretisierender Verwaltungsvorschriften. pp. 24-25).

3. A CONSTRUÇÃO DA DOGMÁTICA ALEMÃ DA RESERVA DE LEI

conceito de lei que sirva de pressuposto para essa indagação.[613] Essa estrutura constitucional é responsável pela preocupação e concentração das discussões da doutrina atual, sobretudo, em torno da eventual existência e definição do alcance e dos limites da *reserva parlamentar*. Questiona-se, em especial, se existem matérias que fazem parte da esfera denominada *Parlamentsvorbehalt*, ou seja, que estariam em um âmbito em que o Parlamento é o único responsável por sua regulamentação e ficaria proibido de delegar a função a outro órgão constitucionalmente constituído,[614] e, se existente, qual seria a extensão dessa reserva e quais os níveis de *densidade* e *determinabilidade* que deve obedecer a norma parlamentar.[615] A existência, porém, de uma *reserva de lei*, ou seja, de um âmbito material que deve ser regulamento por norma parlamentar ou "norma equiparada", que não necessariamente seja uma "reserva absoluta de lei formal", é, entretanto, pacífica na doutrina,[616] ficando a seu encargo a definição de seus contornos e alcance. Tal problematização aponta para uma diversidade de propostas dogmáticas desenvolvidas no âmbito do sistema jurídico-constitucional alemão, a que se atribui especial importância aos contributos da *teoria da essencialidade*, surgida em meados dos anos 70, que será objeto de esclarecimentos e críticas adiante.

Tratar-se-á, então, nesse ponto, do quadro geral dos doutrinadores alemães que se ocupam do problema da amplitude da reserva de lei no âmbito da LF e as eventuais críticas a suas teorias. Adota-se, aqui, a sugestão de dividir os autores que se dedicam à questão em quatro grupos de opiniões principais,[617] quais sejam: (a) aqueles que acreditam

---

[613] MONCADA, Luís Cabral de. *A reserva de lei no actual Direito Público alemão*. Separata da Revista Estado e Direito. Lisboa: 1992. p. 7.

[614] Corresponde, portanto, à reserva parlamentar uma proibição de delegação (*Delegationsverbot*) (STAUPE, Jürgen. *Parlamentsvorbehalt und Delegationsbefugnis*. p. 30, sobre as diferentes terminologias utilizadas para definir a reserva parlamentar: *Idem*, pp. 29 e 32).

[615] Assim, por todos: STAUPE, Jürgen. *Parlamentsvorbehalt und Delegationsbefugnis*. pp. 23 e ss; 30-31 e 103. Paralelamente, os autores definem as matérias que pertencem à reserva de lei em sentido material (*Rechtssatzvorbehalt* ou *Delegationsvorbehalt*), que são aquelas cuja regulamentação pode ser atribuída ao Poder Executivo, desde que sejam objeto de uma lei em sentido material (*Rechtverordnung* ou *Satzung*) (*Idem*, p. 31).

[616] MONCADA, Luís Cabral de. *Lei e Regulamento*. pp. 168-169.

[617] Assim, conforme esquematizado por: CORREIA, Sérvulo. *Legalidade e autonomia contratual nos contratos administrativos*. pp. 84 e ss; referindo-se a apenas três opiniões sobre a reserva de

que toda atividade do Poder Executivo exige previsão legislativa e, consequentemente, uma autorização parlamentar para seu desempenho, tenha o exercício normativo executivo qualidade conformadora, concretizadora ou interventiva em direito fundamental (*Totalvorbehalt*); (b) os autores que insistem na dogmática tradicional da reserva de lei e a transmitem ao texto da LF; (c) os que acreditam na possibilidade do recurso unicamente ao sistema de reservas especiais dos direitos fundamentais estatuído no texto constitucional e ignoram a existência de uma reserva de lei geral e, por fim, (d) os doutrinadores que se dedicam a formular uma reserva de lei mais alargada do que a *Eingriffsvorbehalt*, propondo critérios para determinar as situações de indispensabilidade de lei parlamentar, os quais pertencem ao grupo da denominada *teoria da essencialidade*.

Os autores que defendem a submissão total da atividade administrativa à lei parlamentar fundamentam-na, principalmente, nos princípios democrático e do Estado de Direito.[618] A tese também pressupõe a ideia de "interdependência" dos atos restritivos e dos atos prestacionais,[619] ou seja, a noção de que na sociedade atual a promoção dos direitos de

---

lei na Alemanha: OSSENBÜHL, Fritz. *Verwaltungsvorschriften und Grundgesetz*. pp. 210 e ss, que corresponderiam às letras "a", "b" e d" da presente exposição. Outra proposta semelhante de divisão das opiniões doutrinárias pode ser encontrada em: ACHTERBERG, Norbert. *Probleme der Funktionenlehre*. München: C.H.Beck, 1970. pp. 52 e ss e 71-72, cujas contribuições serão também aqui utilizadas.

[618] ACHTERBERG, Norbert. Soziokonformität, Kompetenzbereich und Leistungseffizienz des Parlaments in *Deutsches Verwaltungsblatt*, n. 21, 1972. p. 843, em especial, autores citados na nota n. 12. Cita-se como defensor da dependência da administração de autorização ou fundamento em lei para agir tanto positiva como negativamente com base na conexão entre ambos os mandamentos constitucionais: MALLMANN, Walter. Schranken nichthoheitlicher Verwaltung in *Veröffentlichungen der Vereinigung der Deutschen Staatsrechtslehrer*, n. 19, 1961. pp. 183-188. A reserva de lei total é defendida também na literatura austríaca, em razão da compatibilidade de seus pressupostos teóricos com o texto do artigo 18 da Constituição de 1920, que pressupõe um "fundamento em lei" para o "conjunto da actividade administrativa" (MONCADA, Luís Cabral de. *Lei e Regulamento*. p. 216, nota n. 300), tornando-a, a exceção dos poderes diretamente atribuídos a ela pela Constituição, uma função dependente do Legislativo, que detém o "monopólio da emissão de atos jurídicos gerais" (EBERHARD, Harald; ÖHLINGER, Theo. *Verfassungsrecht*. 9. Auflage. Wien: Facultas. wuv, 2012. pp. 169-170, Nm 356 e p. 266, Nm 582).

[619] A ideia de "interdependência" da administração prestacional e interventiva como forma de releitura da reserva de lei e maior proteção dos direitos individuais é proposta pelo autor suíço Max Imboden (IMBODEN, Max. *Das Gesetz als Garantie rechtsstaatlicher Verwaltung*.

3. A CONSTRUÇÃO DA DOGMÁTICA ALEMÃ DA RESERVA DE LEI

alguns indivíduos gera prejuízo para outros cidadãos;[620] por isso, a discussão da reserva de lei deve englobar a atividade positiva da administração. A consideração *unitária* da ordem jurídica[621] reflete sobre a amplitude da reserva de lei, para a qual se torna indiferente saber a natureza positiva ou negativa do ato administrativo, e redimensiona a relação entre legislação e administração.[622] Ademais, o tipo de ato emitido pelo Poder Executivo, seja ele abstrato ou concreto, também se torna irrelevante, já que sempre haverá a necessidade da prévia autorização legislativa para a sua emissão,[623] de que são exceções os atos decorrentes de decisões políticas do Poder Executivo para a condução do Governo.[624]

Assim, sustentando a existência da reserva total no âmbito da LF com fundamento na soberania do povo que, ao elegê-lo como "órgão superior",[625] a transmite direta e exclusivamente ao Parlamento, destaca-se a teoria do autor Dietrich Jesch, do ano de 1968.[626] Essa ordem constitucional prescreveria a divisão das funções entre os órgãos constituídos de forma a respeitar esse monopólio da legislação do órgão parlamentar, que, por sua vez, transfere a legitimidade política à administração ao conceder-lhe sua concretização, já que não pertence mais ao Poder Executivo um "espaço livre" de atuação sem autorização daquele.[627] Para o autor, a interpretação do "sentido, conteúdo e extensão do princípio da legalidade" dependeria funcionalmente da estrutura constitucional,[628] da sua relação com o conjunto de seus princípios e

---

Basel/Stuttgart: Helbing & Lichtenhahn, 1954; MONCADA, Luís Cabral de. *Lei e Regulamento*. p. 217, nota 301).

[620] IMBODEN, Max. *Das Gesetz als Garantie rechtsstaatlicher Verwaltung*. p. 42.

[621] *Idem*, p. 42.

[622] ACHTERBERG, Norbert. *Probleme der Funktionenlehre*. p. 62.

[623] JESCH, Dietrich. *Gesetz und Verwaltung*. pp. 174-175.

[624] *Idem*, pp. 95 e 171.

[625] *Idem*, p. 173.

[626] *Idem*, pp. 92, 99 e 171-173. A teoria de Jesch também é considerada importante para a explanação da reserva de lei total por: MONCADA, Luís Cabral de. *Lei e Regulamento*. pp. 203 e ss; CORREIA, Sérvulo. *Legalidade e autonomia contratual nos contratos administrativos*. pp. 95 e ss; OSSENBÜHL, Fritz. *Verwaltungsvorschriften und Grundgesetz*. pp. 212 e ss.

[627] JESCH, Dietrich. *Gesetz und Verwaltung*. pp. 98-99 e 171-173.

[628] *Idem*, pp. 66 e 171; ACHTERBERG, Norbert. *Probleme der Funktionenlehre*. p. 52. Segundo Sérvulo Correia, Jesch teria sido o primeiro autor a defender uma "alteração qualitativa" da reserva de lei em razão da mudança da estrutura constitucional da monarquia constitucional

demais preceitos e já não da dogmática dos direitos fundamentais, que não responde à questão de qual órgão é o responsável pela "primeira palavra" no que se refere a sua regulamentação.[629] Por isso, alterada a ordem constitucional, há a necessidade de conformação do princípio com a nova Constituição, que atribui também ao Parlamento a responsabilidade pela justiça distributiva e o cumprimento das obrigações estatais decorrentes do Princípio Social,[630] razão pela qual já não faria sentido uma leitura da legalidade apenas como comportando as atuações interventivas da administração na liberdade dos cidadãos no âmbito da LF.[631] Diferentemente das ordens jurídicas da monarquia constitucional, a Constituição alemã de 1949 baseia-se no princípio da soberania do povo,[632] de que decorre o poder do Parlamento de controle e de criação do órgão executivo que,[633] conforme os contornos constitucionais, é, no que se refere ao exercício da função administrativa, totalmente dependente do primeiro e resume-se a mera *execução* dos mandamentos legislativos.[634] O Parlamento, ao contrário, exerce o poder legislativo independentemente do Poder Executivo[635] e mesmo sua capacidade de transmissão dessa função a este último é, conforme o próprio texto do artigo 80, n. 1,da LF, limitada.[636] É, portanto, justamente do texto constitucional que decorre o papel de executor da "ordem de concretização da lei".[637] A administração só poderia atuar, portanto, quando houvesse autorização direta ou indireta do Poder Legislativo, sem a qual "inexiste direito de ação",[638] e, especialmente no que diz respeito às restrições

---

para a LF (CORREIA, Sérvulo. *Legalidade e autonomia contratual nos contratos administrativos.* pp. 95-96).

[629] JESCH, Dietrich. *Gesetz und Verwaltung.* pp. 66 e 101.

[630] *Idem*, pp. 101, 173 e 176.

[631] *Idem*, pp. 66-67.

[632] *Idem*, p. 92.

[633] *Idem*, p. 97; ACHTERBERG, Norbert. *Probleme der Funktionenlehre.* p. 53.

[634] Excetuam-se aqui os atos emitidos no âmbito das decisões políticas do Governo, conforme anteriormente referido, cuja capacidade de exercício decorre diretamente da Constituição (JESCH, Dietrich. *Gesetz und Verwaltung.* pp. 95 e 101; ACHTERBERG, Norbert. *Probleme der Funktionenlehre.* p. 54.

[635] JESCH, Dietrich. *Gesetz und Verwaltung.* pp. 93 e 100.

[636] *Idem*, p. 94.

[637] *Idem*, p. 95.

[638] *Idem*, p. 95; ACHTERBERG, Norbert. *Probleme der Funktionenlehre.* p. 54.

3. A CONSTRUÇÃO DA DOGMÁTICA ALEMÃ DA RESERVA DE LEI

aos direitos fundamentais, quando houver reserva especial prevista na Constituição para tal.[639]

Em sentido semelhante posicionam-se os autores que argumentam a necessidade de submissão de toda atividade administrativa à lei no Princípio de Estado de Direito, pressuposto teórico de que se utiliza Hans Rupp.[640] O autor considera que tanto as relações entre o Estado e seus órgãos (relações internas) como as relações entre o Estado e os cidadãos (relações externas) são relações com natureza jurídica, sendo essas últimas completamente cobertas pelo direito, de forma que toda a previsão e a regulamentação que as envolvam devem revestir forma de lei ou ser fundamentadas em uma lei.[641] Ao reconhecer que a atividade administrativa também se movimenta em um "campo de tensão entre o indivíduo e o Estado", devem suas atuações ser inseridas no âmbito jurídico e, portanto, respeitar a reserva de lei.[642] A dificuldade de discriminação exata das situações restritivas da administração daquelas com intenção puramente prestacional impede que se mantenha o sentido tradicio-

---

[639] ACHTERBERG, Norbert. *Probleme der Funktionenlehre*. p. 54.

[640] RUPP, Hans Heinrich. *Grundfragen der heutigen Verwaltungslehre*. Tübingen: Mohr Siebeck, 1965. Referindo-se também a Rupp para explicar a defesa da reserva total sustentada sob outros pressupostos teóricos na Alemanha: MONCADA, Luís Cabral de. *Lei e Regulamento*. pp. 210 e ss; CORREIA, Sérvulo. *Legalidade e autonomia contratual nos contratos administrativos*. pp. 98-100; OSSENBÜHL, Fritz. *Verwaltungsvorschriften und Grundgesetz*. pp. 214 e ss. Baseando-se também no princípio do Estado de Direito para fundamentar a ideia da reserva de lei total: IMBODEN, Max. *Das Gesetz als Garantie rechtsstaatlicher Verwaltung*. p. 37 e ss.

[641] RUPP, Hans Heinrich. *Grundfragen der heutigen Verwaltungslehre*. pp. 116-117 e 135. Referindo-se à imprescindível necessidade de autorização para as normas que regulamentem as relações com os cidadãos, atribuindo a elas maior eficácia jurídica, embora diminuindo a esfera de atuação do Poder Executivo, no mesmo sentido de Rupp: KLEIN, Hans. Rechtsqualität und Rechtswirkung von Verwaltungsnormen in *Festgabe für Ernst Forsthoff*. München: C.H.Beck, 1967. pp. 172-173.

[642] RUPP, Hans Heinrich. *Grundfragen der heutigen Verwaltungslehre*. pp. 128-130. Direcionando críticas justamente à justificação utilizada por Rupp para a reserva total de lei: SCHWAN, Eggert. *Zuständigkeitsregelungen und Vorbehalt des Gesetzes*. Dissertation, 1971. pp. 31-32, que levanta a questão de que a finalidade da reserva de intervenção, que se dedica à proteção da esfera de autonomia individual, não é a mesma da finalidade almejada pelo Princípio de Estado de Direito e que Rupp, ao defender um "dilatação" do sentido de liberdade e da reserva de intervenção, as confunde (*Idem, ibidem*). Isso não quer dizer que não haja uma necessidade de exigência de lei para as ações administrativas no âmbito prestacional, mas que a justificativa deve ser feita com o recurso a outras reservas constitucionais (*Idem*, p. 31).

nal da reserva de lei, que deve ser alargado[643] diante de uma nova noção de liberdade que depende do papel conformador e concretizador do Estado[644] e que requer a inclusão, no âmbito de garantia do Estado de Direito, dessas novas interações entre o Estado e o indivíduo.[645] Poder-se-ia dizer que há "dilatações das áreas do juridicamente relevante",[646] que são acompanhadas por uma consequente atribuição ao legislador de novos âmbitos de intervenção e alargamento da noção de reserva de lei, sem que isso signifique necessariamente sobrecarga das suas atividades.[647]

Tal argumentação encontraria, segundo Rupp, respaldo no texto do artigo 80, n. 1, da LF, que não deixa espaço para se falar em um "direito de emissão de regulamentos livre de lei" em benefício da administração.[648] Ao contrário, o artigo prevê que toda a atuação normativa da administração no âmbito das relações entre o indivíduo e o Estado, seja de natureza interventiva ou prestacional, necessita, baseado no fundamento do Estado de Direito, ser feita por meio de "normas jurídicas de comportamento", as quais, segundo a LF, ou tem a forma de lei parlamentar, ou são submetidas à sua delegação.[649]

Embora o pensamento da reserva total de lei tenha como vantagem a superação do conceito liberal de norma jurídica ao entender que toda forma de normação da administração estaria inserida na reserva de lei,[650] não se pode deixar de colocar algumas considerações contrárias a essa opinião. Primeiramente, dir-se-ia que não há desenvolvimento preciso das matérias que podem ser objeto de autorização, ou seja, não há a solução da questão de se há a possibilidade de defesa de um núcleo de matérias inerentes à chamada *Parlamentsvorbehalt* no âmbito da LF, mesmo que se possa dizer que o artigo 80 dê respostas quanto à den-

---

[643] Rupp, Hans Heinrich. *Grundfragen der heutigen Verwaltungslehre.* pp. 126-127.

[644] Moncada, Luís Cabral de. *Lei e Regulamento.* p. 214, referindo-se o autor a um "alargamento da noção de liberdade" comparativamente ao seu conceito no Estado liberal (*Idem, ibidem*).

[645] *Idem, ibidem.*

[646] *Idem*, p. 212.

[647] Rupp, Hans Heinrich. *Grundfragen der heutigen Verwaltungslehre.* p. 127; Moncada, Luís Cabral de. *Lei e Regulamento.* p. 212.

[648] Rupp, Hans Heinrich. *Grundfragen der heutigen Verwaltungslehre.* pp. 115-116 e 132.

[649] *Idem*, pp. 115, 117, 119-121 e 134-135.

[650] Achterberg, Norbert. *Probleme der Funktionenlehre.* p. 59.

sidade da norma parlamentar autorizativa quando a delegação atribui à administração poderes interventivos como prestacionais.[651] Ademais, os opositores à reserva de lei total dizem que a ideia torna o Poder Executivo um "mero executor" das ordens do Legislativo[652] e que, dada a complexidade da sociedade atual e a falta de conhecimento técnico do Poder Legislativo sobre algumas matérias, acarretaria uma sobrecarga de trabalho para este órgão e a consequente "paralisia" das funções administrativas diante da inação daquele. De acordo com essa fundamentação está o argumento de que a Constituição alemã atual pressupõe um Estado "como um todo" democrático, ou seja, "toda função deve ser legitimada democraticamente" e todos os poderes devem funcionar de forma a contribuir para a concretização "ótima" dos fins e tarefas do Estado, sem que seja concedida a primazia absoluta a algum dos órgãos que o compõe.[653] Assim é que a defesa de uma reserva de lei total baseada no princípio da soberania popular[654] não tem lugar diante da in-

---

[651] JESCH, Dietrich. *Gesetz und Verwaltung*. Pp. 222 e ss.

[652] BÖCKENFÖRDE, Ernst-Wolfgang. *Die Organizationsgewalt im Bereich der Regierung*. Berlin: Duncker & Humblot, 1964. p. 59; PETERS, Hans. Verwaltung ohne gesetzliche Ermächtigung? in *Verfassungsrecht und Verwaltungswirklichkeit. Festschrift für Hans Huber zum 60. Geburtstag*. Bern: Stämpfli & Cie, 1961. p. 214; ACHTERBERG, Norbert. Soziokonformität, Kompetenzbereich und Leistungseffizienz des Parlaments. p. 843, embora esse ultimo autor não defenda essa opinião.

[653] BÖCKENFÖRDE, Ernst-Wolfgang. *Die Organizationsgewalt im Bereich der Regierung*. pp. 79-81. Böckenförd salienta, aliás, que, mesmo que fosse concedida a primazia do Parlamento no sistema parlamentar, isso não significa dar-lhe uma competência "o mais abrangente possível" (*Idem*, p. 81). Também no sentido do texto: OSSENBÜHL, Fritz. Der Vorbehalt des Gesetzes und seine Grenzen in Götz, Volkmar; KLEIN, Hans Hugo; STARCK, Christian, *Die öffentliche Verwaltung zwischen Gesetzgebung und richterlicher Kontrolle*. München: C.H. Beck, 1985. p 16. Ossenbühl esclarece que os órgãos são institucional e funcionalmente igualmente legitimados, já que a Constituição *diretamente* assim os dispõe e estabelece suas funções, diferenciando-se somente pela legitimidade democrática pessoal, esta sim, podendo ser tanto direta como indireta (OSSENBÜHL, Fritz. *Verwaltungsvorschriften und Grundgesetz*. pp. 197 e ss). Como o preenchimento pessoal das funções é levado a cabo pelo próprio povo no exercício da sua "função de criação" pelo sufrágio, aqueles que são diretamente por ele eleitos beneficiam-se de uma "consagração democrática especial" que, no caso do sistema de governo alemão, é o Parlamento (*Idem*, pp. 198 e 201). Isso não significa, entretanto, um "monopólio do Parlamento da legitimidade democrática", que deve respeitar o âmbito funcional dos demais órgãos (*Idem, ibidem*).

[654] Assim, JESCH, Dietrich. *Gesetz und Verwaltung*. pp. 92, 99 e 171-173.

terpretação orgânico-funcional da divisão de poderes na LF.[655] Ao contrário, os defensores da regulamentação legislativa total na Constituição alemã teriam, no fundo, uma "finalidade política" de prevenção e previsibilidade total da atuação administrativa, necessidade que decorre do fato de os meios de controle do Parlamento terem-se mostrado insuficientes no período histórico anterior para frear a atuação ilimitada do Poder Executivo.[656]

Tais argumentos correspondem ao pensamento dos defensores da reserva parcial de lei na Constituição alemã de 1949, ou seja, daqueles que sustentam ser possível o emprego da dogmática clássica da reserva de lei readequada ao sistema constitucional atual.[657] Para esses autores, a atividade administrativa, destinatária das finalidades e objetivos do Estado, não se esgota naquilo que é previsto em lei, mas, ao contrário, a maior parte de suas competências fazem parte de uma esfera social e política que "se movimenta fora da regulamentação legislativa formal".[658] A administração é uma função constitucionalmente *capacitada* para o cumprimento das tarefas públicas,[659] cuja hierarquia é idêntica ao Par-

---

[655] BÖCKENFÖRDE, Ernst-Wolfgang. *Die Organizationsgewalt im Bereich der Regierung*. pp. 80 e ss.

[656] Assim: PETERS, Hans. Verwaltung ohne gesetzliche Ermächtigung? pp. 212-213.

[657] Assim, referindo que a ideia da reserva parcial "não é mais que o reatar do seu entendimento tradicional": MONCADA, Luís Cabral de. *Lei e Regulamento*. p. 221.

[658] Assim: PETERS, Hans. Verwaltung ohne gesetzliche Ermächtigung? pp. 207, 209-210 e 218-219, autor que é considerado o precursor do posicionamento da reserva parcial de lei na Alemanha (MONCADA, Luís Cabral de. *Lei e Regulamento*. pp. 221 e ss; OSSENBÜHL, Fritz. *Verwaltungsvorschriften und Grundgesetz*. pp. 189 e ss. É importante notar que Hans Peters salienta que o termo "executivo" que qualifica a administração não deve ser lido em sentido literal, como caracterizando esse poder apenas como um "executor" ou "realizador" das leis, mas como "tratar" ou "atuar" (*handeln*), ou seja, no sentido de realização das funções gerais do Governo (PETERS, Hans. Verwaltung ohne gesetzliche Ermächtigung? pp. 211 e 213, nota n. 1). A ideia de atribuição de autonomia à administração, em especial no âmbito prestacional, que serve à fundamentação de uma releitura da reserva de lei no sentido tradicional encontra também simpatizantes na doutrina portuguesa. Assim: MONCADA, Luís Cabral de. *Lei e Regulamento*. pp. 228 e ss; SOARES, R. Ehrardt. Princípio da legalidade e administração constitutiva in *Boletim da Faculdade de Direito da Universidade de Coimbra*, vol. LVII, 1981. pp. 179-181, esse último, aceitando que se deva considerar um "poder originário" de criação normativa conformadora à administração, já que "a vontade política da comunidade não se afirma exclusivamente em fazer leis" (*Idem*, p. 180).

[659] PETERS, Hans. Verwaltung ohne gesetzliche Ermächtigung? pp. 209 e 216; OSSENBÜHL, Fritz. *Verwaltungsvorschriften und Grundgesetz*. p. 201.

3. A CONSTRUÇÃO DA DOGMÁTICA ALEMÃ DA RESERVA DE LEI

lamento e ao Judiciário.[660] O Governo e a administração são, assim, "funções estatais independentes que, apesar de sua vinculação à lei, lá, onde ela inexiste, devem fazer tudo o que for necessário ou útil para o cumprimento das finalidades estatais, desde que não intervenham diretamente na liberdade ou no património de outros sujeitos de direito".[661] A obediência ao Estado de Direito significaria, então, que a administração é vinculada à lei (1) naquilo que esta é *capaz* de prever, o que significa que, levando em conta o fato de que nem todas a finalidades constitucionais são atribuídas ao encargo do Poder Legislativo,[662] há decisões momentâneas ou cujas particularidades simplesmente não podem ser previamente regulamentadas em termos abstratos e indeterminados[663]

---

[660] PETERS, Hans. Verwaltung ohne gesetzliche Ermächtigung? p. 214; *Idem, Die Verwaltung als eigenständige Staatsgewalt.* Krefeld: Scherpe, 1965. pp. 8-9 e 15-16.

[661] PETERS, Hans. Verwaltung ohne gesetzliche Ermächtigung? p. 214; *Idem, Die Verwaltung als eigenständige Staatsgewalt.* pp. 12-13. Isso não quer dizer, entretanto, que a administração possa tomar todas as medidas que quiser, desde que não interfira na liberdade individual, já que não lhe compete, por exemplo, "criar autonomamente um sistema de auxílio social", ou seja, não poderia "conforme o seu próprio juízo distribuir prestações sociais e vantagens aos indivíduos" (OSSENBÜHL, Fritz. *Verwaltungsvorschriften und Grundgesetz.* pp. 220-221). Significa, contudo, que cabe a ela a regulamentação ou atuação em situações que, diante da inexistência de lei, sirvam ao bem comum sem favorecer indiviual ou concretamente alguns indivíduos em especial (*Idem, ibidem*).

[662] PETERS, Hans. Verwaltung ohne gesetzliche Ermächtigung? p. 215.

[663] PETERS, Hans. Verwaltung ohne gesetzliche Ermächtigung? pp. 215-216. O modelo moderno de "sociedade de massas" exige que sejam tomadas decisões pontuais cuja capacidade, em razão da proximidade das questões, dispõe a administração, de que são exemplos o apoio financeiro a instituições culturais, como museus, universidades e teatros; medidas de apoio às tarefas sociais do Estado, como ajudas sociais de cuidado aos adolescentes vulneráveis ou aos sobreviventes de guerra, bem como a definição da escala de notas dos trabalhos acadêmicos nas universidades (PETERS, Hans. *Die Verwaltung als eigenständige Staatsgewalt.* pp. 9-12; 16-17 e 21-22). Ademais, somam-se a isso razões como a "falta de maturidade atual de tecnologia" do Parlamento para dispor sobre questões técnicas e a incapacidade de feitura de algumas leis em razão de não atingir um consenso da maioria qualificada requerida para sua emissão (assim: OSSENBÜHL, Fritz. Der Vorbehalt des Gesetzes und seine Grenzen. p. 12, ao evidenciar o fato de, embora existir o fenômeno da "inflação legislativa", concomitantemente se encontram omissões legislativas em questões consideradas de importância essencial, cujas principais causas são essas citadas: *Idem*, pp. 11-12). A natureza da atividade administrativa seria, nessas esferas, "complementária" a do legislador, atuando pontualmente de forma onde haja a *necessidade* de executar uma finalidade estatal, sem que com isso esteja afetada a primazia do Parlamento para legislar sobre as matérias a ele constitucionalmente atribuídas (OSSENBÜHL, Fritz. *Verwaltungsvorschriften und Grundgesetz.* pp. 194-195; *Idem,* Der

e cuja previsão em lei seria, ao contrário, "sem valor para o princípio do Estado de Direito e para a segurança jurídica".[664] Especialmente no que se refere às obrigações prestacionais, o alargamento da reserva de lei a favor do Parlamento, ao contrário do que se pensa, não seria vantajoso ao cidadão por não lhe possibilitar a exigência de prestações jurídicas diretamente ao legislador mas, diversamente, impediria que a administração agisse "por iniciativa própria" nos casos de omissão legislativa, provocando uma diminuição da proteção jurídica ao indivíduo.[665] Ademais, estaria a administração submetida aos preceitos legislativos (2) naquilo que faz parte do âmbito que lhe é *reservado*, ou seja, quando a matéria se refere à criação de novos deveres ou à restrição de direitos individuais.[666] Assim, a legalidade administrativa indicaria aquilo a que a administração está obrigada a seguir quando haja previsão legislativa, o que não significa dizer que tudo o que o Poder Executivo é encarregado constitucionalmente se resuma ao que está previsto formalmente em lei e que deva sempre ser autorizado para agir, cabendo-lhe um vasto espaço de ação "livre".[667] Entretanto é importante notar que esses autores que negam a exigência de autorização para todas as tarefas da administração não recusam a sua vinculação ao Direito no exercício de suas funções,[668] já que ela age no cumprimento das finalidades estatais constitucionalmente exigidas,[669] e da submissão de sua atuação à fiscalização dos tribunais.[670]

As críticas existentes ao entendimento da reserva de lei parcial concentram-se, principalmente, no fato de ter havido mudanças sociais e políticas que proporcionaram uma nova compreensão da relação do Es-

---

Vorbehalt des Gesetzes und seine Grenzen. p. 32), mas garantindo a autonomia e independência da administração.

[664] PETERS, Hans. Verwaltung ohne gesetzliche Ermächtigung? p. 216.

[665] OSSENBÜHL, Fritz. *Verwaltungsvorschriften und Grundgesetz.* pp. 217-218; MONCADA, Luís Cabral de. *Lei e Regulamento.* p. 226.

[666] PETERS, Hans. Verwaltung ohne gesetzliche Ermächtigung? p. 220.

[667] *Idem,* pp. 220-221.

[668] BÖCKENFÖRDE, Ernst-Wolfgang. *Die Organizationsgewalt im Bereich der Regierung.* p. 82; OSSENBÜHL, Fritz. *Verwaltungsvorschriften und Grundgesetz.* p. 193.

[669] OSSENBÜHL, Fritz. *Verwaltungsvorschriften und Grundgesetz.* p. 193.

[670] OSSENBÜHL, Fritz. Der Vorbehalt des Gesetzes und seine Grenzen. p. 14, assim, referindo que "um âmbito 'livre de lei' não é, de maneira alguma, um âmbito 'livre de controle'" (*Idem, ibidem*).

3. A CONSTRUÇÃO DA DOGMÁTICA ALEMÃ DA RESERVA DE LEI

tado com o indivíduo, que não comporta mais uma leitura da reserva de lei orientada pela dogmática do século XIX.[671] O redimensionamento do Estado como prestador de direitos e o aumento das funções administrativas especialmente na promoção do *bem-estar social*,[672] a ponto de dizer-se que seria esta atualmente sua atividade mais "comum",[673] exigem justamente a reafirmação do papel central do Parlamento na direção política do Estado,[674] o que faria sentido especialmente em países de sistema de governo parlamentar e que, aliás, encontraria fundamento no artigo 80, 1, da LF.[675] Ademais, além de dificuldade de distinção precisa dos atos administrativos em atos interventivos e atos prestacionais,[676] a utilização dessas categorias de forma estanque para a distribuição das matérias a serem regulamentadas por lei já foi abandonada tanto pela prática legislativa alemã, que atua comumente no domínio dos direitos sociais, de que é exemplo a compilação da legislação denominada *Sozialgesetzbuch*, bem como pela prática do Tribunal Federal alemão que,[677] já desde a década de 70, abandonou o pensamento da reserva de lei tradicional e adota o critério da *essencialidade* para determinar a extensão da reserva parlamentar, afastando a utilização da categoria da "intervenção na liberdade e propriedade" como única condição necessária para existência de lei formal.[678]

---

[671] Assim, por todos, SELMER, Peter. Der Vorbehalt des Gesetzes in *Juristische Schulung*, n. 11, 1968 p. 492. Embora Luís Cabral de Moncada alerte para o fato de que os opositores da reserva total de lei, em especial Ossenbühl e Bulliger, não desconheçam a necessidade da "ultrapassagem da divisão entre administração agressiva e administração conformadora" para a compreensão atual da liberdade como dependente das ações positivas do Estado (MONCADA, Luís Cabral de. *Lei e Regulamento*. p. 225).

[672] SOARES, R. Ehrardt. Princípio da legalidade e administração constitutiva. pp. 176 e 182-183; CORREIA, Sérvulo. *Legalidade e autonomia contratual nos contratos administrativos*. pp. 89-90

[673] SOARES, R. Ehrardt. Princípio da legalidade e administração constitutiva. pp. 176 e ss e 182.

[674] CORREIA, Sérvulo. *Legalidade e autonomia contratual nos contratos administrativos*. pp. 90-91.

[675] A natureza promovedora ou interventiva dos regulamentos do Poder Executivo é indiferente para a norma que prevê a capacidade de delegação legislativa pelo Parlamento a esse Poder (SELMER, Peter. Der Vorbehalt des Gesetzes. p. 494).

[676] STAUPE, Jürgen. *Parlamentsvorbehalt und Delegationsbefugnis*. pp. 117-119; CORREIA, Sérvulo. *Legalidade e autonomia contratual nos contratos administrativos*. pp. 88 e 92 e ss.

[677] SELMER, Peter. Der Vorbehalt des Gesetzes. p. 493; CORREIA, Sérvulo. *Legalidade e autonomia contratual nos contratos administrativos*. pp. 88-89 e 91; MONCADA, Luís Cabral de. *Lei e Regulamento*. p. 243.

[678] STAUPE, Jürgen. *Parlamentsvorbehalt und Delegationsbefugnis*. pp. 114-117. A teoria da essencialidade será objeto de discussão do próximo ponto deste capítulo.

Por fim, refere-se à ideia da doutrina que considera sem sentido a recorrência ao instituto da reserva geral de lei e atribui força decisiva ao sistema de reservas especiais dos direitos fundamentais estatuído no texto constitucional para a solução do problema da natureza da norma exigida para a restrição a direitos fundamentais. A inexistência de um princípio geral da reserva de lei expressa na Constituição alemã e, ao mesmo tempo, a enunciação de reservas especiais em alguns direitos fundamentais leva esses autores a concluir pela "prescindibilidade" daquela,[679] seja porque a reserva geral se resumiria a "repetir, no fundo, aquilo que pode-se extrair diretamente dos artigos dos direitos fundamentais",[680] seja, diversamente, pela "incompatibilidade do conteúdo" dos institutos e contrariedade da reserva geral de lei ao "sistema dos direitos fundamentais" da LF,[681] que impõe a renúncia da sua uti-

---

[679] Assim, primeiramente, VOGEL, Klaus. Gesetzgeber und Verwaltung in *Veröffentlichungen der Vereinigung der Deutschen Staatsrechtslehrer*, n. 24, 1966. p. 151.

[680] *Idem, ibidem.* Vogel insiste na ideia de que decorre do princípio da *primazia da lei* a vinculação da administração à lei tanto nas situações em que a Constituição reserva ao legislador sua regulamentação (*Idem*, p. 156), quanto em âmbitos em que exercita seu poder discricionário ou juízo próprio (são as normas emitidas naquilo que se denomina *Ermessens- oder Beurteilungsspielraum*), no qual emite também normas com eficácia externa que igualmente não podem ser contrárias à lei (*Idem*, pp. 160 e ss). É, portanto, o mandamento primazia da lei que impõe limites à administração no exercício de sua função normativa e não a reserva geral de lei (*Idem*, p. 166). Referindo-se à concepção do autor e às eventuais críticas a sua teoria, em Portugal: MONCADA, Luís Cabral de. *Lei e Regulamento*. pp. 240-242, nota 355. Comparativamente, na Itália, defendendo também que "seria um absurdo pensar que a Constituição possa ter tido a intenção de instituir uma reserva geral de lei, uma vez que tenha emanado uma série de reserva especiais": SATTA, Filippo. *Principio di legalità e pubblica amministrazione nello Stato democratico*. Padova: Cedam, 1969. pp. 148 e ss, apontando, entre outros, o argumento de que, embora em um sistema parlamentar o legislador disponha de "competência geral" para legislar, o exercício dessa competência só se faz obrigatório em caso de reserva especial de lei, sendo-lhe facultada a atuação com relação ao restante das matérias e, inclusive, a delegação daquilo que considere oportuno (*Idem*, p. 254).

[681] PAPIER, Hans-Jürgen. *Die finanzrechtlichen Gesetzesvorbehalte und das grundgesetzliche Demokratieprinzip*. Berlin: Duncker & Humblot, 1973. pp. 29-30; *Idem*, Der Vorbehalt des Gesetzes und seine Grenzen in GÖTZ, Volkmar; KLEIN, Hans Hugo; STARCK, Christian, *Die öffentliche Verwaltung zwischen Gesetzgebung und richterlicher Kontrolle*. München: C.H. Beck, 1985. p. 46. Ademais, cita-se também Walter Krebs como autor que aponta para uma diferença *"qualitativa* entre o 'objeto de regulamentação' da reserva de intervenção e o objeto das reservas de lei dos direitos fundamentais" (KREBS, Walter. *Vorbehalt des Gesetzes und Grundrechte*. Berlin: Duncker & Humblot, 1975. p. 131) (grifos do autor), ou seja, o conceito de liberdade protegido pelas reservas especiais dos direitos fundamentais na LF é "influen-

3. A CONSTRUÇÃO DA DOGMÁTICA ALEMÃ DA RESERVA DE LEI

lização no sentido tradicional. Nesse último sentido é a explicação de Hans-Jürgen Papier que,[682] ao evidenciar um sistema de "qualificação gradual" das reservas especiais dos direitos fundamentais na Constituição,[683] dividindo-as em três espécies diferentes de reservas, consoante o tipo normativo prescrito para a regulamentação ou restrição de seu exercício, justifica o porquê da sua falta de identidade com uma reserva geral no sentido tradicional, que mantinha uma exigência uniforme da espécie da norma que poderia intervir na liberdade e propriedade dos cidadãos.[684] A LF, diversamente, ao tratar de forma *conclusiva,* na parte referente aos direitos fundamentais, os três níveis normativos exigidos para o seu regramento,[685] diferencia-os, conforme as reservas previstas, em: (a) reserva *absoluta* de lei, que seriam os casos em que é obrigatória a forma da lei parlamentar para a restrição de um direito e é excluída a possibilidade de sua delegação normativa a outro poder;[686] (b) reserva *relativa* de lei parlamentar (*"nicht zwingenden Parla-*

---

ciado em seu conteúdo" pela decisão da Constituição de estatuir um Estado Democrático e Social de Direito (*Idem*, pp. 131-132). Entretanto o autor "deixa em aberto" a questão sobre a permanência ou não do instituto da reserva geral de lei na ordem jurídica como "princípio objetivo do Estado de Direito não vinculado aos direitos fundamentais" (*Idem*, p. 132; Papier, Hans-Jürgen. Der Vorbehalt des Gesetzes und seine Grenzen. p. 46, nota 43; Correia, Sérvulo. *Legalidade e autonomia contratual nos contratos administrativos.* pp. 38-40, nota 59).

[682] Também referindo-se ao pensamento do autor, em Portugal: Correia, Sérvulo. *Legalidade e autonomia contratual nos contratos administrativos.* pp. 38-39, nota 59; Vaz, Manuel Afonso. *Lei e Reserva de lei.* p. 403, nota 50.

[683] Papier, Hans-Jürgen. *Die finanzrechtlichen Gesetzesvorbehalte und das grundgesetzliche Demokratieprinzip.* p. 30. A diferenciação dos níveis dá-se conforme o "grau de legitimação democrática da intervenção no direito fundamental" exigido para cada situação (*Idem*, p. 32). Significa isso dizer que a LF, ao definir suas reservas, segue uma lógica de quanto maior a "intensidade" da restrição ao direito fundamental, maior a chance de ser exigida a participação dos "representantes do povo" para a emissão da norma (*Idem*, p. 32), sendo levado também em conta o "significado do direito fundamental afetado para a existência e liberdade do indivíduo" (*Idem*, Der Vorbehalt des Gesetzes und seine Grenzen. pp. 50-53).

[684] Papier, Hans-Jürgen. *Die finanzrechtlichen Gesetzesvorbehalte und das grundgesetzliche Demokratieprinzip.* p. 30

[685] *Idem*, pp. 29-30.

[686] *Idem*, p. 30. O autor exemplifica a *"unbedingt formelle Gesetzvorbehalt"* com o artigo 104, n. 1, primeira parte, da LF, que dispõe que "a liberdade do indivíduo só pode ser limitada com base numa lei formal (...)" (*Idem, ibidem*). É importante salientar que, mesmo em sede de reserva absoluta de lei, pode o Poder Executivo emitir "regulamentos de execução da lei" que servem para detalhar as decisões tomadas pelo legislador (Papier, Hans-Jürgen. Der Vorbehalt des Gesetzes und seine Grenzen. pp. 56-57).

mentsvorbehalte"), que se refere aos casos em que o Parlamento não está obrigado a "regulamentar conclusivamente o conteúdo e condições da intervenção no direito fundamental",[687] mas pode delegar a tarefa ao Poder Executivo desde que respeitados os limites prescritos no artigo 80 da LF;[688] e, por fim, a (c) reserva de lei em sentido material (*"'schlichten' Rechtsvorbehalte"*), são os casos em que a intervenção no direito fundamental exige "qualquer forma de lei em sentido material ou formal que seja conforme a Constituição",[689] incluindo-se, nessa última, até mesmo normas de direito consuetudinário.[690] Quanto a este último nível de reserva de lei em sentido material, o autor empenha-se em fundamentar sua legitimidade principalmente no fato de que a Constituição protege os direitos fundamentais contra qualquer ato normativo restritivo prevendo garantias materiais cuja observância é fiscalizada pelos tribunais.[691] A atribuição ao Judiciário da posição de "órgão primário de proteção das liberdades individuais" impede que o instrumento da reserva material de lei represente um retrocesso em sentido protetivo dos direitos fundamentais,[692] já que todas as normas são materialmente aferidas por esse órgão.[693]

É importante referir que as categorias dogmáticas das diferentes reservas dos direitos fundamentais desenvolvidas por Papier, embora

---

[687] PAPIER, Hans-Jürgen. *Die finanzrechtlichen Gesetzesvorbehalte und das grundgesetzliche Demokratieprinzip.* pp. 30-31.

[688] Nesse caso, a regulamentação da matéria somente pode ser feita por meio de *Rechtsverordnung* ou *Satzung* do Poder Executivo (*Idem*, p. 31), que são as formas legislativas a que se refere o artigo 80.

[689] Assim, decisão *BVerfGE* 6, p. 38, sobre os limites ao livre desenvolvimento da personalidade previsto no artigo 2, n. 1, da LF (*Idem, ibidem*).

[690] *Idem*, pp. 31-32. São exemplos as reservas previstas nos artigos 2, n. 1 ("Todos têm o direito ao livre desenvolvimento da sua personalidade, desde que não violem os direitos de outros e não atentem contra a ordem constitucional ou a lei moral") e 14, n. 1, segunda parte ("A propriedade e o direito de sucessão são garantidos. Seus conteúdos e limites são definidos por lei") da LF (*Idem*, pp. 31-32). A explicação das reservas também é feita em: *Idem, Der Vorbehalt des Gesetzes und seine Grenzen.* pp. 46-48.

[691] PAPIER, Hans-Jürgen. *Die finanzrechtlichen Gesetzesvorbehalte und das grundgesetzliche Demokratieprinzip.* pp. 36-37 e 40-42.

[692] Assim, a crítica de: JESCH, Dietrich. *Gesetz und Verwaltung.* p. 138, que afirma ser a consideração de tais tipos normativos um retrocesso da dogmática para antes da existência da reserva de lei no sentido de intervenção do seculo XIX.

[693] PAPIER, Hans-Jürgen. *Die finanzrechtlichen Gesetzesvorbehalte und das grundgesetzliche Demokratieprinzip.* pp. 36-37.

sejam parte de um contexto teórico que resiste à permanência do instituto da reserva geral de lei na atual composição da Constituição alemã que é minoritariamente defendido e aceito entre os autores, influenciou a jurisprudência do Tribunal Constitucional Federal que adota, sem entretanto abandonar a ideia de uma reserva geral de lei, a diferença entre os institutos das reservas absoluta e reserva parcial de lei positivadas pontualmente nos direitos fundamentais.[694] A experiência da "desintegração" do poder do Parlamento na República de Weimar e no Terceiro Império alemão pelas "leis de autorização" ao Poder Executivo fundamentou a criação do artigo 80, n. 2, na LF e a orientação do Tribunal Constitucional alemão no sentido de criar uma reserva geral cujo âmbito material seja de competência somente do Parlamento e que "o proteja de si mesmo".[695] Assim, a partir do surgimento da jurisprudência da essencialidade, o tribunal põe no centro da discussão a eventual existência de uma *reserva parlamentar* que fundamente a atribuição da tomada de decisão sobre questões que caibam somente a esse órgão e que são proibidas de transferência à administração.[696] Analisa-se, a partir daqui, os pressupostos e critérios dogmáticos da teoria da essencialidade, bem como as críticas a ela direcionadas, com a intenção de saber se é possível se falar em uma "*Parlamentsvorbehalt*" no âmbito da LF e se a teoria propõe critérios suficientemente precisos para a delimitação de seu conteúdo e sua extensão.

3.3. A teoria da essencialidade

A teoria da essencialidade foi desenvolvida no âmbito da jurisprudência do Tribunal Constitucional alemão na década de 70 e tem como fundamento a ideia de que as *decisões essenciais* do Estado, no sentido de as "mais importantes" ou as "fundamentais",[697] ou a regulamentação dos traços principais de determinados objetos,[698] em observância aos prin-

---

[694] Vaz, Manuel Afonso. *Lei e Reserva de lei.* p. 403-404, nota 50.

[695] Busch, Bernhard. *Das Verhältnis des Art. 80 Abs. 1 S. 2 GG zum Gesetzes- und Parlamentsvorbehalt.* Berlin: Duncker & Humblot, 1992. p. 16.

[696] *Idem, ibidem.*

[697] Staupe, Jürgen. *Parlamentsvorbehalt und Delegationsbefugnis.* p. 111; referindo outros sinônimos: Clement, Walter. *Der Vorbehalt des Gesetzes, insbesondere bei öffentlichen Leistungen und öffentlichen Einrichtungen.* Tübingen: Sofort-Druck, 1987. pp. 121-122.

[698] *BVerwGE* 47, 194. p. 199.

cípios democrático e de Estado de Direito, são *reservadas* unicamente ao Parlamento e emitidas por meio de lei formal.[699] A definição do âmbito

---

[699] O surgimento da fórmula é remetida pela doutrina à decisão *BVerfGE* 33, 125 (*Fachartzbeschluss*), emitida no ano de 1972, em que o Tribunal Constitucional alemão afirmou que as "prescrições essenciais sobre o exercício da profissão são, pelo menos nos seus traços principais, reservadas ao legislador" (*BVerfGE* 33, 125 in EICHBERGER, Michael; GRIMM, Dieter; KIRCHHOF, Paul (org). *Entscheidungen des Bundesverfassungsgerichts – Studienauswahl*. Band 1. 3 Auflage. Tübingen: Mohr Siebeck, 2007. pp. 277-278; STAUPE, Jürgen. *Parlamentsvorbehalt und Delegationsbefugnis*. p. 106; UMBACH, Dieter C. Das Wesentliche an der Wesentlichkeitstheorie in MAUZ, Theodor; ROELLECKE, Gerd; ZEIDLER, Wolfgang, *Festschrift Hans Joachim Faller*. München: C.H. Beck, 1984. pp. 116-117), embora a decisão usualmente citada como precursora da teoria da essencialidade na jurisprudência do TC alemão seja a *BVerfGE* 33, 303 (*Numerus-clausus*) (Dieter Umbach, por exemplo, a caracteriza como o *leading case* da teoria: UMBACH, Dieter C. Das Wesentliche an der Wesentlichkeitstheorie p. 117). Entretanto pode-se encontrar já anteriormente na literatura, por exemplo no ano de 1963, a ideia de que legislador é obrigado a emitir as "prescrições decisivas para a ordenação dos âmbitos da vida" (MESCHEDE, Helmut. *Delegation der Rechtsetzungsbefugnis auf die Exekutive unter besonderer Berücksichtigung des Art. 80 Abs. 1 S. 1 und 2 des GG*. Dissertation. Würzburg, 1963. pp. 11-13) e ainda, em 1967, a menção à emissão, obrigatoriamente pelo legislador, das "regulamentações essenciais das ordens profissionais" (STARCK, Christian. Autonomie und Grundrechte: zur regelungsbefugnis öffentlich-rechtlicher Autonomieträger im Grundrechtsbereich in *Archiv des öffentlichen Rechts*, n. 92, 1967, p. 469). Para mais referências da doutrina da essencialidade anterior à década de 70: STAUPE, Jürgen. *Parlamentsvorbehalt und Delegationsbefugnis*. pp. 107 e ss. Na própria jurisprudência do *BVerfG* há traços do pensamento da essencialidade já nos anos 50 e 60 (assim, conforme os exemplos de: *Idem*, pp. 106 e ss) e, também, podem-se encontrar considerações sobre a essencialidade na jurisprudência do Tribunal Administrativo alemão nos anos 60, mais especificamente no âmbito da liberdade profissional e do direito escolar (assim, demonstrando a trajetória da teoria da essencialidade na jurisprudência do *BVerwG*: HÖMIG., Dieter. Grundlagen und Ausgestaltung der Wesentlichkeitslehre in *Festgabe 50 Jahre Bundesverwaltungsgericht*. Köln/Berlin/Bonn/München: Carl Heymanns, 2003. pp. 277 e ss). Aliás, Jürgen Staupe salienta que a teoria da essencialidade não é "tão nova assim", na medida em que toma como base a mesma ideia fundamental da reserva de lei no sentido tradicional, ou seja, a fórmula da "Propriedade-Liberdade" do século XIX significava também o "reconhecimento da importância política" desses direitos fundamentais (STAUPE, Jürgen. *Parlamentsvorbehalt und Delegationsbefugnis*. pp. 109-110 e 114-115, assim, também: CORREIA, Sérvulo. *Legalidade e autonomia contratual nos contratos administrativos*. pp. 40-41, nota 59 e pp. 101-102; SOARES, R. Ehrardt. Princípio da legalidade e administração constitutiva. p. 181). Significa isso dizer que o critério *essencial* foi sempre a "pedra angular" da reserva de lei (STAUPE, Jürgen. *Parlamentsvorbehalt und Delegationsbefugnis*. p. 110). Pode-se encontrar também em outros países a ideia da atribuição ao legislador da tomada das "decisões políticas de fundamental importância" como *conteúdo evidente* da reserva de lei como, por exemplo, na Itália: GIOVINE, Alfonso di. *Introduzione allo Studio della riserva di le-*

3. A CONSTRUÇÃO DA DOGMÁTICA ALEMÃ DA RESERVA DE LEI

material que deve obrigatoriamente ser objeto de regulamentação pelo Parlamento e a diferenciação daquele cuja normação pode ser delegada ao Poder Executivo concentram os debates na conceituação da qualidade "essencial".[700]

A proposta da teoria da essencialidade tem como consequência a ampliação da reserva de lei a campos como as relações especiais de poder e a administração prestadora, já que também aí são tomadas decisões de fundamental importância para a comunidade.[701] Ao legislador caberia emitir as "necessárias regulamentações processuais, materiais e organizacionais que se orientem pela função da liberdade" que pretende garantir e que, em razão da abstração do significado objetivo dessa liberdade "para a vida individual e pública contemporânea, elas surgem em um âmbito relevante para os direitos fundamentais e são essenciais para a sua concretização".[702] Ao mesmo tempo, o critério da essencialidade

---

gge nell'ordinamento constituzionale italiano. Torino: G. Giappichelli, 1969. p. 65, ou de reservar à lei formal "os ataques aos valores que mais sensibilizam uma determinada sociedade", como defende, em Portugal: SOARES, R. Ehrardt. *Princípio da legalidade e administração constitutiva.* pp. 181 e 183-184. Sobre a teoria da essencialidade na doutrina portuguesa, ver: CORREIA, Sérvulo. *Legalidade e autonomia contratual nos contratos administrativos.* pp. 101 e ss; MONCADA, Luís Cabral de. *A reserva de lei no actual Direito Público alemão.* pp. 8 e ss; *Idem, Lei e Regulamento.* pp. 171 e ss. E, indo mais além e reconhecendo a necessidade de consideração do texto constitucional português orientado pela teoria da essencialidade para proceder-se à distribuição da competência normativa entre o Poder Legislativo e o Poder Executivo no âmbito dos direitos fundamentais: NOVAIS, Jorge Reis. *As restrições aos direitos fundamentais não expressamente autorizadas pela Constituição.* p. 872-880; COUTINHO, Luís Pedro Pereira. Regime orgânico dos direitos, liberdades e garantias e determinação normativa. pp. 537-538; *Idem,* Regulamentos independentes do Governo. pp. 1060-1063, esse último conclui pelo caráter *construtivo* da teoria em combinação com o texto da Constituição portuguesa, que significa que, uma vez constatada a "correspondência entre a reserva material de lei e seus fundamentos principiológicos", auxiliaria a submissão de matérias ao mesmo regime das reservas expressamente dispostas na Constituição. Voltar-se-á a esta questão no capítulo VI da investigação.

[700] KISKER, Gunter. Neue Aspekte im Streit um den Vorbehalt des Gesetzes in *Neue Juristische Wochenschrift,* n. 30, 1977. p. 1317.

[701] *Idem, ibidem;* BUSCH, Bernhard. *Das Verhältnis des Art. 80 Abs. 1 S. 2 GG zum Gesetzes- und Parlamentsvorbehalt.* p. 15; NOVAIS, Jorge Reis. *As restrições aos direitos fundamentais não expressamente autorizadas pela Constituição.* p. 853.

[702] Assim, conforme a decisão *BVerfGE 57, 295 (3. Rundfunkentscheidung)* in EICHBERGER, Michael; GRIMM, Dieter; KIRCHHOF, Paul (org). *Entscheidungen des Bundesverfassungsgerichts – Studienauswahl.* Band 1. p. 584, que trata sobre a regulamentação das decisões essenciais pelo legislador ordinário para possibilitar a realização de programas privados de radiofusão.

AS RESTRIÇÕES AOS DIREITOS FUNDAMENTAIS POR ATO NORMATIVO DO PODER EXECUTIVO

impede que a ampliação da reserva de lei à dimensão positiva dos direitos fundamentais seja concebida como uma *Totalvorbehalt* e tenha como consequência a exigência de lei para *toda* a atuação da administração.[703] Ao contrário, a teoria prioriza a emissão de lei parlamentar *somente* quando a decisão tem caráter essencial para a realização dos direitos fundamentais.[704]

Dir-se-ia que o intuito do Tribunal Constitucional, ao colocar as bases teóricas da essencialidade, não teria sido oferecer uma solução para a amplitude e a dimensão da reserva de lei, mas tão somente a desvincular da noção tradicional e possibilitar sua redefinição e a colocação de novos questionamentos em torno de uma concepção assentada em diferentes fundamentos.[705] Com base na sua proposição, o Tribunal Constitucional, bem como a doutrina, passaram, caso a caso, a pensar critérios dogmáticos que servissem ao afinamento da proposta da essencialidade, que tampouco ficou isenta de crítica por parte daqueles que a julgam representar uma "declaração de falência" em termos jurídico-dogmáticos.[706] A delimitação da reserva parlamentar com os contornos ofe-

---

Também é importante a decisão *BVerfGE* 33, 303, no âmbito do direito à livre escolha profissional e dos locais de ensino (12, n. 1, da LF), de que decorre, combinando-os ao princípio geral da igualdade e o princípio do Estado Social, um direito à admissão ao curso universitário e de que "podem ser deduzidas pretensões jurídicas ao acesso às instituições de ensino" (*BVerfGE* 33, 303 (*Numerus Clausus*) in *Idem*, pp. 282 e 287). Decidiu, nesse caso, o Tribunal Constitucional que "a livre escolha dos locais de formação segundo sua natureza tem como escopo o livre acesso às instituições; o direito de liberdade não teria nenhum valor sem o pressuposto fático da possibilidade de exercê-lo" e que, relativamente a esse último, caberia ao legislador "tomar as decisões essenciais sobre os requisitos da determinação de limitações absolutas de admissão e sobre os critérios de escolha a serem aplicados. As universidades podem ser autorizadas à regulamentação de demais particularidades dentro dos limites estabelecidos" (*Idem*, pp. 286 e 283).

[703] ROTTMANN, Frank. Der Vorbehalt des Gesetzes und die grundrechtlichen Gesetzesvorbehalte. p. 291; NOVAIS, Jorge Reis. *As restrições aos direitos fundamentais não expressamente autorizadas pela Constituição*. p. 853.

[704] ROTTMANN, Frank. Der Vorbehalt des Gesetzes und die grundrechtlichen Gesetzesvorbehalte. p. 291.

[705] ARMIN, Hans Hebert v. Zur "Wesentlichkeitstheorie" des Bundesverfassungsgerichts in *Deutsches Verwaltungsblatt*, n. 24, 1987. p. 1241; STAUPE, Jürgen. *Parlamentsvorbehalt und Delegationsbefugnis*. p. 105; KISKER, Gunter. Neue Aspekte im Streit um den Vorbehalt des Gesetzes. p. 1318.

[706] Assim, referindo-se à crítica e aos autores que a propõem: UMBACH, Dieter C. Das Wesentliche an der Wesentlichkeitstheorie. p. 112.

recidos pela teoria da essencialidade fora adotada, apesar de seus opositores, tanto pelo Tribunal Constitucional Federal alemão, como pelo Tribunal Administrativo Federal, que utilizam seus preceitos sem, entretanto, haver uniformidade em suas decisões,[707] e pela doutrina maioritária que se ocupa dos contornos da reserva de lei na Alemanha.[708]

Questiona-se, a partir daqui e seguindo-se essa linha teórica, quais os critérios que confirmariam a existência de uma reserva parlamentar para a regulamentação de algumas matérias e, nesse âmbito, pergunta-se especialmente "se a reserva parlamentar exige uma lei no sentido formal" e, se o faz, "em que medida", ou seja, qual a densidade e o quão determinada deve ser a norma parlamentar que manifesta a *decisão essencial* sobre determinado assunto.[709] Ao fim, colocar-se-ão as críticas encontradas frequentemente na doutrina à teoria da essencialidade com a intenção de averiguar a sua serventia como pressuposto teórico para identificação da competência normativa do Poder Executivo em sede de direitos fundamentais nas Constituições portuguesa e brasileira.

3.3.1. O desenvolvimento conceitual dos critérios propostos pela teoria

A definição da qualidade "essencial", se considerada isoladamente, não é suficiente para indicar a exigência da reserva parlamentar sobre algum assunto, mas somente se referida a algo, ou seja, o essencial deve ser "essencial para algo" ou "essencial com relação a algo".[710] Assim, conforme os Tribunais Constitucional e Administrativo Federal alemão, dois seriam os critérios para averiguar se a questão é de caráter essencial ou não: 1) a relevância da decisão para a realização dos direitos fundamentais;[711] 2) o caráter de controversalidade ou importância política da questão a ser resolvida. Passa-se à análise de ambos.

---

[707] STAUPE, Jürgen. *Parlamentsvorbehalt und Delegationsbefugnis*. p. 105.

[708] CLEMENT, Walter. *Der Vorbehalt des Gesetzes, insbesondere bei öffentlichen Leistungen und öffentlichen Einrichtungen*. p. 119.

[709] Questões que orientam a explanação da teoria da essencialidade por: STAUPE, Jürgen. *Parlamentsvorbehalt und Delegationsbefugnis*. pp. 103 e ss.

[710] UMBACH, Dieter C. Das Wesentliche an der Wesentlichkeitstheorie. p. 123; STAUPE, Jürgen. *Parlamentsvorbehalt und Delegationsbefugnis*. p. 112.

[711] Assim, definiu o Tribunal Constitucional alemão na decisão *BVerfGE 47,46* (*Sexualkundebeschluss*) no ano de 1977 que a qualidade essencial seria referida à "realização dos direitos fundamentais" (*BVerfGE 47, 46* (*Sexualkundeunterricht*) in EICHBERGER, Michael; GRIMM,

3.3.1.1 O critério da relevância da decisão para os direitos fundamentais

O *BVerfG* estabeleceu como critério para mensurar a essencialidade de uma regulamentação a sua relevância para a realização dos direitos fundamentais na decisão *Sexualkundebeschluss* (*BVerfGE* 47, 46), em que ficou clara a regra de que "em âmbitos relevantes aos direitos fundamentais, essencial significaria essencial para a realização dos direitos fundamentais".[712] Dir-se-ia que a LF alemã concede valor especial e exige a participação do Parlamento para toda normação que diga respeito à proteção dos direitos fundamentais, o que encontra fundamento tanto na concepção tradicional da reserva de lei quanto no fato de o legislador constitucional ter incluído reservas de lei expressas na maioria dos dispositivos dos direitos fundamentais.[713] É atribuído, nesse sentido e por representarem a positivação de um "sistema de valores" no texto constitucional,[714] à realização dos direitos fundamentais o caráter de "essencial" pela Constituição alemã.[715]

O critério da relevância aos direitos fundamentais pressupõe, naturalmente, maiores contornos para que sirva à aplicação da reserva parlamentar. O Tribunal Constitucional alemão empenha-se em desenvolver categorias dogmáticas que possam quantificar a *relevância* no sentido de uma maior ou menor importância para a realização do direito em causa e, então, saber se a regulamentação do assunto demanda ou não uma norma a ser emitida pelo Parlamento. Assim, o parâmetro comumente utilizado pelo *BVerfG* é o da "intensidade da intervenção na esfera do direito fundamental", cujos contornos ficaram claros na decisão *BVerfGE* 58, 257 (*Versetzung und Schulentlassung*),[716] e que significa aferir o

---

Dieter; KIRCHHOF, Paul (org). *Entscheidungen des Bundesverfassungsgerichts – Studienauswahl.* Band 1. p. 468; STAUPE, Jürgen. *Parlamentsvorbehalt und Delegationsbefugnis.* pp. 113-114).

[712] CLEMENT, Walter. *Der Vorbehalt des Gesetzes, insbesondere bei öffentlichen Leistungen und öffentlichen Einrichtungen.* p. 150; STAUPE, Jürgen. *Parlamentsvorbehalt und Delegationsbefugnis.* p. 113-114.

[713] KISKER, Gunter. Neue Aspekte im Streit um den Vorbehalt des Gesetzes. p. 1318; CLEMENT, Walter. *Der Vorbehalt des Gesetzes, insbesondere bei öffentlichen Leistungen und öffentlichen Einrichtungen.* pp. 149-150.

[714] CLEMENT, Walter. *Der Vorbehalt des Gesetzes, insbesondere bei öffentlichen Leistungen und öffentlichen Einrichtungen.* p. 149.

[715] KISKER, Gunter. Neue Aspekte im Streit um den Vorbehalt des Gesetzes. p. 1318.

[716] STAUPE, Jürgen. *Parlamentsvorbehalt und Delegationsbefugnis.* p. 120. O critério fora primeiramente utilizado na decisão *BVerfGE* 33, 125 (*Facharztentcheidung*) em que, embora sem

3. A CONSTRUÇÃO DA DOGMÁTICA ALEMÃ DA RESERVA DE LEI

quão intensivo intervém uma regulamentação na realização dos direitos fundamentais por ela influenciados. As decisões normativas consideradas *especialmente intensivas* seriam as essenciais e, por isso, justificariam a exigência de uma lei emitida pelo Parlamento.[717] Nessa decisão, o Tribunal considerou a expulsão do aluno de uma escola como uma medida "muito incisiva" na liberdade de escolha da profissão,[718] já que excluiria o seu futuro acesso a determinadas profissões e demandaria, portanto, uma regulamentação por lei formal.[719] Ao contrário, repetição do ano escolar por um estudante seria uma medida "menos decisiva" e, por isso, poderia ser regulamentada por regulamentos jurídicos.[720] O critério corresponderia tanto às ações interventivas nos direitos fundamentais, ignorando a diferenciação entre intervenção direta e indireta no âmbito de proteção do direito e considerando o efeito restritivo como ponto de partida,[721] bem como ao acionamento do Parlamento para a proteção dos direitos.[722]

É interessante notar que as medidas que são essenciais aos direitos fundamentais não são todas aquelas que dispõem da qualidade de restrição, mas o que é determinante é a intensidade dessa intervenção para o direito dos cidadãos.[723]Portanto é afastada a reserva parlamentar diante da comprovação de "indícios evidentes de bagatela".[724] Outras caracte-

---

contornos claros, o Tribunal salientou a preocupação de que, quando houvesse uma intervenção em direitos fundamentais, o legislador ordinário teria uma "responsabilidade acrescida" de normação e que caberia a ele obrigatoriamente a ponderação dos interesses que resultasse na restrição da liberdade (assim, analisando a decisão: HÖMIG, Dieter. Grundlagen und Ausgestaltung der Wesentlichkeitslehre. p. 283).

[717] STAUPE, Jürgen. *Parlamentsvorbehalt und Delegationsbefugnis.* p. 121

[718] Assim o comentário da decisão feito por: *Idem, ibidem.*

[719] EBERLE, Carl-Eugen. Gesetzesvorbehalt und Parlamentsvorbehalt. p. 487.

[720] *Idem, ibidem*; STAUPE, Jürgen. *Parlamentsvorbehalt und Delegationsbefugnis.* p. 121.

[721] ARNAULD, Andreas von. *Die Freiheitsrechte und ihre Schranken.* Baden-Baden: Nomos, 1999. pp. 157-158. Ao contrário, CLEMENT, Walter. *Der Vorbehalt des Gesetzes, insbesondere bei öffentlichen Leistungen und öffentlichen Einrichtungen.* pp. 168-170.

[722] CLEMENT, Walter. *Der Vorbehalt des Gesetzes, insbesondere bei öffentlichen Leistungen und öffentlichen Einrichtungen.* p. 150.

[723] *Idem*, pp. 152-153; BUSCH, Bernhard. *Das Verhältnis des Art. 80 Abs. 1 S. 2 GG zum Gesetzesund Parlamentsvorbehalt.* pp. 45-46.

[724] CLEMENT, Walter. *Der Vorbehalt des Gesetzes, insbesondere bei öffentlichen Leistungen und öffentlichen Einrichtungen.* p. 155; BUSCH, Bernhard. *Das Verhältnis des Art. 80 Abs. 1 S. 2 GG zum Gesetzes- und Parlamentsvorbehalt.* p. 45.

rísticas podem ser levadas em conta para a verificação da intensidade da intervenção nos direitos envolvidos, de que são exemplo a importância do direito fundamental afetado; a possiblidade ainda de alguma forma ou medida de exercício do direito objeto de restrição; quantos direitos fundamentais são tangenciados pela norma; a provisoriedade ou não da restrição e, ainda, se há a possibilidade de compensar os prejuízos aos direitos fundamentais colidentes ou apenas afetar um direito unilateralmente por meio da regulamentação.[725] A relação da intenção do órgão emissor da norma também deve ser levada em conta, já que as regulamentações que são dirigidas diretamente e intencionalmente à restrição de direitos fundamentais exigem, normalmente, a atuação do Parlamento,[726] embora esse não seja um pressuposto decisivo.[727] Ademais, compõem o conceito do critério também os *riscos* de ocorrência de danos aos direitos fundamentais, cujo grau de possibilidade de realização deve ser medido para a constatação da essencialidade da norma que o evita.[728] Nesses casos, entretanto, a exigência de regulamentação parlamentar pode resultar de uma mera ou "relativamente baixa probabilidade de ocorrência de dano".[729]

O critério da essencialidade tendo como referente a "realização dos direitos fundamentais" condiciona a validade e amplitude da reserva

---

[725] BUSCH, Bernhard. *Das Verhältnis des Art. 80 Abs. 1 S. 2 GG zum Gesetzes- und Parlamentsvorbehalt.* p. 46.

[726] *Idem*, pp. 44-45 e 47, em que o autor conclui que, "para além do limite da bagatela, toda a restrição ao direito fundamental é também relevante ao direito fundamental e, com isso, essencial no sentido da teoria moderna da reserva de lei" (*Idem*, p. 47).

[727] Referindo que não é exigida a "finalidade" restritiva do ato normativo para ser considerado uma intervenção relevante na esfera do direito fundamental no sentido da teoria da essencialidade: LERCHE, Peter. *Bayerisches Schulrecht und Gesetzesvorbehalt.* München: Bayerisches Staatsministeriums für Unterricht und Kultus, 1981. pp. 63-64.

[728] CLEMENT, Walter. *Der Vorbehalt des Gesetzes, insbesondere bei öffentlichen Leistungen und öffentlichen Einrichtungen.* p. 153.

[729] *Idem, ibidem*; KISKER, Gunter. Zuständigkeit des Parlaments für politische Leitentscheidungen in *Zeitschrift für Parlamentsfragen*, 1978. p. 62, esse último exemplifica com decisão que exige a norma parlamentar pelo risco provável de intervenção nos direitos fundamentais à vida e à integridade física dos cidadãos causada pelo transporte da substância radioativa plutônio, ou seja, o risco de ocorrerem acidentes e sabotagens ao meio de transporte que carrega a substância, risco cuja prognose é incerta e cujo dano resultante, embora de baixa probabilidade de ocorrência, é muito grave, é suficiente para a exigência de norma parlamentar que o regulamente (*Idem*, pp. 60-62).

3. A CONSTRUÇÃO DA DOGMÁTICA ALEMÃ DA RESERVA DE LEI

parlamentar também ao "alcance da proteção material dos direitos fundamentais".[730] Significa isso dizer que, tendo em vista a mudança da perspectivação do papel estatal perante os direitos fundamentais decorrente das atribuições geradas pela compreensão do Estado como "Estado Social e prestacional",[731] a *realização* dos direitos fundamentais compreende também, para além da consideração das atuações restritivas como critério para a aplicação da reserva parlamentar por serem relevantes a essa realização,[732] a proteção e a promoção das condições normativas necessárias para o exercício dos direitos.[733] Salienta-se, portanto, como uma vantagem atribuída ao critério da essencialidade a

---

[730] STAUPE, Jürgen. *Parlamentsvorbehalt und Delegationsbefugnis.* p. 114.

[731] *Idem*, p. 116.

[732] A reserva parlamentar não afasta a utilização da noção tradicional da reserva de intervenção, mas amplia os critérios para a sua aplicação, compreendendo, ao lado das atuações interventivas do Estado, os casos em que a realização dos direitos depende de um "fazer positivo" de sua parte (*Idem*, pp. 116-117; LÖHNING, Bernd. *Der Vorbehalt des Gesetzes im Schulverhältnis.* Berlin: Duncker & Humblot, 1974. p. 177).

[733] Assim, por exemplo, na decisão *BVerfGE* 57, 295 (*3. Rundfunkentscheidung*), em que o Tribunal definiu como regulamentação obrigatória pelo legislador ordinário, no âmbito dos programas privados de radiofusão, os seguintes pontos: "garantir que a totalidade da oferta dos canais nacionais corresponda, em essência, à diversidade de opiniões existentes. Além disso, ele deve tornar obrigatórios princípios que garantam um mínimo de equilíbrio, objetividade e respeito mútuo. Deve prever uma supervisão estatal limitada, regulamentar o acesso à realização de programas de radiofusão privados, determinar critérios de seleção, enquanto esse acesso não possa ser concedido a qualquer candidato (...)". Explica ainda o Tribunal Constitucional que "somente o Parlamento pode determinar o que é essencial para a garantia da liberdade da radiofusão; ele não pode deixar a decisão ao Executivo (...)", fazendo isso por meio da previsão de "diretrizes da Lei de Radiofusão", de modo a garantir que "a radiofusão não seja entregue a um ou a poucos grupos sociais, e que as forças sociais representativas tenham, em face de uma programação total, acesso à palavra" (*BVerfGE* 57, 295 (*3. Rundfunkentscheidung*) in EICHBERGER, Michael; GRIMM, Dieter; KIRCHHOF, Paul (org). *Entscheidungen des Bundesverfassungsgerichts – Studienauswahl.* Band 1. pp. 580-581, 584 e 587. Também exemplifica-se com decisão no âmbito das prestações de organização e processo (*BVerfGE* 40, 237), em que o Tribunal definiu que as "atuações estatais que salvaguardam prestações aos indivíduos não são menos importantes para a existência em liberdade" do que o evitar de uma restrição (assim, comentário de: HÖMIG., Dieter. Grundlagen und Ausgestaltung der Wesentlichkeitslehre. p. 284) e, ademais, com a decisão em matéria do direito à admissão ao curso universitário (*BVerfGE* 33, 303 (*Numerus Clausus*), conforme referido em nota n. 702.

"superação da dicotomia clássica entre intervenção e prestação",[734] que possibilita a inclusão no âmbito da reserva parlamentar também daquelas atuações que não têm como característica evidente a natureza interventiva ou prestacional ou que dão ensejo a colisões múltiplas entre direitos fundamentais.

3.3.1.2 O critério do politicamente importante ou controverso

A ideia central da teoria aqui discutida de que as decisões essenciais devem ser tomadas pelo legislador é também auxiliada por outro critério, qual seja, o da importância ou o do caráter controverso da decisão política para a comunidade.[735] Assim, seria reconhecido o caráter de essencialidade às questões com "força política geral", com "importância geral evidente", às decisões que envolvam interesses importantes da sociedade ou cujo caráter controverso demandaria uma norma parlamentar.[736] A aferição das circunstâncias e a elaboração de pressupostos dogmáticos que ultrapassem a referência aos direitos fundamentais para a fundamentação da reserva parlamentar permite que seja superada a consideração dos problemas apenas sob a ótica individual para possibilitar a exigência do debate parlamentar e do usufruto das vantagens do seu processo também às questões supraindividuais.[737]

A possibilidade de ponderar elementos da vida em comunidade junto aos interesses individuais e mensurar seu significado, alcance e peso apenas diante da situação concreta é remetida ao fundamento

---

[734] STAUPE, Jürgen. *Parlamentsvorbehalt und Delegationsbefugnis*. pp. 117-119; MONCADA, Luís Cabral de. *Lei e Regulamento*. pp. 173-174.

[735] O Tribunal Constitucional alemão propôs o critério de que as decisões politicamente importantes deveriam ser regulamentadas pelo Parlamento, e a sugestão de que a importância política deveria ser lida como "controvérsia política" foi feita por Gunter Kisker em: KISKER, Gunter. Neue Aspekte im Streit um den Vorbehalt des Gesetzes. p. 1318 (assim: EBERLE, Carl-Eugen. Gesetzesvorbehalt und Parlamentsvorbehalt. p. 487), que refere que o simples fato de a questão ser em si "controversa" é suficiente para a fundamentação do envolvimento do Parlamento em sua solução, já que a própria existência de um conflito a ser resolvido é o que exige e dá sentido à submissão da matéria ao aparato parlamentar e ao controle do debate pela opinião pública (KISKER, Gunter. Neue Aspekte im Streit um den Vorbehalt des Gesetzes. p. 1318).

[736] STAUPE, Jürgen. *Parlamentsvorbehalt und Delegationsbefugnis*. p. 126.

[737] *Idem*, p. 127.

democrático da reserva de lei.[738] Ao Parlamento é dirigida uma "função de integração", que o responsabiliza de ponderar e avaliar os diferentes interesses em confronto e chegar a um resultado que otimize os interesses da comunidade em geral.[739] A inserção de questões controversas para sociedade e cuja decisão envolve interesses comuns e direitos individuais no debate parlamentar possibilita aos cidadãos que controlem o posicionamento dos deputados e possam avaliar seu voto nas eleições seguintes.[740] A publicidade torna-se um aspecto fundamental para a atribuição da qualidade de essencial a uma matéria politicamente controversa.

O critério seria especialmente interessante por servir como complemento ao critério da intensidade da intervenção nos direitos fundamentais, possibilitando a aplicação da reserva parlamentar em situações que envolvam "as relações sociais gerais"[741] e cujos efeitos do seu tangenciamento nas liberdades dos cidadãos não seriam, muitas vezes, sequer mensuráveis. Assim parece ser o caso da decisão do Tribunal Constitucional Federal alemão sobre a permissão do uso pacífico de energia nuclear que, "em razão dos seus largos efeitos sobre os cidadãos, especialmente nos âmbitos de sua liberdade e igualdade" e do "necessariamente vinculado tipo e intensidade da regulamentação", considerando

---

[738] CLEMENT, Walter. *Der Vorbehalt des Gesetzes, insbesondere bei öffentlichen Leistungen und öffentlichen Einrichtungen.* p. 170.

[739] *Idem, ibidem*; BUSCH, Bernhard. *Das Verhältnis des Art. 80 Abs. 1 S. 2 GG zum Gesetzes- und Parlamentsvorbehalt.* p. 48. Esse último autor estabelece como "pontos de referência" para a reserva de lei democrática na LF as matérias tratadas nos artigos 24, n. 1 ("a Federação pode transferir direitos de soberania para organizações interestatais, por meio de lei"); 29, n. 2 ("as medidas que levem a uma reestruturação do território federal são tomadas por lei federal a ser ratificada por referendo"); 59, n. 2, frase n. 1 ("os tratados que regulem as relações políticas da federação ou envolvam matérias da legislação federal, requerem a aprovação ou a intervenção dos respectivos órgãos competentes de legislação federal, sob a forma de uma lei federal") e 110, n. 2, frase n. 1 ("o plano orçamentário é fixado pela lei orçamentária para um ou mais exercícios financeiros (...)"), que têm em comum a característica de os atos normativos que a elas se referem terem um "papel especial (= "essencial") para o bem comum" (BUSCH, Bernhard. *Das Verhältnis des Art. 80 Abs. 1 S. 2 GG zum Gesetzes- und Parlamentsvorbehalt.* p. 48).

[740] CLEMENT, Walter. *Der Vorbehalt des Gesetzes, insbesondere bei öffentlichen Leistungen und öffentlichen Einrichtungen.* pp. 177-178.

[741] BVerfGE 49, 89 (*kalkar I*) in EICHBERGER, Michael; GRIMM, Dieter; KIRCHHOF, Paul (org). *Entscheidungen des Bundesverfassungsgerichts – Studienauswahl.* Band 1. pp. 472 e 475.

o agravante de se tratar de uma "situação necessariamente marcada pela incerteza", "é uma decisão fundamental e essencial no sentido da reserva de lei", cuja responsabilidade política primeira é atribuída ao legislador.[742]

É importante notar que a definição daquilo que é "politicamente controverso" não é capaz de ter "validade estática"[743] e oferecer uma fórmula de aplicação certa e previsível, já que, conforme o próprio Tribunal Constitucional definiu, os âmbitos que exigem regulamentação por lei formal só podem ser definidos diante da matéria envolvida no caso concreto.[744] Isso porque a definição de essencialidade da matéria, nesses casos, depende das circunstâncias concretas que envolvam questões como, por exemplo, a utilização de tecnologias ainda em desenvolvimento e que estão sujeitas a condições mutáveis[745] diante das inúmeras pesquisas de que são objeto. Existe o desenvolvimento doutrinário, entretanto, de fatores que indicariam, em razão do alto grau dos efeitos da regulamentação na ordem geral da comunidade, a necessidade de uma norma parlamentar para o seu tratamento.[746] Assim, é o caso, por exemplo, do grande número de pessoas envolvidas; da não aceitação, pela sociedade, da regulamentação;[747] do grande significado da regulamentação para as finanças do Estado; da identificação de caráter de decisão estrutural da norma para todo um âmbito jurídico; do caráter significativo que uma regulamentação tenha para o sistema geral organizatório do Estado; do fato de a norma a ser emitida ter intenção de duração de

---

[742] *Idem, ibidem.*

[743] Umbach, Dieter C. Das Wesentliche an der Wesentlichkeitstheorie. p. 121; Clement, Walter. *Der Vorbehalt des Gesetzes, insbesondere bei öffentlichen Leistungen und öffentlichen Einrichtungen.* pp. 171-172.

[744] *BVerfGE 49, 89 (kalkar I)* in Eichberger, Michael; Grimm, Dieter; Kirchhof, Paul (org). *Entscheidungen des Bundesverfassungsgerichts – Studienauswahl.* Band 1. p. 475.

[745] Umbach, Dieter C. Das Wesentliche an der Wesentlichkeitstheorie. p. 121.

[746] Assim: Busch, Bernhard. *Das Verhältnis des Art. 80 Abs. 1 S. 2 GG zum Gesetzes- und Parlamentsvorbehalt.* p. 51.

[747] Nesse aspecto, em especial, é importante explicar que a possibilidade de o debate das diferentes opiniões e até de um grupo receber o apoio da maioria parlamentar e de a oportunidade dos diferentes órgãos envolvidos na questão firmarem compromissos aumenta a aceitação social da regulamentação que posteriormente será emitida e indica a necessidade da reserva parlamentar (*Idem, p. 52*).

3. A CONSTRUÇÃO DA DOGMÁTICA ALEMÃ DA RESERVA DE LEI

longo prazo;[748] e a atualidade da questão para a sociedade,[749]que são todos indicativos da importância política da matéria.

3.3.2. Consequências da aplicação da teoria da essencialidade: a obrigatoriedade e a densidade da norma parlamentar

A teoria da essencialidade também propõe consequências que estão ligadas à assunção da existência da reserva parlamentar. Analisar-se-ão aqui as exigências decorrentes da reserva parlamentar que correspondem (a) ao nível normativo, ou seja, se a matéria, no âmbito da reserva, *deve* ser regulamentada por lei formal; (b) à densidade normativa, ou seja, o quão determinada deve ser a norma que versa sobre a essencialidade da matéria.[750]

Com relação ao nível normativo, questiona-se se a confirmação das condições exigidas pela teoria da essencialidade – especial intensidade da intervenção normativa ou evidência de questão politicamente importante ou controversa – leva à obrigatoriedade da regulamentação da questão por norma parlamentar ou se, ao contrário, permite que recaia sobre a matéria a exigência de lei material, cabendo ao legislador a opção de delegá-la ao Poder Executivo, desde que cumpridos os requisitos do artigo 80, n. 1, da LF.[751] Dito de outra forma, seria questionar se a teoria da essencialidade conclui por uma *Parlamentsvorbehalt*, de que é consequência a *Delegationsverbot* relativamente a certos conteúdos, ou se exige apenas a *Rechtssatzvorbehalt*. Como se verá adiante, a questão é controversa tanto na doutrina como na jurisprudência dos tribunais superiores na Alemanha.

---

[748] *Idem*, pp. 51-54.

[749] GEERLINGS, Jörg. Die Finanzierung parteinaher Stiftungen im Lichte der vom Bundesverfassungsgericht entwickelten Wesentlichkeitstheorie in *Zeitschrift für Parlamentsfragen*, n. 4, 2003. p. 771, segundo esse autor, o financiamento dos partidos políticos por fundações é uma questão cujo caráter controverso produz grande eco na sociedade em razão, principalmente, da desvantagem causada àqueles que não se beneficiam desses meios e, por isso, indica a necessidade de legitimação e fundamenta a sua consideração como questão essencial (*Idem*, pp. 771 e 773-774).

[750] Nesse sentido a esquematização feita por: STAUPE, Jürgen. *Parlamentsvorbehalt und Delegationsbefugnis*. pp. 128 e ss; RENGELING, Hans-Werner. Vorbehalt und Bestimmtheit des Atomgesetzes in *Neue Juristische Wochenschrift*, n. 44, 1978. pp. 2218 e ss; KLOEPFER, Michael. Der Vorbehalt des Gesetzes im Wandel in *Juristen Zeitung*, 15\16, 1984. pp. 690-692.

[751] Questão colocada por: STAUPE, Jürgen. *Parlamentsvorbehalt und Delegationsbefugnis*. p. 129.

Ademais, a teoria da essencialidade proporciona as "diretrizes" da densidade normativa,[752] ou seja, uma vez que esteja claro que uma matéria pertence ao âmbito da reserva parlamentar, a sua regulamentação deve ter um certo grau de precisão.[753] Questiona-se se a teoria da essencialidade é capaz de precisar, em forma de critérios dogmáticos, a densidade exigida constitucionalmente para uma lei parlamentar.[754]

3.3.2.1 O significado da reserva parlamentar: a definição do Tribunal Constitucional alemão e do Tribunal Administrativo Federal alemão

O Tribunal Constitucional alemão trabalha com a ideia de que a relevância da norma para o direito fundamental resulta na exigência de uma *Rechtssatzvorbehalt*.[755] Assim, por exemplo, nas decisões *Sexualkundeentscheidung* (*BVerfGE* 47, 194) e *Versetzung und Schulentlassung* (*BVerfGE* 58, 257), fora colocada a questão de que as decisões essenciais para a realização dos direitos fundamentais deveriam ser reservadas ao Parlamento ou, pelo menos, serem emitidas mediante uma autorização parlamentar que defina seu conteúdo.[756] Entretanto o traço importante de suas decisões é o fato de que, em intervenções de *"especial intensidade"*, há a obrigatoriedade de normação da matéria *somente* por lei parlamentar,[757] de que se pode concluir que, nesses casos, a que o tribunal concede "importância central",[758] a reserva parlamentar gera uma proibição de delegação. Dir-se-ia, por isso, que somente dos contornos propostos pelo TC alemão da teoria da essencialidade é que se pode falar de uma

---

[752] *Idem*, p. 136; Umbach, Dieter C. Das Wesentliche an der Wesentlichkeitstheorie. p. 122.

[753] Staupe, Jürgen. *Parlamentsvorbehalt und Delegationsbefugnis*. p. 137.

[754] *Idem, ibidem*.

[755] *Idem*, p. 130.

[756] Assim, por todos, o comentário de: Hömig, Dieter. Grundlagen und Ausgestaltung der Wesentlichkeitslehre. p. 285.

[757] Staupe, Jürgen. *Parlamentsvorbehalt und Delegationsbefugnis*. p. 130; Lerche, Peter. *Bayerisches Schulrecht und Gesetzesvorbehalt*. pp. 59 e ss. Assim, no âmbito do direito escolar, se a norma demanda a ponderação da tarefa de formação e educação do Estado (artigo 7, n. 1 LF) e do direito dos pais a educarem os filhos (artigo 6, n. 2, frase 1 da LF) e o direito de personalidade dos alunos (artigo 2, n. 1 da LF), quando as limitações forem impostas em "sentido substancial às custas dos titulares de direitos fundamentais", o legislador ordinário seria especialmente exigido para tal função (Hömig, Dieter. Grundlagen und Ausgestaltung der Wesentlichkeitslehre. p. 285).

[758] Staupe, Jürgen. *Parlamentsvorbehalt und Delegationsbefugnis*. p. 131.

3. A CONSTRUÇÃO DA DOGMÁTICA ALEMÃ DA RESERVA DE LEI

"verdadeira reserva parlamentar",[759] embora se verá que também o Tribunal Administrativo Federal utilize a fórmula algumas vezes.

Diversamente, na jurisprudência do Tribunal Administrativo Federal alemão, por vezes encontra-se (1) a ideia de que o reconhecimento de uma questão de fundamental importância para a generalidade[760] gera a obrigatoriedade de sua regulamentação por lei em sentido material, não havendo exigência de que a matéria não possa ser delegada.[761] O Tribunal Administrativo utiliza a questão da essencialidade, em alguns casos, para justificar somente a aplicação da *Reschtssatzvorbehalt*, em que a matéria é regulamentada por lei formal ou por *Rechtsverordnung*, caso haja delegação ao Poder Executivo e, ao contrário, já não seria permitida a emissão de prescrições administrativas (*Verwaltungsvorschriften*) nesse âmbito.[762] Assim, por exemplo, a decisão de quais línguas estrangeiras serão ministradas aos alunos do ensino fundamental nas escolas, por ser uma decisão que "modifica a estrutura interna e organizatória do sistema escolar",[763] bem como a repetição do ano escolar por um estudante, por interferir na sua formação e futuro desenvolvimento profissional,[764] são de natureza essencial e necessitam ser regulamentadas por uma norma legal, ou seja, "por meio de lei ou, pelo menos, em virtude de autorização, através de *Rechtsverordnung*", já que a sua normação por prescrições administrativas feririam os princípios democrático e de Estado de Direito.[765] Mesmo em situações de "especial intensidade" da intervenção da norma em direitos fundamentais, não haveria, segundo esse entendimento, a proibição de sua delegação, o que, pode-se

---

[759] *Idem*, p. 132.

[760] Assim, a decisão *BVerwGE* 64, 308 in *Entscheidungen des Bundesverwaltungsgerichts*, Band 64. Berlin: Carl Heymanns, 1983. p. 308 e 315; STAUPE, Jürgen. *Parlamentsvorbehalt und Delegationsbefugnis*. p. 131.

[761] *BVerwGE* 64, 308 in *Entscheidungen des Bundesverwaltungsgerichts*, Band 64. pp. 312-313 e 315-316; *BVerwGE* 56, 155 in *Entscheidungen des Bundesverwaltungsgerichts*, Band 56. Berlin: Carl Heymanns, 1979. pp. 157; STAUPE, Jürgen. *Parlamentsvorbehalt und Delegationsbefugnis*. p. 131.

[762] *BVerwGE* 64, 308 in *Entscheidungen des Bundesverwaltungsgerichts*, Band 64. pp. 315-316; *BVerwGE* 56, 155 in *Entscheidungen des Bundesverwaltungsgerichts*, Band 56. pp. 155, 157-159 e 161.

[763] *BVerwGE* 64, 308 in *Entscheidungen des Bundesverwaltungsgerichts*, Band 64. p. 315.

[764] *BVerwGE* 56, 155 in *Entscheidungen des Bundesverwaltungsgerichts*, Band 56. p. 155 e 157-158

[765] *BVerwGE* 64, 308 in *Entscheidungen des Bundesverwaltungsgerichts*, Band 64. pp. 315-316; *BVerwGE* 56, 155 in *Entscheidungen des Bundesverwaltungsgerichts*, Band 56. pp. 157-159 e 161.

concluir, reflete a diferente interpretação das consequências da teoria da essencialidade pelos tribunais, já que o Tribunal Administrativo alemão não coloca a questão da reserva parlamentar nos mesmos termos utilizados pelo Tribunal Constitucional.[766] Entretanto, ao mesmo tempo, (2) questões como a introdução da educação sexual nas escolas[767] e a implementação de cinco dias da semana de aulas semanais escolares durante todo o ano[768] são atribuídas unicamente ao Parlamento por ser o único órgão que "dispõe da legitimação democrática para decisões políticas orientadoras".[769] Nesse último caso, o estabelecimento dos pontos fundamentais das matérias só poderia ser feito por meio de lei formal, obrigação cujo cumprimento não poderia ser substituído nem por norma legislativa ou, muito menos, ato administrativo emitidos pelo Órgão Executivo.[770]

Por fim, é interessante notar que a confusão causada pela falta de unicidade nas decisões dos tribunais superiores alemães reflete-se também na literatura sobre o tema.[771] Assim, podem-se encontrar autores que defendem a existência de um âmbito material que pertence somente ao Parlamento e no qual incide uma proibição de delegação.[772] Dir-se-ia, baseando-se nas próprias decisões do *BVerfG*, que a "reserva parlamentar exige uma diferenciação entre competência parlamentar delegável e não delegável, entre competência exclusiva e transferível".[773] A proibição de delegação incidiria sobre alguns as-

---

[766] Assim, também, STAUPE, Jürgen. *Parlamentsvorbehalt und Delegationsbefugnis.* p. 131.

[767] Assim, as decisões: *BVerwGE* 47, 194 in *Entscheidungen des Bundesverwaltungsgerichts*, Band 47. Berlin: Carl Heymanns, 1975. pp. 194 e ss; *BVerwGE* 57, 360 in *Entscheidungen des Bundesverwaltungsgerichts*, Band 57. Berlin: Carl Heymanns. pp. 360 e ss.

[768] *BVerwGE* 47, 201 in *Entscheidungen des Bundesverwaltungsgerichts*, Band 47. Berlin: Carl Heymanns, 1975. pp. 201 e ss.

[769] *BVerwGE* 47, 194 in *Entscheidungen des Bundesverwaltungsgerichts*, Band 47. p. 198-200.

[770] *BVerwGE* 47, 194 in *Entscheidungen des Bundesverwaltungsgerichts*, Band 47. p. 199; *BVerwGE* 47, 201 in *Entscheidungen des Bundesverwaltungsgerichts*, Band 47. pp. 204-205; *BVerwGE* 57, 360 in *Entscheidungen des Bundesverwaltungsgerichts*, Band 57. pp. 363-364.

[771] Assim, a conclusão de STAUPE, Jürgen. *Parlamentsvorbehalt und Delegationsbefugnis.* p. 131.

[772] Nesse sentido, por todos: UMBACH, Dieter C. Das Wesentliche an der Wesentlichkeitstheorie. p. 128; RENGELING, Hans-Werner. Vorbehalt und Bestimmtheit des Atomgesetzes. p. 2219; STAUPE, Jürgen. *Parlamentsvorbehalt und Delegationsbefugnis.* p. 131 e doutrina citada por este último autor.

[773] STAUPE, Jürgen. *Parlamentsvorbehalt und Delegationsbefugnis.* p. 134. O autor salienta que, embora a competência parlamentar nesse âmbito seja exclusiva, não é conclusiva, não havendo

3. A CONSTRUÇÃO DA DOGMÁTICA ALEMÃ DA RESERVA DE LEI

pectos pontuais do âmbito normativo, como, por exemplo, na "fixação legal de metas e de instruções nelas fundadas",[774] ou sobre "somente algumas partes especialmente importantes do complexo normativo" da matéria,[775] ou seja, tratar-se-iam de "aspectos pontuais especialmente qualificados de um âmbito de objeto" que devem ser regulamentados somente pelo legislador ordinário,[776] e já não de todo o complexo de normas que digam respeito a uma matéria. Assim, por exemplo, na decisão sobre a regulamentação dos traços principais do exercício da profissão da medicina, o TC alemão definiu tais decisões essenciais como sendo, por exemplo, aquelas que digam respeito ao estabelecimento "dos requisitos para o reconhecimento da especialidade médica (...), do tempo mínimo de duração da formação, do processo de reconhecimento, dos fundamentos para a revogação do reconhecimento (...)" da especialização médica no âmbito da profissão da medicina em geral e, ainda, "as determinações sobre os deveres profissionais, que se diferenciam das normas que definem seu estatuto, mas em maior ou menor medida restringem o exercício da profissão, necessitam de fundamento em lei".[777] Ademais, o legislador estará obrigado a emitir os "fundamentos

---

a obrigação de o legislador regulamentar todos os detalhes da matéria, a não ser que a decisão essencial em si exija uma maior especificação da matéria (*Idem*, p. 134, nota 186).

[774] Assim, conforme a decisão *BVerfGE* 47, 46 (Sexualkundeunterricht) in EICHBERGER, Michael; GRIMM, Dieter; KIRCHHOF, Paul (org). *Entscheidungen des Bundesverfassungsgerichts – Studienauswahl*. Band 1. p. 469.

[775] Assim, conforme a decisão *BVerfGE* 58, 257 (*Versetzung und Schulentlassung*) comentada por: STAUPE, Jürgen. *Parlamentsvorbehalt und Delegationsbefugnis*. p. 135.

[776] *Idem*, p. 135

[777] *BVerfGE* 33, 125 in EICHBERGER, Michael; GRIMM, Dieter; KIRCHHOF, Paul (org). *Entscheidungen des Bundesverfassungsgerichts – Studienauswahl*. Band 1. pp. 278-279. Sobre as restrições impostas ao direito da escolha profissional, o Tribunal define adiante que "os deveres profissionais dos membros não podem ser descritos de forma a esgotá-los em tipificações individuais, senão são resumidos em cláusulas gerais" (*Idem*, p. 279). Ainda, no âmbito da jurisprudência constitucional, na decisão *BVerfGE* 47, 46 (*Sexualkundeunterricht*), no que diz respeito à introdução da educação sexual nas escolas, estaria o legislador obrigado a "definir com precisão suficiente a missão educacional da escola por meio de uma escolha (...) diretiva", a fixar "metas vinculantes" e "instruções nelas fundadas para a execução das aulas", cuidando para deixar "um espaço suficiente para a liberdade pedagógica, se ao professor em aula ainda resta a margem de ação de que ele necessita para que possa corresponder à sua responsabilidade pedagógica". Isso significa que "particularidades dos métodos de ensino e aprendizado não podem, por isso, estar reservadas à regulamentação legal" (*BVerfGE* 47, 46 in *Idem*, p. 469). Sobre a atuação do legislador relativamente ao currículo escolar seria

AS RESTRIÇÕES AOS DIREITOS FUNDAMENTAIS POR ATO NORMATIVO DO PODER EXECUTIVO

normativos das decisões relevantes aos direitos fundamentais",[778] o que não exclui a emissão de atos individuais pela administração no âmbito material essencial em cumprimento à lei, tampouco de espaços de discricionariedade administrativa, já que também não cabe ao legislador a tomada de *todas* as decisões essenciais correspondentes a um âmbito material importante aos direitos fundamentais.[779]

Entretanto há autores que, embora defendam a existência da reserva parlamentar que decorre da necessidade de regulamentação das questões essenciais, consideram que ela deve ser cumprida pela emissão de lei ou com base em lei formal.[780] Nesse caso, fica em aberto a questão de se existem matérias ou, pelo menos, âmbitos materiais a que se aplicaria uma proibição de delegação ou se é impossível essa delimitação.[781]

3.3.2.2 A densidade da norma parlamentar essencial

A teoria da essencialidade utiliza os mesmos critérios para justificar a necessidade de uma reserva parlamentar e para fundamentar a maior determinação e densidade da norma emitida nesse âmbito. Assim, é conhecida na doutrina e na jurisprudência a máxima que diz que, quanto mais essencial for a matéria a ser regulamentada, mais específico deve ser o enunciado normativo do legislador.[782] Embora não seja possível se falar em uma escala de intensidade de intervenção das medidas nos di-

---

seguro que à lei caberia a formulação das finalidades da formação, fazendo valer os princípios da pluralidade, da tolerância e da cientificidade; bem como a determinação das regras das matérias lecionadas, ou seja, que matéria em que forma de escola e ano escolar será lecionada e que matérias serão excluídas e, ainda, decidiria o legislador sobre o quadro de horas das escolas, ou seja, o número de horas semanais das matérias segundo o ano escolar e a forma da escola (NEVERMANN, Knut. Lehrplanrevision und Vergesetzlichung – verfassungsrechtliche Grenzen der Parlamentarisierung curricularer Entscheidung in *Verwaltungsarchiv*, n. 71, 1980. p. 253, o autor, entretanto, mostra-se crítico a tal papel atribuído ao Parlamento em razão, principalmente, do perigo de definição dos objetivos do ensino por lei formal já que estão em constante mutação e dependem das alterações que ocorrem no seio da sociedade. A definição em lei do currículo escolar acabaria por significar a estagnação dos objetivos escolares: *Idem*, p. 255).

[778] STAUPE, Jürgen. *Parlamentsvorbehalt und Delegationsbefugnis*. p. 136.

[779] *Idem*, p. 135.

[780] Assim: *Idem*, p. 131 e autores aí citados em nota n.173.

[781] *Idem*, p. 132.

[782] O preceito teve origem no 51º "*Deutsche Juristentag*", no ano de 1976 (*Idem*, p. 137) e fora adotado pelo TC alemão.

3. A CONSTRUÇÃO DA DOGMÁTICA ALEMÃ DA RESERVA DE LEI

reitos fundamentais ou da importância política dos assuntos que possa ser usada para elaborar também uma escala de densidade e de determinação da norma parlamentar em termos quantitativos, pergunta-se se é possível a delimitação de critérios e de pressupostos aptos a serem exigidos do legislador ordinário quando legisla sobre matérias essenciais e a definição do significado da densidade da reserva parlamentar com base nos ditames da teoria da essencialidade.[783]

Pode-se dizer que a "máxima de determinação" fundamentada na essencialidade da matéria regulamentada deve ser considerada como uma "parte integrante da reserva parlamentar",[784] o que significa que não se identifica com o mandamento geral de determinação derivado do princípio do Estado de Direito, que se refere a um mínimo de determinação que todo ato normativo deve ter de modo a servir à segurança jurídica do cidadão ao possibilitar a "aplicação uniforme e previsível do direito".[785] Assim, é destinado tanto às leis não inseridas no âmbito da reserva parlamentar, quanto aos atos normativos emitidos pelos outros dois poderes.[786] Ao contrário, o mandamento de determinação da reserva parlamentar tem a função de forçar o legislador a tomar as decisões essenciais e evitar que ele as atribua ao Poder Executivo,[787] sendo, portanto, motivado por uma questão competencial.[788]

Além disso, o mandamento de determinação da reserva parlamentar também não se confunde, segundo o *BVerfG* e parte da doutrina alemã,[789] com as exigências previstas no artigo 80, n. 1, da LF para as leis que autorizam a emissão de regulamentos jurídicos pelo Governo e que exigem, pelo menos, que nelas seja definido o conteúdo, o objetivo e a extensão da autorização ao Poder Executivo. Ao contrário, há autores que entendem, seja por não aceitarem a reserva parlamentar,

---

[783] Dieter Umbach responde negativamente à questão, referindo que a teoria da essencialidade não dá respostas sobre a densidade do "essencial" (UMBACH, Dieter C. Das Wesentliche an der Wesentlichkeitstheorie. p. 128).

[784] STAUPE, Jürgen. *Parlamentsvorbehalt und Delegationsbefugnis*. p. 140.

[785] *Idem*, p. 141.

[786] KLOEPFER, Michael. Der Vorbehalt des gesetzes im Wandel. p. 691.

[787] STAUPE, Jürgen. *Parlamentsvorbehalt und Delegationsbefugnis*. p. 141.

[788] *Idem, ibidem*.

[789] Assim, por exemplo, *BVerfGE* 58, 257; EBERLE, Carl-Eugen. Gesetzesvorbehalt und Parlamentsvorbehalt. 487; STAUPE, Jürgen. *Parlamentsvorbehalt und Delegationsbefugnis*. pp. 142 e ss.

AS RESTRIÇÕES AOS DIREITOS FUNDAMENTAIS POR ATO NORMATIVO DO PODER EXECUTIVO

seja por considerarem que a existência de exigências de determinação da reserva acabaria por "esvaziar" o sentido do artigo 80, n. 1,[790] que há uma identidade entre os mandamentos de determinação, devendo o legislador ordinário obedecer apenas àqueles previstos no artigo 80, n. 1, quando regulamenta a matéria "essencial".[791] Entretanto está claro que os deveres de determinação são diversos, já que as exigências contidas no artigo 80, n. 1, da LF são aplicadas aos casos em que há a capacidade de delegação da matéria pelo legislador ordinário, mas este só poderá fazê-lo, se definir o conteúdo, o objetivo e a extensão da autorização ao Poder Executivo.[792] O mandamento de determinação do artigo 80, n. 1, define, portanto, o *"como"* da autorização legislativa.[793] Diversamente, a reserva parlamentar responde à questão de *"se"* uma delegação é constitucional,[794] ou seja, define quais as matérias devem ser regulamentadas pelo legislador e quais podem ser delegadas e, portanto, o mandamento de determinação nela contido refere-se à medida da matéria essencial regulada pelo legislador.[795]

Conforme os contornos oferecidos pela jurisprudência do TC alemão e pela doutrina que o acompanha, pode-se concluir que as exigências da

---

[790] Assim, por todos, BRYDE, Brun-Otto. Art. 80 (Erlass von Rechtsveordnungen, Zustimmung des Bundesrates) in KUNIG, Philip. *Grundgesetz-Kommentar*. Band 3. München: C. H. Beck, 2003. p. 249, Nm. 21.

[791] Nesse sentido, também: CLEMENT, Walter. *Der Vorbehalt des Gesetzes, insbesondere bei öffentlichen Leistungen und öffentlichen Einrichtungen*. pp. 137 e ss; NIERHAUS, Michael. Bestimmtheitsgebot und Delegationsverbot des Art. 80 Abs. 1 Satz 2 GG und der Gesetzesvorbehalt der Wesentlichkeitstheorie in BURMEISTER, Joachim, *Festschrift für Klaus Stern zum 65. Geburtstag*. München: C.H. Beck, 1997. pp. 727-728 e 731-732.

[792] STAUPE, Jürgen. *Parlamentsvorbehalt und Delegationsbefugnis*. pp. 144-145; PAPIER, Hans-Jürgen. Der Vorbehalt des Gesetzes und seine Grenzen. p. 57. Ainda, o artigo 80 só é aplicado aos casos de delegação para regulamentação por meio de regulamento jurídico, já não sob a forma de estatuto (STAUPE, Jürgen. *Parlamentsvorbehalt und Delegationsbefugnis*. p. 145).

[793] STAUPE, Jürgen. *Parlamentsvorbehalt und Delegationsbefugnis*. p. 144; CREMER, Wolfram. Art. 80 Abs. 1 S. 2 GG und Parlamentsvorbehalt – Dogmatische Unstimmigkeiten in der Rechtsprechung des Bundesverfassungsgerichts in *Archiv des öffentlichen Rechts*, n. 122, 1997. p. 252.; KREBS, Walter. Zum aktuellen Stand der Lehre vom Vorbehalt des Gesetzes. p. 311.

[794] STAUPE, Jürgen. *Parlamentsvorbehalt und Delegationsbefugnis*. p. 144; CREMER, Wolfram. Art. 80 Abs. 1 S. 2 GG und Parlamentsvorbehalt. p. 252; KREBS, Walter. Zum aktuellen Stand der Lehre vom Vorbehalt des Gesetzes. p. 311.

[795] UMBACH, Dieter C. Das Wesentliche an der Wesentlichkeitstheorie. p. 128; EBERLE, Carl-Eugen. Gesetzesvorbehalt und Parlamentsvorbehalt. p. 487; STAUPE, Jürgen. *Parlamentsvorbehalt und Delegationsbefugnis*. p. 146.

3. A CONSTRUÇÃO DA DOGMÁTICA ALEMÃ DA RESERVA DE LEI

lei que regulamenta matéria essencial dependem das particularidades da própria questão a ser regulamentada e,[796] ademais, no caso das restrições aos direitos fundamentais, "do grau em que é tangenciado o direito e da forma e intensidade do comportamento que a administração é autorizada a executar".[797] Encontra-se, ademais, na doutrina a referência de que resulta da proibição de delegação inerente à reserva parlamentar uma "limitação da utilização de formas de delegação ocultas",[798] ou seja, o impedimento do uso de conceitos jurídicos indeterminados ou cláusulas gerais pelo legislador ou de atribuição de espaços de discricionariedade ao Poder Executivo sobre matérias as quais deveria incidir uma norma parlamentar de importância fundamental.[799] Entretanto é importante notar que não há maiores desenvolvimentos sobre o grau de determinação da matéria essencial além do que o TC alemão exige do legislador caso a caso, o que leva a alguns autores a apontar essa como uma das fraquezas da teoria da essencialidade.[800]

3.3.3. As críticas frequentes à teoria

A teoria da essencialidade possui também opositores, cujas principais críticas serão aqui abordadas, quais sejam: (1) a incapacidade dos princípios democrático e de Estado de Direito para fundamentar os preceitos da teoria; (2) a inadequação dos pressupostos teóricos da essencialidade ao direito constitucional alemão e, por fim, (3) a incapacidade contributiva dos critérios dogmáticos oferecidos pela teoria para a solução do problema da divisão de competências normativas entre o Poder Legisla-

---

[796] Nesse sentido, na decisão *Versetzung und Schulentlassung* (*BVerfGE* 58, 257) fica claro que a exigência de determinação da reserva parlamentar é orientada pelas "particularidades do respectivo objeto da regulamentação" (CREMER, Wolfram. Art. 80 Abs. 1 S. 2 GG und Parlamentsvorbehalt. p. 264).

[797] Assim, decisão *BVerfGE* 48, 210 citada em: CREMER, Wolfram. Art. 80 Abs. 1 S. 2 GG und Parlamentsvorbehalt. p. 262.

[798] STAUPE, Jürgen. *Parlamentsvorbehalt und Delegationsbefugnis*. p. 139.

[799] *Idem*, p. 139; KLOEPFER, Michael. Der Vorbehalt des Gesetzes im Wandel. p. 691; RENGELING, Hans-Werner. Vorbehalt und Bestimmtheit des Atomgesetzes. p. 2221; KISKER, Gunter. Zuständigkeit des Parlaments für politische Leitentscheidungen.p. 55, esse último referindo-se à proibição de utilização de "autorizações globais" como fundamento de atuação da administração no âmbito de restrições à propriedade e à liberdade (*Idem, ibidem*).

[800] ROTTMANN, Frank. Der Vorbehalt des Gesetzes und die grundrechtlichen Gesetzesvorbehalte. p. 296.

3.3.3.1 A possibilidade de defesa de uma reserva parlamentar de lei fundamentada nos princípios democrático e de Estado de Direito no âmbito da LF

A obrigação do legislador de regulamentar as questões essenciais para a sociedade decorre, segundo o Tribunal Constitucional alemão, de dois princípios constitucionais: o princípio democrático, previsto no artigo 20, n. 2, da Constituição alemã, e o princípio do Estado de Direito, cuja expressão se encontra no artigo 20, n. 3, da mesma lei fundamental. A fundamentação da teoria nesses dois mandamentos não é isenta de críticas doutrinárias, as quais serão expostas adiante.

A fundamentação da reserva de lei no princípio democrático baseia--se fundamentalmente na ideia de que o órgão que tem uma maior proximidade com o povo, que no caso dos sistemas parlamentares de governo é o Parlamento em virtude da forma de eleição direta dos deputados que o compõem, e que, por isso, teria uma maior legitimidade democrática, seria o responsável pela decisão das questões essenciais da comunidade.[801] Dir-se-ia, como ponto crítico a esse pensamento, primeiramente, que a finalidade da legitimação democrática é a aceitação das decisões dos órgãos constituídos pela sociedade e, principalmente, a confiança e a confirmação do sistema parlamentar como um todo, fins que não são atingidos somente com a emissão de atos normativos.[802] Ademais e principalmente, deve-se salientar que o órgão Executivo também é democraticamente legitimado.[803]Além da idêntica legitimidade institucional e funcional concedida aos três poderes pela Lei Fun-

---

[801] LÖHNING, Bernd. *Der Vorbehalt des Gesetzes im Schulverhältnis.* pp. 175-177; MAGIERA, Siegfried. *Parlament und Staatsleitung in der Verfassungsordnung des Grundgesetzes.* Berlin; Duncker & Humblot, 1979. pp. 103 e ss; JESCH, Dietrich. *Gesetz und Verwaltung.* p. 173; STAUPE, Jürgen. *Parlamentsvorbehalt und Delegationsbefugnis.* pp. 164-166.

[802] STAUPE, Jürgen. *Parlamentsvorbehalt und Delegationsbefugnis.* 167.

[803] Assim: OSSENBÜHL, Fritz. *Verwaltungsvorschriften und Grundgesetz.* p. 197 e ss; PIETZCKER, Jost. Vorrang und Vorbehalt des Gesetzes. p. 713; EBERLE, Carl-Eugen. Gesetzesvorbehalt und Parlamentsvorbehalt. p. 489; KREBS, Walter. *Vorbehalt des Gesetzes und Grundrechte.* Berlin: Duncker & Humblot, 1975. p. 106; ERICHSEN, Hans-Uwe. Zur staatlich-schulischen Erziehungsauftrag und zur Lehre vom Gesetzes- und Parlamentsvorbehalt in *Verwaltungsarchiv,* n. 69, 1978. p. 394; ARMIN, Hans Hebert v. Zur "Wesentlichkeitstheorie" des Bundes-

3. A CONSTRUÇÃO DA DOGMÁTICA ALEMÃ DA RESERVA DE LEI

damental alemã,[804] entende-se que inexiste um *plus* legitimatório a favor do Parlamento em razão da eleição por meio de voto direto de seus membros, já que, em sistemas de democracia parlamentar, a votação nos partidos políticos elege não somente a lista de seus deputados, mas também o Chefe do Governo por eles nomeado e os principais membros que compõem o Governo.[805] Assim, o eleitor, ao votar em um partido, o faz muitas vezes com intenção direta de eleger um determinado Chefe de Governo,[806] de que decorre a idêntica legitimação democrática do Governo e do Parlamento e a incapacidade da fundamentação da prioridade de atribuição das decisões essenciais a este último baseado no argumento fictício de sua maior legitimidade para tal.[807]

A justificação da reserva parlamentar baseada no princípio do Estado de Direito serve à igualdade e à previsibilidade das decisões estatais, proporcionando, mediante exigência de abstração e generalidade da lei, a proteção dos direitos fundamentais dos cidadãos.[808] É em razão do princípio de Estado de Direito que o legislador está obrigado a regulamentar de forma suficientemente determinada a atuação do Poder Executivo e a garantir sua orientação, sua vinculação e seu controle.[809] Dir-se-ia, por tudo isso, que o sentido do princípio em relação à reserva de lei é de proteção e garantia dos direitos fundamentais.[810]

Relativamente à fundamentação da existência da reserva parlamentar e da consequente proibição de delegação de determinados âmbitos materiais baseada no princípio do Estado de Direito poder-se-ia dizer,

---

verfassungsgerichts. pp. 1242-1243; STAUPE, Jürgen. *Parlamentsvorbehalt und Delegationsbefugnis*. p. 167.

[804] ARMIN, Hans Hebert v. Zur "Wesentlichkeitstheorie" des Bundesverfassungsgerichts. pp. 1242-1243.

[805] STAUPE, Jürgen. *Parlamentsvorbehalt und Delegationsbefugnis*. pp. 169-170.

[806] *Idem*, p. 169; PIETZCKER, Jost. Vorrang und Vorbehalt des Gesetzes. p. 713. Assim, também Jorge Reis Novais ao referir, relativamente aos sistemas de governo parlamentares e semipresidenciais, que "as eleições parlamentares (ou *legislativas*) dos dias de hoje são, sobretudo, escolhas directas do Governo e do Primeiro-Ministro e só *jurídica* e *mediatamente* eleição de deputados" (NOVAIS, Jorge Reis. *As restrições aos direitos fundamentais não expressamente autorizadas pela Constituição*. pp. 837-838) (grifos do autor).

[807] STAUPE, Jürgen. *Parlamentsvorbehalt und Delegationsbefugnis*. p. 170; EBERLE, Carl-Eugen. Gesetzesvorbehalt und Parlamentsvorbehalt. p. 489.

[808] STAUPE, Jürgen. *Parlamentsvorbehalt und Delegationsbefugnis*. p. 176.

[809] *Idem*, p. 177; PIETZCKER, Jost. Vorrang und Vorbehalt des Gesetzes. p. 713.

[810] STAUPE, Jürgen. *Parlamentsvorbehalt und Delegationsbefugnis*. p. 177.

primeiramente, que não só a lei formal, mas também os regulamentos jurídicos e os estatutos garantem a generalidade, a igualdade, a segurança jurídica e a vinculação da atuação administrativa.[811] Assim, ao cidadão tornar-se-ia indiferente saber "qual órgão em qual forma jurídica estabelece a vinculação da ação estatal",[812] contando que seja garantida a justiciabilidade do direito subjetivo.[813] Aliás, o artigo 80, n. 2, não tem como pretensão proteger os direitos do cidadão, mas existe com a finalidade de definir a divisão de funções entre o Poder Executivo e o Poder Legislativo, possibilitando que o legislador controle a normação executiva a partir dos limites por ele impostos na lei autorizativa.[814] Estaria, então, evidente que o "aspecto de Estado de Direito" da reserva de lei não responde à questão sobre porque uma matéria deve ser regulamentada por lei formal.[815] Dir-se-ia que a justificação da reserva parlamentar no argumento do mandamento de Estado de Direito ainda é ligada à dimensão tradicional da reserva de lei, em que o legislador era visto como o "garante" do princípio, e desconsidera que a Constituição alemã atual protege os direitos fundamentais e o princípios constitucionais também do legislador, como estaria evidente na redação dos artigos 1, n. 3, e 79, n. 3, da LF.[816]

Ademais, considerando a dedução da divisão de competência normativa entre o Poder Executivo e Poder Legislativo dos princípios constitucionais do Estado Democrático e do Estado de Direito, é importante questionar a capacidade dos mandamentos constitucionais principiológicos de contribuir para a definição de critérios dogmáticos que sir-

---

[811] *Idem*, p. 179; Pietzcker, Jost. Vorrang und Vorbehalt des Gesetzes. p. 714; Eberle, Carl-Eugen. Gesetzesvorbehalt und Parlamentsvorbehalt. pp. 488-489; Armin, Hans Hebert v. Zur "Wesentlichkeitstheorie" des Bundesverfassungsgerichts. p. 1242. É também nesse sentido a opinião de Jorge Reis Novais sobre a idêntica capacidade garantística dos atos normativos emanados pelo Parlamento e pelo Governo: Novais, Jorge Reis. *As restrições aos direitos fundamentais não expressamente autorizadas pela Constituição*. pp. 835-836.

[812] Staupe, Jürgen. *Parlamentsvorbehalt und Delegationsbefugnis*. p. 179; Kisker, Gunter. Zuständigkeit des Parlaments für politische Leitentscheidungen. p. 58.

[813] Staupe, Jürgen. *Parlamentsvorbehalt und Delegationsbefugnis*. p. 179.

[814] *Idem*, p. 180.

[815] *Idem*, p. 181.

[816] O primeiro artigo regulamenta a vinculação dos três poderes aos direitos fundamentais, e o segundo estatui que qualquer modificação do texto da LF é inadmissível se afetar os princípios constitucionais (*Idem*, p. 182).

vam a tal função.[817] Dir-se-ia, nesse sentido, que os princípios constitucionais, em razão de sua estrutura normativa e de sua dependência da interpretação do jurista que pode variar conforme as circunstâncias do caso concreto, não poderiam solucionar problemas mais complexos de divisão de funções.[818] Com isso não se nega a ligação e a importância dos princípios para a interpretação e a justificação da existência da reserva de lei, já que, por exemplo, a ideia de Estado de Direito exige "uma clara organização das competências e divisão de funções",[819] mas pretende-se afirmar que não decorre de suas estruturas normativas o "se" e o "em que condições" se dá a diferença entre reserva formal e material de lei na Constituição alemã.[820]

3.3.3.2 O perigo da utilização do critério desvinculado do direito constitucional positivo

Há autores que fundamentam a ilegitimidade do método empregado pelo Tribunal Constitucional alemão que, ao lançar as bases da teoria da essencialidade, apenas propõe seu esboço, deixando o desenvolvimento e possíveis correções a serem feitas com relação a seus critérios ao processo de construção caso a caso.[821] A fragilidade dogmática da teoria tornar-se-ia evidente diante da verificação da relação de seus pressupostos com a racionalidade que fundamenta o sistema de reservas dos direitos fundamentais e de outras reservas esparsas expressas na Constituição alemã. Assim, poder-se-ia dizer, por exemplo, que o legislador constitucional, ao atribuir determinadas decisões ao legislador parlamentar, como é o caso das regras contidas nos artigos 104, I;[822] 59, II;[823] 110,

---

[817] KREBS, Walter. *Vorbehalt des Gesetzes und Grundrechte.* p. 106; ACHTERBERG, Norbert. *Probleme der Funktionenlehre.* pp. 62 e ss; ERICHSEN, Hans-Uwe. Zur staatlich-schulischen Erziehungsauftrag und zur Lehre vom Gesetzes- und Parlamentsvorbehalt. p. 394; STAUPE, Jürgen. *Parlamentsvorbehalt und Delegationsbefugnis.* p. 18.

[818] STAUPE, Jürgen. *Parlamentsvorbehalt und Delegationsbefugnis.* p. 183.

[819] *Idem*, p. 184.

[820] *Idem, ibidem.*

[821] KLOEPFER, Michael. Der Vorbehalt des Gesetzes im Wandel. p. 689.

[822] Que dispõe que "a liberdade do indivíduo só pode ser limitada com base numa lei formal e desde que se respeitem as formas prescritas na mesma".

[823] Cujo texto determina que "os tratados que regulamentam as relações políticas da Federação ou envolvam matérias da legislação federal, requerem a aprovação ou a intervenção dos respectivos órgãos competentes de legislação federal, sob a forma de uma lei federal".

II;[824]115, a;[825] entre outras,[826] as estatuiria expressamente por se tratarem de casos excepcionais e por não ser evidente que as questões de especial importância para o país devam ser decididas pelo Parlamento.[827]

Ademais, considerando o texto constitucional alemão, não há um artigo que possibilite a interpretação de uma proibição de delegação pelo legislador sobre determinados âmbitos materiais. Diversamente, o artigo 80 da LF possibilitaria a extração de uma reserva de lei no sentido material, já que prevê a capacidade de autorização à normação ao Poder Executivo, deixando livre ao legislador a decisão sobre o que seria objeto de regulamentação parlamentar e quais questões seriam delegadas à legislação executiva.[828] A teoria da essencialidade, ao contrário, proporia uma forma de "proteção do legislador contra si mesmo" sem, entretanto, justificar por que certas decisões necessitariam da forma de lei parlamentar e não seria suficiente a sua emissão mediante regulamentos jurídicos ou prescrições administrativas com a posterior aprovação parlamentar.[829] Com isso, a teoria acaba por "aniquilar o mecanismo de compensação" garantido pela previsão do artigo 80 na LF, ao sobrecarregar o Parlamento por meio de suas premissas: a extensão da reserva de lei a toda decisão essencial, englobando a administração prestacional e, ademais, a obrigatoriedade da norma parlamentar relativamente a esse âmbito material essencial, sob o qual recai uma proibição de delegação inafastável.[830]

Ligado a isso, é importante referir o argumento de que a teoria da essencialidade superestimaria o papel do Parlamento e da lei formal e

---

[824] Assim, o texto do artigo 110, II: "O plano orçamentário é fixado pela lei orçamentária para um ou mais exercícios financeiros, separados por anos, antes do primeiro exercício financeiro (...)"

[825] O artigo 115, a, I, dispõe que "a constatação de que o território federal está sendo objeto de um ataque armado ou que tal ataque é iminente (estado de defesa) é feita pelo Parlamento Federal, com a aprovação do Conselho Federal. A constatação é feita por solicitação do Governo Federal e requer uma maioria de dois terços dos votos dados, de pelo menos a maioria dos membros do Parlamento Federal".

[826] Os exemplos são referidos por: KLOEPFER, Michael. Der Vorbehalt des Gesetzes im Wandel. p. 690, que elenca, ainda, os artigos: 24; 80, I; 81; 115, III; 87, I, 2; 87, III, 1; 101, I, 2 da LF (*Idem, ibidem*).

[827] *Idem*, p. 690.

[828] *Idem, ibidem*.

[829] *Idem*, pp. 690-691.

[830] *Idem*, p. 693.

marginalizaria os regulamentos jurídicos e as prescrições administrativas, não definindo as diferenças existentes entre esses últimos e deixando em aberto como a matéria "não essencial" deve ser regulamentada.[831] Dir-se-ia, ainda, que a teoria da essencialidade fundamenta um poder originário de regulamentação do Poder Executivo relacionado à matéria não essencial[832] e ignora o texto constitucional ao atribuir a forma de conformação dessa última à responsabilidade desse Poder,[833] já que não decorre da Constituição alemã uma esfera de atuação da administração que seja "imune à ingerência do Poder Legislativo".[834] Aliás, um entendimento nesse sentido desconsideraria as próprias reservas especiais dos direitos fundamentais que, em algumas vezes, concedem a capacidade de restringi-los por meio de regulamentos jurídicos mediante a utilização do termo "com base em lei", capacidade que não se estende à emissão, evidentemente, de estatutos ou prescrições administrativas.[835] A teoria ignoraria, por fim, o artigo 80, que capacita o Poder Executivo a emitir regulamentos jurídicos apenas quando autorizado em termos precisos e limitados definidos pelo legislador, independentemente de se a matéria é considerada essencial ou não.[836]

Além disso, não fica clara a relação da reserva de lei que incide sobre a normação das matérias essenciais e as reservas especiais previstas em alguns artigos dos direitos fundamentais, ou seja, a teoria não responde à questão de se trata de uma relação de exclusão e desconsideração das segundas ou de complementação. Isso torna-se especialmente interessante de ser tratado porque, além do fato de a LF não prever uma reserva geral de lei, e sim somente reservas especiais nos próprios direi-

---

[831] *Idem*, p. 692; ROTTMANN, Frank. Der Vorbehalt des Gesetzes und die grundrechtlichen Gesetzesvorbehalte. p. 287; PAPIER, Hans-Jürgen. Der Vorbehalt des Gesetzes und seine Grenzen. p. 44.

[832] PAPIER, Hans-Jürgen. Der Vorbehalt des Gesetzes und seine Grenzen. pp. 44-45; *Idem*, Der Wesentlichkeitsgrundsatz – am Beispiel des Gesundheitsreformgesetzes in *Vierteljahresschrift für Sozialrecht*, n. 2, 1990. pp. 127 e 129.

[833] ROTTMANN, Frank. Der Vorbehalt des Gesetzes und die grundrechtlichen Gesetzesvorbehalte. p. 292; PAPIER, Hans-Jürgen. Der Wesentlichkeitsgrundsatz. p. 127.

[834] CORREIA, Sérvulo. *Legalidade e autonomia contratual nos contratos administrativos*. p. 104, nota n. 187.

[835] PAPIER, Hans-Jürgen. Der Vorbehalt des Gesetzes und seine Grenzen. pp. 44-45.

[836] *Idem*, p. 45; *Idem*, Der Wesentlichkeitsgrundsatz. pp. 127 e 130.

tos fundamentais,[837] a redução da exigência da lei parlamentar somente à regulamentação das matérias essenciais ou aos casos de intervenção "especialmente intensiva" iria contra o próprio sistema constitucional de reservas dos direitos fundamentais, que prevê a necessidade de lei formal sob outras circunstâncias.[838] É importante notar que as normas de direitos fundamentais contêm, em sua previsão, pelo menos dois tipos de reservas de lei, quais sejam, as reservas de regulamentação e as reservas de intervenção e, ainda, que há direitos cuja autorização para restrição se dá por meio de lei e outros em que o legislador constitucional exigiu apenas a lei em sentido material.[839] Nos casos concretos, o que ocorre é que primeiramente se observa se o direito fundamental é previsto com algum tipo de reserva – reserva de lei interventiva ou de regulamentação – e se há a obrigatoriedade de que a lei seja emitida pelo Parlamento ou se a matéria pode ser regulamentada "com base em lei", e as consequências que resultam dessa análise pressupõem a aplicação dos conceitos que são desenvolvidos no âmbito da dogmática dos direitos fundamentais.[840] Assim, dir-se-ia que, se as determinações po-

---

[837] PAPIER, Hans-Jürgen. Der Vorbehalt des Gesetzes und seine Grenzen. p. 37.

[838] ARNAULD, Andreas von. Die Freiheitsrechte und ihre Schranken. p. 160.

[839] PAPIER, Hans-Jürgen. Der Vorbehalt des Gesetzes und seine Grenzen. p.p. 46-47. Como exemplo de exigência de lei formal para a restrição do direito fundamental é o artigo 104, n. 1, da LF onde está previsto que "a liberdade do indivíduo só pode ser limitada com base numa lei formal (...)" e como casos de previsão de reservas de lei material na LF cita-se a regra do artigo 12, n.1, frase 2 ("o exercício da profissão pode ser regulamentado por lei ou em virtude de lei") e a do artigo 14, n. 3, frase 2 ("uma expropriação (...) pode ser efetuada unicamente por lei ou em virtude de lei que estabeleça o modo e o montante da indenização") da LF (Assim, Idem, p. 47). Ainda, exemplifica-se o artigo 2, n. 1, da LF ("todos têm o direito ao livre desenvolvimento da sua personalidade, desde que não violem os direitos de outros e não atentem contra a ordem constitucional ou a lei moral") como uma reserva que compreende "qualquer forma de normas jurídicas materiais e formais que sejam conforme a constituição" (Idem, p. 47). É interessante ainda notar que a existência de um sistema de reservas de direitos fundamentais tem o sentido de diferenciá-los conforme o grau de importância para a liberdade e existência do indivíduo e, assim, definiriam as reservas, o peso e o alcance dos efeitos restritivos considerando esses dois topos (Idem, pp. 50-51).

[840] ROTTMANN, Frank. Der Vorbehalt des Gesetzes und die grundrechtlichen Gesetzesvorbehalte. p. 295; PAPIER, Hans-Jürgen. Der Vorbehalt des Gesetzes und seine Grenzen. p. 50. Referindo também, embora não em sentido crítico, que antes da aferição conforme os pressupostos da teoria da essencialidade, deve ser observado se a Constituição atribui a competência de tratamento da matéria a outro órgão, já que a teoria não tem o poder de afastar a disciplina constitucional concreta de divisão de competências expressa nos direitos funda-

3. A CONSTRUÇÃO DA DOGMÁTICA ALEMÃ DA RESERVA DE LEI

sitivadas nos direitos fundamentais sobre quando a matéria deve ou não ser objeto de lei parlamentar são suficientes para permitir a decisão caso a caso, a teoria tornar-se-ia supérflua e acabaria por repetir aquilo que a Constituição muitas vezes já resolve previamente.[841]

Há, ao contrário, quem explique o sistema de reservas da Constituição alemã com base na teoria da essencialidade, no sentido de que as reservas dos direitos fundamentais exprimiriam uma escala de graus de proteção a esses direitos, o que seria justificado com o argumento, decorrente da teoria da essencialidade, de que o maior ou menor grau de proteção proporcionado pela exigência de lei formal ou de lei material constitucionalmente prevista, respectivamente, decorreria da importância do direito.[842] A conclusão pertinente diante da evidência de diferentes graus de proteção que se assemelham à "compreensão gradualista da teoria da essencialidade"[843] é de que a racionalidade da reserva de lei geral pode auxiliar a compreensão da "técnica de proteção positiva do trato de certos assuntos pela ordem jurídica",[844] embora não se possa considerar o regime de forma absoluta e rígida, e sim o estender a âmbitos próprios da reserva de lei geral.[845] Isso quer dizer que, para além da proteção dos direitos fundamentais no sentido clássico, a reserva de lei na Constituição alemã tem a função de disciplinar também as prestações do Estado que correspondem a esses direitos e engloba decisões fora do núcleo de matérias dos direitos fundamentais, ultrapassando,

---

mentais: BUSCH, Bernhard. *Das Verhältnis des Art. 80 Abs. 1 S. 2 GG zum Gesetzes- und Parlamentsvorbehalt.* pp. 39-40.

[841] ROTTMANN, Frank. Der Vorbehalt des Gesetzes und die grundrechtlichen Gesetzesvorbehalte. pp. 295-296. Nesse sentido também é a opinião de Papier que refere que o sistema de reservas dos direitos fundamentais positivas na LF é concludente e que, por isso, a utilização do instituto da reserva de lei geral seria "prescindível" e até "incompatível" com esse sistema (PAPIER, Hans-Jürgen. Der Vorbehalt des Gesetzes und seine Grenzen. pp. 46-48).

[842] Assim, a explicação de: MONCADA, Luís Cabral de. *Lei e Regulamento.* pp. 179-180. Nesse sentido , a coexistência de diferentes graus de proteção, cujo maior grau de exigência seria o artigo 104 ("a liberdade do indivíduo só pode ser limitada com base numa lei formal e desde que se respeitem as formas prescritas na mesma") e um exemplo de condição "menos elevada" seria a imposição de restrição de direitos fundamentais "por lei ou em virtude de lei" prevista no artigo 19, manifestaria "os diversos graus de "essencialidade" das matérias em causa" (*Idem*, p. 180).

[843] *Idem,* p. 182.

[844] *Idem,* p. 183.

[845] *Idem, ibidem.*

AS RESTRIÇÕES AOS DIREITOS FUNDAMENTAIS POR ATO NORMATIVO DO PODER EXECUTIVO

por isso, o âmbito de suas restrições e correspondendo também a uma lógica positiva de conformação da ordem jurídica,[846] embora seja correta a afirmação no sentido de que o critério da essencialidade informe o sistema de reservas constitucionalmente expressas em alguns direitos fundamentais. Conforme a lógica constitucional, existiria um "núcleo duro" de proteção que pertence à reserva de lei formal,[847] em que a Constituição confiou a limitação dos direitos fundamentais ao Parlamento por ser a lei formal "a melhor garantia desses mesmos valores",[848] seguido de matérias que, por sua menor relevância, permitem a autorização de sua regulamentação ao Poder Executivo conforme as exigências do artigo 80[849], até chegar-se a âmbitos em que a inexistência de regras constitucionais atribuem uma maior importância à teoria da essencialidade para definir a liberdade de atuação do legislador e,[850] por fim, "áreas mais abertas à vontade e aos critérios do Executivo", matérias cuja diminuição de exigências formais pode ser explicada pela racionalidade gradualista da teoria da essencialidade.[851]

Por fim, considerando o texto da Constituição alemã, questiona-se a possibilidade de distribuição material de competência normativa entre os Poderes Executivo e Legislativo baseada no texto do artigo 73, n. 1, que lista as matérias de legislação exclusiva da Federação, combinado com o artigo 77, cuja norma do n. 1 diz que "as leis federais são votadas pelo Parlamento Federal".[852] A tentativa de fazer decorrer do artigo 73 exclusiva e definitivamente as matérias que pertencem ao âmbito da reserva parlamentar deve ser rejeitada com base no argumento de que a divisão oferecida pela norma é uma determinação horizontal de competências, já que o 73 atribui aqueles âmbitos materiais à Federação exclusivamente e não possibilita sua normação pelos governos estatais, e nada diz sobre a distribuição vertical de funções entre os Poderes

---

[846] *Idem*, pp. 181-182 e 187-19.

[847] *Idem*, pp. 187 e 195.

[848] *Idem*, p. 193. Estariam incluídas nesse "núcleo duro" os temas relacionados ao direito tributário, penal e as restrições aos direitos fundamentais (*Idem*, p. 199).

[849] *Idem*, pp. 187-188 e 192-193.

[850] *Idem*, p. 194.

[851] *Idem*, p. 187.

[852] Assim, o questionamento de: BLECKMMAN, Albert. Zum materiellrechtlichen Gehalt der Kompetenzbestimmungen des Grundgesetzes in *Die Öffentliche Verwaltung*, n. 4, 1983. p. 132.

3. A CONSTRUÇÃO DA DOGMÁTICA ALEMÃ DA RESERVA DE LEI

Legislativo e Executivo.[853] Trata-se de "diferentes níveis de competência".[854] E, ainda que se entenda que a consideração dos assuntos aí listados possa ser proveitosa no sentido de proporcionar pontos de partida para a definição material da competência normativa do legislador ordinário,[855] deve ficar claro que o artigo não oferece critérios para a definição precisa dos pontos de cada âmbito material a serem regulamentados somente pelo próprio legislador e o que pode ser delegado ao Governo e, por isso, não contribui de forma definitiva para o problema da amplitude da reserva parlamentar na LF alemã.

---

[853] STAUPE, Jürgen. *Parlamentsvorbehalt und Delegationsbefugnis.* p. 191. O texto do artigo 73 atribui as seguintes matérias à legislação exclusiva da Federação: "1. os assuntos exteriores, bem como a defesa, incluindo a proteção da população civil; 2. a nacionalidade na Federação; 3. a liberdade de locomoção e de domicílio, os regimes de passaportes, registro de domicílios e documentos de identidade, a imigração, a emigração e a extradição; 4. o regime cambial e monetário, a cunhagem de moedas, pesos e medidas, bem como a fixação da hora oficial; 5. a unidade do território aduaneiro e comercial, os tratados de comércio e navegação, a livre circulação de mercadorias, o intercâmbio comercial e financeiro com o estrangeiro, incluindo a proteção aduaneira e de fronteiras; 5a. a proteção do patrimônio cultural alemão contra a evasão para o estrangeiro; 6. o tráfego aéreo; 6a. o tráfego de ferrovias, que são de propriedade total ou majoritária da Federação (ferrovias federais), construção, manutenção e exploração das vias férreas das ferrovias federais, assim como a fixação das tarifas para a sua utilização; 7. o correio e as telecomunicações; 8. a situação jurídica das pessoas a serviço da Federação e das entidades de Direito público diretamente ligadas à Federação; 9. a proteção da propriedade industrial, o direito autoral e o direito editorial; 9a. a defesa contra os perigos do terrorismo internacional através do Departamento Federal de Polícia Criminal, quando o perigo estender-se além da fronteira estadual e a competência de uma autoridade estadual de polícia não possa ser reconhecida ou quando a autoridade suprema do Estado solicite à Federação que assuma a competência; 10. a cooperação da Federação e dos Estados: a) na polícia criminal, b) para a proteção da ordem fundamental livre e democrática, da existência e da segurança da Federação ou de um Estado (defesa da Constituição), e c) para a proteção contra as tentativas de por em perigo, no território federal, os interesses exteriores da República Federal da Alemanha, com o uso de violência ou ações preparatórias neste sentido, bem como a criação de um Departamento Federal de Polícia Criminal e o combate à criminalidade internacional; 11. a estatística para fins federais; 12. o direito de armas e explosivos; 13. a provisão dos mutilados de guerra e das viúvas e órfãos de guerra, e a assistência aos antigos prisioneiros de guerra; 14. a produção e utilização da energia nuclear para fins pacíficos, a construção e a operação de instalações destinadas a tal fim, a proteção contra os perigos que possam surgir com a liberação da energia nuclear ou através da radiação ionizante, e a eliminação de material radioativo".

[854] STAUPE, Jürgen. *Parlamentsvorbehalt und Delegationsbefugnis.* p. 191.

[855] BLECKMMAN, Albert. Zum materiellrechtlichen Gehalt der Kompetenzbestimmungen des Grundgesetzes. p. 132; STAUPE, Jürgen. *Parlamentsvorbehalt und Delegationsbefugnis.* p. 192.

3.3.3.3. A capacidade contributiva dos critérios dogmáticos oferecidos pela teoria para a solução do problema

A essencialidade recebe também críticas no sentido de que a imprecisão dogmática dos critérios por ela oferecidos acaba por reduzir sua contribuição para a definição da amplitude da reserva parlamentar a um significado meramente heurístico.[856] Especialmente digno de objeções nesse sentido é a categoria da *intensidade da intervenção* no âmbito do direito fundamental causada pela regulamentação, cuja capacidade de concretizar os conceitos indefinidos *essencial* e *relevante* a ponto de servir como "condição segura para a aplicação da reserva parlamentar" é posta em causa.[857] Tal dificuldade de gerar consenso em torno do significado do que seria verdadeiramente intenso em termos interventivos fica clara na própria decisão anteriormente citada sobre o regramento da repetição de ano e expulsão dos alunos das escolas.[858] Nessa decisão, o TC alemão atribui consequências completamente diferentes em termos de competência regulamentar sobre as duas medidas, e embora se possa dizer que a expulsão seja verdadeiramente a providência mais interventiva no direito fundamental de escolha da profissão, a diferenciação não se justifica principalmente pelo fato de que a ocorrência de mais de uma vez da medida de repetição de ano gera a expulsão do aluno da escola, o que reflete a insegurança do critério para a definição da extensão e da validade da reserva parlamentar condicionada à aferição casuística.[859] Por isso, colocam-se críticas no sentido de que o critério da intervenção

---

[856] UMBACH, Dieter C. Das Wesentliche an der Wesentlichkeitstheorie. p. 124; OSSENBÜHL, Fritz. Der Vorbehalt des Gesetzes und seine Grenzen. p. 26; NEVERMANN, Knut. Lehrplanrevision und Vergesetzlichung. p. 246; CORREIA, Sérvulo. *Legalidade e autonomia contratual nos contratos administrativos.* p. 101; MONCADA, Luís Cabral de. *Lei e Regulamento.* p. 175 e ss.

[857] STAUPE, Jürgen. *Parlamentsvorbehalt und Delegationsbefugnis.* p. 122; EBERLE, Carl-Eugen. Gesetzesvorbehalt und Parlamentsvorbehalt. p. 487; OSSENBÜHL, Fritz. Der Vorbehalt des Gesetzes und seine Grenzen. p. 26.

[858] Assim: STAUPE, Jürgen. *Parlamentsvorbehalt und Delegationsbefugnis.* pp. 122-123.

[859] *Idem, ibidem*; EBERLE, Carl-Eugen. Gesetzesvorbehalt und Parlamentsvorbehalt. p. 487. Rottmann critica, ainda, o critério da relevância quando especialmente aplicado a essa decisão referindo que a medida de repetição de ano é bastante incisiva na vida do aluno por estigmatizá-lo, influenciando no desenvolvimento de sua personalidade e na sua motivação para o estudo, concluindo que "por esses motivos a repetição é uma medida 'relevante aos direitos fundamentais' muito intensiva, que é dificilmente menos intensiva do que a expulsão da escola (...)" (ROTTMANN, Frank. Der Vorbehalt des Gesetzes und die grundrechtlichen Gesetzesvorbehalte. p. 289).

nos direitos fundamentais não proporciona um resultado certo sobre o nível de regulamentação exigido, no sentido de um *entweder\oder*, mas apenas ser possível de definição caso a caso.[860] A consideração de um conceito indefinido e a que não foram precisados graus de intensidade cabíveis de aplicação por subsunção não contribui de forma criteriosa para a problemática da "definição de limites" materiais entre o Legislativo e o Executivo,[861] ou seja, levaria a concluir que a teoria da essencialidade não proporciona critérios para a definição "razoavelmente clara e praticável" da extensão da reserva de lei,[862] e correria o risco de atribuir ao instrumento um significado puramente de "*indicação* da validade da reserva parlamentar".[863] Assim, não poderia o critério da intensidade da intervenção ser utilizado como um critério de validade geral que assegure o estabelecimento dos âmbitos ou assuntos referentes aos direitos fundamentais a que corresponda uma regulamentação parlamentar.[864]

Ainda sobre a categoria da relevância da norma para os direitos fundamentais, coloca-se a questão de atualmente serem poucas as regulamentações que não afetam, de alguma forma, direitos fundamentais[865] e o fato de que a utilização do critério impreciso da intensidade exclui as situações *menos intensivas* do próprio conceito de restrição, diminuindo as exigências de determinação da norma que regulamenta tais questões ou mesmo atribuindo capacidade de normação originária ao Executivo em casos não considerados especialmente restritivos aos direitos fundamentais.[866]

---

[860] STAUPE, Jürgen. *Parlamentsvorbehalt und Delegationsbefugnis*. p. 123; nesse sentido também é a crítica de Papier que, indo mais além e fundamentando-a ainda no fato de que a "intensidade da intervenção" é um "conceito acessório", já que depende da compreensão do conteúdo e âmbito de proteção do direito fundamental no caso concreto (PAPIER, Hans-Jürgen. Der Vorbehalt des Gesetzes und seine Grenzen. pp. 40 e 43).

[861] STAUPE, Jürgen. *Parlamentsvorbehalt und Delegationsbefugnis*. p. 123. É importante notar que uma nivelação dos graus de intensidade que indiquem a essencialidade da regulamentação seria quase impossível de ser posta em prática diante da "multiplicidade dos fenômenos da vida" (EBERLE, Carl-Eugen. Gesetzesvorbehalt und Parlamentsvorbehalt. p. 490).

[862] UMBACH, Dieter C. Das Wesentliche an der Wesentlichkeitstheorie. p. 124.

[863] STAUPE, Jürgen. *Parlamentsvorbehalt und Delegationsbefugnis*. p. 123 (grifou-se); PAPIER, Hans-Jürgen. Der Vorbehalt des Gesetzes und seine Grenzen. p. 42.

[864] STAUPE, Jürgen. *Parlamentsvorbehalt und Delegationsbefugnis*. p. 123.

[865] EBERLE, Carl-Eugen. Gesetzesvorbehalt und Parlamentsvorbehalt. p. 485.

[866] STAUPE, Jürgen. *Parlamentsvorbehalt und Delegationsbefugnis*. p. 125; KISKER, Gunter. Zuständigkeit des Parlaments für politische Leitentscheidungen. p. 56.

Quanto ao critério do politicamente importante ou controverso, é importante referir que esse também demanda esforços no sentido de elaboração de medidas ou pontos de referência que o torne concretizável em termos práticos, principalmente no que se refere a saber quando é que a questão controversa ou politicamente importante "merece o atributo *essencial*".[867] Dir-se-ia, como ponto negativo, que questões que ontem eram "politicamente controversas" podem, em um futuro não muito distante, tornar-se politicamente indiferentes,[868] o que possibilita a manipulação do critério diante da difícil identificação da "transição do acidental para o relevante com fundamento em objetivos políticos".[869]Ainda, corre-se o risco de fazer depender a qualidade de essencialidade de questões que ganham maior evidência jornalística[870] e que não necessariamente devem ser decididas e beneficiadas com o debate parlamentar. E, por fim, não se pode deixar de colocar a questão de que é o próprio órgão jurisdicional que define tanto os critérios para delimitar aquilo que viria a ser politicamente controverso para a comunidade, bem como de que é ele mesmo que os aplica no caso concreto, funções que acabam por conceder ao Tribunal Constitucional um papel ainda mais de destaque e aumentar sua influência no âmbito de formação da vontade e conflitos políticos do Estado.[871]

Ademais, não existe consenso na doutrina ou na jurisprudência de se as questões politicamente controversas ou importantes demandariam uma lei parlamentar,[872] o que deve ser fundamentado com a análise cui-

---

[867] STAUPE, Jürgen. *Parlamentsvorbehalt und Delegationsbefugnis.* p. 127 (grifou-se); MONCADA, Luís Cabral de. *Lei e Regulamento.* p. 177-178, nota n. 233.

[868] UMBACH, Dieter C. Das Wesentliche an der Wesentlichkeitstheorie. p. 127.

[869] *Idem, ibidem.* Referindo, também, a fácil manipulação do critério e a dificuldade de se alcançar resultados seguros baseados na categoria do "politicamente controverso": KLOEPFER, Michael. Der Vorbehalt des Gesetzes im Wandel. p. 692; PAPIER, Hans-Jürgen. Der Vorbehalt des Gesetzes und seine Grenzen. p. 43.

[870] EBERLE, Carl-Eugen. Gesetzesvorbehalt und Parlamentsvorbehalt. p. 487; MONCADA, Luís Cabral de. *Lei e Regulamento.* p. 178, nota n. 233.

[871] ROTTMANN, Frank. Der Vorbehalt des Gesetzes und die grundrechtlichen Gesetzesvorbehalte. p. 293.

[872] STAUPE, Jürgen. *Parlamentsvorbehalt und Delegationsbefugnis.* p. 128; NEVERMANN, Knut. Lehrplanrevision und Vergesetzlichung. p. 244, esse último referindo que, para além de questões importantes de natureza econômica, o fundamento de flexibilidade das decisões motivou um aumento do âmbito decisório do Governo no âmbito matérias políticas conjunturais e de estabilidade (*Idem, ibidem*).

3. A CONSTRUÇÃO DA DOGMÁTICA ALEMÃ DA RESERVA DE LEI

dadosa da racionalidade material subjacente aos dispositivos que versam sobre a divisão de competências entre os órgãos executivo e legislativo constantes na Lei Fundamental alemã para saber se ela condiz com a ideia de atribuição ao Parlamento da solução das questões politicamente controversas ou importantes.[873] Nesse sentido, fundamentando uma crítica ao pressuposto do "politicamente controverso" para a identificação da reserva de lei, está o fato de a LF alemã não conceder ao Parlamento uma "primazia onipotente" da tomada de decisões fundamentais,[874] já que o modelo do sistema de governo parlamentar alemão preza, conforme já referido, por um equilíbrio da divisão das decisões políticas entre o Governo e o Parlamento,[875] que têm as funções complementadas e relacionadas entre si a ponto de concluir-se por uma "flexibilização" do sentido tradicional da separação de poderes.[876] E, embora se possa dizer que a capacidade de o Parlamento dissolver o Governo indique seu papel decisório no "centro gravitacional do jogo de forças políticas",[877] não se pode esquecer de que também ao Presidente, excepcionalmente, compete o direito de desmembrar o Parlamento sob certas circunstâncias e que ao Chanceler Federal cabe "determinar as diretrizes da política",[878] e que tais regras são reflexo da igual legitimidade institucional e funcional concedida aos três poderes pela Constituição alemã no artigo 20, n. 2.[879]

Mesmo considerando as críticas à teoria da essencialidade, dir-se-ia que há argumentos que indicam um favorecimento do Parlamento

---

[873] Staupe, Jürgen. *Parlamentsvorbehalt und Delegationsbefugnis.* p. 128.

[874] Umbach, Dieter C. Das Wesentliche an der Wesentlichkeitstheorie. p. 125.

[875] Schneuer, Ulrich. Die Lage des parlamentarischen Regierungssystems in der Bundesrepublik in *Staatstheorie und Staatsrecht – Gesammelte Schriften*, 1978. pp. 361-362; Novais, Jorge Reis. *Semipresidencialismo.* p. 64.

[876] Queiroz, Cristina. *O Sistema de Governo Semi-Presidencial.* p. 32.

[877] Assim, conforme anteriormente citado: Schneider, Hans-Peter. Das parlamentarische System. p. 252.

[878] Papier utiliza esse último exemplo para argumentar contra a teoria da essencialidade no sentido de que ela criaria uma "reserva parlamentar geral não-escrita para atos de gestão política do Estado" que iria contra o direito constitucional escrito, já que a LF atribui inúmeras decisões políticas explicitamente não ao Parlamento, mas ao Poder Executivo, como é o caso dos artigos 65, n. 1; 68 e 81 dessa Constituição (Papier, Hans-Jürgen. Der Vorbehalt des Gesetzes und seine Grenzen. p. 42).

[879] Reflexões críticas colocadas por: Umbach, Dieter C. Das Wesentliche an der Wesentlichkeitstheorie. pp. 125-126.

na tomada das decisões essenciais tanto no texto da LF como os derivados de sua consonância com o sistema de governo parlamentar e que contribuem para a consideração, pelo menos, da ideia da essencialidade como forma de orientar a divisão de competências material, quando não houver solução abstrata para tal ou quando se estiver diante de "zonas duvidosas", como são os casos das leis que contenham apenas um efeito restritivo indireto a um direito fundamental.[880] Dir-se-ia, por isso, que a atribuição de capacidade ao Parlamento de decidir sobre questões fundamentais justificar-se-ia por este garantir a *publicidade* de suas fases, possibilitando que os cidadãos façam parte ativamente do processo decisório, ao ver suas opiniões e interesses serem defendidos por seus representantes e por poder controlá-los.[881] O debate público possibilita uma melhor avaliação dos interesses em conflito e da argumentação que fundamenta sua ponderação na escolha das medidas empregadas pelo legislador. Ademais, diante do texto do artigo 80 da LF, pode-se concluir que a Constituição atribui unicamente ao Parlamento o papel de "determinar os traços principais do bem comum estatal segundo o sentido, a finalidade e a essência"[882] e deixou ao Poder Executivo a tarefa de detalhá-los para aplicação ao caso concreto.[883] Assim, o Parlamento não se exime da responsabilidade decorrente de suas competências de condução e de controle, já que regulamenta os âmbitos "social e politicamente importantes" e limita a atuação do Poder Executivo por uma autorização precisa,[884] afastando-se da situação de sobrecarga de trabalho que eventualmente poderia surgir em razão da inclusão das exi-

---

[880] Assim o entendimento de: NOVAIS, Jorge Reis. *As restrições aos direitos fundamentais não expressamente autorizadas pela Constituição.* pp. 878-879.

[881] CLEMENT, Walter. *Der Vorbehalt des Gesetzes, insbesondere bei öffentlichen Leistungen und öffentlichen Einrichtungen.* p. 129; KISKER, Gunter. Zuständigkeit des Parlaments für politische Leitentscheidungen. pp. 58-59; MONCADA, Luís Cabral de. *Lei e Regulamento.* p. 173. Assim, também, Jorge Reis Novais, quando refere que a "justificação material da reserva parlamentar reside, hoje, quase exclusivamente (...) nos *ganhos* de transparência, pluralismo, participação e integração proporcionados pelo processo legislativo parlamentar relativamente à legislação oriunda do Executivo nacional" (NOVAIS, Jorge Reis. *As restrições aos direitos fundamentais não expressamente autorizadas pela Constituição.* p. 878) (grifos do autor).

[882] CLEMENT, Walter. *Der Vorbehalt des Gesetzes, insbesondere bei öffentlichen Leistungen und öffentlichen Einrichtungen.* p. 130.

[883] *Idem, ibidem.*

[884] *Idem,* pp. 126 e 130.

3. A CONSTRUÇÃO DA DOGMÁTICA ALEMÃ DA RESERVA DE LEI

gências do Estado Social na reserva de lei. Com isso, não está excluído o Poder Executivo da participação e até da influência na decisão sobre as questões essenciais da comunidade. Ao contrário, o que a teoria da essencialidade pretende transmitir é que ao Parlamento cabe a definição dos traços principais das matérias essenciais, e assim, quanto mais essencial for a matéria, maior é sua obrigação de normação, reservando-lhe um âmbito de tarefas limitado, de que não fica excluída a capacidade de delegação de regulamentação concretizadora ou detalhadora da matéria essencial ao Poder Executivo.[885]

As constantes críticas à teoria no sentido de sua falta de precisão e de previsibilidade e da insegurança que causa ao cidadão, já que a definição daquilo que é fundamental sobre uma matéria acaba por ser o que o Tribunal Constitucional entende por essencial,[886] levam aos autores a igno-

---

[885] ARNAULD, Andreas von. *Die Freiheitsrechte und ihre Schranken*. p. 156. Admitindo vantagens na aplicação da teoria, principalmente pelo fato de que "a essencialidade de certos assuntos não se confunde com o monopólio parlamentar dos temas que interessam ao indivíduo e à comunidade, pelo que de fora ficam inúmeros domínios, abertos à capacidade normativa do executivo(...)", embora reconheça a dificuldade de justificação, diante do texto da LF, de zonas competência originária desse poder: MONCADA, Luís Cabral de. *Lei e Regulamento*. pp. 199-200. Ao contrário do exposto, criticando justamente o fato de a teoria da essencialidade negar qualquer âmbito decisório ao Poder Executivo nas matérias fundamentalmente relevantes: PAPIER, Hans-Jürgen. *Der Vorbehalt des Gesetzes und seine Grenzen*. p. 45.

[886] KLOEPFER, Michael. *Der Vorbehalt des Gesetzes im Wandel*. p. 692; ROTTMANN, Frank. *Der Vorbehalt des Gesetzes und die grundrechtlichen Gesetzesvorbehalte*. p. 292; PAPIER, Hans-Jürgen. *Der Vorbehalt des Gesetzes und seine Grenzen*. p. 42; OSSENBÜHL, Fritz. *Der Vorbehalt des Gesetzes und seine Grenzen*. pp. 25-26. Assim, também é a conclusão de Sérvulo Correia quando refere que "na prática, é o Tribunal Constitucional Federal que, através de uma interpretação abrogante, está a rever a Constituição neste domínio, com o apoio da doutrina majoritária" (CORREIA, Sérvulo. *Legalidade e autonomia contratual nos contratos administrativos*. p. 106). Diversamente, Ehrardt Soares aponta justamente o fato de a teoria da essencialidade não produzir uma fórmula de aplicação certa como sendo sua vantagem, já que a definição daquilo que exige a lei formal "é fundamentalmente uma questão de medida. E uma medida que não se preocupa apenas com a repartição de sectores ou campos de actividade, estabelecendo uma gradação de vinculações legais do género 'a segurança social exige uma reserva de lei completa; a educação uma simples enunciação de fins'. O que se pede é a apreciação da gravidade de cada uma das ofensas potenciais a valores mais ou menos vivamente sentidos pela comunidade, num certo momento histórico; de tal modo que num sector pouco sensibilizante, como o da energia, podem surgir questões altamente comovedoras da consciência colectiva, do estilo das da energia atómica" (SOARES, R. Ehrardt. *Princípio da legalidade e administração constitutiva*. p. 184; nesse sentido, também: MONCADA, Luís Cabral de. *Lei e Regulamento*. pp. 174-175).

AS RESTRIÇÕES AOS DIREITOS FUNDAMENTAIS POR ATO NORMATIVO DO PODER EXECUTIVO

rar a capacidade contributiva de seus ditames. Entretanto é importante ressaltar que a teoria da essencialidade cumpre seu papel no sentido de servir como uma fundamentação da *finalidade* e do *sentido* da reserva de lei em qualquer constituição, que seria a de atribuir aos representantes do povo o papel de decidir sobre as questões especialmente importantes para determinada sociedade, proporcionando a previsibilidade e a confiança na tomada de decisão estatal ao cidadão.[887]No que diz respeito às restrições aos direitos fundamentais, significa isso dizer que o papel central da reserva de lei é garantir a contenção do poder do estado e vincular a competência decisória do Poder Executivo pela previsão, por parte do Parlamento, da finalidade e sentido da intervenção na esfera jurídica do cidadão.[888] Para tanto, é indiferente saber se a restrição é efeito direto ou indireto da norma, mas somente se o órgão que assim atua é legitimado para tal e se age de acordo com as garantias de estado de direito previstas na Constituição.[889]Assim, relativamente ao sistema de reserva de qualquer texto constitucional, a sua relação com a reserva geral de lei e a proposta da teoria da essencialidade seria que essa última proporcionaria uma espécie de "medida mínima" daquilo que deve ser previsto em lei, sem, entretanto, ser ignorada a possibilidade de excedência desse mínimo material pelas reservas especiais dos direitos fundamentais.[890]

---

[887] ARNAULD, Andreas von. *Die Freiheitsrechte und ihre Schranken.* p. 156. Papier faz a ressalva de que não se pode esquecer de que na LF ao Parlamento "como órgão (mais forte) democraticamente legitimado" é atribuída "uma participação da direção do Estado" e que, embora não se possa extrair daí uma "*totalvorbehalt*", impede também que se considere uma presunção a favor do Poder Executivo nesse mesmo âmbito (PAPIER, Hans-Jürgen. Der Vorbehalt des Gesetzes und seine Grenzen. pp. 49-50).

[888] ARNAULD, Andreas von. *Die Freiheitsrechte und ihre Schranken.* pp. 157-159.

[889] *Idem*, pp. 157-158.

[890] *Idem*, p. 160.

Capítulo 4
A Competência para Restrição a Direitos Fundamentais na Constituição Portuguesa

A definição da competência normativa restritiva de direitos fundamentais em um âmbito constitucional depende também da análise das escolhas do poder constituinte ao definir seu regime. Expor-se-ão, nos dois capítulos seguintes, as especificidades dos diferentes sistemas de reserva de lei e os contornos da divisão material de competência legislativa prevista nas ordens constitucionais portuguesa e brasileira, atendendo, também, ao significado da ausência ou previsão da reserva de lei restritiva de direitos fundamentais em ambos os textos constitucionais. Objetiva-se, ao final da análise da positivação constitucional feita nos capítulos IV e V, averiguar (a) a capacidade das reservas constitucionalmente expressas de estabelecer exaustivamente a distribuição de competência material entre os órgãos responsáveis pela emanação legislativa no âmbito dos dois ordenamentos jurídico-constitucionais em análise ou, diversamente, (b) aceitar, em combinação com o exame da competência normativa constitucionalmente prevista e por julgar-se necessária uma construção dogmática orientada às particularidades de cada ordenamento jurídico, a contribuição da teoria da essencialidade para oferecer respostas para a solução dos casos difíceis de divisão de competência normativa entre os poderes Executivo e Legislativo no âmbito dos direitos fundamentais.[891]

---

[891] Segue-se a orientação de Hans-Jürgen Papier, quando refere que a teoria da essencialidade somente alcançará precisamente seus "contornos internos", se conformada com a Lei

4.1. A competência restritiva de direitos fundamentais na Constituição portuguesa

A reflexão sobre a reserva de lei na Constituição portuguesa deve considerar sua estrutura para buscar respostas sobre a divisão de competências normativas no âmbito dos direitos fundamentais. Assim, salienta-se como pontos fundamentais a serem tratados no capítulo: 1) existindo a previsão da condição da autorização expressa das restrições (artigo 18, n. 2, da CRP), se eventualmente haveria a capacidade de o legislador e, em alguns casos, o Governo, emitir normas restritivas, quando as circunstâncias exijam a dispensa dessa exigência; 2) havendo previsão expressa de matérias incluídas na reserva absoluta e na reserva relativa de competência parlamentar (artigos 164 e 165 da CRP), questiona-se se daí pode ser concluído o tratamento definitivo e exaustivo da divisão de competências normativas em todo o campo da matéria de direitos fundamentais.[892] Inicia-se o tratamento da capacidade normativa restritiva a

---

Fundamental alemã (PAPIER, Hans-Jürgen. Der Vorbehalt des Gesetzes und seine Grenzen. p. 50) e de Jorge Reis Novais, por entender a utilidade da teoria da essencialidade, no âmbito da CRP, como critério auxiliar na interpretação da divisão de competências legislativas constitucionalmente prevista (NOVAIS, Jorge Reis. *As restrições aos direitos fundamentais não expressamente autorizadas pela Constituição*. pp. 874-880).

[892] Concluindo negativamente sobre a questão: COUTINHO, Luís Pedro Pereira. Regime orgânico dos direitos, liberdades e garantias e determinação normativa. Reserva de parlamento e reserva de acto legislativo. pp. 557-558. A investigação não aborda as discussões sobre o sentido da lei na Constituição portuguesa, cuja divisão doutrinária pode ser feita em: a) aqueles que a atribuem um sentido formal, definida como "o ato que provier de órgão constitucionalmente dotado de competências legislativas, elaborado de acordo com as regras disciplinadoras do procedimento legislativo e portador de forma de lei", independentemente de seu conteúdo; b) os que entendem que a lei é resultado do exercício da função política de um órgão constituído e que pode ser materialmente identificada como prescrições dotadas de generalidade e abstração (o tratamento da divisão da doutrina sobre o conceito de lei na CRP foi retirado de: CORREIA, Maria Lúcia da Conceição Abrantes Amaral Pinto. *Responsabilidade do Estado e dever de indemnizar do legislador*. Coimbra: Coimbra editora, 1998. pp. 229 e ss). Parte-se do pressuposto de que lei é, no âmbito dessa Constituição, qualquer dos atos normativos elencados no artigo 112, n. 1 e que resultam do exercício da função legislativa dos poderes constituídos, sem, entretanto, ignorar-se que a lei deve observar o conjunto de valores e princípios fundamentais da Constituição para que esteja materialmente em conformidade com uma ideia de justiça, sendo assim, certo que "a validade da lei já não está em si própria, mas na sua conformidade ou compatibilidade com os objetivos e os princípios constitucionais" (PIÇARRA, Nuno. *A separação dos poderes como doutrina e princípio constitucional: um contributo para o estudo das suas origens e evolução*. Coimbra: Coimbra editora, 1989. p. 261).

direitos fundamentais dos órgãos constituídos no âmbito constitucional português pela análise desta última questão.

4.1.1. A divisão material de competência legislativa prevista na ordem constitucional portuguesa (artigos 164 e 165 da CRP)

O fato de a CRP catalogar de forma expressa as matérias reservadas ao tratamento absoluto e relativo pelo Parlamento (artigos 164 e 165 da CRP), somado à estrutura constitucional do Governo e à atribuição de capacidades legislativas concorrentes, complementares e autônomas a esse órgão,[893] deixa dúvidas quanto à extensão da competência normativa do Poder Executivo em âmbito de direitos fundamentais. Trata-se de saber, relativamente ao tema da exposição, o que deve o legislador ordinário prever quando emite normas restritivas de direitos fundamentais, ou seja, qual a densidade normativa dessas leis, e se pode eventualmente habilitar o Poder Executivo a tomar decisões nesse âmbito, questões que não são respondidas somente pela análise da positividade constitucional, como se verá adiante. Ademais, no que se refere à capacidade normativa regulamentar em sede de direitos fundamentais, também o recurso às reservas não resolve "sobre os tipos de regulamentos aqui admissíveis (...) e as margens de livre apreciação e decisão que a lei pode conferir à Administração" e, mesmo, quando poderia essa última agir em termos restritivos na ausência de lei e quais os "limites e requisitos constitucionais" de uma tal atuação.[894]

O texto constitucional português divide a competência parlamentar em três níveis, quais sejam, (a) matérias absolutamente reservadas à AR (artigo 164); (b) matérias relativamente reservadas, que podem ser objeto de autorização à legislação governamental (artigo 165) e (c) todo o resto das matérias que, à exceção do âmbito normativo exclusivo do Governo, são incluídas no âmbito concorrencial com esse último.[895]

---

[893] Previstas no artigo 198, n. 1, alínea *a* e *c*, e n. 2, da CRP, respectivamente. Assim, acentuando como traço específico da questão da legalidade no sistema português a existência de capacidades legislativas concorrentes e autônomas do Governo: MONCADA, Luís Cabral. Legalidade, procedimento normativo e "rule of law"; uma perspectiva comparada in *Polis*, Ano I/II, ns. 4/5, 1995. p. 416.

[894] NOVAIS, Jorge Reis. *As restrições aos direitos fundamentais não expressamente autorizadas pela Constituição*. pp. 830-831.

[895] Assim, por todos: CANOTILHO, José Joaquim Gomes; MOREIRA, Vital. *Constituição da República Portuguesa anotada*, 4ª edição revista. Vol. II. Coimbra: Coimbra editora, 2010. p. 308.

Relativamente aos direitos fundamentais, no artigo 164 são atribuídos ao Parlamento o tratamento das bases do sistema de ensino (alínea *i*) e as restrições ao exercício de direitos por militares e agentes militarizados dos quadros permanentes em serviço efetivo, bem como por agentes dos serviços e forças de segurança (alínea *o*). É subjacente à reserva absoluta de lei a ideia de "constituição política em sentido estrito",[896] ou seja, são poucas as alíneas que obrigam a regulamentação apenas por lei parlamentar de assuntos relacionados aos direitos fundamentais, sendo as matérias, em sua maioria, relacionadas às questões de formação da vontade política, organização, regime de exceção constitucional e elementos pessoal e territorial do Estado português.[897] Ademais, a atribuição de tratamento das matéria de forma absoluta ao Parlamento significa que, à exceção da alínea *i*, ele não pode limitar-se a emitir as bases gerais sobre o assunto e habilitar o Governo ao seu desenvolvimento e tampouco pode capacitá-lo de regulamentação de aspectos fundamentais do objeto por meio de regulamentos administrativos, sendo possível nesse âmbito apenas normações que executem a lei e não que inovem ou mesmo que a reproduzam.[898]

O artigo 165 dispõe sobre as matérias que são objeto, a princípio, de lei parlamentar, já que o Parlamento é o órgão "mais idôneo para regular" sobre elas,[899] mas que, em virtude de um alargamento do âmbito subjetivo procedido pela Constituição,[900] esse dispõe de capacidade de autorizar o Governo, desde que cumpridas as exigências previstas para tal (artigo 165, n. 2) e que servem como orientações políticas para a legislação autorizada,[901] a legislar sobre o assunto. Estão previstas nas alíneas *a* a *h* matérias relacionadas aos direitos fundamentais, sendo a alínea *b* a fundamental para a discussão aqui procedida, já que dispõe que "é de exclusiva competência da Assembleia da República legislar sobre (...), salvo autorização ao Governo: b) direitos, liberdades e garantias".

---

[896] *Idem*, p. 309.

[897] Assim, discriminando as alíneas conforme os assuntos: *Idem*, p. 309.

[898] *Idem*, p. 310.

[899] MEDEIROS, Rui; MIRANDA, Jorge. *Constituição portuguesa anotada*. Tomo II. Coimbra: Coimbra editora, 2006. p. 538.

[900] *Idem*, p. 538.

[901] CANOTILHO, José Joaquim Gomes; MOREIRA, Vital. *Constituição da República Portuguesa anotada*. Vol. II. p. 337.

4. A COMPETÊNCIA PARA RESTRIÇÃO A DIREITOS FUNDAMENTAIS NA CONSTITUIÇÃO

A reserva de lei na Constituição portuguesa reflete a opção do constituinte pela tipificação de casos em que é concedida importância ao processo legislativo próprio do Parlamento, de que ficariam, em uma primeira leitura do sentido da reserva, excluídas as normas primárias sobre os assuntos reservados que provenham de outros órgãos,[902] e cujo olhar mais aprofundado faz surgir, inevitavelmente, dúvidas sobre a extensão da competência parlamentar relativamente a cada uma das matérias previstas. Pode-se fazer uma diferenciação, assim acompanhando parte da doutrina e a jurisprudência constitucional, da competência parlamentar segundo um critério de "menor, maior ou total exclusividade referida aos potenciais conteúdos de legislação" que,[903] levando em conta os preceitos constitucionais, seria a atribuição da competência ao Parlamento de regulamentar (a) todo o âmbito da matéria ("nível mais exigente"), de que seria exemplo a alínea *b* do artigo 165; (b) o regime geral da matéria ("nível menos exigente"), ou seja, caberia à Assembleia da República "definir o regime comum ou normal" da matéria,[904] como são os casos, no que diz respeito às matérias relacionadas aos direitos fundamentais, das alíneas *d, e* e *h* do artigo 165;[905] (c) as bases gerais do regime jurídico da matéria, de que são exemplos a alínea *i* do artigo 164 (reserva absoluta das bases gerais do sistema de ensino) e as alíneas *f* e *g* do artigo 165 (reserva relativa sobre as bases do sistema de segurança social e do serviço nacional de saúde e as bases do sistema de proteção da natureza, do equilíbrio ecológico e do patrimônio cultural, respectivamente), dos artigos que se relacionam ao tratamento de matéria ligada aos direitos fundamentais.[906] Nesse último

---

[902] VAZ, Manuel Afonso. *Lei e reserva de lei.* p. 431.

[903] *Idem*, p. 430.

[904] Acórdão n. 3/89 do TC português; MEDEIROS, Rui; MIRANDA, Jorge. *Constituição portuguesa anotada.* Tomo II. p. 517.

[905] Assim, a Constituição define que cabe ao Parlamento, de forma relativa, legislar sobre: "(...) d) regime geral de punição das infracções disciplinares, bem como dos actos ilícitos de mera ordenação social e do respectivo processo; e) regime geral da requisição e da expropriação por utilidade pública; (...) h) regime geral do arrendamento rural e urbano".

[906] Seguiu-se o esquema referido no Acórdão n. 3/89 e, ademais, mencionado na doutrina em: MEDEIROS, Rui; MIRANDA, Jorge. *Constituição portuguesa anotada.* Tomo II. p. 517; MIRANDA, Jorge. *Manual de Direito Constitucional.* Tomo V. pp. 254-255; CANOTILHO, José Joaquim Gomes; MOREIRA, Vital. *Constituição da República Portuguesa anotada.* Vol. II. p. 325; VAZ, Manuel Afonso. *Lei e reserva de lei.* p. 430; ANDRADE, José Carlos Vieira de. Autonomia

caso, a Assembleia da República pode deixar ao Governo a capacidade de *desenvolver* as bases gerais,[907] embora essas últimas sejam de difícil definição, de que pode-se concluir, pelo menos, que cabe ao Parlamento, ao legislar sobre as bases gerais, "tomar as opções político-legislativas fundamentais" e "definir a disciplina básica do regime jurídico, não podendo limitar-se a simples normas de remissão ou normas praticamente em branco".[908]

Além da dificuldade de precisão do que significariam os regimes jurídicos e bases gerais de um determinado âmbito material, dúvida maior surge com relação à definição daquilo que *deve* ser objeto de tratamento pelo próprio legislador ordinário no âmbito dos direitos, liberdades e garantias e suas restrições,[909] já que a reserva aí abrange, segundo uma primeira leitura do artigo, *toda* a matéria de direitos fundamentais, embora o seu tratamento legislativo possa ser delegado ao Governo, desde que respeitadas as exigências previstas no número 2 do artigo 165.[910] A doutrina portuguesa tende a ser unânime no sentido de entender que a reserva relativa de lei, no casos dos direitos fundamentais, abrangeria "por um lado, os direitos na sua integralidade e, por outro lado, todo o tipo de intervenção legislativa",[911] nesse último caso, mesmo que a lei se limitasse a reproduzir o conteúdo de lei parlamentar, bem como se a

---

regulamentar e reserva de lei. p. 8; Novais, Jorge Reis. *As restrições aos direitos fundamentais não expressamente autorizadas pela Constituição*. pp. 874, nota 1585.

[907] Assim, conforme o artigo 198, n. 1, alínea "c" da CRP.

[908] Canotilho, José Joaquim Gomes; Moreira, Vital. *Constituição da República Portuguesa anotada*. Vol. II. pp. 325 e 313, referindo-se, nessa última, às bases do sistema de ensino. Nesse sentido também é a opinião de Jorge Miranda ao definir que a obrigação do legislador, quando regulamenta os regimes gerais ou bases gerais de alguma matéria, é "imprimir um conteúdo útil, uma densificação suficiente, uma direcção específica à lei a emitir" (Miranda, Jorge. Sobre a reserva constitucional da função legislativa in Miranda, Jorge (org.), *Perspectivas Constitucionais. Nos 20 anos da Constituição de 1976*. Vol. II. Coimbra: Coimbra editora, 1997. p. 888).

[909] Assim, a perspectiva do problema tratada por: Coutinho, Luís Pedro Pereira. Regime orgânico dos direitos, liberdades e garantias e determinação normativa. p. 534.

[910] Assim, por todos: Canotilho, José Joaquim Gomes; Moreira, Vital. *Constituição da República Portuguesa anotada*. Vol. II. pp. 326-327; Medeiros, Rui; Miranda, Jorge. *Constituição portuguesa anotada*. Tomo II. p. 535.

[911] Sousa, Marcelo Rebelo de; Alexandrino, José de Melo. *Constituição da República Portuguesa comentada*. Lisboa: Lex, 2000.pp. 282; Coutinho, Luís Pedro Pereira. Regime orgânico dos direitos, liberdades e garantias e determinação normativa. pp. 541-542; Andrade, José Carlos Vieira de. Autonomia regulamentar e reserva de lei. pp. 8-9 e 12; Miranda, Jorge.

4. A COMPETÊNCIA PARA RESTRIÇÃO A DIREITOS FUNDAMENTAIS NA CONSTITUIÇÃO

interprete ou se venha a conformar ou regular as condições de exercício dos direitos.[912] Isso quer dizer que o Governo *"não pode legislar* sobre nenhum aspecto da matéria de direitos, liberdades e garantias", independentemente da forma legislativa que tenha a intenção de emitir,[913] ou seja, não pode nem mesmo emitir decretos-lei de desenvolvimento das bases gerais eventualmente previstas pelo legislativo,[914] a não ser quando autorizado.[915] No caso da competência regulamentar do Governo, há opiniões mais rígidas, no sentido de (a) atribuição ao artigo de um significado de *"reserva absoluta de lei material"*, ou seja, embora haja a possibilidade de o Parlamento autorizar a emissão de regulamentos de execução referentemente aos direitos fundamentais, sobre alguns aspectos desses direitos, como é o caso das restrições, o Parlamento estaria impedido de autorizar qualquer tipo de regulamento administrativo;[916] e (b) quem, num sentido mais moderado, confere à reserva de lei um sentido *elástico*

Manual de Direito Constitucional. Tomo IV. pp. 469-470; CANOTILHO, José Joaquim Gomes; MOREIRA, Vital. *Constituição da República Portuguesa anotada.* Vol. II. p. 327.

[912] SOUSA, Marcelo Rebelo de; ALEXANDRINO, José de Melo. *Constituição da República Portuguesa comentada.* p. 282; MIRANDA, Jorge. *Manual de Direito Constitucional.* Tomo IV. p. 471, esse último, referindo que a "simples reprodução ou renovação de normas até então em vigor" podem dar espaço para o Governo "alterar na prática um regime legislativo e invadir a competência da Assembleia" (*Idem, ibidem*).

[913] ANDRADE, José Carlos Vieira de. Autonomia regulamentar e reserva de lei. p. 10 (grifos do autor).

[914] MIRANDA, Jorge. *Manual de Direito Constitucional.* Tomo IV. p. 470; MEDEIROS, Rui; MIRANDA, Jorge. *Constituição portuguesa anotada.* Tomo II. p. 535.

[915] *Idem, ibidem*; ANDRADE, José Carlos Vieira de. Autonomia regulamentar e reserva de lei., p. 10; SOUSA, Marcelo Rebelo de; ALEXANDRINO, José de Melo. *Constituição da República Portuguesa comentada.* p. 283.

[916] Nesse sentido: CANOTILHO, José Joaquim Gomes; MOREIRA, Vital. *Constituição da República Portuguesa anotada.* Vol. II. p. 326. Aceitando, também, a emissão de regulamentos de mera execução da lei em relação à matéria de direitos fundamentais em geral: SOUSA, Marcelo Rebelo de; ALEXANDRINO, José de Melo. *Constituição da República Portuguesa comentada.* p. 284. Indo mais além e aceitando, diversamente à opinião discutida, regulamentos executivos ou "regulamentos que disciplinam aqueles aspectos de pormenor, acessórios ou instrumentais que são necessários à boa execução da lei" também em matéria de restrições a direitos fundamentais: MEDEIROS, Rui; MIRANDA, Jorge. *Constituição portuguesa anotada.* Tomo I. 2ª edição. Coimbra: Coimbra editora, 2010. p. 359, opinião que tem apoio na jurisprudência constitucional, assim, conforme o Acórdão 398/2008 que delimita que "em matérias que impliquem restrições ou condicionamentos essenciais ao exercício de liberdades fundamentais só são constitucionalmente admissíveis os regulamentos de execução", também referido pelos autores (*Idem*, p. 362). Voltar-se-á ao assunto no capítulo VI da investigação.

e conceba sua compressão para possibilitar à administração a emissão de regulamentos de desenvolvimento, concretização, adaptação de norma legislativa e de execução, desde que para regular "questões secundárias ou menos importantes" e "desde que boas razões (de eficiência, de flexibilidade, de proximidade dos factos, por exemplo)" existam, em qualquer caso, sempre quando autorizado.[917]

As dificuldades surgiriam na definição da densidade normativa da lei parlamentar quando trata sobre direitos, liberdades e garantias, ou seja, na delimitação da matéria sobre a qual o Parlamento é *obrigado* a emitir normas e sobre os assuntos, referentes aos direitos fundamentais, que podem ser objeto de autorização para o Governo legislar. Com relação a esse problema, alguns autores utilizam-se da teoria da essencialidade como *topoi* para a definição da densidade normativa em matéria de direitos fundamentais, realizando uma ponderação caso a caso que consideraria, em geral, o tipo do direito em causa e a natureza da decisão a ser tomada, bem como o tipo de lei a ser emitida e os princípios que fundamentam a existência da reserva de lei e que exigem ou não a prevalência do processo parlamentar no caso concreto.[918] Seguramente, das normas que se destinem a restringir direitos fundamentais será exigida uma maior densidade normativa, embora não se exclua também nesse âmbito ponderações que atendam "à específica posição jurídica objecto da restrição e à intensidade ablativa da mesma".[919] Poder-se-ia falar, inclusive, em uma proibição de autorização ao Governo de regulamentar determinadas matérias, como são exemplos "alguns aspectos respeitantes ao direito à vida, ao direito à integridade pessoal ou à liberdade de consciência e de religião",[920] cuja importância exigem a intervenção parlamentar.

---

[917] ANDRADE, José Carlos Vieira de. Autonomia regulamentar e reserva de lei. pp.12 e ss.

[918] Assim: COUTINHO, Luís Pedro Pereira. Regime orgânico dos direitos, liberdades e garantias e determinação normativa. pp. 535 e ss, 540-542; ANDRADE, José Carlos Vieira de. Autonomia regulamentar e reserva de lei. pp. 9-10; SOUSA, Marcelo Rebelo de; ALEXANDRINO, José de Melo. *Constituição da República Portuguesa comentada.* pp. 284. Voltar-se-á ao assunto da importância da utilização do critério da essencialidade mesmo em constituições que prevejam a divisão material de competências normativas no ponto 6.1 da exposição.

[919] COUTINHO, Luís Pedro Pereira. Regime orgânico dos direitos, liberdades e garantias e determinação normativa. pp. 542-543.

[920] *Idem*, p. 558.

4. A COMPETÊNCIA PARA RESTRIÇÃO A DIREITOS FUNDAMENTAIS NA CONSTITUIÇÃO

Entende-se, desde já, como premissa para futuras conclusões que deve ser excluído um sentido rígido e literal da alínea *b* do artigo 165 da CRP, ou seja, não se considera que seja reservado ao legislador tratar de "tudo o que respeite a direitos, liberdades e garantias",[921] já que uma tal obrigação fugiria às exigências do Estado Social e o papel positivo dos Governos em relação aos direitos fundamentais, bem como seria incompatível com as capacidades normativas autônomas e concorrentes atribuídas ao Governo pelo próprio texto constitucional português, em razão de que, no exercício dessas competências, o Poder Executivo poderá eventualmente tocar uma questão importante ou mesmo marginal desses direitos.[922]

Isso porque, se é admitida a impossibilidade de se definir e quantificar, "de uma vez por todas", a reserva material de lei mesmo quando exista uma divisão material de competências,[923] já que o objeto de que se fala "não é rigidamente precisável", mas variável e fluido,[924] pode-se considerar tal premissa também para comprimir o sentido da reserva em algumas situações.[925] Entende-se que o caráter multifacetado dos direitos fundamentais, de que decorrem diferentes direitos, obrigações e faculdades, as diferenças que têm entre si, sendo uns mais ligados a princípios e valores fundamentais e outros com maior capacidade de entrar em conflito com outros direitos ou bens, somado ainda à multiplicidade de qualidade das normas que os regulamentam, permite uma compreensão *"não integrista* da reserva de lei".[926] Sendo assim, a definição

---

[921] Assim, a opinião crítica de: NOVAIS, Jorge Reis. *As restrições aos direitos fundamentais não expressamente autorizadas pela Constituição.* pp. 872-876, em especial, p. 875.

[922] Assim: *Idem*, pp. 872 e 875. Considera-se que, no exercício legítimo das competências normativas pelo Poder Executivo, haja a possibilidade de ocorrência de *efeitos restritivos indiretos* nos direitos fundamentais (*Idem*, *ibidem*) que não devem ser ignorados, e sim fiscalizados tal como uma restrição parlamentar constitucionalmente autorizada.

[923] COUTINHO, Luís Pedro Pereira. Regime orgânico dos direitos, liberdades e garantias e determinação normativa. p. 537.

[924] *Idem*, p. 536.

[925] Assim, considerando sua compressão para conceder à administração maiores poderes regulamentares, conforme já referido: ANDRADE, José Carlos Vieira de. Autonomia regulamentar e reserva de lei. pp. 12 e ss. Concorda-se com a ideia do autor e voltar-se-á a referi-la adiante.

[926] *Idem*, p. 15-18, embora o autor esteja a tratar da capacidade de regulamentação do Governo no âmbito dos direitos fundamentais, conforme já observado e embora determine que o entendimento "não integrista" se refira ao fato de não ser sempre imposto ao legislador o

daquilo que deve ser objeto de regulamentação relativamente aos direitos fundamentais depende da apreciação das situações em concreto, o que inclui considerar o fato de a matéria ser reservada constitucionalmente ao Parlamento e o peso do afastamento de sua obrigatoriedade, no sentido de avaliar a relevância da intervenção da decisão no âmbito do direito fundamental e a decorrente exigência ou não dos benefícios proporcionados pelo processo parlamentar.[927] Atribui-se, então, importância decisiva ao "conteúdo da norma" referente aos direitos fundamentais,[928] e não tanto ao fato de a matéria ser objeto de reserva relativa parlamentar expressa,[929] já que a extensão da reserva não é definida em termos precisos na Constituição e, conforme já anteriormente referido, inevitavelmente o Governo terá que tangenciar o âmbito de proteção de algum direito fundamental no uso de suas competências constitucionalmente previstas. Assim, certo é, por razões que adiante serão expostas, que as restrições diretas e intencionais aos direitos fundamentais, e mesmo nos casos em que a restrição não se dê de forma intencional, mas que seus efeitos sejam relevantes para o direito em questão, bem como as normas que estabeleçam os fundamentos e desenvolvimentos dos aspectos gerais de um direito fundamental, alterando-o ou "materializando-o", justificarão, por sua importância, a intervenção do Parlamento.[930] Ao contrário, as normas que tratam de "aspectos puramente marginais dos direitos fundamentais" e do seu

---

"dever de disciplinar de modo integral" a matéria de direitos, liberdades e garantias, antes podendo autorizar "a intervenção de regulamentos administrativos para a complementação em aspectos secundários, adaptação ou execução do regime legalmente determinado (*Idem*, pp. 14-15). Entende-se aqui que nem sempre há a necessidade de prévia autorização para a atuação do Governo em sede de direitos fundamentais, pois inevitavelmente ele pode vir a tocar aspectos desses direitos em normação autônoma ou concorrente.

[927] NOVAIS, Jorge Reis. *As restrições aos direitos fundamentais não expressamente autorizadas pela Constituição*. p. 876. Voltar-se-á ao tema adiante.

[928] Assim: *Idem*, pp. 876 e 879-880.

[929] Ao contrário, por todos: MIRANDA, Jorge. *Manual de Direito Constitucional*. Tomo IV. pp. 469-470,em especial, p. 470, nota n. 2.

[930] NOVAIS, Jorge Reis. *As restrições aos direitos fundamentais não expressamente autorizadas pela Constituição*. pp. 878 e 880. Assim, referindo que as normas referentes à restrição aos direitos fundamentais só podem ser emitidas por lei parlamentar "ou com base numa lei que determine todos os aspectos essenciais da restrição": ANDRADE, José Carlos Vieira de. Autonomia regulamentar e reserva de lei. p. 30. É interessante notar que a noção de necessidade de lei emitida pelo Poder Legislativo para a criação de direitos e obrigações já se encontra na

4. A COMPETÊNCIA PARA RESTRIÇÃO A DIREITOS FUNDAMENTAIS NA CONSTITUIÇÃO

"desenvolvimento não controverso", ou seja, nos casos em que o Governo não inova ou regulamenta o exercício dos direitos no mesmo sentido que o legislador viria a legislar, dispensar-se-ia a autorização parlamentar para a sua emissão.[931]

4.1.2. O significado da reserva de lei restritiva constitucionalmente expressa: o artigo 18, n. 2, da CRP

A segunda questão a ser abordada, qual seja, sobre o significado da previsão de obrigatoriedade de autorização expressa para emissão de leis restritivas de direitos fundamentais (artigo 18, n. 2, da CRP) será então tratada a seguir.[932] Apresentam-se as diferentes posições da doutrina portuguesa relativamente a esse artigo no sentido de: (a) conferir "relevância absoluta" ao preceito, ou seja, toda a emanação de leis restritivas deve ser previamente autorizada; (b) relativizar o sentido da proibição e (c) desconsiderar absolutamente o dispositivo, desprovendo-lhe de qualquer sentido jurídico.[933]

Primeiramente, expõe-se a opinião dos autores que concedem "relevância absoluta" à norma da obrigatoriedade de reserva de lei restritiva, embora com justificações diversas e, eventualmente, construindo estratégias dogmáticas para justificar a existência de restrições não autorizadas. Assim, duas são as opiniões principais que levam em conta categoricamente os dizeres do artigo 18, n. 2, de que se diferenciam as criações dogmáticas que sustentam essa inafastabilidade da proibição, quais sejam: (a) no primeiro caso, as restrições aos direitos fundamentais só são permitidas quando autorizadas constitucionalmente, qualquer outra solução de colisão de direitos é realizada pelo aplicador do

---

doutrina portuguesa no ano de 1880: PRAÇA, José Joaquim Lopes. *Direito Constitucional portuguez*, vol. III. Coimbra: Coimbra editora, 1997. pp. 48-49.

[931] NOVAIS, Jorge Reis. *As restrições aos direitos fundamentais não expressamente autorizadas pela Constituição*. pp. 876-879. Essas seriam situações, segundo Jorge Reis Novais, de "atenuação das exigências da reserva de lei" (*Idem*, p. 878).

[932] O artigo dispõe, no que aqui interessa, que: "a lei só pode restringir os direitos, liberdades e garantias nos casos expressamente previstos na Constituição (...)".

[933] Para maiores detalhes sobre o assunto: ALEXANDRINO, José de Melo. *A Estruturação do Sistema de Direitos, Liberdades e Garantias na Constituição Portuguesa*, volume II. pp. 443-457, autor no qual se baseou como ponto de partida para a divisão doutrinária aqui referida.

direito diante do caso concreto;[934] (b) a segunda construção aceita que existam eventos de colisão e conflitos entre direitos e bens constitucionais, embora a lei que os resolva abstratamente não seja restritiva, já que essas são sempre autorizadas, mas harmonizadoras e, assim, não seriam submetidas aos mesmos requisitos de controle daquelas.[935]

O defensor do primeiro ponto de vista, Manuel Afonso Vaz, sustenta que as restrições aos direitos fundamentais são regidas, na Constituição portuguesa, pelo princípio da tipicidade,[936] admitindo, contudo, que a existência de conflitos entre direitos fundamentais faça parte das *"situações de vida concreta"* que requer do aplicador do direito que recorra diretamente às normas constitucionais e as interprete para resolvê-los.[937] A *"mediação legislativa"* que soluciona geral e abstratamente problemas de conflito entre direitos fundamentais e entre esses e bens constitucionais somente se dará quando autorizada, porque tem natureza excepcional.[938] Contra essa primeira proposição dir-se-ia, principalmente, que se estaria a atribuir à administração, por ser o aplicador dos direitos no caso concreto, o poder de decidir sobre restrições a direitos funda-

---

[934] Nesse sentido, a opinião de: Vaz, Manuel Afonso. *Lei e reserva de lei*. pp. 323-327 e 331-332; Vaz, Manuel Afonso (et.al.). *Direito Constitucional: o sistema constitucional português*. Coimbra: Coimbra editora, 2012. pp. 312 e ss. Também nesse sentido é a opinião de: Queiroz, Cristina. *Direitos Fundamentais*. pp. 252 e ss e 265-266, para quem existiriam as restrições constitucionalmente autorizadas e as "restrições implícitas, derivadas fundamentalmente da necessidade de salvaguardar 'outros direitos e interesses constitucionalmente protegidos' (...)", mas que "melhor seria dizer que não se trata de 'restrições' verdadeiras e próprias, mas de um problema de *delimitação* de direitos no caso prático a decidir" (*Idem*, pp. 253 e p. 266, nota n. 54). Esse último caso tratar-se-ia de "um problema de interpretação" do âmbito de proteção do direito fundamental "revelados" diante dos conflitos práticos e mediante a utilização da metodologia da ponderação de bens (*Idem*, pp. 253-254 e 256), embora a autora acabe por concluir que "deverá ter-se presente que os chamados 'limites imanentes' não deixam de ser restrições ao âmbito do exercício dos direitos fundamentais" (*Idem*, p. 265).

[935] Assim: Andrade, José Carlos Vieira de. *Os direitos fundamentais na Constituição Portuguesa de 1976*. pp. 216-217, 263 e ss, 277 e ss e 298 e ss.

[936] Vaz, Manuel Afonso. *Lei e reserva de lei*. p. 323; Vaz, Manuel Afonso (et.al.). *Direito Constitucional*. pp. 317-319.

[937] Vaz, Manuel Afonso. *Lei e reserva de lei*. pp. 324-325 (grifos do autor); Vaz, Manuel Afonso (et.al.). *Direito Constitucional*. pp. 318-319.

[938] Vaz, Manuel Afonso. *Lei e reserva de lei*. pp. 324-425 (grifou-se); Vaz, Manuel Afonso (et.al.). *Direito Constitucional*. pp. 317-319.

4. A COMPETÊNCIA PARA RESTRIÇÃO A DIREITOS FUNDAMENTAIS NA CONSTITUIÇÃO

mentais que "por razões meramente formais, se recusa ao legislador".[939] A proposta é já inaceitável ao pensar-se que o Governo, ao regulamentar uma situação concreta de colisão entre direitos fundamentais, se favoreceria de poderes restritivos retirados do Poder Legislativo por necessidade de fidelidade ao texto constitucional, o que iria contra o artigo 165, alínea *b*, da CRP e a ideia de que as decisões essenciais referentes aos direitos fundamentais cabem ao Parlamento. Ademais, não parece ser o sentido do texto da CRP que as situações de restrições não expressamente autorizadas dispensem sua previsão geral e abstrata e, assim, a garantia do "tratamento igual de situações iguais e distinto de situações distintas", para serem objeto de decisão somente perante os casos concretos.[940]

No caso da segunda construção doutrinária sobre a observância da literalidade do artigo 18, n. 2, da CRP, Vieira de Andrade parte da distinção entre uma lei restritiva, que "pressupõe a *prefiguração constitucional* da necessidade de *sacrificar o conteúdo protegido de um direito*",[941] e as *leis limitadoras ou harmonizadoras* que, não sendo autorizadas, servem a conformar as colisões entre direitos ou de direitos e bens constitucionais de forma menos precisa que as primeiras, com a intenção de "definir critérios que visam permitir a ponderação dos direitos ou valores conflituantes em função das circunstâncias dos casos concretos" mais do que resolver esses conflitos definitivamente.[942]A diferenciação dar-se-á substancialmente na atividade do legislador que, no que diz respeito às leis harmonizadoras, deve abster-se de preferir um direito ao outro e, ao contrário, deve definir critérios "flexíveis" para a aplicação conforme as circunstâncias do caso concreto o que, consequentemente, as diferenciaria quanto a seu conteúdo,[943] bem como na atividade de fiscalização do juiz constitucional, já que a tarefa harmonizadora, por ser identificada à "mera *interpretação* dos preceitos constitucionais conflituantes",

---

[939] Assim: NOVAIS, Jorge Reis. *As restrições aos direitos fundamentais não expressamente autorizadas pela Constituição.* p. 369; ALEXANDRINO, José de Melo. *A Estruturação do Sistema de Direitos, Liberdades e Garantias na Constituição Portuguesa*, volume II. p. 449.

[940] Nesse sentido, a crítica de: COUTINHO, Luís Pedro Pereira. *As faculdades normativas universitárias.* p. 122, nota 234.

[941] ANDRADE, José Carlos Vieira de. *Os direitos fundamentais na Constituição Portuguesa de 1976.* pp. 217 e 269.

[942] *Idem*, pp. 217 e 265.

[943] *Idem*, p. 270, 281 e 298 e ss.

não será sujeita aos mesmos requisitos pensados para a aferição das leis restritivas.[944]

É importante dizer, referentemente a ambas as construções teóricas, que a consideração da proibição do artigo 18, n. 2, da CRP, literalmente como uma *regra*, os obriga a recorrer a *"fugas"* interpretativas para justificar a ocorrência de restrições não autorizadas e acaba por resultar justamente naquilo que o artigo 18 tem a finalidade de evitar: a "redução das garantias de proteção proporcionadas pelos direitos fundamentais".[945] Ademais, a diferenciação entre normas restritivas e normas harmonizadoras feita pelo último autor não é sustentável, já que o mandamento de proporcionalidade direcionado às leis restritivas só permite que haja uma *restrição* a um direito fundamental, quando verdadeiramente *necessário*, ficando o legislador ordinário encarregado, até quando possível, de *harmonizar* os bens em conflito. Ao contrário, no caso das leis harmonizadoras, inevitavelmente haverá momentos de tangenciamento entre os direitos fundamentais que farão com que um deles ceda ou, pelo menos, seja parcialmente restringido.[946] Assim, não fica clara a possibilidade de

---

[944] *Idem*, pp. 270-271 e 281 (grifos do autor). Isso, embora o autor faça a ressalva de que as exigências a que são submetidas as leis restritivas "valem naturalmente, com as devidas adaptações, para todas as leis limitadoras de direitos, liberdades e garantias, incluindo as que, embora não visem diretamente a restrição de direitos, tenham sobre eles o *efeito limitador significativo*" (*Idem*, p. 282, nota 48) (grifos do autor); referindo-se, também, a essa *ressalva* sem, entretanto, sequer considerar que possa significar uma mudança no pensamento do autor no sentido de aplicação dos mesmos requisitos das leis restritivas autorizadas às leis limitadoras: ALEXANDRINO, José de Melo. *A Estruturação do Sistema de Direitos, Liberdades e Garantias na Constituição Portuguesa*, volume II. p. 449).

[945] NOVAIS, Jorge Reis. *As restrições aos direitos fundamentais não expressamente autorizadas pela Constituição*. pp. 582-585 e nota 1017; MEDEIROS, Rui; MIRANDA, Jorge. *Constituição portuguesa anotada*. Tomo I. p. 352, esses últimos, referindo-se à desvantagem em considerar uma distinção "de forma cortante" entre as restrições e as figuras afins que eventualmente tenham efeitos restritivos; e p. 368, criticando a utilização da doutrina dos limites imanentes para justificar as restrições não expressamente autorizadas. Criticando também a posição de Vieira de Andrade por nomear "de forma diferente a intervenção normativa" (leis limitadoras ou harmonizadoras) dispensando-a dos requisitos a que são submetidas as leis restritivas: ALEXANDRINO, José de Melo. *A Estruturação do Sistema de Direitos, Liberdades e Garantias na Constituição Portuguesa*, volume II. p. 449.

[946] Baseia-se, aqui, na crítica feita por: NOVAIS, Jorge Reis. *As restrições aos direitos fundamentais não expressamente autorizadas pela Constituição*. p. 584, nota 1017.

4. A COMPETÊNCIA PARA RESTRIÇÃO A DIREITOS FUNDAMENTAIS NA CONSTITUIÇÃO

uma diferenciação estanque ou "forte" entre os dois modelos legislativos teorizados pelo autor.[947]

Ao contrário, há os autores que relativizam o sentido da proibição, baseados na ideia de que decorreria da necessidade de salvaguardar outros direitos e bens também de hierarquia constitucionais a aceitação de eventuais restrições que seriam *implicitamente* autorizadas por uma leitura sistemática da Constituição em razão da inevitabilidade dessas colisões.[948] A consideração da Constituição como um todo e a previsão, ao lado da norma do artigo 18, n. 2, de inúmeros casos de direitos sem correspondente reserva restritiva obriga que o intérprete resolva os casos de "sobreposição das respectivas previsões normativas".[949] A "salvação" de um conteúdo normativo do artigo[950] pode dar-se pela argumentação de que a leitura da norma, quando diz que só pode haver restrições "nos casos expressamente previstos na Constituição", pode ser feita no sentido não de um "caso *especificamente previsto*", mas de um "caso *expressamente credenciado*", ou seja, a exigência de proteger um bem ou interesse também constitucionalmente garantido expressamente cumpriria a norma, se considerada nesses termos.[951] Dir-se-ia, junto a isso, que um "sentido mínimo" a ser retirado do artigo é o de que, "a Constituição não pode ter pretendido, nem pretende, excluir a existên-

---

[947] *Idem, ibidem.*

[948] Assim: COUTINHO, Luís Pedro Pereira. *As faculdades normativas universitárias.* pp. 121 e ss., em especial, p. 123; MIRANDA, Jorge. *Manual de direito constitucional.* Tomo IV. pp. 414 e ss; MEDEIROS, Rui; MIRANDA, Jorge. *Constituição portuguesa anotada.* Tomo I. pp. 366-367; CANOTILHO, José Joaquim Gomes. *Direito Constitucional e Teoria da Constituição.* p. 1277; ALEXANDRINO, José de Melo. *A Estruturação do Sistema de Direitos, Liberdades e Garantias na Constituição Portuguesa*, volume II. pp. 445-447 e 478-480; MACHADO, Jónatas E.M. *Liberdade de Expressão.* pp. 709-711.

[949] COUTINHO, Luís Pedro Pereira. *As faculdades normativas universitárias.* p. 124, nota n. 238.

[950] A expressão é retirada de uma tentativa dogmática de "salvar" um *"sentido normativo essencial da cláusula do artigo 18º, n. 2 da Constituição"* feita por: ALEXANDRINO, José de Melo. *A Estruturação do Sistema de Direitos, Liberdades e Garantias na Constituição Portuguesa*, volume II. p. 454 (grifos do autor).

[951] COUTINHO, Luís Pedro Pereira. *As faculdades normativas universitárias.* p. 123 (grifos do autor); MIRANDA, Jorge. *Manual de Direito Constitucional.* Tomo IV. p. 414, esse último, embora não recorra a idêntica fundamentação, também sustenta que a possibilidade de restrições implicitamente autorizadas "pressupõem *reserva de Constituição*", ou seja, "é dentro dela, e não fora dela, que têm de se legitimar" (*Idem, ibidem*; assim, também em: MEDEIROS, Rui; MIRANDA, Jorge. *Constituição portuguesa anotada.* Tomo I. p. 367) (grifos do autor).

cia de eventos *verdadeiramente* restritivos fora dos casos explicitamente enunciados",[952] entretanto a restrição deve ser a exceção.[953] Ademais, a vantagem de tal concepção é que submete a lei restritiva implicitamente autorizada ao restante dos limites previstos no artigo 18 da CRP.[954]

Por fim, há o entendimento de quem desconsidera absolutamente o dispositivo, desvalorizando seu sentido literal em razão de que inevitavelmente haverá a necessidade de se proceder a restrições não expressamente autorizadas.[955] Isso é assim, porque os direitos fundamentais são, por natureza, sujeitos a entrarem em colisão com outros bens ou direitos também dignos de proteção, cuja solução nem sempre é prevista constitucionalmente, seja por intenção do legislador constitucional ou por impossibilidade de previsão de todos os casos de conflitos.[956] Dir-se-ia, por isso, que os direitos fundamentais previstos em normas com natureza de *princípios* são condicionados a uma "reserva geral imanente de ponderação" constitucionalmente implícita que serve como fundamento para que os poderes constituídos procedam a avaliações e ponderações desses princípios mediante as circunstâncias dos casos de colisões entre eles, mesmo quando não haja autorização expressa para tal.[957]

---

[952] ALEXANDRINO, José de Melo. *A Estruturação do Sistema de Direitos, Liberdades e Garantias na Constituição Portuguesa*, volume II. p. 455 (grifos do autor).

[953] *Idem*, pp. 454 e 456.

[954] Assim, por todos, COUTINHO, Luís Pedro Pereira. *As faculdades normativas universitárias.* p. 123; MEDEIROS, Rui; MIRANDA, Jorge. *Constituição portuguesa anotada.* Tomo I. p. 369; ALEXANDRINO, José de Melo. *A Estruturação do Sistema de Direitos, Liberdades e Garantias na Constituição Portuguesa*, volume II. pp. 456-457, o que, para este último autor, "preserva a função de advertência (*Warnfunktion*) mas também a função garantística (*Schutzfunktion*) da regra do artigo 18º, n. 2" (*Idem*, p. 457) (grifos do autor).

[955] NOVAIS, Jorge Reis. *As restrições aos direitos fundamentais não expressamente autorizadas pela Constituição.* pp. 582 e ss.

[956] *Idem*, pp. 570-571 e 574.

[957] *Idem*, pp. 570 e ss; NOVAIS, Jorge Reis. *Direitos fundamentais e Justiça Constitucional em Estado Democrático de Direito.* Coimbra: Coimbra editora, 2012. p. 71. A tese do autor conjuga a ideia da atribuição aos direitos fundamentais de uma "reserva de ponderação" com sua percepção enquanto *direitos fundamentais como trunfos contra a maioria.* Isso quer dizer que a vontade de um vale o mesmo que a vontade de muitos "para efeitos de peso na ponderação em que esteja em causa a eventual cedência de um direito fundamental" (NOVAIS, Jorge Reis. *Direitos fundamentais e Justiça Constitucional em Estado Democrático de Direito.* p. 72, sobre a ideia de direitos como trunfos, ver: *Idem*, pp. 35-63), ou seja, não é o fato de o direito fundamental estar apoiado no direito da maioria que não o faz ceder no caso concreto, mas sim o "conteúdo da justificação" da restrição, "o seu *peso* na argumentação" e que seja "fundamentável

4. A COMPETÊNCIA PARA RESTRIÇÃO A DIREITOS FUNDAMENTAIS NA CONSTITUIÇÃO

Os bens suscetíveis de fundamentar uma restrição ao direito fundamental podem ter hierarquia constitucional ou não,[958] tudo dependendo das circunstâncias do caso concreto que possibilitarão que o intérprete chegue a uma "preferência relativa concreta" de um deles com base em juízos de ponderação.[959] Ao contrário, há os casos em que o legislador constituinte já procedeu às ponderações possíveis, e o direito fundamental é previsto em norma com natureza de *regra*, ficando, nesses casos, excluída a possibilidade de eventuais ponderações futuras.[960]

Nesse sentido, o sistema de reservas constitucionalmente expressas teria um "caráter fortuito, não intencional",[961] representando "indicações ou indícios" da forma como o legislador constituinte entendeu que os poderes constituídos deveriam agir em algumas situações que

em razões de moralidade e de justiça compartilháveis por qualquer pessoa razoável" é que o fazem preponderar (*Idem*, pp. 104-105) (grifos do autor). Assim, mesmo que se diga que, em Estado Democrático de Direito, ser titular de um direito fundamental equivale a ter um trunfo contra a opinião maioritária, isso não significa que os direitos não sejam limitáveis quando em confronto com outros bens se estes forem considerados "trunfos eventualmente mais elevados, quando apoiados por outros princípios ou interesses jusfundamentais (por exemplo, o princípio da dignidade da pessoa humana ou direitos fundamentais colidentes)" (*Idem*, p. 72).

[958] Jorge Reis Novais entende que bens fundamentais podem ser restringidos por bens que não estejam previstos na Constituição, já que, muitas vezes, estar-se-á diante de "bens dignos de proteção jurídica que nela (na Constituição) não encontram (ainda...) acolhimento expresso", com é o caso, por exemplo, da proteção aos animais (NOVAIS, Jorge Reis. *Direitos fundamentais e Justiça Constitucional em Estado Democrático de Direito*. p. 117). Tal interpretação tem como objetivo preservar a força normativa da Constituição e rejeita as interpretações que elevam, de forma "meramente formal e completamente manipulável, a 'bem constitucional'" "tudo quanto, na realidade, de alguma forma possa conflituar com os direitos fundamentais " e que acabam por transformar a Constituição "já não apenas em supermercado (FORSTHOFF), mas em verdadeira grande superfície onde o consumidor/intérprete encontra tudo o que necessita para fundamentar aquela cedência" (*Idem*, p. 117-118). O que importa na resolução da restrição a um direito fundamental é que o "candidato a fundamento a restrição" tenha "uma força de resistência qualificada", que significa que devem visar esses candidatos, fundamentalmente, "o respeito e reconhecimento dos direitos e liberdades dos outros" e "satisfazer as justas exigências da moral, da ordem pública e do bem-estar numa sociedade democrática" (assim, conforme o artigo 29 da DUDH), pressupostos indispensáveis para que sejam considerados legítimos a justificar a restrição (*Idem*, pp. 120-121).

[959] NOVAIS, Jorge Reis. *As restrições aos direitos fundamentais não expressamente autorizadas pela Constituição*. pp. 602 e ss, em especial, pp. 618-622.

[960] *Idem*, pp. 576-580.

[961] *Idem*, p. 589.

pôde prever,[962] assim, diminuindo a esfera de decisão do legislador ordinário nos casos de reservas qualificadas ao condicionar atividade legislativa a prossecução de algum fim ou realização de outro direito e, diversamente, concedendo-lhe um poder maior para definir os "bens, interesses e fins" da intervenção legislativa no caso das reservas simples de lei.[963] Diversamente, nos casos de direitos previstos sem reservas, a consagração constitucional "não constitui qualquer indicação definitiva sobre a sua limitabilidade".[964] Assim, no caso, por exemplo, da consagração da liberdade geral de ação, que "proporciona à liberdade individual uma proteção jurídico-constitucional sem lacunas", há o concomitante reconhecimento de sua potencial conflitualidade com outros direitos e bens e da decorrente "possibilidade de sua limitação da forma mais ampla possível".[965]

É, portanto, irrelevante o fato de o direito fundamental ser previsto sem reservas para a aplicação da dogmática dos limites aos direitos e da sua sindicalidade conforme as garantias de Estado de Direito.[966] Importante, consoante essa orientação, muito mais do que justificar a ocorrência de restrições não previstas constitucionalmente, é submeter as intervenções legislativas não autorizadas aos mesmos critérios de controle das autorizadas, por tratarem-se de verdadeiras diminuições do âmbito de proteção de um direito fundamental e necessitarem também de "justificação e controle plenos".[967] O que é diferenciado, no caso de o direito fundamental ser previsto sem reserva e ser submetido a uma restrição pelo legislador ordinário, é a margem de controle do juiz constitucional consoante a razoabilidade ou oportunidade das opções e ponderações que justificaram a intervenção pelo legislador, já que a Constituição não as definiu previamente como nos casos de reserva.[968]

Por fim, um possível sentido a ser atribuído à norma do artigo 18, n. 2, seria o de um "apelo" aos poderes constituídos do caráter de excepcionalidade e da necessidade de justificação de todo o tipo de restrição

---

[962] *Idem*, p. 599.
[963] *Idem*, p. 599.
[964] *Idem*, p. 570.
[965] *Idem*, pp. 590-593.
[966] *Idem*, p. 598.
[967] *Idem*, p. 596.
[968] *Idem*, pp. 600-602.

4. A COMPETÊNCIA PARA RESTRIÇÃO A DIREITOS FUNDAMENTAIS NA CONSTITUIÇÃO

no âmbito de um texto constitucional que prevê, junto a essa proibição, os princípios da força normativa e da unidade da Constituição e que, portanto, *"obrigam* a cedências, a esforços de compatibilização e harmonização, a eventuais decisões de preferência relativa e concreta entre os bens em colisão".[969]

Com tudo isso, conclui-se, como pressuposto teórico da investigação, que há situações em que, "por força da interdependência das diversas dimensões da liberdade",[970] "da necessidade de cooperação social",[971] dos "diversos interesses na esfera social"[972] e "do papel de garante a desempenhar pelo Estado",[973] haja necessidade de que o legislador venha a restringir direitos sem autorização constitucionalmente expressa.[974] A justificação de tal liberdade do legislador fica evidente também com a constatação de existência de leis primeiramente conformadoras que tenham efeito restritivo indireto aos direitos fundamentais,[975] a que o controle da lei restritiva, uma vez evidenciado o efeito diminuitivo do âmbito de proteção do direito, seria estendido. Esse ponto de partida faz todo o sentido, quando pensado diante da relação do papel do Governo e do Poder Legislativo relativamente à emissão e ao cumprimento de normas restritivas, já que a tentativa de justificação de restrições não

---

[969] *Idem,* pp. 587-588 e 596-597 (grifou-se). Para uma crítica ao entendimento de Jorge Reis Novais, ver: ALEXANDRINO, José de Melo. *A Estruturação do Sistema de Direitos, Liberdades e Garantias na Constituição Portuguesa,* volume II. pp. 451 e ss; ANDRADE, José Carlos Vieira de. *Os direitos fundamentais na Constituição Portuguesa de 1976.* pp. 280-281; MIRANDA, Jorge. *Manual de direito constitucional.* tomo IV. p. 416, embora esse último refira que o mérito dessa orientação seja o "de realçar os momentos de ponderação e controles inelimináveis no recortar das restrições – a ponderação que deve processar-se com todas as garantias de previsibilidade, estabilidade e igualdade" (*Idem, ibidem*; assim, também, em: MEDEIROS, Rui; MIRANDA, Jorge. *Constituição portuguesa anotada.* Tomo I. pp. 368-369).

[970] ALEXANDRINO, José de Melo. *A Estruturação do Sistema de Direitos, Liberdades e Garantias na Constituição Portuguesa,* volume II. p. 479.

[971] *Idem, ibidem.*

[972] *Idem, ibidem.*

[973] *Idem, ibidem.*

[974] Assim, em Portugal, os autores citados em nota n. 948 e NOVAIS, Jorge Reis. *As restrições aos direitos fundamentais não expressamente autorizadas pela Constituição.* pp. 285 e 569.

[975] Scherzberg coloca a questão da impossibilidade da extensão da garantia da reserva de lei para os casos em que a restrição ocorre em virtude de um efeito indireto da atuação estatal e que tal pretensão levaria ao problema da *"Totalvorbehalt"* (SCHERZBERG, Arno. *Grudrechtsschutz und "Eingriffsintensität".* p. 149).

autorizadas mediante "estratégias de fuga" possibilitaria uma inversão de papéis restritivos ou a negligência do cumprimento do restante das garantias previstas no artigo 18 por intenção de salvar um sentido normativo à previsão do n. 2 do mesmo dispositivo.

Capítulo 5
Os Artigos Relacionados às Restrições aos Direitos Fundamentais na Consituição Brasileira

A Constituição brasileira, ao contrário dos textos português e alemão, não dispõe sobre as garantias a serem observadas pelas leis restritivas em um único artigo. Impõe-se, então, ao intérprete a tarefa de compreender o significado: 1) do artigo que dispõe sobre a impossibilidade de delegação legislativa relacionada aos direitos fundamentais (68, §1, II) e a sua capacidade para conferir respostas a todas as questões que envolvem a normação desses direitos e 2) da previsão da norma do artigo 5º, II, bem como das reservas de lei esparsas no catálogo dos direitos fundamentais, a fim de definir a competência normativa dos Poderes Legislativo e Executivo, quando tratam de restrições a direitos fundamentais nesse ordenamento jurídico.

5.1. A divisão constitucional material de competências: o artigo 68, §1, da CF

A combinação de alguns artigos da Constituição brasileira proporciona o estabelecimento de uma reserva absoluta material parlamentar nesse âmbito jurídico. Assim, o artigo 68, §1, que estabelece as leis delegadas, dispõe as matérias que não estão à disponibilidade do Poder Legislativo para que transmita a sua normação ao Executivo, quais sejam: (1) que digam respeito à competência exclusiva do Congresso Nacional (artigo

49 da CF); (2) que digam respeito à competência privativa da Câmara dos Deputados ou do Senado Federal (artigos 51 e 52, CF, respectivamente); (3) que se refiram à matéria reservada à lei complementar (artigo 59, parágrafo único, CF) e, ainda, estão listados os seguintes assuntos impedidos de delegação: (I) organização do Poder Judiciário e do Ministério Público, a carreira e a garantia de seus membros; (II) nacionalidade, cidadania, direitos individuais, políticos e eleitorais; (III) planos plurianuais, diretrizes orçamentárias e orçamentos.

É interessante notar que não havendo a divisão material de competências em matérias de competência relativa e matérias de competência absoluta do Congresso Nacional, como ocorre na Constituição portuguesa, mas somente um artigo que define os assuntos proibidos de serem delegados, encontram-se, no mesmo dispositivo, tanto os assuntos relacionados àquela ideia subjacente de "constituição política em sentido estrito",[976] o que fica claro com a análise das matérias de disposição exclusiva do Congresso Nacional e que serão tratadas adiante (artigo 49), bem como toda a amplitude da matéria de direitos fundamentais. Tal situação dificulta a definição daquilo que verdadeiramente deve ser regulamentado pelo Poder Legislativo dentro de um âmbito material tão vasto da reserva absoluta. Assim, quanto aos direitos individuais, pode-se concluir, em um primeiro momento, que, ao estabelecer que não podem ser objeto de delegação (68, §1, inciso II), assim não restando dúvidas quanto à impossibilidade de a lei delegada tratar de matéria penal e de criar ou majorar tributos,[977] teria querido o legislador constitucional atribuir ao legislador ordinário o tratamento "por um lado, [de] os direitos na sua integralidade e, por outro lado, [de] todo o tipo de

---

[976] CANOTILHO, José Joaquim Gomes; MOREIRA, Vital. *Constituição da República Portuguesa anotada*, Vol. II. p. 309.

[977] Assim: CLÈVE, Clèmerson Merlin. *Atividade legislativa do Poder Executivo*. p. 297, embora a matéria não seja pacífica na doutrina, havendo autores que entendem: (a) que a lei delegada é instrumento apto a criar e majorar tributo; (b) que a lei delegada pode conter matéria tributária, embora não possa criar ou aumentar tributos; e (c) aqueles que entendem que a matéria tributária é indelegável em qualquer sentido (o tratamento da divisão da doutrina sobre a relação da lei delegada e a matéria tributária fora referido também em: *Idem*, pp. 294-296).

5. OS ARTIGOS RELACIONADOS ÀS RESTRIÇÕES AOS DIREITOS FUNDAMENTAIS...

intervenção legislativa"[978] emitida nesse âmbito.[979] Entretanto, sendo aqui a reserva absoluta, tudo o que diga respeito aos direitos fundamentais deve ser regulamentado pelo legislador, sem haver espaço, aparentemente, para discussões em torno do que pode ser transmitido ou não ao Poder Executivo regular em termos subsidiários e para as questões debatidas no âmbito da teoria essencialidade sobre a densidade normativa parlamentar quando decide sobre direitos fundamentais. Isso, porque a reserva absoluta de lei significa que o Parlamento não pode se limitar a emitir as bases gerais sobre o assunto e habilitar o Governo ao seu desenvolvimento, nem por norma comparada a lei e tampouco por meio de regulamentos, sendo possível, nesse âmbito, apenas normações que executem a lei e não que inovem ou mesmo que a reproduzam.[980]

[978] Assim, conforme referida a opinião dos autores no contexto constitucional português: SOUSA, Marcelo Rebelo de; ALEXANDRINO, José de Melo. *Constituição da República Portuguesa comentada.* pp. 282; COUTINHO, Luís Pedro Pereira. Regime orgânico dos direitos, liberdades e garantias e determinação normativa. pp. 541-542; ANDRADE, José Carlos Vieira de. Autonomia regulamentar e reserva de lei. pp. 8-9 e 12; MIRANDA, Jorge. *Manual de Direito Constitucional.* Tomo IV. pp. 469-470; CANOTILHO, José Joaquim Gomes; MOREIRA, Vital. *Constituição da República Portuguesa anotada.* Vol. II. p. 327.

[979] É justamente por fazer parte da competência absoluta do Parlamento que a matéria dos direitos fundamentais não pode ser, também, objeto de medida provisória. Assim, referindo que as matérias proibidas de delegação ao Poder Executivo são também impedidas de serem objeto de medida provisória: KADRI, Omar Francisco do Seixo. *O Executivo legislador.* pp. 180-182; CLÈVE, Clèmerson Merlin. *Atividade legislativa do Poder Executivo.* pp. 182-183 e 188; ÁVILA, Humberto Bergmann. *Medida Provisória na Constituição de 1988.* pp. 70-71; NIEBUHR, Joel de Menezes. *O novo regime constitucional da medida provisória.* pp. 112-113; BULOS, Uadi Lammêgo. *Constituição Federal anotada.* São Paulo: Saraiva, 2005. p. 864; BASTOS, Celso Ribeiro; MARTINS, Ives Gandra. *Comentários à Constituição do Brasil.* 4º Volume, tomo I. 3ª edição. São Paulo: Saraiva, 2002. pp. 613-616 e 625-626; ARAUJO, Luiz Alberto David; JÚNIOR, Vidal Serrano Nunes. *Curso de Direito Constitucional.* 12ª edição. São Paulo: Saraiva, 2008. pp. 137-138 e 374, nota 33. Ao contrário: ROTHENBURG, Walter Claudius. Medidas provisórias e suas necessárias limitações. p. 317. Tal observação já fora feita no primeiro capítulo da investigação, inclusive com menção de alguns dos autores aqui citados.

[980] Assim já referido quando demonstrada a questão no âmbito jurídico português: CANOTILHO, José Joaquim Gomes; MOREIRA, Vital. *Constituição da República Portuguesa anotada.* Vol. II. p. 310. Tal entendimento pode ser encontrado em decisões do STF, quando salienta que "a reserva de lei constitui postulado revestido de função excludente, de caráter negativo, pois veda, nas matérias a ela sujeitas, quaisquer intervenções normativas, a título primário, de órgãos estatais não-legislativos" (RE 322.348-AgR/SC. p. 2) ou quando utiliza da posição de Canotilho ao definir que "nas matérias reservadas à lei está proibida a intervenção de outra fonte de direito diferente da lei (a não ser que se trate de normas meramente

AS RESTRIÇÕES AOS DIREITOS FUNDAMENTAIS POR ATO NORMATIVO DO PODER EXECUTIVO

Como se sabe e seguindo a orientação já demonstrada para a solução da questão no âmbito da Constituição portuguesa, em razão, principalmente, de um papel intervencionista do Poder Executivo no Estado Social e do surgimento de problemas que demandam conhecimentos técnicos específicos que somente as autoridades administrativas especializadas e, muitas vezes, com uma maior proximidade à realidade problemática, poderiam resolver e, sobretudo, diante de um ordenamento jurídico que atribui capacidades legislativas e regulamentares expressivas ao Poder Executivo, é impossível abstrair tudo o que diga respeito a direitos fundamentais da regulamentação do Executivo brasileiro.[981] Isso, porque segundo um raciocínio de consideração absoluta da reserva material parlamentar na Constituição brasileira, não poderia o Poder Executivo, por exemplo, regulamentar tema diverso a direitos fundamentais e interferir no âmbito de algum direito indireta ou incidentalmente e muito menos, tratar sobre questões que impliquem instituição ou majoração de tributos ou matéria penal, por exemplo, por meio do instrumento normativo da medida provisória.[982]

executivas da administração)" e deve a lei "estabelecer, ela mesma, o respectivo regime jurídico, não podendo declinar a sua competência normativa a favor de outras fontes" (ADI 12479/PA. Voto Ministro Celso de Mello. pp. 14-15; ADI 12967/PE. Voto Ministro Celso de Mello. pp. 4-8,o pensamento é utilizado para a conceituação de reserva absoluta de lei em sentido formal em matéria tributária em ambas as decisões).

[981] Assim, sobre a Constituição portuguesa, conforme já mencionado em ponto anterior: NOVAIS, Jorge Reis. *As restrições aos direitos fundamentais não expressamente autorizadas pela Constituição*. pp. 872-876, em especial, p. 875. Referindo-se à tendência, no direito constitucional do pós-I Guerra Mundial, à "tolerância para com o regramento das liberdades individuais e coletivas por outras espécies de atos normativos" que decorre do fato de a "eficiência e celeridade da atuação administrativa" ser "vista como condição para os governos da atualidade enfrentarem as dinâmicas e conflitivas questões postas pela sociedade de massas": CASTRO, Carlos Roberto Siqueira. *O devido processo legal e os princípios da razoabilidade e da proporcionalidade*. 5ª edição. Rio de Janeiro: Forense, 2010. pp. 96 e ss. Diversamente, referindo que a intenção da positivação do artigo 68 é justamente "vedar expressamente que quaisquer atos normativos de natureza orgânica diversa dos atos legislativos parlamentares possam veicular matérias que, pela sua importância e sensibilidade, foram atribuídas em caráter de exclusividade ao Parlamento": KADRI, Omar Francisco do Seixo. *O Executivo legislador*. p. 182.

[982] Problematizando, conforme já anteriormente mencionado, as restrições a direitos fundamentais provocadas indiretamente por medidas provisórias que versem sobre outros temas: CLÈVE, Clèmerson Merlin. *Atividade legislativa do Poder Executivo*. pp. 184-185, nota 117. É importante mencionar que, se considerado o tratamento da matéria de direitos fundamentais competência absoluta do Congresso Nacional em razão da norma do artigo 68,

5. OS ARTIGOS RELACIONADOS ÀS RESTRIÇÕES AOS DIREITOS FUNDAMENTAIS...

Fica claro, também nesse âmbito jurídico, que a simples leitura da reserva absoluta de lei parlamentar em matéria de direitos fundamentais não responde às questões de o que *deve* o legislador ordinário prever, quando emite normas que reflitam no âmbito de proteção dos direitos fundamentais, e se pode eventualmente habilitar o Poder Executivo a tomar decisões nessa matéria. O que acontece, na prática, é que o Poder Executivo acaba indo muito mais além do que somente regulamen-

§1, não fica claro o sentido da disposição que regulamenta as medidas provisórias que impliquem instituição ou majoração de tributos (artigo 62, §2, da CF). Isso, porque sendo a tributação a imposição de encargo sobre o direito de propriedade, a Constituição estaria aí permitindo a restrição de um direito fundamental por meio de medida provisória. Segundo uma leitura a sério da reserva absoluta de lei, nem mesmo a edição de obrigações tributárias acessórias seria possível por meio de norma do Poder Executivo. Refletindo sobre o assunto, Clemerson Clève tenta salvar o sentido da reserva absoluta do Parlamento em matéria de direitos fundamentais ao restringir a possibilidade de edição de medidas provisórias em matéria tributária somente ao campo dos impostos, desde que não exigida lei complementar para sua regulamentação, em razão de que o tratamento das taxas e contribuições por meio desse instrumento normativo é que verdadeiramente vulnerabilizaria o direito fundamental à propriedade (CLÈVE, Clèmerson Merlin. *Atividade legislativa do Poder Executivo*. pp. 205 e ss, o autor ainda dá relevância ao fato de que a efetiva exigência do imposto veiculado por medida provisória apenas será feita após sua conversão em lei, conforme o §2 do artigo 62). Entendendo pela inadmissibilidade de qualquer tipo de disciplina provisória do Poder Executivo no âmbito tributário, independentemente do texto constitucional: BULOS, Uadi Lammêgo. *Constituição Federal anotada*. p. 867. Contrário à instituição ou majoração de tributo por meio de medidas provisórias: KADRI, Omar Francisco do Seixo. *O Executivo legislador*. p. 186, nota 336, e defendendo a mesma posição, embora antes da EC 32/2001: ÁVILA, Humberto Bergmann. *Medida Provisória na Constituição de 1988*. pp. 122-128. Ademais, embora haja a proibição expressa de emissão de medidas provisórias sobre a matéria de direito penal, o STF entende que, quando for benéfico ao réu, o assunto pode ser veiculado pelo ato normativo de natureza urgente (assim, por exemplo, a decisão no RE 254818/PR. Voto Ministro Sepúlveda Pertence. pp. 13-15. Contrário a esse entendimento: CLÈVE, Clèmerson Merlin. *Atividade legislativa do Poder Executivo*. p. 195, nota 149 e autores aí citados). No sentido também de aceitar a capacidade de intervenção do Poder Executivo no âmbito dos direitos fundamentais quando em sentido positivo, saliento que "é certo que a reserva de lei parlamentar circunscreve o Poder Executivo de *restringir* e *limitar* os direitos fundamentais, mas este poderá, independentemente da existência de lei, atuar no sentido de promovê-los e tutelá-los": PEREIRA, Jane Reis Gonçalves. *Interpretação constitucional e direitos fundamentais*. p. 306 (grifos da autora). Isso deixa claro que nem a proibição constante no artigo 62, tampouco a consideração de uma reserva absoluta a favor do Parlamento referente a direitos fundamentais permitem que a doutrina e a jurisprudência constitucional respondam, de forma consensual, às dúvidas quanto à possibilidade e extensão da interferência do Poder Executivo nesse âmbito.

tar aspectos pontuais ou secundários do exercício do direito e acaba por impor verdadeiras restrições mesmo por meio de atos normativos administrativos, como acontece, por exemplo, com a Resolução n. 2013/2013 do Conselho Federal de Medicina que limita a idade máxima de 50 anos para a realização de reprodução assistida em mulheres, ou com a Resolução n. 1805/2006, emitida pelo mesmo órgão administrativo, que permite que o médico limite ou suspenda procedimentos e tratamentos que prolonguem a vida do doente em fase terminal, interferindo no direito à vida.[983] Por isso, tal como na interpretação da Constituição portuguesa, considera-se aqui útil o contributo da teoria da essencialidade, no sentido de servir como *topoi* para a definição daquilo que o legislador deve proporcionar em termos normativos, considerada a situação em concreto, em especial a importância da decisão a ser tomada, o tipo de direito fundamental envolvido e a qualidade da intervenção, concedendo-se importância, conforme já especificado, ao "conteúdo da norma" a ser emitida.[984] Ademais, contribuindo para essa solução, faz-se necessária a construção de critérios que auxiliem a definição do âmbito de validade da reserva parlamentar relacionada à matéria dos direitos fundamentais.

Por tudo isso, conclui-se que, embora a definição de matérias à obrigatoriedade de regulamentação, pelo menos, primária por meio de norma parlamentar constitucionalmente prescrita sirva como critério a ser levado em conta na ponderação sobre quando o legislador deva intervir, a consideração rígida do esquema de divisão material é não só

---

[983] A ideia não é questionar aqui a constitucionalidade das medidas em si impostas pelo Conselho Federal de Medicina, mas tão somente discutir o fato de as normas restritivas de direitos fundamentais serem emitidas por órgão administrativo, criado para fiscalizar e regulamentar o exercício da profissão da medicina e cujas atribuições são definidas na Lei n. 3.268/57 e a sua incompetência para emissão normativa que inove o ordenamento jurídico com consequências desvantajosas para o cidadão. Voltar-se-á ao tema adiante com mais casos exemplificativos.

[984] Nesse sentido, a proposição de: Novais, Jorge Reis. *As restrições aos direitos fundamentais não expressamente autorizadas pela Constituição*. p. 876. pp. 876 e 879-880. Assim, entende-se que as conclusões para a interpretação da Constituição portuguesa podem ser transmitidas à Constituição brasileira diante da semelhança das dúvidas que surgem de uma primeira leitura dos textos constitucionais, com a diferença de que naquele a reserva de lei em matéria de direitos fundamentais tem natureza relativa e aqui, absoluta.

impraticável em termos jurídicos,[985] em razão principalmente da existência de competências autônomas e concorrentes do Governo na CRP e de competências normativas urgentes, delegadas e autônomas ou organizacionais do Poder Executivo na CF e, ainda, da admissão de intervenções indiretas em normas por ele emitidas que não poderiam ser sempre autorizadas sob pena de sobrecarga das atividades parlamentares, como não é suficiente para os problemas que aqui se põem. A divisão material de competências normativas não dá respostas absolutas sobre o que deve o legislador ordinário prever, quando emite normas restritivas de direitos fundamentais, ou seja, qual a densidade normativa dessas leis, e se pode eventualmente habilitar o Poder Executivo a tomar decisões nesse âmbito,[986] questões anteriormente postas. Muito mais, tratar-se-á aqui de verificar "pontos de referência constitucionais"[987] que auxiliem a conclusão pela obrigatoriedade de sujeição de determinado conteúdo ou âmbitos materiais à norma parlamentar e qual a densidade dessa normação e, ao mesmo tempo, considerar "indicadores" que fundamentem a capacidade de delegação por esse mesmo órgão de algumas decisões, o que se fará adiante.[988]

5.2. O sentido da norma prevista no artigo 5º, II, e da existência de reservas legislativas no catálogo de direitos fundamentais da CF

A Constituição brasileira, diferente das Constituições portuguesa e alemã, não prevê a reserva de lei restritiva com a obrigatoriedade de autorização expressa para a restrição de direitos fundamentais, mas tão somente impõe que "ninguém será obrigado a fazer ou deixar de fazer alguma coisa senão em virtude de lei".[989] Diante da inexistência da previsão da reserva de lei restritiva, pergunta-se qual o significado da norma do artigo 5º, II, e se a existência de reservas de lei previstas em

---

[985] Assim, referindo-se à Constituição francesa: STAUPE, Jürgen. *Parlamentsvorbehalt und Delegationsbefugnis*. p. 313. Ao contrário, sustentando ser suficiente o recurso ao texto constitucional português para definir as matérias reservadas à competência legislativa absoluta do Parlamento: VAZ, Manuel Afonso. *Lei e reserva de lei*. pp. 33-34.

[986] Assim, também: NOVAIS, Jorge Reis. *As restrições aos direitos fundamentais não expressamente autorizadas pela Constituição*. pp. 830-831.

[987] STAUPE, Jürgen. *Parlamentsvorbehalt und Delegationsbefugnis*. p. 201.

[988] *Idem, ibidem.*

[989] Assim, artigo 5º, inciso II, da CF.

AS RESTRIÇÕES AOS DIREITOS FUNDAMENTAIS POR ATO NORMATIVO DO PODER EXECUTIVO

alguns direitos fundamentais exaurem os casos em que o legislador pode agir restritivamente.

A doutrina brasileira aceita, em sua maioria, a existência de um sistema de reservas no catálogo dos direitos fundamentais previstos na constituição e a divisão dos tipos de reserva de lei em reservas de lei *simples* e reservas de lei *qualificadas*, [990]sem que isso resulte, no entanto, na adoção das ideias da teoria interna dos limites para justificar a existência de restrições implícitas e, tampouco, na adoção do mesmo sentido da norma proibitiva constante no ordenamento jurídico português.[991]

---

[990] Reconhecendo tal tipologia de reservas no âmbito da Constituição brasileira: SARLET, Ingo Wolfgang. *A eficácia dos direitos fundamentais*. pp. 392-393; PEREIRA, Jane Reis Gonçalves. *Interpretação constitucional e direitos fundamentais*. pp. 209-212; MENDES, Gilmar Ferreira. Os direitos individuais e suas limitações: breves reflexões in MENDES, Gilmar Ferreira; COELHO, Inocêncio Mártires; BRANCO, Paulo Gustavo Gonet, *Hermenêutica constitucional e direitos fundamentais*. Brasília: Brasília Jurídica, 2000. pp. 232-240; *Idem, Direitos fundamentais e controle de constitucionalidade: estudos de direito constitucional*. 2ª edição. São Paulo: Instituto Brasileiro de Direito Constitucional, 1999. p. 38; *Idem*, VALE, André Rufino do. Comentário ao artigo 5, inciso II, in CANOTILHO, José Joaquim Gomes; MENDES, Gilmar Ferreira; SARLET, Ingo Wolfgang; STRECK, Lenio Luiz (coords.), *Comentários à Constituição do Brasil*. pp. 247-248; FARIAS, Edilsom Pereira de. *Colisão de direitos: a honra, a intimidade, a vida privada e a imagem versus a liberdade de expressão e informação*. 2ª edição. Porto Alegre: Sergio Antonio Fabris, 2000. pp. 93-94; *Idem*, Restrição de Direitos Fundamentais. pp. 70-71; SCHÄFER, Jairo Gilberto. *Direitos Fundamentais: proteção e restrição*. Porto Alegre: Livraria do Advogado, 2001. pp. 100-102; FREITAS, Luiz Fernando Calil. *Direitos fundamentais*. pp. 163-167; BARROS, Suzana de Toledo. *O princípio da proporcionalidade e o controle de constitucionalidade das leis restritivas de direitos fundamentais*. Brasília: Brasília Jurídica, 2000. pp. 163-166; BRANDÃO, Rodrigo. Emendas constitucionais e restrições aos direitos fundamentais in revista eletrônica de Direito do Estado, n. 12, 2007. Disponível em: http://www.direitodoestado.com/revista/REDE-12-OUTUBRO-2007-RODRIGO%20BRANDAO.pdf. Acesso em: 12/8/2014. p. 20; DIMOULIS, Dimitri; MARTINS, Leonardo. *Teoria geral dos direitos fundamentais*. 3ª edição. São Paulo: Revista dos Tribunais, 2011. pp. 146-147.

[991] Em sentido crítico, Virgílio Afonso da Silva aponta que tal "empréstimo teórico" da tipologia das reservas utilizado pela doutrina portuguesa e alemã implica, obrigatoriamente, a adoção também das consequências da teoria interna das restrições aos direitos fundamentais e da ideia de limites imanentes, que são utilizadas para justificar a necessidade de limitações aos direitos fundamentais quando não autorizadas pela Constituição nesses dois âmbitos jurídicos (SILVA, Virgílio Afonso da. Os direitos fundamentais e a lei: a Constituição brasileira tem um sistema de reserva legal? in NETO, Cláudio Pereira de Sousa; SARMENTO, Daniel; BINENBOJM, Gustavo, *Vinte anos da Constituição Federal de 1988*. Rio de Janeiro: Lumen Juris, 2009. pp. 607, 610-611 e 613-615). Entende-se, primeiramente, que a adoção da tipologia de reservas não tem como consequência certa a admissão da teoria dos limites imanentes para a solução dos casos em que inexiste permissão para o legislador ordinário restringir,

5. OS ARTIGOS RELACIONADOS ÀS RESTRIÇÕES AOS DIREITOS FUNDAMENTAIS...

Ao contrário, é amplamente reconhecida a limitabilidade dos direitos fundamentais pela necessidade de compatibilização de direitos conflitantes, situações que justificam a possibilidade de o legislador ordinário atuar fora dos casos constitucionalmente previstos. [992] As reservas signi-

mas é a proibição expressa de restrições fora do catálogo que faz com que os autores recorram a "estratégias de fuga", conforme já restou demonstrado no ponto 4.1.2. Gilmar Mendes e André Rufino do Vale também se posicionam no sentido de que "a inexistência na Constituição brasileira de cláusulas proibitivas de restrições não expressamente autorizadas pelo texto constitucional parece emprestar outro significado, em nossa realidade, a certas discussões doutrinárias sobre os denominados 'limites imanentes', categoria originalmente criada no direito comparado para tornar possível, e assim legitimar, restrições aos direitos não submetidos a reserva legal" (MENDES, Gilmar Ferreira; VALE, André Rufino do. Comentário ao artigo 5, inciso II in CANOTILHO, José Joaquim Gomes; MENDES, Gilmar Ferreira; SARLET, Ingo Wolfgang; STRECK, Lenio Luiz (coords.), *Comentários à Constituição do Brasil*. p. 249). É importante que se extraia um sentido às reservas constitucionalmente prescritas, assim como o próprio Virgílio da Silva acaba por concluir, como se verá adiante sem, contudo, que se conclua pela adoção da teoria interna dos limites aos direitos fundamentais para justificar as restrições não previamente autorizadas pelo constituinte originário, já que tal construção doutrinária é desnecessária diante do texto constitucional brasileiro, mesmo que se leve em conta a tipologia de reservas.

[992] Embora com nomenclatura diversa, as restrições implicitamente autorizadas são reconhecidas na doutrina por: SARLET, Ingo Wolfgang. *A eficácia dos direitos fundamentais*. pp. 393-394; PEREIRA, Jane Reis Gonçalves. *Interpretação constitucional e direitos fundamentais*. pp. 212-214 (referindo-se às "restrições implicitamente autorizadas", que se justificam, além da necessidade de resolução de conflitos entre os direitos, pela abertura e necessidade de definição de conceitos constitucionais ou pela existência de institutos jurídicos que exigem concretização legislativa e cuja definição acabam por restringir o âmbito do direito); MENDES, Gilmar Ferreira. Os direitos individuais e suas limitações: breves reflexões. p. 240, que considera que a norma do artigo 5º, II, contém uma "reserva legal subsidiária" que justifica a possibilidade de o legislador resolver os casos de conflitos entre direitos fundamentais não previstos pela Constituição; *Idem*, VALE, André Rufino do. Comentário ao artigo 5, inciso II, in CANOTILHO, José Joaquim Gomes; MENDES, Gilmar Ferreira; SARLET, Ingo Wolfgang; STRECK, Lenio Luiz (coords.), *Comentários à Constituição do Brasil*. pp. 248-249; FARIAS, Edilsom Pereira de. *Colisão de direitos*. pp. 93-95, esse último referindo que "a autorização constitucional possa ser pressuposta quando justificada para solucionar colisão de direitos ou conflitos desses com bens igualmente protegidos pela Constituição" (*Idem*, p. 94, nota n. 198); *Idem*, Restrição de Direitos Fundamentais. pp. 71-72; SCHÄFER, Jairo Gilberto. *Direitos Fundamentais*. pp. 146-147; FREITAS, Luiz Fernando Calil. *Direitos fundamentais*. pp. 153 e ss e 187-189; BARROS, Suzana de Toledo. *O princípio da proporcionalidade e o controle de constitucionalidade das leis restritivas de direitos fundamentais*. pp. 166-170, que, embora denomine as restrições não expressamente autorizadas de "limites imanentes" (*Idem*, p. 167), quer com isso dizer que o legislador ordinário pode restringir direitos fundamentais diante de conflitos não previstos na Constituição tentando, tanto quanto possível, optar por

AS RESTRIÇÕES AOS DIREITOS FUNDAMENTAIS POR ATO NORMATIVO DO PODER EXECUTIVO

ficam uma maior ou menor liberdade do legislador, conforme a reserva seja simples, conferindo-lhe poder de restringir o direito sem a previsão de alguma exigência específica, ou qualificada, em que ficam previamente definidos "o objeto, a finalidade ou o âmbito temático da lei reguladora".[993]

Certo é que, não havendo a proibição de restrição quando não autorizada constitucionalmente, se exclui, por óbvio, a necessidade das discussões doutrinárias em torno da justificação da possibilidade de se procederem restrições fora dos casos previstos no catálogo, tal como ocorre na doutrina portuguesa. A inexistência de tal proibição dispensa que se criem argumentos para aceitar as restrições não autorizadas no âmbito constitucional brasileiro e, ainda, não obriga que os doutrinadores se empenhem em criações dogmáticas para desviá-la. Tal conclusão não ignora, entretanto, o significado das reservas na Constituição ao repercutirem na necessidade de maior ou menor argumentação sobre a decisão de restringir e o seu reflexo na margem de controle pelo juiz constitucional. É por isso que se entende, assim como Jorge Reis Novais no âmbito da Constituição portuguesa, que o legislador constituinte pôde antever, em alguns casos, a forma como o legislador ordinário deveria agir e, assim, diminuiu consideravelmente sua margem de conformação no caso das reservas qualificadas e já não nas reservas simples de lei, em que cabe a esse último a escolha dos "bens, interesses e fins" que justi-

---

uma "solução otimizadora" (*Idem*, p. 168); BRANDÃO, Rodrigo. Emendas constitucionais e restrições aos direitos fundamentais. pp. 20-21.Vê-se, portanto, que a doutrina tende a aceitar os pressupostos teóricos da teoria externa das restrições aos direitos fundamentais. Tal entendimento de possibilidade de restrições a direitos fundamentais sem reserva legal em razão da possibilidade de colidir com outros direitos ou bens é também encontrado na jurisprudência do STF: RE 466343/SP. Voto Ministro Gilmar Mendes. pp. 37 e ss.

[993] PEREIRA, Jane Reis Gonçalves. *Interpretação constitucional e direitos fundamentais*. p. 211. Os exemplos comumente citados pela doutrina e que bem ilustram a divisão tipológica das reservas são o inciso XII do artigo 5º para a reserva qualificada ("é inviolável o sigilo da correspondência e das comunicações telegráficas, de dados e das comunicações telefônicas, salvo, no último caso, por ordem judicial, nas hipóteses e na forma que a lei estabelecer *para fins de investigação criminal ou instrução processual penal*) (grifou-se) e o inciso XLVI, no caso da reserva simples de lei ("a lei regulará a individualização da pena e adotará, entre outras, as seguintes (...)") (assim, por todos: *Idem*, pp. 211-212; MENDES, Gilmar Ferreira. Os direitos individuais e suas limitações: breves reflexões. pp. 233 e 238).

ficam a intervenção legislativa. [994] Tal concepção reflete na extensão da sindicalidade das decisões do legislador ordinário, já que, nos casos de direitos fundamentais previstos sem reserva de lei e eventual restrição posteriormente conferida pelo legislador, a razoabilidade e oportunidade da *decisão de restringir* é também aferida pelo juiz parametrizada nos princípios e valores constitucionais. [995] Ao contrário, no caso de direitos previstos com reserva, cabe ao juiz constitucional o controle do uso da habilitação feita pelo legislador que, nas situações de reservas simples de lei, inclui a "própria eleição dos fins a prosseguir com a restrição", cujo controle se resume à "verificação da não desproporcionalidade" da escolha.[996] A aferição constitucional, conforme os critérios de Estado de Direito, é indiferenciada, sendo o direito previsto com ou sem reserva de lei, já que o ato legislativo, sempre que diminuir o âmbito de um direito fundamental, deve ser submetido a "justificação e controle plenos".[997]

---

[994] NOVAIS, Jorge Reis. *As restrições aos direitos fundamentais não expressamente autorizadas pela Constituição*. p. 599.

[995] *Idem*, pp. 600-602; e, no âmbito constitucional brasileiro: SILVA, Virgílio Afonso da. Os direitos fundamentais e a lei. pp. 615-616.

[996] NOVAIS, Jorge Reis. *As restrições aos direitos fundamentais não expressamente autorizadas pela Constituição*. p. 601.

[997] *Idem*, p. 596; assim, também: SILVA, Virgílio Afonso da. Os direitos fundamentais e a lei. p. 616. Entende-se que esse é o sentido que a maioria da doutrina brasileira atribui às reservas de lei previstas no texto constitucional, já que os autores não se vinculam à teoria interna para justificar as restrições não autorizadas, admitindo-as ao lado daquelas que são autorizadas. Aliás, Gilmar Mendes e André Rufino do Vale deixam claro que, embora se leve a sério o sistema de reservas de lei na Constituição brasileira, decisivo, nesse âmbito "é o *controle de proporcionalidade da lei*" (MENDES, Gilmar Ferreira; VALE, André Rufino do. Comentário ao artigo 5, inciso II in CANOTILHO, José Joaquim Gomes; MENDES, Gilmar Ferreira; SARLET, Ingo Wolfgang; STRECK, Lenio Luiz (coords.), *Comentários à Constituição do Brasil*. p. 249) (grifos do autor) e o primeiro autor ainda chama atenção para a excepcionalidade das restrições aos direitos fundamentais sem reserva legal (MENDES, Gilmar Ferreira. Os direitos individuais e suas limitações. p. 285), o que leva a crer pela intenção do autor em conceder-lhes atenção redobrada. Assim, também no sentido de que "o *poder de decisão* acerca do estabelecimento, ou não, das restrições aos direitos" demanda "um controle mais intenso por parte do Judiciário": PEREIRA, Jane Reis Gonçalves. *Interpretação constitucional e direitos fundamentais*. p. 310 (grifou-se); e, ainda, referindo que "nessa esfera", ou seja, na esfera correspondente à ação restritiva do legislador ordinário para solucionar os casos de colisão entre direitos fundamentais, "*com ainda maior impacto* do que nas hipóteses decorrentes de expressa reserva legal (...), incidem os limites aos limites dos direitos fundamentais": SARLET, Ingo Wolfgang. *A eficácia dos direitos fundamentais*. p. 394 (grifou-se). Não se consideram

AS RESTRIÇÕES AOS DIREITOS FUNDAMENTAIS POR ATO NORMATIVO DO PODER EXECUTIVO

Ademais, quanto à competência para restringir direitos fundamentais no ordenamento jurídico brasileiro e o significado da norma do artigo 5º, n. II, dir-se-ia que se extrai daí a exigência de lei em sentido formal, ou seja, de norma jurídica emitida pelo Parlamento para a criação de direitos e obrigações que é elaborada por meio do processo previsto para tal.[998] Ainda que se diga que a Constituição não especifica o tipo normativo a que se refere, podendo entender-se "lei" como as normas jurídicas derivadas da Constituição "cujo conteúdo seja inovador no ordenamento" e que englobaria também as leis delegadas e medidas provisórias,[999] certo é que a combinação desse artigo com a reserva absoluta de lei parlamentar prevista no artigo 68 impõe a conclusão de que a inovação restritiva de direitos fundamentais deve ser objeto de lei em sentido formal.[1000] O artigo, ao dispor que "ninguém será obrigado a fazer ou deixar de fazer alguma coisa senão em virtude

---

pertinentes, portanto, as críticas de Virgílio Afonso da Silva a alguns dos autores mencionados em nota n. 990, pois o autor chega a resultado semelhante ao expor o seu entendimento a respeito do sentido das reservas constitucionalmente previstas, assim: SILVA, Virgílio Afonso da. Os direitos fundamentais e a lei. pp 615 e ss. Ao contrário, os autores que aceitam a tipologia de reservas são defensores da teoria externa ou da teoria dos princípios para a justificação das restrições não expressamente autorizadas (assim, por todos, MENDES, Gilmar Ferreira. Os direitos individuais e suas limitações: breves reflexões. pp. 224-226 e 284-285).

[998] Assim, por todos: SILVA, José Afonso da. *Comentário contextual à Constituição*. São Paulo: Malheiros, 2005. p. 82; DIMOULIS, Dimitri; MARTINS, Leonardo. *Teoria geral dos direitos fundamentais*. p. 153; MENDES, Gilmar Ferreira; VALE, André Rufino do. Comentário ao artigo 5, inciso II in CANOTILHO, José Joaquim Gomes; MENDES, Gilmar Ferreira; SARLET, Ingo Wolfgang; STRECK, Lenio Luiz (coords.), *Comentários à Constituição do Brasil*. p. 244. A lei deve estar em conformidade com os princípios e valores constitucionais (lei em sentido material), existindo aí uma ligação necessária entre "legalidade e legitimidade" (*Idem, ibidem*).

[999] MENDES, Gilmar Ferreira; VALE, André Rufino do. Comentário ao artigo 5, inciso II in CANOTILHO, José Joaquim Gomes; MENDES, Gilmar Ferreira; SARLET, Ingo Wolfgang; STRECK, Lenio Luiz (coords.), *Comentários à Constituição do Brasil*. p. 245.

[1000] Em sentido semelhante: PEREIRA, Jane Reis Gonçalves. *Interpretação constitucional e direitos fundamentais*. p. 305 e ADI 12479/PA. Voto Ministro Celso de Mello. p. 16; ADI 12967/PE. Voto Ministro Celso de Mello. p. 9, quando refere que "o Estado não pode (...) autorizar o Executivo a 'incluir no sistema positivo qualquer regra geradora de direito ou obrigação novos'". Ao contrário, entendendo que a delegação legislativa em sede de direitos fundamentais é "seguramente possível em âmbito federal (...) pois isso é expressamente autorizado pela Constituição (art. 68 CF)": DIMOULIS, Dimitri; MARTINS, Leonardo. *Teoria geral dos direitos fundamentais*. p. 154.

de lei",[1001] estatui o princípio da legalidade na sua dimensão de reserva de lei parlamentar,[1002] corrigindo a inexistência do artigo idêntico aos previstos na Constituições portuguesa e alemã que exigem a reserva de lei para a restrição de direitos fundamentais e obrigando a observância dessa garantia no ordenamento brasileiro. Aliás, a interpretação sistemática da Constituição permite tal conclusão, já que, em alguns dispositivos, o legislador constituinte previu a necessidade da lei em sentido formal para as restrições de direitos fundamentais, a garantia do ato legislativo emitido pelo Parlamento para a restrição dos direitos fundamentais não deve ser afastada, portanto, para aqueles previstos sem reserva.[1003] Corroborando tal argumento, ainda, justifica-se a intenção do legislador constituinte de atribuir a responsabilidade da restrição aos direitos fundamentais ao Parlamento diante da previsão de que alguns dos direitos mais relevantes, quais sejam, a liberdade e a propriedade, devem ter limitações impostas somente por lei formal, ou seja, existe na Constituição brasileira a consagração da exigência de lei para a definição

---

[1001] A regra já existe no ordenamento jurídico brasileiro desde a Constituição republicana de 1891 (assim, por todos: JÚNIOR, José Cretella. *Comentários à Constituição brasileira de 1988*. Vol I. Rio de Janeiro: Forense Universitária, 1990. p. 193).

[1002] PEREIRA, Jane Reis Gonçalves. *Interpretação constitucional e direitos fundamentais*. pp. 303-305; BASTOS, Celso Ribeiro; MARTINS, Ives Gandra. *Comentários à Constituição do Brasil*. 2º Volume. 3ª edição. São Paulo: Saraiva, 2004. pp. 26-27; DIMOULIS, Dimitri; MARTINS, Leonardo. *Teoria geral dos direitos fundamentais*. p. 153. Para José Afonso da Silva, é pelo fato de o dispositivo conter, além do princípio da legalidade, uma norma que estabelece a liberdade geral de ação, assim, correlacionando "liberdade e legalidade", que se pode retirar dele a ideia de que "a liberdade, em qualquer de suas formas, só pode sofrer restrições por *normas jurídicas preceptivas* (que impõem uma conduta positiva) ou *proibitivas* (que impõem uma abstração), provenientes do Poder Legislativo e elaboradas segundo o procedimento estabelecido na Constituição" (SILVA, José Afonso da. *Comentário contextual à Constituição*. pp. 81-82) (grifos do autor). Ao contrário, entendendo que o artigo 5º, II, estabelece uma reserva relativa de lei, sendo respeitada também quando "ato normativo não legislativo, porém regulamentar (ou regimental), definir obrigações de fazer ou não fazer alguma coisa imposta a seus destinatários" desde que uma lei atribua essa capacidade ao Poder Executivo: GRAU, Eros Roberto. *O direito posto e o direito pressuposto*. 6ª edição. São Paulo: Malheiros, 2005. pp. 247 e 252-253.

[1003] PEREIRA, Jane Reis Gonçalves. *Interpretação constitucional e direitos fundamentais*. pp. 302-303 e 305-306. Dir-se-ia que nos casos de inexistência de lei com mais razão se justificaria a necessidade de lei formal para a restrição "pela evidente imprescindibilidade de maior rigor no seu controle" (BRANDÃO, Rodrigo. Emendas constitucionais e restrições aos direitos fundamentais. p. 22).

AS RESTRIÇÕES AOS DIREITOS FUNDAMENTAIS POR ATO NORMATIVO DO PODER EXECUTIVO

de crime e cominação de pena[1004] e para o estabelecimento e elevação de tributo.[1005] Assim, de uma leitura unitária da Constituição e das normas de divisão de competências entre os órgãos constituídos, que centralizam o Parlamento como o órgão responsável pela função geral de emitir leis, é que se impõe a conclusão de que só a esse Poder cabe a decisão fundamental de inovar o ordenamento jurídico em sentido que afete desvantajosamente um direito fundamental.[1006] A matéria de restrição de direitos fundamentais é, também na Constituição brasileira, reservada à lei.

A outra dimensão da legalidade é o mandamento de supremacia da lei, que significa que todo o ato infralegal contrário à lei será invalido diante de sua superioridade hierárquica.[1007] Junto a isso, o artigo 37 prevê a legalidade administrativa,[1008] admitindo a atuação da administração pública somente quando a lei impuser ou autorizar.[1009] Certo é que, embora a legalidade admita, em certos casos, a concessão de espaços ao administrador para que decida sobre a oportunidade (momento) e conveniência (utilidade) da medida a ser tomada, bem como sobre o seu conteúdo (objeto),[1010] situações em que a atuação administrativa é dita discricionária, o ato ainda assim deve ser previsto em lei e deve respeitar a forma e a finalidade nela prescritos.[1011] A emissão de regulamentos em

---

[1004] Assim, o texto do artigo 5º, inciso XXXIX: "não há crime sem lei anterior que o defina, nem pena sem prévia cominação legal".

[1005] O artigo 150, I, da CF dispõe que: "sem prejuízo de outras garantias asseguradas ao contribuinte, é vedado à União, aos Estados, ao Distrito Federal e aos Municípios: I – exigir ou aumentar tributo sem lei que os estabeleça". Assim, também: BARROSO, Luís Roberto. Apontamentos sobre o princípio da legalidade. pp. 168-169.

[1006] SILVA, José Afonso da. *Comentário contextual à Constituição.* pp. 82-83.

[1007] BARROSO, Luís Roberto. Apontamentos sobre o princípio da legalidade. p. 168.

[1008] O artigo 37, *caput*, da Constituição brasileira dispõe que "a administração pública direta e indireta de qualquer dos Poderes da União, dos Estados, do Distrito Federal e dos Municípios obedecerá aos princípios de legalidade, (...)".

[1009] Assim, por todos: BARROSO, Luís Roberto. Apontamentos sobre o princípio da legalidade. p. 166; CASTRO, Carlos Roberto Siqueira. *O devido processo legal e os princípios da razoabilidade e da proporcionalidade.* p. 92. E, também: RE 60760/RS. Voto Ministro Marco Aurélio. p. 2.

[1010] Sobre o conceito de discricionariedade administrativa: GRAU, Eros Roberto. *O direito posto e o direito pressuposto.* pp. 191-192 e 206-207.

[1011] Assim, por todos: TAVARES, André Ramos. *Curso de direito constitucional.* 7ª edição. São Paulo: Saraiva. p. 641.

sentido lato relacionados às restrições diretas de direitos fundamentais, é, geralmente, uma atividade executória da lei e a ela vinculada. Desses pressupostos conclui-se que a autoridade administrativa é proibida de inovar originalmente o ordenamento jurídico pelo seu poder normativo e está impedida, mais ainda, de inová-lo no sentido de criar deveres ou obrigações,[1012] devendo concretizar suas competências tendo como parâmetro a lei.[1013] Assim, no que diz respeito à relação entre a lei e o regulamento no âmbito das restrições aos direitos fundamentais, dir-se-ia que cabe à lei a imposição da restrição e à administração, ao regulamentar a matéria, solucionar ou especificar a execução da lei e, quando muito, agir no âmbito da definição e concretização dos conceitos técnicos, já não criando autonomamente "condutas típicas específicas ou sanções não previstas em lei".[1014]

Assim como no âmbito jurídico português, surgem também aqui dúvidas sobre a densidade da norma restritiva a ser emitida pelo Parlamento, já que o princípio da legalidade não proporciona critérios dogmáticos que possam ser aplicados de forma subsunsiva. Com vista a formular indícios que possibilitem saber o que deve o legislador proporcionar na norma que autoriza os outros poderes a autuar restritivamente em matéria de direitos fundamentais, utilizam-se as duas dimensões do princípio da legalidade para formular pontos de partida para as futuras conclusões. Dir-se-ia, por isso, que se podem extrair duas consequências dos princípios da reserva de lei e da supremacia da lei na Constituição brasileira: primeiro, que o legislador ordinário não

---

[1012] Barroso, Luís Roberto. Apontamentos sobre o princípio da legalidade. p. 170.

[1013] Assim, por todos: Bastos, Celso Ribeiro; Martins, Ives Gandra. *Comentários à Constituição do Brasil*. 2º Volume. p. 25. É preciso deixar claro que a administração pública, no uso de seus poderes regulamentares, pode inovar "apenas como ato administrativo, porém nos exatos limites da lei", sendo-lhe vedada a inovação no âmbito legislativo (Freitas, Juarez. *O controle dos atos administrativos e os princípios fundamentais*. 3ª edição. São Paulo: Malheiros, 2004. p. 48).

[1014] Assim, referindo-se ao campo do Poder Regulamentar no direito brasileiro: Sarlet, Ingo Wolfgang (coord.). As resoluções do Conama e o princípio da legalidade: a proteção ambiental à luz da segurança jurídica. pp. 9-10. Nesse sentido também a opinião de Celso Antônio Bandeira de Mello, ao referir que a existência de regulamento ou resolução em matéria de restrição a direitos fundamentais só é admissível, "se em lei já existir delineada a contenção ou imposição que o ato administrativo venha a minudenciar" (Mello, Celso Antônio Bandeira de. *Curso de direito administrativo*. p. 92).Voltar-se-á ao tema no capítulo VI da investigação.

deve, na maioria dos casos, atribuir à administração poderes discricionários para decidir sobre os limites de direitos fundamentais e,[1015] ainda, que não pode ser delegada ao Poder Executivo a capacidade de legislar sobre restrições.[1016] Aceita-se, na doutrina, a possibilidade de o legislador utilizar, mesmo no âmbito da restrições ao direitos fundamentais, cláusulas gerais e conceitos indeterminados a serem concretizados pela administração no caso concreto, o que significa conceder-lhe a capacidade de "efetivar a apreciação *in concreto* acerca da presença das condições legais que autorizam a limitação de um direito fundamental".[1017] Ao contrário, em especial no campo das restrições aos direitos fundamentais, não é concedida à administração discricionariedade quanto à definição dos "pressupostos de fato", ou seja a definição do "conteúdo, fins, tempo e medida" da restrição devem ser aferidas primariamente pelo Parlamento.[1018] Isso quer dizer que a decisão essencial de restringir o direito fundamental e a definição dos "elementos essenciais" que a acompanham devem ser obrigatoriamente emitidas pelo Parlamento.[1019]

[1015] Assim entendidos como os poderes de "decisão livre sobre a conveniência e oportunidade de praticar os atos de sua competência" (PEREIRA, Jane Reis Gonçalves. *Interpretação constitucional e direitos fundamentais*. p. 309).

[1016] *Idem*, p. 306. A autora problematiza, no primeiro caso, que a definição da competência da administração no âmbito das restrições aos direitos fundamentais é delicada em razão existir, mesmo aí, uma "certa margem de apreciação" da administração ao aplicar a lei (*Idem*, pp. 306-307).

[1017] *Idem*, p. 309 (grifos do autor).

[1018] Segundo Celso Ribeiro Bastos e Ives Gandra Martins, a reserva de lei restritiva impõe que a intervenção limitadora da administração em direitos fundamentais deve ser precedida de lei autorizadora que contenha "determinações quanto ao conteúdo, fins, tempo e medida da matéria a regular pela Administração" (BASTOS, Celso Ribeiro; MARTINS, Ives Gandra. *Comentários à Constituição do Brasil*. 2º Volume. pp. 32 e 36). Nesse sentido é a doutrina majoritária, segundo Gilmar Mendes: MENDES, Gilmar Ferreira. Questões fundamentais de técnica legislativa in *Revista eletrônica sobre a reforma do Estado*, n. 11, 2007. Disponível em: http://www.direitodoestado.com/revista/RERE-11-SETEMBRO-2007GILMAR%20MENDES.pdf. Acesso em: 13/08/2014. p. 14, quando refere-se ao entendimento de "que há delegação indevida quando se permite ao regulamento inovar inicialmente na ordem jurídica, atribuindo-se-lhe a definição de requisitos necessários ao surgimento do direito, dever, obrigação ou *restrição*" (grifou-se).

[1019] SILVA, José Afonso da. *Comentário contextual à Constituição*. p. 83. Voltar-se-á ao tema da densidade da norma restritiva de direito fundamental no capítulo VI da investigação.

Capítulo 6
Delimitação de Critérios Dogmáticos para a Divisão de Competências no Âmbito de Regulamentação de Direitos Fundamentais

O exame da divisão material de competências prevista nas Constituições portuguesa e brasileira permitiu concluir ser o texto constitucional incapaz de definir exaustivamente a capacidade normativa dos órgãos constituídos quando tratam da matéria de direitos fundamentais. Questionar-se-á, portanto, neste capítulo, a possibilidade de o critério da essencialidade servir como pressuposto teórico para identificação da competência normativa dos Poderes Executivo e Legislativo em sede de direitos fundamentais nas Constituições portuguesa e brasileira e a sua capacidade em conferir critérios para definição da densidade normativa restritiva parlamentar em ambos os contextos constitucionais. Por fim, corroborando os argumentos propostos pela teoria da essencialidade, a leitura orgânico-funcional da divisão de competências baseada em pontos de referência constitucionais possibilitará a conclusão de uma maior proteção aos direitos fundamentais quando a intervenção normativa é originada do órgão legislativo. Nesse sentido, objetiva-se, ao final do capítulo, o estabelecimento de critérios auxiliares à teoria da essencialidade para a delimitação da extensão da reserva parlamentar relativamente aos direitos fundamentais nas Constituições portuguesa e brasileira.

6.1. As Constituições portuguesa e brasileira e sua relação com o critério da essencialidade

A adoção da teoria da essencialidade para a interpretação do papel do Parlamento na normação dos direitos fundamentais nos âmbitos jurídicos português e brasileiro passa pela identificação da racionalidade material subjacente à divisão de poderes normativos em ambas as Constituições e sua conformidade ou identidade com os pressupostos explicativos da concepção em análise.[1020] Pretende-se saber se as Constituições portuguesa e brasileira afirmam o Poder Legislativo como responsável para melhor decidir sobre as matérias essenciais para essas comunidades. Trata-se, enfim, de investigar a justificação encontrada nas Constituições portuguesa e brasileira para conceder somente ao Parlamento o papel primário de intervenção nos direitos fundamentais e o que deveria ser obrigatoriamente previsto, considerando a densidade da norma restritiva de direitos, por ele segundo esses textos constitucionais.

Dir-se-ia que decorre do sistema de governo semipresidencial e do estatuto constitucional do Poder Legislativo na Constituição portuguesa de 1976 um "primado de competência" normativa da Assembleia da República, que a favorece diante do Governo e situa-a como o "órgão legislativo por excelência ou primeiro órgão legislativo do Estado".[1021] Tal qualificação do Parlamento é resultado de suas atribuições constitucionais e de sua relação com o Governo, de que pode-se conferir maior importância: 1) a sua competência legislativa genérica (artigo 161, alínea "c"), excluindo-se desse âmbito apenas a matéria de organização do Governo (artigo 198, n. 2); 2) a atribuição de competências legislativas absolutas e relativas, dependendo o Governo, nesse último caso, de autorização para poder regulamentar os âmbitos materiais ali elencados (artigos 164 e 165 da CRP); 3) a capacidade de emitir normas sobre as

---

[1020] Propondo a necessidade de análise da "racionalidade sistemática que presidiu à divisão entre matérias carecidas da *autoridade* parlamentar e outras que se bastam com a *autoridade* governamental" na Constituição portuguesa: VAZ, Manuel Afonso. *Lei e reserva de lei*. p. 397 (grifos do autor).

[1021] MIRANDA, Jorge. Lei in *Dicionário Jurídico de Administração Pública*, V, Lisboa: (s/ed.), 1993. pp. 376-377; *Idem, Manual de Direito Constitucional*. Tomo V. pp. 166 e 191; MEDEIROS, Rui; MIRANDA, Jorge. *Constituição portuguesa anotada*. Tomo II. p. 497; COUTINHO, Luís Pedro Pereira. Regime orgânico dos direitos, liberdades e garantias e determinação normativa. pp. 537-538.

6. DELIMITAÇÃO DE CRITÉRIOS DOGMÁTICOS PARA A DIVISÃO DE COMPETÊNCIAS...

bases gerais dos regimes jurídicos de determinado assunto, limitando-se o Governo ao seu desenvolvimento (112, n. 2); 4) ao seu poder de fazer cessar a vigência ou alterar os decretos-lei do Governo, salvo quando este atuar no âmbito de sua competência legislativa exclusiva (162, *c*, e 169, n. 1); 5) a natureza suspensiva do veto presidencial das leis, diversamente do veto absoluto aos decretos-lei do Governo (artigo 136); 6) a capacidade de emitir leis de valor reforçado.[1022] No artigo 161, estão elencadas as competências atribuídas somente ao Parlamento que têm natureza de decisões políticas fundamentais, reforçando sua interferência e capacidade de influenciar o Governo nesse âmbito.[1023] São especialmente importantes: a) a aprovação das leis das grandes opções dos planos nacionais e o Orçamento de Estado; b) autorização ao Governo para contrair e conceder empréstimos e a realizar outras operações de crédito; c) aprovação dos tratados de participação de Portugal em organizações internacionais; d)autorização e confirmação da declaração do estado de sítio e do estado de emergência; e) autorização ao Presidente a declarar guerra e a fazer paz. A função legislativa é, entretanto, na Constituição portuguesa, a responsável por centralizar o Parlamento no "processo de decisão política".[1024]

As atribuições legislativas previstas nos artigo 164 e 165 têm a característica de organizar a competência normativa do Poder Legislativo, principalmente, em cinco grupos: 1) estrutura do Estado português (alíneas *f*, *g* e *s*, artigo 164); 2) direitos fundamentais (alíneas *e*, *h*, *i* e *o* do artigo 164 e alíneas *a* a *h* do artigo 165); 3) organização econômica do Estado (alíneas *r* e *t* do artigo 164 e alíneas *i* a *o* e *u* a *z* do artigo 165); 4) organização do poder político (alíneas *a*, *b*, *c*, *d*, *j*, *l*, *m*, *n*, *p*, *v* do artigo 164 e alíneas *p* a *t* do artigo 165) e 5) garantia da Constituição

---

[1022] MIRANDA, Jorge. Lei. p. 377; *Idem, Manual de Direito Constitucional.* Tomo V. pp. 191-193.

[1023] Embora não caiba ao Parlamento, na atualidade, o "monopólio da construção da vontade política", certo é que este "detém a *'primazia'* na sua determinação, em 'cooperação' com o governo (...)"(QUEIROZ, Cristina. *O Parlamento como factor de decisão política.* p. 21) (grifou-se).

[1024] *Idem,* p. 40, entretanto, adiante, a autora acaba por concluir que a transformação do papel do Parlamento nas sociedades atuais leva à atribuição do papel central da "vida política estadual" ao Governo, restando ao Parlamento ser a figura de "instrumento" da vida política, na medida em que "controla o poder factual do governo no processo legislativo" (*Idem,* p. 48).

(alínea *c* do artigo 164).[1025] Embora se possa dizer que a divisão material de competências normativas seja fruto das opções políticas do poder constituinte em um determinado período histórico,[1026] é obvio, a partir da leitura das alíneas aí descritas, que o legislador constituinte de 1976 e os legisladores das revisões que se seguiram preocuparam-se em estabelecer um núcleo de matérias que refletem as *decisões essenciais* do Estado,[1027] mesmo que se tratando somente da regulamentação dos traços principais de determinados objetos.[1028] Isso se torna evidente, quando analisado sob a perspectiva das capacidades normativas do Parlamento no que se trata dos direitos fundamentais. Além da compe-

---

[1025] Assim, a análise da divisão material de competências da CRP procedida por: MIRANDA, Jorge. *Manual de Direito Constitucional.* Tomo V. pp. 251-252.

[1026] *Idem*, p. 252

[1027] Assim, reconhecendo que a essencialidade da matéria fora o critério utilizado para a disposição das reservas de lei na Constituição portuguesa ou admitindo a utilização de seus critérios para a interpretação desse texto constitucional: NOVAIS, Jorge Reis. *As restrições aos direitos fundamentais não expressamente autorizadas pela Constituição.* pp. 852 e ss e 872-880; MORAIS, Carlos Blanco de. *As leis reforçadas.* p. 674; MONCADA, Luís Cabral. *Ensaio sobre a lei.* pp. 120-121. Assim, também, afirmando que a utilização da teoria, uma vez constatada a "correspondência entre a reserva material de lei e seus fundamentos principiológicos" em determinado âmbito constitucional, auxiliaria a submissão de matérias ao mesmo regime das reservas expressamente dispostas na Constituição: COUTINHO, Luís Pedro Pereira. Regime orgânico dos direitos, liberdades e garantias e determinação normativa. pp. 537-538 e 557-578; *Idem*, Regulamentos independentes do Governo. pp. 1057 e ss. e 1060-1063; e, no mesmo sentido de Luís Pereira Coutinho, referindo que a essencialidade pode ser levada em conta para ampliar o âmbito de atuação do Parlamento e atribuir-lhe temas que "há pouco eram desconhecidos", mas que "passaram para a primeira página da actualidade": MONCADA, Luís Cabral. Legalidade, procedimento normativo e "rule of law". pp. 118-119; *Idem, Ensaio sobre a lei.* pp. 154-155, opinião com a qual se concorda. Ao contrário, desconsiderando o critério da essencialidade por sua vagueza e por não encontrar "na Constituição pontos de apoio suficientes para permitir uma densificação adequada fora das matérias da reserva de lei": VALLE, Jaime. *A participação do Governo no exercício da função legislativa.* p. 226. Concorda-se, entretanto, com José Joaquim Gomes Canotilho, quando refere que "no direito português não há *dever constitucional* (salvo para as matérias constitucionalmente sujeitas a reserva de lei) de a lei regular *todas* as matérias importantes, e, por outro lado, também não há um dever jurídico-constitucionalmente imposto de a lei se limitar à regulação de matérias de grande relevância jurídica e política" (CANOTILHO, José Joaquim Gomes. Relatório sobre programa, conteúdos e métodos de um curso de teoria da legislação in *Boletim da Faculdade de Direito*, vol. LXIII. Coimbra, 1987. p. 455), entendendo-se que há a constatação de que algumas da matérias reservadas ao Parlamento na Constituição portuguesa sejam de caráter essencial.

[1028] Assim no sentido de: *BVerwGE* 47, 194. p. 199.

6. DELIMITAÇÃO DE CRITÉRIOS DOGMÁTICOS PARA A DIVISÃO DE COMPETÊNCIAS...

tência da Assembleia da República de regulamentar exclusivamente sobre os direitos, liberdades e garantias (alínea *b*, artigo 165), e mesmo que surjam dúvidas sobre a definição daquilo que *deve* ser objeto de tratamento pelo próprio legislador ordinário nesse âmbito, a atribuição de competência absoluta para regulamentar as bases do sistema de ensino, e relativa para legislar sobre a definição de crimes e penas, regime geral de requisição e expropriação por utilidade pública, bases do sistema de segurança social e do serviço nacional de saúde, bases do sistema de proteção da natureza, do equilíbrio ecológico e do patrimônio cultural, bem como para a criação de impostos e sistema fiscal demonstram que a realização dos direitos fundamentais, pelo caráter de "essencial" conferido a esses direitos pela Constituição portuguesa ao serem elencados como princípios fundamentais da República (artigo 2o), é atribuída primariamente ao órgão parlamentar. Somada a isso está a reserva restritiva prevista no artigo 18, n. 2, que garante "que seja sempre ele (o Parlamento) a tomar todas as decisões essenciais quanto aos elementos e quanto ao alcance da restrição jusfundamental".[1029]

A análise constitucional do sistema de governo presidencial brasileiro aponta, mesmo que se diga que cabe ao Presidente a tomada de algumas das decisões políticas principais ao gerir os "negócios internos"[1030] e que para tal o próprio faz uso de atos normativos equiparados à lei, para uma "preferência constitucional pela fonte parlamentar",[1031] que é resultado também da abusiva atividade normativa do período político precedente e do cuidado dos Constituintes de 1988 de conferir ao Poder Executivo poderes legislativos limitados. Isso fica claro com a previsão constitucional da: a) competência do Congresso Nacional para dispor das matérias de competência da União (artigo 48 c/c artigos 21, 22 24 da CF); b) existência de um núcleo de matérias absolutamente reservado ao Congresso Nacional (artigo 68, §1, da CF); c) necessidade de autorização para a atuação legislativa delegada do Executivo (artigo 68 da CF); d) exigência da conversão em lei da medida provisória para que seu con-

---

[1029] MEDEIROS, Rui; MIRANDA, Jorge. *Constituição portuguesa anotada.* Tomo I. p. 358.

[1030] MORAES, Alexandre de. *Presidencialismo.* p. 59.

[1031] JÚNIOR, José Levi Mello do Amaral. Comentário ao artigo 62, *caput*, in CANOTILHO, José Joaquim Gomes; MENDES, Gilmar Ferreira; SARLET, Ingo Wolfgang; STRECK, Lenio Luiz (coords.), *Comentários à Constituição do Brasil.* São Paulo: Saraiva/Almedina, 2013. p. 1146.

teúdo continue a produzir efeitos.[1032] Volta-se a referir que a justificação da limitada atuação normativa do Poder Executivo na Constituição brasileira é o fato de o sistema de governo não prever a responsabilidade política do Presidente da República – ou do Poder Executivo – perante o Parlamento, o que impõe tal delimitação precisa de seus poderes nesse âmbito.[1033]

Quanto às matérias de competência da União, salienta-se a capacidade do Poder Legislativo brasileiro para tratar de questões como tributação e alocação dos recursos na União; orçamento anual; planos e programas nacionais e regionais de desenvolvimento econômico e social; habitação e saneamento básico; atividade nuclear em território nacional; limites do território nacional, espaço aéreo e marítimo da União; criação, transformação e extinção de cargos, empregos e funções públicas; criação e extinção de ministérios e órgãos da administração pública; telecomunicações, radiofusão e energia elétrica; matéria financeira, cambial e monetária, instituições financeiras e suas operações e moeda e seus limites de emissão; direito civil, comercial, penal processual, eleitoral, agrário, marítimo, espacial e do trabalho; desapropriação; seguridade social; diretrizes e bases da educação nacional; meio ambiente; proteção e defesa da saúde; assistência jurídica e defensoria pública; proteção das pessoas com deficiência; proteção à infância e juventude; condições para o exercício de profissões, que são, evidentemente, decisões de caráter essencial para o funcionamento do Estado, bem como de definição de seus aspectos fundamentais, tratando-se muitas delas de promoção ou proteção a direitos fundamentais.

Ademais, no âmbito da competência absoluta do Congresso Nacional (artigo 68, §1, da CF) estão, para o que aqui interessa, as matérias de sua exclusiva disposição (previstas no artigo 49) e os seguintes assuntos: (I) organização do Poder Judiciário e do Ministério Público, a carreira e a garantia de seus membro; (II) nacionalidade, cidadania, direitos indi-

---

[1032] Para José Levi Mello do Amaral Júnior, os pontos *c* e *d* do texto são suficientes para fundamentar a preferência pela fonte normativa parlamentar na Constituição brasileira: JÚNIOR, José Levi Mello do Amaral. Comentário ao artigo 62, *caput*, in CANOTILHO, José Joaquim Gomes; MENDES, Gilmar Ferreira; SARLET, Ingo Wolfgang; STRECK, Lenio Luiz (coords.), *Comentários à Constituição do Brasil*. p. 146.

[1033] Assim, conforme já referido: MELLO, Celso Antônio Bandeira de. O poder normativo do Executivo no Brasil. pp. 206-207.

6. DELIMITAÇÃO DE CRITÉRIOS DOGMÁTICOS PARA A DIVISÃO DE COMPETÊNCIAS...

viduais, políticos e eleitorais; (III) planos plurianuais, diretrizes orçamentárias e orçamentos. No que se relaciona às matérias de atribuição exclusiva do Congresso Nacional (artigo 49), a análise delas em conjunto permite concluir que dizem respeito, no essencial, às suas atribuições de controle e de fiscalização do Poder Executivo em geral, demarcando sua "identidade institucional" nesse âmbito.[1034] Assim, veem-se, nos incisos do artigo 49, atribuições que representam a sua participação em atos importantes de soberania,[1035] como autorizar o Presidente a declarar guerra e a celebrar a paz (inciso II); de crise constitucional, como aprovar o estado de defesa e a intervenção federal e autorizar o estado de sítio (inciso III), bem como poderes de controle político e constitucional sobre atos do Executivo, como no caso de sua capacidade de sustar os atos normativos que exorbitem do poder regulamentar ou dos limites da delegação legislativa (inciso V), de fiscalização e controle dos atos desse Poder em geral, incluídos os da administração indireta (inciso X) e de zelar pela preservação de sua competência legislativa em face da atribuição normativa de outros Poderes (inciso XI). Nesse último caso, as atribuições de capacidade de controle sobre atos do Poder Executivo concede ao Legislativo o poder de balizar suas atuações legislativas e os atos normativos da administração pública conforme as decisões e orientações políticas constitucionais e legislativas,[1036] resultando no fortalecimento desse Poder mediante uma forma de atuação excepcional conferida pela Constituição em um sistema presidencial de governo.[1037]

Somando-se ao elenco material disposto no artigo 49, faz parte da reserva absoluta de lei todo o âmbito dos direitos fundamentais (artigo 68, §1, II), e, ainda, há a previsão discriminada dos direitos que digam respeito à nacionalidade, à cidadania, aos direitos políticos e eleitorais e aos direitos sociais previstos nos artigos 21, 22 e 24, já anteriormente descritos. A par disso, pode-se dizer que a norma do artigo 5º, II, com-

---

[1034] AZEVEDO, Luiz Henrique Cascelli. Comentário ao artigo 49, *caput*, in CANOTILHO, José Joaquim Gomes; MENDES, Gilmar Ferreira; SARLET, Ingo Wolfgang; STRECK, Lenio Luiz (coords.), *Comentários à Constituição do Brasil*. p. 1017.

[1035] MAZZUOLI, Valerio de Oliveira. Comentário ao artigo 49, inciso II, in *Idem*, p. 1023.

[1036] FERRAZ, Anna Candida da Cunha. Comentário ao artigo 49, inciso X, in *Idem*, p. 1037.

[1037] FERRAZ, Anna Candida da Cunha. Comentário ao artigo 49, inciso V, in *Idem*, pp. 1030--1031.

AS RESTRIÇÕES AOS DIREITOS FUNDAMENTAIS POR ATO NORMATIVO DO PODER EXECUTIVO

binada com a restrição material à delegação do artigo 68, §1, II, impõem a interpretação de uma reserva parlamentar para a restrição aos direitos fundamentais, conforme anteriormente definido.[1038] Do exposto, pode-se concluir que, sendo a lei o "ato oficial de maior realce na vida política"[1039] no Estado brasileiro, meio pelo qual são tomadas as decisões políticas essenciais e proporcionada ao cidadão a previsibilidade da imposição inovadora de direitos e obrigações, e sendo o Congresso Nacional que detém a primazia de sua emissão, é ele, também na Constituição brasileira, o órgão eleito como capaz de "transformar questões fundamentais da vida coletiva em vontade política".[1040]

A leitura das reservas de lei relativas a direitos fundamentais nas Constituições portuguesa e brasileira impõe ao intérprete a definição daquilo que *deve* ser objeto de tratamento pelo próprio legislador ordinário no âmbito dos direitos, liberdades e garantias e suas restrições, já que os textos constitucionais não proporcionam critérios para a definição da densidade normativa da matéria de direitos fundamentais. Conforme já anteriormente referido, exclui-se, já de início, a interpretação de que "tudo o que diga a respeito aos direitos fundamentais" seja objeto normativo do Poder Legislativo. Certo é que, em sede de restrição aos direitos fundamentais, as normas dos artigos 18, n. 2, e 5º, II, servem para a justificação da necessidade de regulamentação primária impositiva de restrições pelo legislador ordinário. Entretanto sabe-se que o Poder Executivo, ao legislar ou concretizar os preceitos legislativos, acaba por indiretamente ou mesmo diretamente também interferir na esfera de alguns direitos individuais. Por isso, faz sentido dizer que o reconhecimento da utilidade da teoria da essencialidade para auxiliar a definição da reserva restritiva de lei em ambas as constituições conteria duas

---

[1038] Conforme já anteriormente citada, em sentido semelhante ao texto é a opinião de: PEREIRA, Jane Reis Gonçalves. *Interpretação constitucional e direitos fundamentais*. pp. 303-305.

[1039] SILVA, José Afonso da. *Curso de direito constitucional positivo*. 33ª edição. São Paulo: Malheiros, 2010. p. 121. Nesse sentido, referindo que a lei, no Estado contemporâneo, deixou de ser "apenas regra de Direito para passar a instrumento político por excelência", ou seja, atribui-se a ela a característica de "forma típica da decisão política": PIÇARRA, Nuno. A *separação dos poderes como doutrina e princípio constitucional*. pp. 254-255.

[1040] KADRI, Omar Francisco do Seixo. *O Executivo legislador*. p. 181. Embora se deva fazer a ressalva de que as matérias previstas no artigo 49 devam ser regulamentadas por meio de decreto-lei parlamentar.

vantagens: uma *compreensiva* e a segunda *elucidativa*.[1041] Primeiramente, representa a *aceitação* da *existência* de uma "medida mínima"[1042] daquilo que deve ser previsto em lei, que representaria a definição em lei formal, pelo menos, da decisão essencial que envolva direitos fundamentais. Além disso, dir-se-ia que há a contribuição dogmática na tentativa de delimitação do conteúdo que se entende como impositivo ao legislador, quando restringe direitos fundamentais, e o empenho em determinar critérios para possibilitar maior manejo de sua aplicação.

Nesse sentido, entende-se importante a utilização dos critérios da teoria da essencialidade para saber quando deve ser aplicada a reserva de lei parlamentar, ou seja, considerando o "conteúdo da norma" que incidirá sobre a matéria de direitos fundamentais,[1043] pondera-se a relevância da intervenção da decisão no âmbito do direito e a decorrente exigência ou não dos benefícios proporcionados pelo processo parlamentar.[1044] A avaliação caso a caso levaria em consideração o tipo do direito em causa, a natureza da decisão a ser tomada, bem como o tipo de lei a ser emitida e os princípios que fundamentam a existência da reserva de lei e que exigem ou não a prevalência do processo parlamentar no caso concreto, conforme já anteriormente definido.[1045] Assim, normas que im-

---

[1041] Assim, também a conclusão sobre a capacidade contributiva do instrumento da proibição de insuficiência para definir os deveres de ação do Estado relacionados aos direitos fundamentais em: ABRAHÃO, Marcela Rosa. *Os direitos fundamentais de liberdade e a omissão legislativa: o não-fazer e o fazer insuficiente como violação dos deveres do legislador*. Lisboa, 2012 (relatório de mestrado). Em sentido semelhante é a conclusão de Luís Pereira Coutinho ao referir que "a teoria da essencialidade valerá não tanto por aquilo que delimita mas por aquilo que compreende e exprime: a necessidade de as mais importantes matérias (...) não só para a comunidade em geral como para o cidadão em particular, serem tratadas de maneira a que se preencham as exigências do princípio democrático e do princípio do Estado de Direito" (COUTINHO, Luís Pedro Pereira. Regulamentos independentes do Governo. p. 1059).

[1042] ARNAULD, Andreas von. *Die Freiheitsrechte und ihre Schranken*. pp. 157-160.

[1043] NOVAIS, Jorge Reis. *As restrições aos direitos fundamentais não expressamente autorizadas pela Constituição*. p. 876.

[1044] Assim, conforme já anteriormente referido: *Idem*, p. 876 e 878.

[1045] Nesse sentido: COUTINHO, Luís Pedro Pereira. Regime orgânico dos direitos, liberdades e garantias e determinação normativa. pp. 535 e ss e 540-542; NOVAIS, Jorge Reis. *As restrições aos direitos fundamentais não expressamente autorizadas pela Constituição*. pp. 878-880; ANDRADE, José Carlos Vieira de. Autonomia regulamentar e reserva de lei. pp. 9-10; SOUSA, Marcelo Rebelo de; ALEXANDRINO, José de Melo. *Constituição da República Portuguesa comentada*. p. 284.

ponham restrições diretas e intencionais aos direitos fundamentais ou que, mesmo que indiretas, sejam relevantes para o direito em questão, bem como as normas que alterem ou materializem fundamentalmente o direito obrigam, por sua importância, a intervenção do Parlamento.[1046] Nesses casos, exigir-se-á uma maior densidade da lei, observando-se, em todo o caso, "à específica posição jurídica objecto da restrição e à intensidade ablativa da mesma"[1047] para dimensionar a densidade individualmente de cada restrição a direitos fundamentais, já que algumas tocam questões mais relevantes para sua realização do que outras. Diversamente, quando a norma não se propõe a inovar o ordenamento jurídico ou apenas desenvolve o conteúdo do direito de forma não controversa ou marginal, pode o Governo emiti-la, inclusive, sem prévia autorização parlamentar.[1048]

A competência do Parlamento para tomar as decisões essenciais nas Constituições portuguesa e brasileira é, portanto, sustentada pelo argumento de que ele é o órgão responsável pela emissão das leis em geral nesses textos jurídicos, além daqueles utilizados pela teoria da essencialidade, quais sejam, a explicação de uma primazia do Parlamento em razão dos princípios de Estado de Direito e Democrático. Ademais, a obrigatoriedade de sua atuação primária nas intervenções normativas aos direitos fundamentais é alicerçada na combinação da exigência de lei formal prevista nos artigos 18, n. 2, e 5º, II, bem como na divisão material de competências normativas das duas Constituições, que elegem o Parlamento como órgão responsável pelo tratamento normativo da matéria dos direitos fundamentais. Corroborar-se-ão, ainda, tais afirmações com uma leitura orgânico-funcional da divisão de competências baseada em pontos de referência constitucionais que servem à conclusão de *obrigatoriedade* de tratamento da matéria de restrição aos direitos fundamentais somente por meio de lei formal e seguindo o processo

---

[1046] Assim, conforme já referido: NOVAIS, Jorge Reis. *As restrições aos direitos fundamentais não expressamente autorizadas pela Constituição.* pp. 878 e 880; ANDRADE, José Carlos Vieira de. Autonomia regulamentar e reserva de lei. p. 30.

[1047] COUTINHO, Luís Pedro Pereira. Regime orgânico dos direitos, liberdades e garantias e determinação normativa. pp. 543 e 555-556.

[1048] NOVAIS, Jorge Reis. *As restrições aos direitos fundamentais não expressamente autorizadas pela Constituição.* pp. 876-879.

6. DELIMITAÇÃO DE CRITÉRIOS DOGMÁTICOS PARA A DIVISÃO DE COMPETÊNCIAS...

legislativo próprio do Poder Legislativo.[1049] Assim, mesmo que se diga que os argumentos que sustentam a legitimidade do Parlamento para a tomada das decisões essenciais utilizados pela teoria da essencialidade não convençam sobre uma obrigatoriedade de sua atuação primária nas intervenções normativas aos direitos fundamentais,[1050] mas somente indicam a preferência pela atuação do órgão legislativo, a explicação conforme uma coerência entre a matéria, o órgão responsável por sua normação, a forma da regulamentação emitida e o processo que o origina proporciona a certeza sobre a afirmação do Parlamento como o órgão mais competente para restringir direitos fundamentais.

Além disso, reconhece-se que a utilização da teoria da essencialidade para a definição de quando a restrição a um direito deve ser levada em conta como uma decisão fundamental para a comunidade possa, por vezes, confundir o intérprete acerca da aplicação ou não da reserva parlamentar. Isso porque, segundo a teoria da essencialidade, a existência de uma restrição ao direito é apenas um indício da necessidade de lei formal[1051] e o limite de quando a intensidade da intervenção é ou não essencial é definido caso a caso. Ademais, como ficou demonstrado, tampouco a divisão material de competências normativas das Constituições portuguesa e brasileira bem como a previsão de uma reserva de lei restritiva respondem à questão da densidade da norma restritiva de direito fundamental emitida pelo Parlamento. Por isso, a exigência de que, pelo menos, a *decisão de restringir* uma liberdade fundamental mereça a intervenção do legislador ordinário deve estar baseada em outros argumentos além daqueles proporcionados pela teoria da essencialidade e prescinde da definição e da delimitação de critérios que possam auxiliar na definição do conteúdo e da extensão dessa decisão e que sejam segundo

---

[1049] Assim, no âmbito da Constituição alemã: STAUPE, Jürgen. *Parlamentsvorbehalt und Delegationsbefugnis*. pp. 201 e ss.

[1050] As observações sobre a insuficiência dos argumentos trazidos pela teoria da essencialidade para sustentar a existência da reserva parlamentar na Constituição alemã foram elaboradas no ponto 3.3.3 da investigação e podem ser transferidas para a tentativa de sustentação de uma mesma reserva nas Constituições portuguesa e brasileira. No caso dessa última, mais sentido faz ainda abordar o aspecto da igual legitimidade pessoal dos membros do Parlamento e do representante do Governo, já que a eleição do Presidente da República é também feita de forma direta.

[1051] STAUPE, Jürgen. *Parlamentsvorbehalt und Delegationsbefugnis*. pp. 117 e 123.

uma distribuição de competências conforme as características funcional-estruturais de cada órgão.[1052]

Por tudo isso, entende-se que tão somente a teoria da essencialidade e seu comando de que as decisões essenciais devem ser atribuídas ao Parlamento não basta para a justificação da capacidade desse órgão, e somente dele, para restringir direitos fundamentais. Por isso, a teoria da essencialidade e a definição caso a caso da obrigatoriedade de lei formal para a regulamentação da matéria vem acompanhada de argumentos que indicam a obrigatoriedade da norma parlamentar primária sobre a decisão de restringir um direito fundamental e que são concludentes sobre essa afirmação ao interpretar-se os artigos 18, n. 2, e 5º, II, da CRP e CF, respectivamente. Assim, além de levar em conta a divisão material de competências previstas nessas constituições e analisadas anteriormente, a fundamentação da existência de uma *reserva parlamentar* para a restrição de direitos fundamentais e, ademais, de um grau mínimo de precisão que tal reserva implica nesses dois textos constitucionais, leva em conta não só os artigos que prescrevem a reserva de lei restritiva e o auxílio da teoria da essencialidade para a definição da densidade normativa, mas também depende dos argumentos que aferem a maior proteção conferida pelo processo legislativo e pela garantia da lei formal e que servem como justificação tanto como indicação do órgão parlamentar como o mais competente para restringir direitos fundamentais, bem como da obrigação de fazê-lo somente por meio de lei. Passa-se, então, à discriminação desses argumentos.

6.2. Demais critérios para a fundamentação da competência parlamentar para restrição a direitos fundamentais nas Constituições brasileira e portuguesa

A sustentação do papel primário e único do Parlamento para a restrição de direitos fundamentais depende também de uma interpretação dos artigos 5º, II, e 18, n. 2, da CF e da CRP, respectivamente, com base numa leitura da divisão de poderes no sentido orgânico-funcional. Significa isso dizer que a reserva de lei restritiva é decorrente da afirmação constitucional do Parlamento como órgão *mais apto* a tomar as

---

[1052] *Idem*, p. 192.

6. DELIMITAÇÃO DE CRITÉRIOS DOGMÁTICOS PARA A DIVISÃO DE COMPETÊNCIAS...

decisões interventivas dos direitos fundamentais, conclusão que é resultado da leitura de suas características orgânicas e estruturais previstas nos textos constitucionais português e brasileiro. A divisão de poderes em sua dimensão positiva permite a definição de um núcleo de funções que cabe somente ao Parlamento cumprir.[1053] Passa-se à densificação desses conceitos.

6.2.1. O entendimento orgânico-funcional da divisão de poderes do Estado e a competência legislativa para restringir direitos fundamentais

A exigência de uma maior intervenção dos Governos resultado do advento do Estado Social possibilitou a releitura da separação de poderes e da relação entre o Governo\Administração e o Parlamento. Fala-se, atualmente, do princípio da separação de poderes em sua dimensão positiva, que superou o significado protetivo das liberdades proporcionado pelo modelo de *"freios e contrapesos"* que afastava a possibilidade de concentração do poder do Estado em um só órgão,[1054] e cuja releitura significa sua utilização como instrumento de "organização racional" e repartição das funções conforme a estrutura dos órgãos igualmente legitimados pela Constituição.[1055] A reestruturação do papel e a atual complexidade organizacional do Estado, preparado para lidar com as exigências prestacionais e a garantia de aplicação dos direitos fundamentais em toda a relação do indivíduo consigo, impõem a organização

---

[1053] KADRI, Omar Francisco do Seixo. *O Executivo legislador.* p. 50.

[1054] NOVAIS, Jorge Reis. *Separação de poderes e limites da competência legislativa da Assembleia da República.* pp. 37-39; KADRI, Omar Francisco do Seixo. *O Executivo legislador.* p. 27; ZIMMER, Gerhard. *Funktion-Kompetenz-Legitimation: Gewaltenteilung in der Ordnung des Gurndgesetzes.* Berlin: Duncker & Humblot, 1979. pp. 54-55. Sobre os "freios e contrapesos" como modelo de divisão de poderes associado ao Estado Liberal e sua finalidade de "preservação da liberdade": HAMILTON, Alexander; MADISON, James; JAY, John. *O federalista.* 2ª edição. Tradução de Viriato Soromenho-Marques e João C.S. Duarte. Lisboa: Fundação Calouste Gulbenkian, 2011. pp. 467-473.

[1055] NOVAIS, Jorge Reis. *Separação de poderes e limites da competência legislativa da Assembleia da República.* pp. 37-39 e 45; KADRI, Omar Francisco do Seixo. *O Executivo legislador.* p. 28; ZIMMER, Gerhard. *Funktion-Kompetenz-Legitimation.* pp. 48 e ss; KUHL, Thomas. *Der Kernbereich der Exekutive.* Baden-Baden: Nomos, 1993. pp. 134-135; PIÇARRA, Nuno. *A separação dos poderes como doutrina e princípio constitucional.* pp. 262-264; CANOTILHO, José Joaquim Gomes. *Constituição dirigente e vinculação do legislador: contributo para uma compreensão das normas constitucionais programáticas.* Coimbra: Coimbra editora, 1982. pp. 176-177.

do poder e a solução das tensões geradas por um Estado que tanto intervém como realiza os direitos fundamentais,[1056] utilizando-se, para tal, de medidas tanto legislativas como regulamentares e administrativas.[1057]

O princípio da separação de poderes serve, portanto, para designar e coordenar as funções estatais a cada órgão constituído em razão de sua estrutura interna, da disposição das pessoas e organização dos seus serviços e da forma como procede,[1058] segundo critérios de "eficácia, eficiência e legitimação na prossecução do interesse público"[1059] e de forma a controlar e equilibrar as competências conforme a designação de um procedimento próprio para sua concretização.[1060] A Constituição democrática organiza a tomada de decisões e exercício do poder segundo um processo determinado e vincula o cumprimento dessas tarefas a medidas que responsabilizam e controlam os órgãos assim designados diante do povo.[1061] Por isso, o princípio da separação dos poderes se identifica, muito mais, com uma orientação das capacidades dos órgãos a tomarem as decisões que os caiba, segundo critérios de legitimação, estrutura e responsabilidade constitucionalmente determinados.[1062]

Assim, o estatuto do Parlamento proporcionado pelas Constituições portuguesa e brasileira, que o elegem como o órgão que emite as leis em geral e o atribuem, pela exigência de lei formal previstas nos artigos 18, n. 2, e 5º, II, combinado com a divisão material de competências normativas das duas Constituições, o papel de órgão responsável pelo tratamento normativo da matéria dos direitos fundamentais, que já justificam a concessão de um lugar central na intervenção desses direi-

---

[1056] KADRI, Omar Francisco do Seixo. *O Executivo legislador.* p. 28; KUHL, Thomas. *Der Kernbereich der Exekutive.* p. 135.

[1057] PIÇARRA, Nuno. *A separação dos poderes como doutrina e princípio constitucional.* pp. 252-253;

[1058] KUHL, Thomas. *Der Kernbereich der Exekutive.* pp. 133, 135 e 138; NOVAIS, Jorge Reis. *Separação de poderes e limites da competência legislativa da Assembleia da República.* pp. 38-39 e 45; KADRI, Omar Francisco do Seixo. *O Executivo legislador.* pp. 34 e 43; BARBER, N.W. Prelude to the separation of powers in *Cambridge Law Journal*, n. 60, march 2001. p. 72.

[1059] NOVAIS, Jorge Reis. *Separação de poderes e limites da competência legislativa da Assembleia da República.* p. 38; KADRI, Omar Francisco do Seixo. *O Executivo legislador.* p. 43.

[1060] KADRI, Omar Francisco do Seixo. *O Executivo legislador.* pp. 34-35 e 42-43.

[1061] ZIMMER, Gerhard. *Funktion-Kompetenz-Legitimation.* p. 55.

[1062] *Idem,* p. 56; PIÇARRA, Nuno. *A separação dos poderes como doutrina e princípio constitucional.* pp. 251-252 e 262; CANOTILHO, José Joaquim Gomes. *Constituição dirigente e vinculação do legislador: contributo para uma compreensão das normas constitucionais programáticas.* p. 177.

tos, é reforçado pela separação "orgânico-funcional" das competências. A conjugação desses elementos proporciona a definição de um âmbito de atuação do Parlamento em que sua decisão "não pode ser substituída ou essencialmente determinada pela decisão de outro órgão".[1063] Nesse sentido, é com base na composição plural do Parlamento, na eleição direta de seus membros, no fato de haver a representação dos grupos minoritários e na transparência e especialidade de seu processo decisório que as decisões que carecem de um "elevado grau de legitimação" são a ele atribuídas.[1064] Significa, no fundo, estabelecer a ligação entre a forma de regulamentação, o processo e o órgão competente e a matéria sobre a qual recairá a decisão com base na descrição constitucional que auxilia na conjugação dos elementos orgânico-funcionais e que,[1065] dessa interpretação, possibilita a conclusão pela imposição de uma reserva parlamentar relacionada à normação de âmbitos ou elementos da matéria de direitos fundamentais. Proceder-se-á, a partir daqui, à relação entre a estrutura de cada órgão com aquilo que lhe compete regulamentar em matéria de direitos fundamentais.

6.2.1.1. *O Legislativo como órgão competente para restringir direitos fundamentais*

As Constituições portuguesa e brasileira proporcionam características especiais que qualificam a lei parlamentar e a estrutura interna desse órgão e definem requisitos para a sua tomada de decisão que possibilitam a atribuição de uma preferência e até imposição de capacidade decisória relacionada a certos âmbitos materiais, quando pensadas em comparação às características de estrutura, à forma do processo e à qualidade das normas emitidas pelo Governo. Analisar-se-ão tais características e pressupostos de atuação do órgão legislativo nessas ordens constitucionais que levam à conclusão da atribuição principalmente para si do desempenho da função de restringir direitos fundamentais.

[1063] Novais, Jorge Reis. *Separação de poderes e limites da competência legislativa da Assembleia da República*. pp. 57 e 59, embora se refira, aí, à delimitação de um âmbito de atuação reservado ao Governo.

[1064] *Idem*, pp. 45-46; em sentido semelhante: Piçarra, Nuno. *A separação dos poderes como doutrina e princípio constitucional*. p. 258; Barber, N.W. Prelude to the separation of powers. pp. 84-87.

[1065] Staupe, Jürgen. *Parlamentsvorbehalt und Delegationsbefugnis*. p. 201.

Os membros da Congresso Nacional e da Assembleia da República são eleitos por voto direto e representam a composição dos grupos de eleitores mais relevantes da sociedade,[1066] sendo o órgão parlamentar composto pelas "diversas correntes de opinião da sociedade" que traduzem "uma multiplicidade de opções ideológicas suscetíveis de fundamentar diferentes orientações decisórias".[1067] O debate em plenário das propostas de lei possibilita que cada parlamentar tenha o direito de expressar sua opinião para influenciar na votação que o segue.[1068] Os deputados organizam-se em partidos políticos que,[1069] em Portugal, reúnem-se em blocos parlamentares para alcançarem um maior poder de intervenção no Parlamento. A organização dos deputados em grupos parlamentares permite o exercício de diversos direitos de participação relevantes no processo decisório da Assembleia da República portuguesa, de que são exemplos a participação nas comissões da Assembleia; a intervenção na fixação da ordem do dia e, compete-lhes a capacidade, considerando o diálogo com o Governo, de abertura de dois debates em cada sessão legislativa para a discussão de política geral ou setorial (interpelações); de ser informado por esse órgão sobre assuntos de

---

[1066] Assim, para a Constituição alemã: STAUPE, Jürgen. *Parlamentsvorbehalt und Delegationsbefugnis.* p. 216. Embora a eleição dos titulares do poder no Parlamento não pode ser vista como "condição *sine qua non*" da representação política, certo é que as eleições "atribuem aos órgãos electivos uma peculiar representatividade e responsabilidade política, no confronto com seus eleitores" e que, no caso parlamentar, tal exigência de resposta política perante seus eleitores por suas escolhas é o que o confere uma "particular centralidade política" (URBANO, Maria Benedita Malaquias Pires. *Representação política e Parlamento: contributo para uma teoria político-constitucional dos principais mecanismos de proteção do mandato parlamentar.* Tese de doutorado. Coimbra, 2004. pp. 24-25).

[1067] OTERO, Paulo. *Conceito e fundamento da hierarquia administrativa.* Coimbra: Coimbra editora, 1992. p. 321.

[1068] Assim, por todos, TAVARES, André Ramos. *Curso de Direito Constitucional.* 7ª edição. São Paulo: Saraiva, 2009. p. 1221. Referindo que os deputados considerados individualmente são responsáveis por constituir um "elo entre os poderes e os cidadãos, entre a política e a sociedade", na medida em que defendem os interesses e protegem o seu círculo de eleitores: LÖSCHE, Peter. Der Bundestag – kein „trauriges", kein „ohnmächtiges" Parlament in *Zeitschrift für Parlamentsfragen,* n. 4, 2000. pp. 935-936.

[1069] A importância representativa dos partidos políticos dá-se, principalmente, em razão de servirem para organizar a vontade popular, simplificando-a e agregando-a conforme os diferentes interesses, cabendo-lhes, consoante a ideologia que representam, "apresentar propostas políticas, programas e candidatos" (URBANO, Maria Benedita Malaquias Pires. *Representação política e Parlamento.* pp. 46-47 e 54-55).

6. DELIMITAÇÃO DE CRITÉRIOS DOGMÁTICOS PARA A DIVISÃO DE COMPETÊNCIAS...

interesse público e de promover perguntas que esclareçam sobre questões debatidas em Plenário ou requerer por escrito respostas sobre atos deste ou da administração pública.[1070] No Brasil, está resguardada a capacidade de os partidos políticos ou dos blocos parlamentares serem representados proporcionalmente na constituição de cada comissão e das mesas diretoras dos trabalhos parlamentares, sendo os membros indicados para a sua composição pelo líder do partido ou do bloco parlamentar,[1071] e de os líderes das bancadas partidárias ou dos blocos parlamentares intermediarem a comunicação entre eles e os órgãos da Câmara.[1072] Por sua vez, os líderes das bancadas partidárias reúnem-se com os presidentes das comissões permanentes "para o exame e assentamento de providências relativas à eficiência do trabalho legislativo", facilitando e acelerando o trabalho em Plenário.[1073]

Assim, aos grupos minoritários, que também elegem os deputados para os representarem, é concedida a possibilidade de participação no processo político,[1074] já que compõem o grupo de pessoas que não se veem "consideradas diretamente no programa político da maioria".[1075] O Parlamento permite que a elaboração das leis tenha a participação dos "deputados que representam a pluralidade das opções políticas essenciais".[1076] O papel dos grupos de oposição no processo decisório

---

[1070] Artigo 180, n. 2, alíneas *a, b, c, d* e *j* e artigo 156, *d*, da CRP. É importante notar que, mesmo que se diga que as perguntas e requerimentos não chamem tanto a atenção da opinião pública (nesse sentido: Sá, Luís. *O lugar da Assembleia da República no sistema político*. Lisboa: Caminho, 1994. p. 262), é certo que têm serventia no sentido de dar publicidade ao problema, noticiando inclusive o próprio Governo da sua existência (*Idem*, pp. 262 e 264).

[1071] Artigo 58, §1, da CF.

[1072] Silva, José Afonso. *Processo constitucional de formação das leis*. 2ª edição. São Paulo: Malheiros, 2006. p. 93.

[1073] Artigo 20 e 42 do Regimento Interno da Câmara dos Deputados.

[1074] Staupe, Jürgen. *Parlamentsvorbehalt und Delegationsbefugnis*. p. 217.

[1075] *Idem*, p. 218. Não se analisará aqui a influência da existência de partidos maioritários mais "coesos e disciplinados" que determinam um candidato a primeiro ministro, como é o caso da realidade portuguesa, no funcionamento do Parlamento e na vontade dos eleitores ao votarem para escolher seus membros (assim, a análise de: Sá, Luís. *O lugar da Assembleia da República no sistema político*. pp.123 e ss, 166 e ss e 340-342). Somente se tratará da figura do Parlamento como instituição em que os cidadãos são representados maioritária ou minoritariamente e suas funções constitucionalmente prescritas.

[1076] Sá, Luís. *O lugar da Assembleia da República no sistema político*. p. 237; em sentido semelhante: Ferraz, Anna Candida da Cunha. Comentário ao artigo 58, §1, in Canotilho, José Joaquim Gomes; Mendes, Gilmar Ferreira; Sarlet, Ingo Wolfgang; Streck, Lenio Luiz

é, primeiramente, o de publicar as críticas ao programa do Governo, de modo a obrigar a fundamentação da tomada de posição e a discussão da maioria parlamentar e dos membros do Governo no discurso político, possibilitando, assim, um controle público das suas opiniões e a consideração, por aqueles, de questões contrárias ao seu programa.[1077] A instituição parlamentar é, ademais, o lugar onde a oposição política pode influenciar a tomada de decisão da maioria, aproximando-se desta, ao fazer incluir em seu programa pontos de seu interesse e onde pode fiscalizar a política governamental, cabendo-lhe a "iniciativa do controlo exercido pelo Parlamento" por meio de mecanismos que são atribuídos constitucional ou regimentalmente.[1078]Assim, dir-se-ia que à oposição não é só possibilitado o exercício de constituir a controvérsia no processo decisório e controlar a tomada de posição da maioria do Parlamento, mas também cooperar para a composição do consenso e compromissos entre os grupos.[1079]

O conjunto de atos processuais que tem a cooperação de vários órgãos estatais e, eventualmente, instituições sociais tem como meta a formulação do ato legislativo, que é a "síntese" da ponderação e, por fim, limitação ou tutela dos diversos interesses que participam da sua constituição.[1080] Em comum, no Direito brasileiro e português, pode-se dizer que o processo legislativo das leis "ordinárias" ou processo legislativo parlamentar é composto de três fases, quais sejam, a iniciativa, em que se apresenta o projeto de lei; a fase constitutiva, em que a matéria é examinada nas comissões especializadas, que emitem pareceres, e debatida e votada em Plenário; e a fase de atribuição de validade da decisão com

---

(coords.), *Comentários à Constituição do Brasil*. p. 1095. Referindo, nesse sentido, que na sociedade pluralista atual os diferentes interesses têm necessidade de ser representados, "não já em termos de decisão, mas sim de participação", "junto aos órgãos de decisão legislativa": MIRANDA, Jorge. Necessidade de um órgão consultivo central? in MIRANDA, Jorge; SOUSA, Marcelo Rebelo de (coord.), *A feitura das leis*, vol. II. Oeiras: INA, 1986. p. 225.

[1077] STAUPE, Jürgen. *Parlamentsvorbehalt und Delegationsbefugnis*. p. 218. Em sentido semelhante: SÁ, Luís. *O lugar da Assembleia da República no sistema político*. pp. 271 e 334 e ss.

[1078] LEITÃO, J. M. Silva. *Constituição e direito de oposição: a oposição política no debate sobre o Estado contemporâneo*. Coimbra: Almedina, 1987. pp. 143-144.

[1079] STAUPE, Jürgen. *Parlamentsvorbehalt und Delegationsbefugnis*. p. 218.

[1080] SILVA, José Afonso. *Processo constitucional de formação das leis*. pp. 41-43.

6. DELIMITAÇÃO DE CRITÉRIOS DOGMÁTICOS PARA A DIVISÃO DE COMPETÊNCIAS...

a promulgação e publicação da lei.[1081] Em comparação ao processo das medidas provisórias, leis autorizadas ou decretos-lei, o processo legislativo parlamentar é essencialmente mais formal, laborioso e requer mais tempo, ao mesmo tempo que necessita de um trabalho mais intensivo em termos de participação de seus membros e de assessoria das questões mais específicas.[1082]

O processo parlamentar é constitucionalmente garantido como *público*,[1083] possibilitando espaço para os diferentes grupos interessados participarem e influenciarem-no, mesmo que se diga que publicidade não significa transparência, já que muitas das decisões seriam tomadas "por trás das da portas" e somente homologadas publicamente.[1084]

[1081] Assim, por todos, no Brasil: STRECK, Lenio Luiz; OLIVEIRA, Marcelo Andrade Cattoni de Oliveira. Comentário ao artigo 59 in CANOTILHO, José Joaquim Gomes; MENDES, Gilmar Ferreira; SARLET, Ingo Wolfgang; STRECK, Lenio Luiz (coords.), *Comentários à Constituição do Brasil*. p. 1121 e *Idem*, Comentário ao artigo 61 in *Idem*, pp. 1141 e 1143-1145. E, em Portugal, em sentido semelhante: MORAIS, Carlos Blanco de. *Curso de Direito Constitucional*. pp. 440 e ss, esse último dividindo a segunda fase em "instrução", que seria o recolhimento de "dados, pareceres e outros elementos cognitivos que permitam aos decisores apreciar a oportunidade e o conteúdo da iniciativa legislativa" (*Idem*, p. 445) e "fase constitutiva", essa última limitando-se à discussão e à votação da lei (*Idem*, 454-459); e, por fim, divide a última fase em "fase de controle de mérito" (promulgação ou veto do Presidente da República e referenda ministerial) e "fase integrativa da eficácia" (publicação e entrada em vigor do diploma legislativo) (*Idem*, pp. 459 e ss). É importante lembrar que existem diferenças estruturais entre o Parlamento português e o Congresso Nacional brasileiro, tendo o primeiro formação unicameral e o brasileiro estrutura bicameral, o que se reflete no procedimento legislativo, já que, referente ao último, o projeto aprovado por uma Câmara deve ser revisto pela outra (artigo 65 CF). Salienta-se, também, que essa é uma forma simplificada de referir o processo legislativo, já que podem existir situações que o tornam mais complexo, como é o caso, citando o exemplo brasileiro, de haver emendas ao projeto de lei pela casa revisora. Nesse caso, a fase constitutiva é mais alargada já que as alterações serão, então, reenviadas à primeira casa para apreciação da Comissão de Constituição e Justiça e votadas, sendo aceitas ou reprovadas para envio do projeto ao Presidente da República (STRECK, Lenio Luiz; OLIVEIRA, Marcelo Andrade Cattoni de Oliveira. Comentário ao artigo 61 in *Op. cit.*, p. 1144). Além disso, a Constituição brasileira prevê a possibilidade de dispensa da votação em Plenário, sendo o projeto votado nas respectivas comissões, casos os quais são definidos pelo próprio regimento interno (artigo 58, §2, I).

[1082] Em sentido semelhante, na Alemanha: STAUPE, Jürgen. *Parlamentsvorbehalt und Delegationsbefugnis*. p. 222.

[1083] Conforme o artigo 116, n. 1, da CRP.

[1084] Alertando para esse aspecto da publicidade parlamentar: STAUPE, Jürgen. *Parlamentsvorbehalt und Delegationsbefugnis*. p. 225; SCHMITT, Carl. *Die geisteschichtliche Lage des heutigen*

AS RESTRIÇÕES AOS DIREITOS FUNDAMENTAIS POR ATO NORMATIVO DO PODER EXECUTIVO

A exigência de publicidade pode ser observada tanto pela possibilidade de os cidadãos assistirem às deliberações do Parlamento, como pela publicação das atas que resultam dos debates ou pela ação dos meios sociais que resumem e opinam sobre o conteúdo das deliberações.[1085] Aí também o papel dos grupos opositores à maioria parlamentar tem um papel importante, já que cabe a eles levar a discussão e dar publicidade às questões que são, em um projeto de lei, inaceitáveis ou problemáticas para si. Os grupos minoritários podem apresentar posições políticas distintas à maioria parlamentar aos eleitores com apoio também da mídia e, em razão do eventual apoio que recebam da opinião pública, ocasionam a necessidade de justificação e de uma argumentação consistente nos debates parlamentares por parte dos membros da maioria ou do Governo.[1086] A comunicação social acaba por ser o "elo" entre o debate parlamentar e a sociedade civil, fazendo chegar a informação do processo de formação de vontade aos cidadãos,[1087] e é o meio pelo qual a finalidade da oposição de "ser ouvida e chegar à opinião pública" torna-se concreta.[1088] O fato de o processo legislativo ser público e de a mediação de seus trabalhos aos cidadãos ser feita pelos meios sociais garante aos eleitores uma forma de "orientação" para as próximas eleições dos membros do parlamento, que é mais vantajoso sob o aspecto de ser um fator de auxílio para a sua formação de vontade, se comparada à forma das decisões tomadas nos âmbitos ministeriais ou por órgãos

Parlamentarismus. 2 Auflage. München/Leipzig: Duncker & Humblot, 1926. pp.8 e 10-11, esse último, referindo que a instituição parlamentar só é verdadeira quando a discussão é pública, entendendo-se por discussão não a negociação, mas a "troca de ideias que é guiada pela finalidade de convencer o adversário com argumentos racionais de verdade ou exatidão e deixar-se convencer por verdade ou exatidão" (*Idem*, p. 9). Posicionando-se no sentido de que a instituição parlamentar muito mais do que ratificar decisões, antes participa e coordena o processo decisório: LÖSCHE, Peter. Der Bundestag – kein „trauriges", kein „ohnmächtiges" Parlament. p. 929.

[1085] SILVA, José Afonso. *Processo constitucional de formação das leis*. p. 51.

[1086] STAUPE, Jürgen. *Parlamentsvorbehalt und Delegationsbefugnis*. p. 227.

[1087] MARTENSON, Stern. Parlament, Öffentlichkeit und Medien in SCHNEIDER, Hans-Peter; ZEH, Wolfgang, *Parlamentsrecht und Parlamentspraxis in der Bundesrepublik Deutschland*. Berlin//New York: Gruyer, 1989. p. 262, Nm. 2. O autor ressalva a importância da transmissão dos debates parlamentares pelos meios televisivos, cujos temas publicados são escolhidos conforme interesse de um "maior espectro da sociedade", e a escolha não tem influência dos membros parlamentares ou políticos (*Idem*, p. 268, Nm. 14 e ss).

[1088] SÁ, Luís. *O lugar da Assembleia da República no sistema político*. p. 338.

6. DELIMITAÇÃO DE CRITÉRIOS DOGMÁTICOS PARA A DIVISÃO DE COMPETÊNCIAS...

administrativos e a capacidade de julgamento destes pelo eleitor.[1089] Ademais, são também características do processo legislativo parlamentar o *contraditório* e a *alternância*, que significa dizer que os debates ocorridos em plenário possibilitam a definição problemática e a discriminação das soluções possíveis que resultarão no ato legislativo, havendo o "confronto das ideias" representativas na sociedade e uma ponderação mais cuidadosa e refletiva acerca do melhor resultado e de suas consequências.[1090]

É importante ressaltar que a participação do Presidente da República na sanção, na promulgação e no veto das leis permite uma prévia fiscalização de sua constitucionalidade,[1091] garantia que, na Constituição portuguesa, é reforçada pelo controle preventivo, requerido pelo Presidente da República, previsto no artigo 278 da CRP. É importante ter em conta, relativamente à intervenção do Presidente da República e do Tribunal Constitucional no processo legislativo parlamentar e governamental, as diferenças dos efeitos proporcionados em um e em outro no processo legislativo português. Isso porque, em caso de o Presidente da República vetar o diploma legislativo parlamentar, o veto tem efeito suspensivo,[1092] enquanto, relativamente aos decretos-lei do Governo, o efeito é absoluto. Assim, também, a pronúncia de inconstitucionalidade das leis pelo Tribunal Constitucional não é definitiva, podendo o

---

[1089] STAUPE, Jürgen. *Parlamentsvorbehalt und Delegationsbefugnis.* p. 227. Em sentido semelhante, sobre a publicidade do processo parlamentar assegurada pelos meios de comunicação social e como contribuem para a "formação da 'opinião pública'": QUEIROZ, Cristina. *O Parlamento como factor de decisão política.* pp. 33-34.

[1090] PIRES, Rita Calçada. Da supremacia funcional da lei parlamentar: contributo para a sistematização da teoria geral da lei no sistema de fontes do direito constitucional português in CAUPERS, João; GOUVEIA, Jorge Bacelar (coord.), *Estudos de direito público.* Lisboa: Âncora, 2006. pp. 267-268.

[1091] Pode-se citar ainda como controle de constitucionalidade preventivo das leis a sua análise pela Comissão de Constituição, Justiça e Redação da Câmara dos Deputados e pela Comissão de Constituição, Justiça e Cidadania, responsável pela pronúncia a respeito da constitucionalidade dos projetos submetidos ao Senado Federal (assim, por todos, TAVARES, André Ramos. *Curso de Direito Constitucional.* p. 1219).

[1092] Também o veto presidencial relativamente à legislação ordinária no ordenamento jurídico brasileiro tem efeito "relativo", podendo ser rejeitado pelo Congresso Nacional, caso seja obtida a maioria absoluta dos votos dos deputados e dos votos dos senadores (artigo 66, §4, da CF). Ao contrário, as leis delegadas, por óbvio, e as leis de conversão da medida provisória não são objeto de veto ou sanção do Presidente da República.

diploma ser confirmado mesmo contendo a norma considerada inconstitucional e, inclusive, ser assim promulgado pelo Presidente,[1093] ao contrário da pronúncia relativa aos decretos-lei governamentais, que impede, em termos absolutos, que estes produzam efeitos, caso a norma não seja excluída.[1094] Isso é assim em razão, por óbvio, de a Constituição "privilegiar a Assembleia da República, o Parlamento, como órgão legislativo por excelência" e atribuir à capacidade de intervenção do Presidente da República e do Tribunal Constitucional nos atos legislativos parlamentares uma capacidade reduzida se comparada às mesmas intervenções em diplomas emitidos pelo Governo.[1095]

Ademais, é também relevante a capacidade da lei de evidenciar-se como elemento de cooperação entre o Poder Legislativo e o Poder Executivo, uma vez que muitas das propostas legislativas surgem por iniciativa do Governo, e cabe ao Parlamento a valoração política e a fiscalização dessas decisões.[1096]Assim, em questões mais específicas, em que o trabalho dos ministérios especializados ou das comissões parlamentares torna-se imprescindível, dir-se-ia que a proposta legislativa que exige tal opinião técnica possibilita a inclusão desses órgãos no âmbito decisório parlamentar.[1097] Além disso, é relevante a possibilidade de intervenção

---

[1093] MIRANDA, Jorge. A intervenção do Presidente da República e do Tribunal Constitucional in MIRANDA, Jorge; SOUSA, Marcelo Rebelo de (coord.), *A feitura das leis*, vol. II. Oeiras: INA, 1986. pp. 286-287, referindo o autor que, havendo um impedimento jurídico, no caso, a declaração prévia de inconstitucionalidade emitida pelo Tribunal Constitucional, a decisão de promulgar o diploma cabe ao Presidente da República (*Idem*, pp. 287-288).

[1094] Referindo-se a ambos os fenômenos: PIRES, Rita Calçada. Da supremacia funcional da lei parlamentar. pp. 280-281.

[1095] MIRANDA, Jorge. A intervenção do Presidente da República e do Tribunal Constitucional. p. 278. Não se ignora, entretanto, aqui a importância da fiscalização constitucional das leis como forma de resolver os desacordos jurídicos que surgem em torno das decisões sobre restrições a direitos fundamentais no Parlamento (assim: NOVAIS, Jorge Reis. *Direitos fundamentais: trunfos contra a maioria*. Coimbra: Coimbra editora, 2006. pp. 43-48) e garantir a sua qualidade de *trunfo* contra a imposição, pela maioria política, ao indivíduo de "concepções ou planos de vida com que ele não concorde" baseada apenas no fato de ser uma decisão maioritária (*Idem*, pp. 31, 33, 55 e 56 e ss.).

[1096] STAUPE, Jürgen. *Parlamentsvorbehalt und Delegationsbefugnis*. p. 223-224.

[1097] *Idem*, p. 224; QUEIROZ, Cristina. *O Parlamento como factor de decisão política*. pp. 44 e 47, essa última autora, referindo-se a uma "dependência" do Parlamento em relação ao Executivo como um aspecto negativo e resultado do "desvalor da sua função legislativa central", mas que não diminui a "centralidade" do órgão parlamentar por exercer a fiscalização e o controle do Governo (*Idem*, pp. 47-48). É importante referir que, no caso dos trabalhos das

6. DELIMITAÇÃO DE CRITÉRIOS DOGMÁTICOS PARA A DIVISÃO DE COMPETÊNCIAS...

do Primeiro Ministro, no caso português, ou dos ministros nos debates do Plenário, de modo a se fazer ouvir e defender os interesses governamentais em questões que envolvam matérias relacionadas ao seu trabalho nos ministérios.[1098]

A exigência de uma legislação "mais detalhada e técnica"[1099] provoca o trabalho das comissões especializadas permanentes e eventuais ou temporárias, cuja composição, em Portugal, é "proporcional à representatividade dos grupos parlamentares",[1100] ou reflete "a representação proporcional dos partidos ou blocos parlamentares",[1101] no Brasil. As comissões trabalham no sentido de auxiliar a tomada de decisão parlamentar ao emitirem relatórios específicos sobre a matéria a ser debatida em Plenário, opinando sobre as propostas e projetos de lei de forma a "descongestionar" o trabalho daquele órgão e capacitá-lo a tomar decisões que demandam conhecimentos técnicos e científicos de que nem sempre os parlamentares dispõem.[1102] Para tal, envolvem-se com a pesquisa das matérias analisadas de modo a poderem requerer informações do Governo, de funcionários da Administração Pública, de pessoas do setor empresarial ou de cidadãos, tendo a capacidade de exigir pareceres sobre um assunto específico e contratar pessoal especializado para o auxílio de seus trabalhos.[1103] No Brasil, o artigo 58, §2, da Constituição, disciplina a capacidade das comissões de, próximo ao que dispõe o

---

comissões, em Portugal, os membros do Governo têm a possibilidade de intervenção, sempre que solicitados (artigo 177, n. 3 da CRP).

[1098] MIRANDA, Jorge. *O Governo e o processo legislativo parlamentar* in MIRANDA, Jorge; SOUSA, Marcelo Rebelo de (coord.), *A feitura das leis*, vol. II. Oeiras: INA, 1986. p. 298. Aliás, é importante referir que o regimento da Assembleia da República concede tempo igual de intervenção ao Governo e ao maior grupo parlamentar (artigo 156, n. 4) e, uma vez que a maioria parlamentar apoie o Governo, o tempo de intervenção daqueles que representam os interesses governamentais será consideravelmente maior do que o tempo atribuído à oposição (referindo-se ao fato: *Idem*, p. 302).

[1099] QUEIROZ, Cristina. *O Parlamento como factor de decisão política*. p. 44.

[1100] Assim dispõe a norma do n. 1 do artigo 29 do Regimento da Assembleia da República.

[1101] Artigo 58, § 1, da CF.

[1102] Artigo 129 do Regimento da Assembleia da República; artigo 24 do Regimento Interno da Câmara dos Deputados; QUEIROZ, Cristina. *O Parlamento como factor de decisão política*. p. 65; FERRAZ, Anna Candida da Cunha. Comentário ao artigo 58, *caput*, in CANOTILHO, José Joaquim Gomes; MENDES, Gilmar Ferreira; SARLET, Ingo Wolfgang; STRECK, Lenio Luiz (coords.), *Comentários à Constituição do Brasil*. pp. 1090 e 1091.

[1103] Conforme os artigos 102 e 103 do Regimento da Assembleia da República.

direito português, convocar ministros para prestar informações sobre assuntos inerentes a suas atribuições; solicitar depoimento de qualquer autoridade ou cidadão e, ainda, de realizar audiências públicas com entidades da sociedade civil. Com tudo isso, é possível afirmar que sua participação no exercício da função legislativa do Parlamento é "essencial" [1104] e que, além de representarem a diversidade dos cidadãos na sua composição proporcional,[1105] são uma forma de comunicação entre esse órgão e os eleitores ao publicarem obrigatoriamente seus documentos na *internet* e disponibilizá-los, também, aos jornalistas, desde que não se trate de matéria reservada, no caso português e,[1106] no caso brasileiro, tal contato com a opinião pública e interferência da vontade dos eleitores no processo legislativo dá-se também pela constituição de audiências públicas para o debate de uma matéria específica a ser decidida. Ademais, o acesso direto dos cidadãos ao Parlamento acontece por meio de petições, reclamações, representações ou queixas a ele direcionadas e apreciadas pelas comissões e que, no caso português, têm a particularidade de poderem vir a ser debatidas em Plenário, possibilitando que as questões de grupos sociais sejam conhecidas pelo Parlamento e sua opinião controlada publicamente.[1107]

O fato de o Parlamento servir como "fórum" para o debate e a ponderação dos compromissos e das necessidades dos cidadãos, sendo a ins-

---

[1104] Sá, Luís. *O lugar da Assembleia da República no sistema político.* p. 200. Assim, no Brasil: FERRAZ, Anna Candida da Cunha. Comentário ao artigo 58, *caput,* in CANOTILHO, José Joaquim Gomes; MENDES, Gilmar Ferreira; SARLET, Ingo Wolfgang; STRECK, Lenio Luiz (coords.), *Comentários à Constituição do Brasil.* p. 1088.

[1105] Assim, sobre o fato de o trabalho nas comissões refletir "as opiniões políticas que constituem o reflexo da vontade popular" em razão da participação proporcional dos partidos políticos em sua composição: FERRAZ, Anna Candida da Cunha. Comentário ao artigo 58, §1 in CANOTILHO, José Joaquim Gomes; MENDES, Gilmar Ferreira; SARLET, Ingo Wolfgang; STRECK, Lenio Luiz (coords.), *Comentários à Constituição do Brasil.* p. 1095.

[1106] Assim, Regimento da Assembleia da República, artigo 102, ns 2 e 3.

[1107] Previstas no artigo 178, n. 3, da CRP e artigo 158, §2, inciso IV, da CF. As críticas ao instrumento do direito de petição no sentido de terem pouco alcance na opinião pública e pela falta de efeitos práticos imediatos não diminuem a sua importância no sentido de, "pelo menos", servir para "os grupos de pressão promoverem ou alargarem movimentos sociais em torno de pretensões pelas quais lutam e tentarem, apesar de tudo, obter algum impacte da opinião pública" (SÁ, Luís. *O lugar da Assembleia da República no sistema político.* pp. 361 e 363), na medida em que recolhem assinaturas para que as petições possam ser analisadas, conforme dispõe o sistema português, em Plenário.

tituição que legitima democraticamente as medidas estatais em razão de sua estrutura e processo, faz com que a primazia da lei seja a "expressão primária da forma de estado democrático".[1108] As Constituições portuguesa e brasileira espelham a primazia da forma de lei parlamentar ao preverem as formas como o Governo pode agir normativamente. Isso porque, não sendo a competência autônoma que se limita somente a sua organização e a seu funcionamento, o Governo só pode emitir medidas provisórias que são restringidas a casos específicos e que dependem do Parlamento para continuidade de efeitos na ordem jurídica, no caso brasileiro; e, no caso português, atua complementarmente ao Parlamento, executando a tarefa de desenvolvimento da lei de bases, ou age em nome da competência concorrencial, situação em que sua atuação tem natureza residual, deduzida de um recorte negativo daquilo que não compete ao Parlamento, de forma absoluta ou relativa, legislar.[1109] Além disso, nos dois ordenamentos jurídicos há a possibilidade de o Parlamento decidir por não regulamentar situação jurídica que lhe seja reservada relativamente, concedendo o poder ao Governo por meio de lei autorizada, caso em que a lei parlamentar tem um caráter de prevalência

---

[1108] GUSY, Christoph. Der Vorrang des Gesetzes in *Juristische Schulung*, n. 23, 1983. p. 190. É importante referir que embora haja críticas no sentido da existência de uma "crise da lei" na atualidade, a lei não perdeu seu valor no Estado Constitucional democrático, preservando suas funções: a) garantística, que significa que a lei é o ato que serve de "fundamento e limite da actividade administrativa" e "assegura o poder de decisão e direcção política do órgão democrático-representativo"; b) normativa, proporcionando uniformidade das decisões; c) de progresso, sendo a lei a forma de realização da "mudança do direito existente num sentido mais justo", segundo exigido "pelo progresso do conhecimento ou pela evolução das relações sociais" e d) planificadora, que significa que a lei planeja o comportamento do Estado, organizando e definindo competências e fazendo com que os órgãos estatais obedeçam àquilo que foi decidido pelo órgão representativo do povo (CANOTILHO, José Joaquim Gomes. Relatório sobre programa, conteúdos e métodos de um curso de teoria da legislação. pp.450-452).

[1109] VALLE, Jaime. *A participação do Governo no exercício da função legislativa*. p. 255. E mesmo que se diga que o diploma legislativo emitido pelo Governo possa suspender, revogar ou interpretar a lei parlamentar, em obediência ao artigo 112, n. 2, da CRP, é certo que a possibilidade de o Parlamento fiscalizar a atividade legislativa do Governo também no caso de competência concorrencial (artigo 169, n. 1, da CRP) indica a "superioridade funcional da AR e da lei parlamentar" (PIRES, Rita Calçada. Da supremacia funcional da lei parlamentar. pp. 282 e 285).

sobre essa última, que se limitará às suas diretrizes.[1110]Ademais, quando verificada a relação entre a lei e o ato concreto que a executa pode-se dizer que, quando se trata de uma lei provinda do Parlamento, o ato normativo funciona como condutor e limite da ação do Executivo.[1111] Ao contrário, se a administração pública concretiza ato normativo emitido pelo Poder Executivo, dir-se-ia que a relação estabelecida é de controle e vinculação não de um órgão pelo outro, mas do mesmo órgão a um ato abstrato de sua própria autoria.[1112]

A capacidade do Parlamento para debater e negociar as questões, a forma dialética de composição das discussões e a publicidade de seus atos impõem a conclusão de ser o "órgão com capacidade para definir opções políticas genéricas e para tomar decisões aptas para responder à generalidade das demandas da sociedade".[1113] São, portanto, a importância do órgão parlamentar, a peculiaridade do processo legislativo e a primazia da lei os critérios que, segundo as Constituições portuguesa e brasileira, a estabelecem como a fonte normativa que detém uma superioridade em termos funcionais relativamente às outras formas legislativas previstas nesses ordenamentos jurídicos,[1114]sendo o meio mais adequado para a intervenção direta em direitos fundamentais dos cidadãos por se tratar de uma matéria de importância fundamental do Estado.[1115]

6.3. A possibilidade de delimitação de critérios para definir as situações de normação dos Poderes Legislativo e Executivo no âmbito dos direitos fundamentais nas Constituições portuguesa e brasileira

Seguindo o raciocínio de que existiria uma correspondência entre a estrutura organizacional, a forma de regulamentação e o processo decisório constitucionalmente prescritos e a matéria a ser regulamentada,

---

[1110] Assim, no âmbito jurídico alemão: STAUPE, Jürgen. *Parlamentsvorbehalt und Delegationsbefugnis.* p. 229.

[1111] *Idem*, p. 232.

[1112] *Idem*, pp. 232-233.

[1113] URBANO, Maria Benedita Malaquias Pires. *Representação política e Parlamento.* p. 26.

[1114] Assim, para a Constituição alemã: STAUPE, Jürgen. *Parlamentsvorbehalt und Delegationsbefugnis.* p. 230.

[1115] Em sentido semelhante, referindo-se à "supremacia funcional" do Parlamento para justificar a atribuição a esse órgão do tratamento das matérias essenciais: PIRES, Rita Calçada. Da supremacia funcional da lei parlamentar. p. 274.

que permite mesmo a falar-se em um mandamento de proporcionalidade entre a forma e o conteúdo normativo,[1116] concluiu-se pela exigência constitucional da regulamentação restritiva da matéria de direitos fundamentais pelo órgão parlamentar. Auxiliando tal concepção, serão propostos critérios que permitam obter um resultado prático sobre a extensão da reserva de lei parlamentar no âmbito dos direitos fundamentais, bem como critérios que indiquem a capacidade de delegação normativa por esse órgão ao Poder Executivo relativamente à matéria de direitos fundamentais.[1117]

6.3.1. Indicadores para definição da extensão da reserva parlamentar em matéria de direitos fundamentais

A constatação de uma superioridade funcional da lei parlamentar, da aptidão estrutural do Parlamento para melhor debater e ponderar as questões controversas na sociedade e de um processo legislativo mais formal e laborioso possibilita a conclusão, baseada em pontos de referência constitucionais, de que as questões fundamentais de uma comunidade, pela sua importância, devem ser regulamentadas pelo Parlamento. Corroborando tais argumentos, restou comprovado no ponto 6.1 da investigação que as Constituições portuguesa e brasileira elegem o critério da essencialidade ao atribuir ao Poder Legislativo um âmbito material reservado, de que faz parte a regulamentação dos direitos fundamentais em geral e de suas restrições.[1118]

Dir-se-ia, em um primeiro momento, que as questões essenciais devem ter primariamente definidas em uma lei parlamentar não somente seu fundamento, mas, também, o "critério de conduta", pois só assim será assegurada "a contenção e a previsibilidade do agir" e "a existência de padrões de controlo jurisdicional dos actos administrativos".[1119] Ver-se-á no âmbito dos direitos fundamentais o que significa a padronização da lei como "critério de conduta" para o agir normativo da administração com base na precisão do que deve ser regulamentado pelo

---

[1116] STAUPE, Jürgen. *Parlamentsvorbehalt und Delegationsbefugnis*. pp. 233-234; MONCADA, Luís S. Cabral de. *Lei e Regulamento*. p. 905.

[1117] Nesse sentido, também: STAUPE, Jürgen. *Parlamentsvorbehalt und Delegationsbefugnis*. pp. 237 e ss.

[1118] Assim, conforme os artigos 165, alínea "b" e 18, n. 2 da CRP e 68, §1, II e 5, II, da CF.

[1119] COUTINHO, Luís Pedro Pereira. Regulamentos independentes do Governo. p. 1052.

órgão parlamentar, já que à administração e ao Executivo também é conferida a capacidade de normação de questões relevantes nesse âmbito.

As restrições aos direitos fundamentais podem ser diferenciadas conforme a complexidade e o número de pessoas envolvidas em restrições unidimensionais e restrições pluridimensionais.[1120] As primeiras significam as restrições diretas a um direito fundamental, quando existe uma situação problemática entre o Estado e o indivíduo, quando o direito fundamental precisa ser restringido. Quanto mais intensiva a restrição ao direito fundamental, maior deve ser a determinação da norma exigida.[1121] Dir-se-ia que é tarefa do legislador ordinário responder à questão de *se, até onde* e *como* pode o Estado intervir na liberdade do cidadão, ponderando o interesse individual e o bem comunitário a ele contraposto,[1122] antevendo, da forma mais precisa possível, a atuação do Executivo no caso concreto. Para tanto, pode-se dizer que o legislador deve, para cumprir a exigência de determinação da lei restritiva, prever os *requisitos* para a restrição e,[1123] em se tratando de imposição de um dever, determinar a medida concreta e a duração da obrigação.[1124]

[1120] STAUPE, Jürgen. *Parlamentsvorbehalt und Delegationsbefugnis.* pp. 239-243.

[1121] Assim, a jurisprudência da teoria da essencialidade do *BVerfG*, conforme já mencionado no capítulo III da investigação.

[1122] STAUPE, Jürgen. *Parlamentsvorbehalt und Delegationsbefugnis.* p. 240.

[1123] *Idem*, p. 286.

[1124] *Idem*, p. 287. Nesse sentido, Jorge Reis Novais refere que "isso não significa que à Administração deve ser negado qualquer discricionariedade ou margem de livre apreciação no domínio dos direitos fundamentais, mas que, proporcionalmente à relevância das matérias em causa, à intensidade da afectação da liberdade e em função das circunstâncias concretas da previsível aplicação da lei restritiva, o que remete igualmente para o recurso à ponderação de bens, a restrição deve ser, tanto na previsão quanto nas consequências jurídicas, estrita, clara e precisamente enunciada, de forma que o cidadão – no princípio da determinabilidade a perspectiva do cidadão é decisiva – possa conhecer o sentido e alcance da lei e, consequentemente, prever com progressiva probabilidade que tipo de intervenções restritivas pode a Administração levar a cabo e até onde ela pode ir" e, sendo a determinabilidade das restrições considerada como *limite aos limites* dos direitos fundamentais, completa, em observância à jurisprudência norte-americana, que: "designadamente no domínio das liberdades comunicativas, uma lei tem de ser clara e precisa (sob pena de *void for vagueness*) e não demasiado abrangente (*overbroad*), isto é, não deve ser redigida em termos tão latos que possa ser interpretada como incluindo na sua previsão proibitiva tanto comportamentos cobertos como comportamentos não protegidos por normas jusfundamentais, dado que, num e noutro caso, seja por ser vaga seja por ser demasiado abrangente, ela corre o risco de desenvolver, objectivamente, efeitos inibitórios ou intimidatórios junto dos seus destinatá-

6. DELIMITAÇÃO DE CRITÉRIOS DOGMÁTICOS PARA A DIVISÃO DE COMPETÊNCIAS...

Como exemplo de norma restritiva que é imposta pela necessidade de satisfazer outro interesse do Estado, sem que haja um perigo que justifique a regulamentação, podem-se citar as obrigações tributárias que impõem limitações ao direito de propriedade do indivíduo. Quanto aos elementos essenciais do imposto, ou seja, a definição da incidência e da quantificação da taxa (determinação do fato gerador, a fixação da base de cálculo e alíquota),[1125] dir-se-ia que existe uma maior exigência de densidade e uma limitação quanto à atribuição de margens de discricionariedade administrativa relativamente a sua regulamentação.[1126] Para além disso, aceita-se que sobre outros aspectos da previsão do tri-

---

rios (*chilling effect*)" (NOVAIS, Jorge Reis. *As restrições aos direitos fundamentais não expressamente autorizadas pela Constituição*. pp. 771-773).

[1125] Assim, o artigo 103, n. 2, da CRP institui que "os impostos são criados por lei, que determina a incidência, a taxa, os benefícios fiscais e as garantias dos contribuintes". Embora a submissão da liquidação e cobrança do imposto também à legalidade fiscal está prevista no n. 3 do mesmo artigo, há o entendimento de que quando "não contenham critérios respeitantes ao apuramento do montante de imposto" (...) "porque é necessária a intervenção administrativa ou do contribuinte, no plano do caso concreto, de forma a que o rendimento seja tributado enquanto rendimento líquido (acréscimo-patrimonial) e segundo a capacidade contributiva, o legislador tem necessariamente de recorrer a conceitos indeterminados atributivos de discricionariedade, embora deva fazê-lo cautelosamente, sob pena de esvaziar a reserva de lei" (DOURADO, Ana Paula. O princípio da legalidade fiscal na Constituição portuguesa in *Perspectivas constitucionais. Nos 20 anos da Constituição de 1976*. Volume II. Coimbra: Coimbra editora, 1997. pp. 452-453).

[1126] *Idem*, pp. 466-468 e 470-471. Assim, referindo que deve o legislador determinar e quantificar o dever exigido do indivíduo: FLEINER, Thomas. *Die Delegation als Problem des Verfassungs- und Verwaltunsrechts*. Freiburg: Universitätsverlag Freiburg Schweiz, 1972. p. 90. É importante mencionar a previsão do § 1º do artigo 153 da CF, que dispõe que "é facultado ao Poder Executivo, atendidas as condições e limites estabelecidos em lei, *alterar as alíquotas* dos impostos enumerados nos incisos I, II, IV e V" (imposto de importação de produtos estrangeiros, imposto de exportação de produtos nacionais e nacionalizados, imposto sobre produtos industrializados e imposto sobre operação de crédito, câmbio e seguro, ou relativas a títulos ou valores mobiliários). Entende-se que a CF apenas autoriza a majoração ou minoração das alíquotas ali tratadas, dentro de um patamar preestabelecido e legalmente previsto em uma lei ordinária específica, que foi devidamente promovida dentro dos ditames pertinentes ao processo legislativo. Segundo algum entendimento doutrinário, com o qual se concorda, tais possibilidades de alteração da alíquota pelo Poder Executivo não representariam exceção ao princípio da legalidade já que a lei delegaria "ao Poder Executivo a faculdade de fazer variar, observadas determinadas condições e dentro dos limites que ela estabelecer, as alíquotas (*não as bases de cálculo*) dos mencionados impostos" (CARRAZZA, Roque Antonio. *Curso de direito constitucional tributário*. 23 ed. São Paulo: Malheiros, 2007. pp. 295-296, e continua o autor: "estamos, aqui, pois, diante de uma faculdade, não da Administração, mas do legislador. Ele é

buto a definição dos pormenores se torne "inexequível" e, por vezes, é inevitável a atribuição de margem de livre decisão ao administrador ou de utilização, pelo legislador, de conceitos indeterminados.[1127] A título exemplificativo, são conceitos indeterminados utilizados pela legislação tributária: "proventos de *qualquer natureza*";[1128] "*o momento em que se dará a sua disponibilidade*";[1129] bem como o próprio conceito de "*renda*".

A Constituição brasileira, segundo as alterações impostas pela Emenda Constitucional n. 32, possibilita a instituição e a majoração de tributos por medida provisória, segundo o texto: "§ 2º Medida provisória que implique instituição ou majoração de impostos, exceto os previstos nos arts. 153, I, II, IV, V, e 154, II, só produzirá efeitos no exercício financeiro seguinte se houver sido convertida em lei até o último dia daquele em que foi editada". Significa isso que os efeitos da medida serão postergados para depois de sua conversão em lei, o que respeitaria o princípio da anterioridade tributária. Conforme aqui se entende, a EC n. 32 fere o princípio da legalidade, uma vez que prevê a possibilidade de emissão de medidas provisórias em matéria tributária, assunto que é inserido na reserva de lei absoluta parlamentar por fazer parte do rol de proibições de delegação ao Poder Executivo.[1130] Ademais, não se vê compatibilidade

---

quem está autorizado a estabelecer as 'condições e limites' para que o Poder Executivo altere as alíquotas dos impostos (...)", *Idem*, p. 296).

[1127] DOURADO, Ana Paula. O princípio da legalidade fiscal na Constituição portuguesa. pp. 464 e 471.

[1128] O artigo 43 do Código Tributário Nacional brasileiro (CTN) diz que: "o imposto, de competência da União, sobre a renda e proventos de qualquer natureza tem como fato gerador a aquisição da disponibilidade econômica ou jurídica: I – de renda, assim entendido o produto do capital, do trabalho ou da combinação de ambos; II – de proventos de qualquer natureza, assim entendidos os acréscimos patrimoniais não compreendidos no inciso anterior".

[1129] Assim, o §2 do artigo 43 do CTN: "na hipótese de receita ou de rendimento oriundos do exterior, a lei estabelecerá as condições e o momento em que se dará sua disponibilidade, para fins de incidência do imposto referido neste artigo".

[1130] Assim, conforme o artigo 68, §1, inciso II, da CF. Nesse sentido, conforme já anteriormente referido, os autores que entendem que as matérias proibidas de delegação ao Poder Executivo são também impedidas de serem objeto de medida provisória: KADRI, Omar Francisco do Seixo. *O Executivo legislador*. pp. 180-182; CLÈVE, Clèmerson Merlin. *Atividade legislativa do Poder Executivo*. p. 182-183 e 188; ÁVILA, Humberto Bergmann. *Medida Provisória na Constituição de 1988*. pp. 70-71; NIEBUHR, Joel de Menezes. *O novo regime constitucional da medida provisória*. pp. 112-113; BULOS, Uadi Lammêgo. *Constituição Federal anotada*. p. 864; BASTOS, Celso Ribeiro; MARTINS, Ives Gandra. *Comentários à Constituição do Brasil*. 4º Volume, tomo I. pp. 613-616 e 625-626; ARAUJO, Luiz Alberto David; JÚNIOR, Vidal Serrano

6. DELIMITAÇÃO DE CRITÉRIOS DOGMÁTICOS PARA A DIVISÃO DE COMPETÊNCIAS...

do instrumento da medida provisória, que é emitido em momentos de "necessidade" e "urgência" e que produz efeitos imediatos, com a exigência de produção de efeitos somente no exercício financeiro seguinte a sua edição, depois de ser convertida em lei. O princípio da anterioridade tributária visa à possibilidade de o contribuinte poder planejar suas finanças para o pagamento do tributo, de forma que a sua instituição ou majoração não sejam acompanhadas do elemento surpresa, o que não diz respeito ao fundamento e à finalidade da norma urgente e provisória.

Ademais, em matéria tributária, não se concorda com a atribuição de poderes regulamentares para a definição de conceitos que influenciem na base de cálculo e, portanto, na quantificação do tributo a ser cobrado. Assim é o caso da previsão de lei que define o seguro de acidente de trabalho, cujo texto dispõe: "a contribuição a cargo da empresa, destinada à Seguridade Social (...): a) 1% para as empresas em cuja atividade preponderante o risco de acidentes do trabalho seja considerado leve; b) 2% para as empresas em cuja atividade preponderante esse risco seja considerado médio; c) 3% para as empresas em cuja atividade preponderante esse risco seja considerado grave". O estabelecimento, por meio de decreto, dos graus de risco (leve, médio ou grave) para efeito de seguro de acidente do trabalho, "partindo da atividade preponderante da empresa" modifica, conforme aqui se entende, um elemento essencial da contribuição, ou seja, modifica, segundo o grau de risco, a incidência da regra tributária, indo além de uma mera delimitação ou concretização de conceitos secundários à norma.[1131]

Nunes. *Curso de Direito Constitucional*. pp. 137-138 e 374, nota 33. É por ferir o princípio da legalidade que alguns autores entendem que a EC n. 32 viola a cláusula pétrea do artigo 60, § 4º, inciso IV, que dispõe que "não será objeto de deliberação a proposta de emenda tendente a abolir: (...) IV – os direitos e garantias individuais" (assim: CARRAZZA, Roque Antonio. *Curso de direito constitucional tributário*. pp. 275-276)

[1131] Ao contrário, a opinião do STF é de que "o fato de a lei deixar para o regulamento a complementação dos conceitos de 'atividade preponderante' e 'grau de risco leve, médio ou grave' não implica ofensa ao princípio da legalidade tributária (...) Na verdade, tanto a base de cálculo (...), quanto 'outro critério quantitativo que – combinado com a base imponível – permita a fixação do débito tributário, decorrente de cada fato imponível' devem ser estabelecidos pela lei. Esse critério quantitativo é a alíquota (...) Em certos casos, entretanto, a aplicação da lei, no caso concreto, exige a aferição de dados e elementos. Nesses casos, a lei, fixando parâmetros e padrões, comete ao regulamento essa aferição. Não há que falar, em casos assim, em delegação pura, que é ofensiva ao princípio da legalidade genérica (C.F., art.

Por fim, entende-se, ao contrário do entendimento do Superior Tribunal Federal brasileiro,[1132] que o aspecto temporal é elemento essencial que deve constar na lei instituidora dos tributos, ou seja, a alteração ou definição da data de exigência do tributo não pode ser realizada pelo Poder Executivo.[1133] Isso porque, conforme o artigo 48 da Constituição Federal brasileira, cabe ao Congresso Nacional dispor sobre "sistema tributário, arrecadação e distribuição de rendas", sendo a fixação do prazo elemento da arrecadação do tributo. Ademais, a determinação do tempo em que o tributo deve ser pago pode influenciar no *quantum* devido, já que, em períodos inflacionários, a alteração do tempo pode modificar o "valor real a ser pago",[1134] em razão de que a correção monetária e a atualização do valor oneram o patrimônio do contribuinte.

Além disso, quando a restrição a um direito fundamental decorre da existência de um perigo, por exemplo, para a segurança pública, a integridade física ou a vida, é tarefa do legislador especificá-lo e *definir a medida da restrição*, ou seja, delimitar a intervenção na liberdade fundamental necessária para evitar o perigo,[1135]ou mesmo, definir as condições para, se o caso exigir, proporcionar ao indivíduo a morte digna, considerando a finalidade da restrição e o meio pelo qual a administração a alcançará.[1136] Assim, é inquestionável, por exemplo, que a decisão de limitar ou suspender procedimentos e tratamento médico que prolonguem a vida do doente, em fase terminal de enfermidade grave e incurável, respeitada a vontade da pessoa,[1137] seja feita por meio de lei parlamen-

---

5º, II) e da legalidade tributária (C.F., art. 150, I)". (RE 343.446/SC, voto do Ministro Carlos Velloso).

[1132] Nesse sentido as decisões RE 140669-1/PE e RE 172394/SP.

[1133] Assim, é exemplo norma que dispõe que "fica atribuída competência ao Ministro da Fazenda para fixar prazo de pagamento das receitas federais compulsórias" (artigo n. 66 da Lei brasileira n. 7.450/1985 que se refere ao imposto sobre produtos industrializados (IPI)).

[1134] Assim, RE 140669-1, voto do Ministro Marco Aurélio, p. 5.

[1135] FLEINER, Thomas. *Die Delegation als Problem des Verfassungs- und Verwaltunsrechts*. pp. 82 e 134.

[1136] *Idem*, p. 134.

[1137] Assim, o texto da Resolução do Conselho Federal de Medicina nº 1.805/2006, no Brasil, cujo texto regulamenta a ortotanásia nos seguintes termos, principalmente: "art. 1º É permitido ao médico limitar ou suspender procedimentos e tratamento que prolonguem a vida do doente, em fase terminal de enfermidade grave e incurável, respeitada a vontade da pessoa ou de seu representante legal. § 1º O médico tem a obrigação de esclarecer ao doente ou representante legal as modalidades terapêuticas adequadas para cada situação (...) art. 2º

6. DELIMITAÇÃO DE CRITÉRIOS DOGMÁTICOS PARA A DIVISÃO DE COMPETÊNCIAS...

tar. Isso porque tal normação exige uma prévia consideração da colisão do direito à vida do paciente e a sua possível exceção e os direitos de autonomia, integridade física e privacidade concretizados pela decisão de interrupção do tratamento médico.[1138] A importância de uma decisão que implica reflexões jurídicas e filosóficas sobre a morte e sobre a conduta médica aceitável diante do sofrimento da pessoa e o debate que considera a opinião de médicos, de juristas e da sociedade civil requer a tramitação de suas normas segundo o processo parlamentar e a regulamentação detalhada de seu procedimento, em que é prevista a análise global das condições do paciente e a intervenção de profissionais de diversas áreas, o que não é feito em resolução que tem como intuito regulamentar a conduta ética dos médicos. Da mesma forma, a resolução do mesmo conselho que dispõe sobre as regras da reprodução assistida, restringindo a idade máxima da mulher para utilizar de tal técnica para os 50 anos de idade.[1139] Considera-se que, ao impor um limite máximo de

O doente continuará a receber todos os cuidados necessários para aliviar os sintomas que levam ao sofrimento, assegurada a assistência integral, o conforto físico, psíquico, social, espiritual, inclusive assegurando a ele o direito da alta hospitalar".

[1138] Sobre a ponderação do direito à vida e "a liberdade, a privacidade, a integridade física, a prevenção do sofrimento, o bloqueio de tratamentos desumanos ou degradantes, a dignidade na morte e a memória póstuma" constitucionalmente consagrados e a desproporcionalidade da decisão que criminaliza a conduta do médico e a preponderância da norma que faz prevalecer a decisão da pessoa de morrer diante de "condições nada ordinárias", ou seja, "por estarem acomedidas por doenças terminais extremamente dolorosas ou por enfermidades degenerativas que conduzem à perda paulatina da independência": MARTEL, Letícia de Campos Velho. Terminalidade da vida e limitação consentida de tratamento: um olhar jurídico sobre a resolução 1805/2006 do Conselho Federal de Medicina. Disponível em: http://www.publicadireito.com.br/conpedi/manaus/arquivos/anais/bh/leticia_de_campos_velho_martel.pdf. Acesso em: 11/05/2015. pp. 215-224, embora a autora se posicione a favor da resolução. Apesar de concordar-se com a opinião da autora em fazer prevalecer a vontade do paciente em tais situações, não se considera que o Conselho de Medicina seja o órgão competente para tal decisão, na medida em que apenas fiscaliza eticamente a conduta de seus membros.

[1139] Assim, a resolução do Conselho Federal de Medicina n. 2013/13. Importante referir que o texto de tal resolução que restringia o direito de autodeterminação da mulher a engravidar acabou por ser alterado no ano de 2015 (resolução CFM n. 2121/2015) e passou a possibilitar que mulheres com mais de 50 anos possam recorrer às técnicas de reprodução assistida, desde que o médico responsável entenda pela exceção da situação. De qualquer forma, o exemplo ainda é válido como forma de ilustrar uma restrição direta a um direito fundamental já anteriormente imposta por ato administrativo.

AS RESTRIÇÕES AOS DIREITOS FUNDAMENTAIS POR ATO NORMATIVO DO PODER EXECUTIVO

idade, o Conselho Federal de Medicina restringiu diretamente o direito de autodeterminação da mulher a engravidar, considerando para tal os riscos da gravidez em idade avançada para a saúde dela e da criança, ponderação que deve ser levada em conta nos trabalhos parlamentares, mesmo que se diga que a opinião do respectivo Conselho deva ser levada em conta.

Em se tratando de direito penal, havendo, na decisão de criminalização de uma conduta, uma restrita margem de conformação do legislador,[1140] dir-se-ia que cabe imprescindivelmente a ele a tipificação do ilícito, que significa a "definição da incriminação punitiva ou dos seus pressupostos e critérios jurídicos-normativos",[1141] e da sanção correspondente.[1142] O que não pode existir é a delegação de "poder discricionário incriminador" ou o uso de "conceitos puramente formais ou totalmente

---

[1140] Referindo à *inexistência* de margem de conformação legislativa, em razão de que a decisão de criminalizar uma conduta depende de três considerações, quais sejam, (1) "que a função do direito penal é *apenas* a de proteger bens jurídicos" (grifou-se); (2) que "as possibilidades de incriminação dependem dos interesses, situações ou funções que sejam elevadas à dignidade de *bem jurídico* no contexto da ordem axiológica jurídico-constitucional" (grifos do autor) e que (3) o recurso ao direito penal deve ser feito apenas quando não existirem "outras medidas igualmente eficazes mas menos 'violentas'": CANOTILHO, José Joaquim Gomes. Teoria da legislação geral e teoria da legislação penal in *Boletim da Faculdade de Direito da Universidade de Coimbra: Estudos em Homenagem ao Prof. Dr. Eduardo Correia*, Coimbra, 1984. pp. 852-853.

[1141] NEVES, A. Castanheira. O princípio da legalidade criminal: o seu problema jurídico e o seu critério dogmático in *Digesta: escritos acerca do direito, do pensamento jurídico, da sua metodologia e outros*. Volume I. Coimbra: Coimbra editora, 1995. p. 381. Mesmo que se diga que ao direito penal também corresponde – para além da indeterminação dos valores e bens jurídicos tuteláveis criminalmente e da referência a elementos axiológicos na compreensão das figuras dogmáticas da culpa, ilicitude, bem como das causas justificativas e dos elementos do tipo do ilícito (*Idem*, pp. 374-375) – uma indeterminação da "distância intencional entre a significação da expressão e o sentido da norma", que é exigida pela "especificidade problemática do caso decidindo", e cuja significação "só a sua metodológico-justificativa e decisória concretização pode lograr" (*Idem*, pp. 378-379). Tudo isso leva à necessidade de utilização de conceitos indeterminados e cláusulas gerais que possibilitem juízos de valor diante do caso concreto determinante (*Idem*, p. 372, nota n. 86, com exemplos da ordem jurídica portuguesa).

[1142] MONCADA, Luís Cabral de. *Lei e Regulamento*. p. 976. Referindo que cabe ao legislador ordinário, na criminalização de uma conduta, a definição do conteúdo, a finalidade e a graduação da conduta e pena, conforme as exigências do artigo 80 da LF: MÖLLER, Johannes; PAPIER, Hans-Jürgen. Das Bestimmtheitsgebot und seine Durchsetzung in *Archiv des öffentlichen Rechts*, n. 122, 1997. p. 122.

6. DELIMITAÇÃO DE CRITÉRIOS DOGMÁTICOS PARA A DIVISÃO DE COMPETÊNCIAS...

abertos" que impossibilitem que seja extraída a "vinculante intenção normativa" que oriente o juízo decisório, embora se admita a utilização de cláusulas gerais e tipos abertos.[1143] Nesse último caso, exemplifica--se com o Código Penal português quando dispõe no tipo de homicídio privilegiado que "quem matar outra pessoa dominado por (...) *motivo de relevante valor social ou moral*" (artigo 133) ou quando diz que é delito o ato de, "em tempo de guerra, de conflito armado ou de ocupação, praticar sobre a população civil, sobre feridos, doentes ou prisioneiros de guerra: (...) g) *restrições graves, prolongadas e injustificadas da liberdade das pessoas*; ou h) *subtracção* ou *destruição injustificadas de bens patrimoniais de grande valor*" (artigo 241, n. 1).[1144] Da mesma forma, é certo que a complexidade de certas matérias objeto de proteção pelo direito penal exige que o legislador ordinário se utilize da técnica da "lei penal em branco", remetendo, quando imprescindível para a determinação do delito, sua complementação do tipo por outros dispositivos em lei ou norma de grau inferior.[1145] Isso dar-se-á, entretanto, em conformidade com o princípio da legalidade e das garantias constitucionais, de forma que sempre serão previstos em lei, pelo menos e tanto quanto possível, "a pena sem dubiedades" e "o conteúdo, o fim e a extensão da proibição"[1146]podendo a "descrição pormenorizada (casuística) de todas as circunstâncias necessárias para que uma conduta seja passível de punição com uma pena" ser atribuída a outra instância decisória.[1147]

[1143] NEVES, A. Castanheira. O princípio da legalidade criminal. p. 381 e nota n. 123.

[1144] Assim, exemplos mencionados em: *Idem*, p. 372, nota n. 86.

[1145] Assim, conceituando: SILVA, Pablo Rodrigo Alflen. A problemática das leis penais em branco em face do direito penal do risco in CARVALHO, Salo de (Org.). *Leituras constitucionais do sistema penal contemporâneo*. Rio de Janeiro: Lumen Juris, 2004. p. 27.

[1146] *Idem*, p. 43.

[1147] *Idem*, p. 44. Ao contrário, não se concorda com a opinião daqueles que justificam o fato da "impossibilidade de que as leis abarquem a infinita variedade dos fatos da vida, frequentemente modificáveis no tempo", especialmente quando está-se a falar de matérias que dependem de circunstâncias conjunturais, para suprimir "princípios que dificultam ou impedem a tipificação de certos bem jurídicos complexos", como é o caso do mandamento de determinação, pressupostos que são próprios dos defensores da chamada "teoria do risco" (*Idem*, pp. 30 e 33-34, referindo o autor que "como o chamado 'mandato de certeza' é considerado o inimigo da flexibilização – dos crescentes e futuros problemas colocados a um Direito aberto –, em um Direito Penal moderno orientado pelo risco não se exige do legislador que seja cauteloso ao introduzir conceitos jurídicos indeterminados, normativos e cláu-

Diversamente é a situação em que o ato normativo administrativo, ao concretizar a norma penal, utiliza-se do recurso da analogia com a finalidade da criminalização de condutas. Assim, por exemplo, no Brasil, a resolução que equipara responsáveis técnicos contratados por empresa para emitir laudo em procedimento de licenciamento ambiental a peritos para fins penais.[1148] A lei de crimes ambientais refere-se a "funcionários públicos"[1149] e o Código Penal, no artigo 342, refere-se a peritos que façam "afirmação falsa" ou neguem ou calem a verdade em processo judicial, o que deixa claro que não é resultado da interpretação direta da lei que os responsáveis técnicos sejam inseridos no mesmo tipo penal que os peritos. A equiparação, se possível, deve ser feita em lei.[1150]

Ainda sobre o tema, entende-se que a medida provisória, no direito brasileiro, não pode ser instrumento de regulamentação de direito penal, mesmo que em benefício do apenado. Isso porque, para além da previsão constitucional de proibição absoluta de emissão do instrumento normativo em matéria penal,[1151] entende-se que não deve ser o Presidente da República, em decisão monocrática e sem deliberação parlamentar, a regulamentar matéria de criação ou abolição de delitos ou diminuição ou aumento da pena.[1152] A resposta às necessidades de

---

sulas gerais, basta apenas (e isto tem sido frequente) que ele escolha conceitos que possam ser aplicados de modo mais flexível possível", *Idem*, p. 38).

[1148] O artigo n. 8 da resolução do CONAMA n. 344/2004 dispõe que: "os autores de estudo e laudos técnicos são considerados peritos para fins do artigo 342, caput, do Decreto-lei n. 2.848, de 7 de dezembro de 1940- Código Penal". O exemplo de resolução ilegal também é mencionado em: SARLET, Ingo Wolfgang (coord.). As resoluções do CONAMA e o princípio da legalidade: a proteção ambiental à luz da segurança jurídica. pp. 16-18.

[1149] Tipifica como crime o artigo 66 da lei n. 9.605/98 (Lei de Crimes Ambientais) a conduta de: "fazer o funcionário público afirmação falsa ou enganosa, omitir a verdade, sonegar informações ou dados técnico-científicos em procedimentos de autorização ou licenciamento ambiental".

[1150] Assim, também a opinião de: SARLET, Ingo Wolfgang (coord.). As resoluções do CONAMA e o princípio da legalidade: a proteção ambiental à luz da segurança jurídica. pp. 16-18.

[1151] A Constituição brasileira expressamente impõe que: "é vedada a edição de medidas provisórias sobre matéria relativa a (...) b) direito penal"(artigo 62, §1, inciso I, alínea "b").

[1152] Nesse sentido, também: JESUS, Damásio de. *Estatuto do desarmamento: medida provisória pode adiar o início de vigência de norma penal incriminadora?* Disponível em: http://www.amprs. org.br/arquivos/comunicao_noticia/damasio51.pdf. Acesso em: 18/05/2015.pp. 7-8. É importante ainda referir que, mesmo que se diga que a medida provisória venha a ser levada ao Parlamento para deliberação, se não convertida em lei, o instrumento normativo perde a eficácia desde a sua edição, o que leva a reflexões como: "seria possível harmonizá-la com os

criminalização de condutas em uma sociedade impõe a ponderação de bens, como a liberdade e a segurança pública, bem como proposições em matéria de política criminal e criminologia, que é papel do órgão que assegura a representação das minorias e maiorias, interessados e especialistas em suas decisões. Ademais, a condição de urgência da medida provisória ignora esse exercício de ponderação subjacente à criminalização de condutas e à imposição de pena ou mesmo às normas que beneficiem o réu, proporcionando respostas emergenciais que são incompatíveis com a natureza do direito penal.

No âmbito das sanções disciplinares do direito administrativo, porque a relação de dependência e proximidade do indivíduo com o Estado permite a "atenuação" das exigências da legalidade,[1153] possibilitando a lei, ao fazer uso de conceitos indeterminados, cláusulas gerais ou ao atribuir poderes discricionários ao administrador, "a concretização da tipologia dos ilícitos e sanções em causa" por meio de regulamentos, o que não significa que estes não estão a ela subordinado.[1154] Deve a lei conter, em todo o caso, pelo menos, "a tipificação das infrações", "a graduação das sanções e a relação entre as condutas tipificadas e as sanções aplicáveis".[1155] Como exemplo das normas que regulamentam processo administrativo disciplinar, cita-se a Lei brasileira n. 8112/90,[1156] que dispõe, por exemplo, nos artigos referentes às penalidades que, "quando houver *conveniência para o serviço*, a penalidade de suspensão poderá ser convertida em multa" (artigo 130, §2) ou que "a demissão será aplicada nos seguintes casos: (...)V – *incontinência pública* e *conduta escandalosa*, na repartição" (artigo 132), deixando ao administrador a liberdade de interpretar a conduta do agente público.

Diversamente é o caso da Lei de Execução Penal brasileira, que dispõe sobre as faltas disciplinares dos presos, prevendo sua submissão a

---

princípios que regem o Direito Penal? Seria cabível um tipo penal, sob condição? Seria pertinente um tipo penal tão efêmero, um tipo que poderia ser nati-morto no seu ato criador?" (assim, FRANCO, Alberto Silva. A medida provisória e o princípio da legalidade. p. 367).

[1153] MONCADA, Luís Cabral de. *Lei e Regulamento*. pp. 978-981.

[1154] *Idem*, pp. 976-977.

[1155] *Idem*, p. 977.

[1156] Lei que institui o regime jurídico dos servidores públicos civis da União, das autarquias, inclusive as em regime especial, e das fundações públicas federais.

"regime disciplinar diferenciado"[1157] quando "*apresentem alto risco* para a ordem e a segurança do estabelecimento penal ou da sociedade"[1158] ou quando "recaiam *fundadas suspeitas* de envolvimento ou participação, a qualquer título, em organizações criminosas, quadrilha ou bando".[1159] Entende-se que a lei, ao estabelecer restrições graves a liberdades fundamentais intimamente ligadas à dignidade humana do indivíduo e por prever sanções disciplinares de exceção atribuídas a presos em razão do cometimento de comportamentos considerados seriamente reprováveis, deveria conter precisamente os elementos essenciais do tipo, acabando por vulnerar o indivíduo ao possibilitar que a autoridade administrativa identifique a conduta incluída nos conceitos indeterminados.[1160]

Os problemas pluridimensionais e complexos envolvem a ponderação de vários interesses individuais e comunitários, em que haja a necessidade de definição do âmbito de proteção de diversos direitos e a intervenção de um âmbito amplo de opiniões na função de emissão legislativa, que somente a estrutura plural do órgão parlamentar é capaz

---

[1157] O sistema disciplinar diferenciado significa a imposições de penalidades aos presos tais como: recolhimento em cela individual por duração máxima de trezentos e sessenta dias, restrições nas visitas semanais e no banho de sol, conforme previsto no artigo 52 e incisos da Lei n. 7210/84.

[1158] Artigo 52, § 1, da Lei n. 7210/84.

[1159] Artigo 52, §2, da Lei n. 7210/84

[1160] Assim, também: ARRUDA, Rejane Alves de. Regime Disciplinar Diferenciado: três hipóteses e uma sanção in: *Revista Síntese de Direito Penal e Processual Penal*, Porto Alegre, ano VI, n. 33, ago/set 2005.pp. 35 e 37, referindo a autora que "ao optar por um RDD que tem natureza de sanção disciplinar, caberia ao legislador definir o rol de faltas aptas a ensejar o tratamento diferenciado que, diga-se de passagem, é extremamente gravoso" (*Idem*, p. 37); no mesmo sentido, CARVALHO, Salo de; WUNDERLICH, Alexandre. O suplício de Tântalo: a Lei 10.792/03 e a consolidação da política criminal do terror in CARVALHO, Salo de (Org.). *Leituras constitucionais do sistema penal contemporâneo*, Rio de Janeiro: Lumen Juris, 2004, afirmam que a lei "manifesta o assentimento dos Poderes Públicos com práticas regulares nas penitenciárias nacionais" nas quais se inclui "arbitrariedade na adjetivação dos atos cotidianos dos presos em decorrência da imprecisão dos termos regulamentadores" (*Idem*, p. 385). Embora a submissão do preso ao "regime disciplinar diferenciado" exija despacho do juiz competente (artigo 60, Lei n. 7210/84) que se dará a partir de requerimento circunstanciado elaborado pelo diretor do estabelecimento ou outra autoridade administrativa. (54, §1, Lei n. 7210/84), assegurada a manifestação do Ministério Público e da defesa e prolatada no prazo máximo de quinze dias (54, §2, Lei n. 7210/84), certo é que requerimento é feito por autoridade administrativa que interpreta a lei e tem o poder, inclusive, de decretar o isolamento preventivo do faltoso pelo prazo de até dez dias (artigo 60, Lei n. 7210/84).

de garantir.[1161] Decisões que envolvam a divisão de recursos e tenham forte influência sobre os direitos fundamentais, como é o caso das questões relacionadas à educação, são um forte exemplo de problemas complexos e exigem uma norma parlamentar que pondere esses elementos observando as reais circunstâncias e as obrigações sociais em um sentido da conjuntura econômica social do Estado como provedor de inúmeros direitos.[1162]Isso porque o indivíduo pode ser afetado por uma decisão prestacional da mesma forma que por uma restrição quando a atuação do Estado é pressuposto para alcançar uma vida digna ou quando a escolha pela promoção de um direito fere o princípio da igualdade.[1163]

É importante notar que a atividade prestacional do Estado que diz respeito às suas atribuições no domínio econômico e social e que envolve a ponderação da promoção dos direitos fundamentais com os custos a ela relacionados não aparece em grande escala elencada nas matérias da reserva parlamentar nas Constituições portuguesa e brasileira. Em ambos os textos constitucionais, todavia, ficou comprovada a eleição do critério da essencialidade como orientador da divisão material de competências, o que permite concluir que também as prestações relacionadas aos direitos fundamentais, quando consideradas essenciais, devem ser objeto de lei parlamentar. O legislador ordinário é o primeiro destinatário das obrigações decorrentes dos deveres de proteção e promoção do Estado,[1164] cabendo-lhe a tarefa, diante da natureza indeterminada dos direitos sociais constitucionalmente dispostos, de fazê-los adquirir "grau pleno de definitividade e densidade".[1165]

A definição em lei das prestações do Estado deve levar em conta, primeiramente, (1) que, nas leis fundamentais brasileira e portuguesa, os direitos sociais estão previstos como direitos fundamentais e têm caráter, assim como os direitos de liberdade, de *garantia jurídica forte*,[1166] de forma que as obrigações estatais nesse âmbito não podem ser afastadas

---

[1161] STAUPE, Jürgen. *Parlamentsvorbehalt und Delegationsbefugnis*. p. 242.

[1162] *Idem*, p. 247; GELLERMANN, Martin. *Grundrechte in einfachgesetzlichem Gewande*. Tübingen: Mohr Siebeck, 2000.p. 254 e 382.

[1163] MÜLLER, Georg. *Inhalt und Formen der Rechtssetzung als Problem der demokratischen Kompetenzordnung*. Basel und Stuttgart: Helbing & Lichtenhahn, 1979. p. 116.

[1164] GELLERMANN, Martim. *Grundrechte in einfachgesetzlichem Gewande*. pp. 254 e 375.

[1165] NOVAIS, Jorge Reis. *Direitos Sociais: Teoria Jurídica dos Direitos Sociais enquanto Direitos Fundamentais*. Coimbra: Coimbra editora, 2010. p. 152.

[1166] *Idem*, p. 10.

AS RESTRIÇÕES AOS DIREITOS FUNDAMENTAIS POR ATO NORMATIVO DO PODER EXECUTIVO

com base em argumentos puramente políticos;[1167] (2) que é característica dos direitos fundamentais sociais o fato de a norma ter uma certa indeterminabilidade,[1168] o que dificulta o trabalho legislativo em razão de dificilmente se encontrar, na ordem constitucional, *"imposições precisas de emissão de lei"*[1169] e que (3) o argumento do financeiramente possível condiciona o reconhecimento de direitos subjetivos a determinadas prestações do Estado,[1170] havendo um maior âmbito de conformação e ponderação do legislador ordinário.[1171]

A obrigação genérica de promover o direito fundamental social que decorre da sua definição constitucional não possibilita a dedução da atuação concreta de caráter definitivo, fechado ou absoluto.[1172] Dir-se-á que, sendo a obrigação do legislador um dever de ação, deve ele respeitar a *proibição de insuficiência*, ou seja, deve concretizar, pelo menos, o *patamar mínimo de promoção obrigatória de cumprimento pelo Estado*[1173] que é vinculado à dignidade da pessoa humana e, ainda, que atribua ao indi-

---

[1167] *Idem, ibidem*; ALEXANDRINO, José de Melo. *A estruturação do Sistema de Direitos, Liberdades e Garantias na Constituição Portuguesa*, v. II. pp. 220-221.

[1168] NOVAIS, Jorge Reis. *Os princípios constitucionais estruturantes da República Portuguesa*. Coimbra: Coimbra editora, 2011. pp. 292-293 e 297; *Idem, Direitos Sociais*. pp. 142 e ss., 151 e ss.; ALEXANDRINO, José de Melo. *A estruturação do Sistema de Direitos, Liberdades e Garantias na Constituição Portuguesa*, v. II. pp. 218-219 e 222; MEDEIROS, Rui. Direitos, Liberdades e Garantias e Direitos Sociais. pp. 662 e 666; STARCK, Christian. Die Grundrechte des Grundgesetzes. p. 241.

[1169] NOVAIS, Jorge Reis. *Os princípios constitucionais estruturantes da República Portuguesa*. p. 300; SARLET, Ingo Wolfgang. *A eficácia dos direitos fundamentais*. p. 280. Isso quer dizer que a promoção do direito, seja ela de cunho legislativo ou não, raramente terá "sentido determinado" (NOVAIS, Jorge Reis. *Os princípios constitucionais estruturantes da República Portuguesa*. p. 300).

[1170] Assim, por todos, NOVAIS, Jorge Reis. *As restrições aos direitos fundamentais não expressamente autorizadas pela Constituição*. p. 147; *Idem, Os princípios constitucionais estruturantes da República Portuguesa*. p. 293; *Idem, Direitos Sociais*. pp. 151, nota 162, e 152, referindo que "nos direitos sociais a própria garantia de acesso é sempre fixada *sob a reserva do possível*" (*Idem, ibidem*) (grifos do autor).

[1171] NOVAIS, Jorge Reis. *Os princípios constitucionais estruturantes da República Portuguesa*. pp. 293-294; *Idem, Direitos Sociais*. p. 143. Há, no âmbito prestacional do Estado, o reconhecimento de que seu encargo é dependente da reserva do possível e da reserva do politicamente oportuno ou adequado (*Idem, Os princípios constitucionais estruturantes da República Portuguesa*. pp. 296-297).

[1172] Cfr., por todos, NOVAIS, Jorge Reis. *Direitos Sociais*. p. 190.

[1173] Cfr., por todos, CANARIS, Claus-Wilhelm. *Direitos Fundamentais e direito privado*. p. 108.

víduo autodeterminação para o exercício de suas liberdades,[1174] impedindo que o direito fundamental seja esvaziado em seu conteúdo e desprovido de sentido,[1175] conteúdo mínimo e imprescindível de realização do dever de ação do Estado que é localizado fora do alcance discricionário do legislador.[1176] Ademais, considera-se que o legislador deve atentar em promover o direito considerando a condição em que o prejudicado é deixado com a omissão estatal, sem a consideração da situação global do problema, ou seja, leva-se em conta a "situação objectiva em que a omissão de prestação concreta e imediata deixa os titulares do direito".[1177]

[1174] Novais, Jorge Reis. *Direitos Sociais*. p. 309. Assim, Friauf refere que o dever de garantia do Estado quer dizer que ele deve promover medidas para o alcance de um determinado nível (*Mindeststandard*) que possibilite ao indivíduo, ele próprio, aceder ao "bom exercício de sua liberdade" (Friauf, Karl. Zur Rolle der Grundrechte im Interventions- und Leistungsstaat in *DVBL*, 1971. pp. 666-667; Murswiek, Dietrich. Grundrechte als Teilhaberechte, soziale Grundrechte in J. Isensee/P. Kirchhof, *Handbuch des Staatsrechts der Bundesrepublik Deutschland*, Band V, Heidelberg: C.F. Müller 1992. p. 284, n. 98).

[1175] Murswiek, Dietrich. Grundrechte als Teilhaberechte, soziale Grundrechte. p. 285, ns. 100 e 101; Sarlet, Ingo. *A eficácia dos direitos fundamentais*. p. 349. Entende-se, ademais, que o Estado ficaria aquém do conteúdo mínimo do direito fundamental a ser promovido quando, "tendo condições de evitar, deixa que alguém seja involuntariamente colocado ou mantido numa situação de penúria material que não lhe permite as condições mínimas de autodeterminação pessoal" (Novais, Jorge Reis. *Direitos Sociais*. p. 308). Entende-se que a ideia de conteúdo mínimo deve ultrapassar as prestações mínimas de sobrevivência (ou seja, está para além da "salvação da inanição": Murswiek, Dietrich. Grundrechte als Teilhaberechte, soziale Grundrechte. p. 285, n. 100; Sarlet, Ingo. *A eficácia dos direitos fundamentais*. p. 350), naturalmente quando possível em termos financeiros em determinadas sociedades, e que é conformado a uma concepção de dignidade que atribua ao indivíduo autodeterminação para o exercício de suas liberdades (Novais, Jorge Reis. *Direitos Sociais*. p. 309).

[1176] Referindo que relativamente à concretização do mínimo de dever de ação do Estado o âmbito de conformação do legislador ordinário é reduzido e a exigência de atuação é mais intensa (Gellermann, Martim. *Grundrechte in einfachgesetzlichem Gewande*. p. 254). A obrigação do legislador, nos casos de concretização do mínimo, seria afastada somente quando inexistissem recursos financeiros (Novais, Jorge Reis. *Direitos Sociais*. p. 309; Alexandrino, José de Melo. *A estruturação do Sistema de Direitos, Liberdades e Garantias na Constituição Portuguesa*, v. II. p. 251), ao passo que tal conteúdo seria impositivo constitucionalmente e imporia um *"limite à liberdade de conformação do legislador"* (Sarlet, Ingo Wolfgang. *A eficácia dos direitos fundamentais*. p. 348), embora, conforme já se mencionou, se entenda que a concretização e qualificação de um conteúdo mínimo dependa do desenvolvimento econômico da sociedade.

[1177] Novais, Jorge Reis. *Direitos Sociais*. p. 218. Este segundo parâmetro é chamado de *razoabilidade da decisão* e é adotado pelo Tribunal Constitucional sul-africano. Tal bipartição da proibição de insuficiência é proposta por: Novais, Jorge Reis. *Direitos Sociais*. pp. 220 e 307-311, para a noção do critério da razoabilidade tal qual proposto pelo Tribunal sul-africano: *Idem*,

Haveria um défice na prestação, quando a omissão estatal "deixa os cidadãos afectados numa situação pessoal intolerável, desrazoável, à luz dos padrões de um Estado de Direito".[1178] A norma que define os deveres de promoção e que concretiza o conteúdo mínimo exigido do legislador ordinário para a realização dos direitos sociais deve ser rigorosamente determinada, especificando a finalidade da incumbência estatal, bem como a forma de realização da pretensão de direito, o meio e o quantificação da promoção oferecida pelo Estado.[1179]

Para além do mínimo, a escolha pelo legislador de um meio mais efetivo para a proteção do bem jurídico faria parte do seu âmbito de escolha,[1180] e ressalva-se que, em sede de deveres de promoção e de que

---

pp. 209 e ss. Referindo, também nesse sentido, que a Constituição sul-africana conteria, na previsão dos artigos 26 e 27, uma intenção de *"two-stage enquiry"* (definição do conteúdo mínimo do direito e obrigação de razoabilidade da medida adotada pelo Estado): DAVIS, Dennis M. Socio-economic rights: the promise and limitation – The South African experience in BARAK-EREZ, Daphne; GROSS, Ayeal (eds.), *Exploring Social Rights: between theory and practice*. Oxford: Hart Publishing, 2011. p. 204. Procura-se, aderindo a tal concepção, afastar a ideia da atuação do legislador como orientada somente por "decisões de necessidade" (DIETLEIN, Johannes *Die Lehre von den grundrechtlichen Schutzpflichten*. 2a edição. Berlin: Duncker & Humblot, 2005. p. 113). Assim, também fora a conclusão em: ABRAHÃO, Marcela Rosa. *Os direitos fundamentais de liberdade e a omissão legislativa*. pp. 70-71. Por fim, é possível, inclusive, falar-se em *afetação ao direito fundamental por omissão* (NOVAIS, Jorge Reis. *Direitos Sociais*. p. 288; que corresponde a uma *"não-realização"*, ou seja, "a não realização injustificada do conteúdo principal de um direito social": ALEXANDRINO, José de Melo. *Direitos Fundamentais*. p. 116, nota 333; *Idem*, A indivisibilidade dos Direitos do Homem à luz da dogmática constitucional in *O discurso dos direitos*. Coimbra: Coimbra editora, 2011.p. 201) que não se reduz aos direitos sociais, mas é categoria correspondente à *dimensão de prestação de ambos os direitos fundamentais*. Será uma violação quando, não havendo a possibilidade de invocar argumentos de dificuldade financeira, o Estado não realiza o mínimo (NOVAIS, Jorge Reis. *Direitos Sociais*. pp. 220, 288 e 308-309; ALEXANDRINO, José de Melo. *A estruturação do Sistema de Direitos, Liberdades e Garantias na Constituição Portuguesa*, v. II. p. 223) ou deixa os indivíduos em situações desrazoáveis (NOVAIS, Jorge Reis. *Direitos Sociais*. p. 220).

[1178] NOVAIS, Jorge Reis. *Direitos Sociais*. p. 218.

[1179] MÜLLER, Georg. *Inhalt und Formen der Rechtssetzung als Problem der demokratischen Kompetenzordnung*. p. 113; GELLERMANN, Martim. *Grundrechte in einfachgesetzlichem Gewande*. pp. 254 e 382. Assim, referindo que a lei que proporciona a promoção de um direito social, deve definir as condições concretas para o alcance da prestação, bem como quantificá-la em termos precisos e definir sua duração: STAUPE, Jürgen. *Parlamentsvorbehalt und Delegationsbefugnis*. p. 286.

[1180] STÖRRING, Lars Peter. *Das Untermassverbot in der Diskussion*. Berlin: Duncker & Humblot, 2009. p. 210; GELLERMANN, Martin. *Grundrechte in einfachgesetzlichem Gewande*. pp. 348-349.

6. DELIMITAÇÃO DE CRITÉRIOS DOGMÁTICOS PARA A DIVISÃO DE COMPETÊNCIAS...

fazem parte a exigência de repartição de recursos financeiros, a obrigatoriedade de adotar meios mais efetivos possivelmente imporia ao legislador considerar mais gastos, equivalendo-se à limitação de seu âmbito de conformação e, ainda, a uma obrigatória restrição dos interesses contrários, a que os gastos serão contidos, considerações que devem ser apenas por ele relevadas.[1181]

Assim, é no âmbito da resolução de problemas complexos de direitos fundamentais que a criação ou estabelecimento de uma ordem positiva responsável pela estruturação de um âmbito do direito, como é o caso de esferas como o sistema social, o sistema educacional ou o sistema de radiofusão, devem ser responsabilidade do legislador ordinário.[1182] Dir-se-ia que é responsabilidade do legislador ordinário a legislação "intencionalmente destinada a proceder, a título principal, ao desenvolvimento global (...) de um direito fundamental, ou seja, quando a legislação vise a materialização ou configuração geral de um direito fundamental".[1183]

Em Portugal, a lei de bases é a figura utilizada para a promoção de alguns direitos sociais, como é o caso do direito à educação (164, alínea "i"), do sistema de segurança social e do serviço nacional de saúde (artigo 165, alínea "f"). Assim, por exemplo, a lei de bases da educação, Lei n. 46/86, orienta a política educacional de forma a propor as finalidades essenciais e definir os princípios norteadores do sistema educativo no país, bem como prevê os pontos específicos de sua organização – definindo, por exemplo, os objetivos e as regras sobre o funcionamento das fases pré-escolar, ensino básico, ensino secundário e ensino superior e assegurando os aspectos materiais de sua organização – e a forma de concretização do direito à educação, delimitando, por exemplo, o acesso do cidadão ao ensino superior e assegurando às crianças que completem 6 anos o ensino básico, obrigatório e gratuito, atribuindo, por fim, ao Governo a obrigação de complementar tal legislação. Assim, existe à disposição do legislador ordinário, na Constituição portuguesa, a figura normativa da lei de bases para elaborar os traços principais e, quando necessário, regulamentar, inclusive de forma mais detalhada, a maté-

---

[1181] STÖRRING, Lars Peter. *Das Untermassverbot in der Diskussion.* p. 211.

[1182] STAUPE, Jürgen. *Parlamentsvorbehalt und Delegationsbefugnis.* p. 247.

[1183] NOVAIS, Jorge Reis. *As restrições aos direitos fundamentais não expressamente autorizadas pela Constituição.* p. 878.

ria, proporcionando o ponto inicial ou todo o regime jurídico de certos direitos prestacionais.[1184]

Por possibilitar a influência dos grupos opositores no debate da maioria, construindo a controvérsia política e forçando a maioria parlamentar a justificar sua tomada de posição e a considerar questões contrárias ao seu programa ao ponderar as decisões,[1185] o Parlamento é também o responsável pela emissão das leis que envolvam a proteção dos direitos das minorias.[1186] Assim, por exemplo, a lei que coíbe a violência física, psíquica, sexual e moral à mulher, Lei brasileira n. 11.340/06 ou a Lei n. 12.990/14, que estabelece que 20% das vagas oferecidas nos concursos públicos realizados pela administração pública federal devem ser destinadas a candidatos negros. A votação de tais atos normativos no Parlamento permite a intervenção das comissões especializadas responsáveis pela defesa dos direitos humanos e das minorias, possibilitando sua concretização e formação de opinião pública sobre os temas.

As Constituições portuguesa e brasileira também elencam competências ao legislador ordinário que têm natureza de decisões políticas fundamentais,[1187] encarregando o Parlamento da capacidade de transformação das questões políticas por meio de normas jurídicas. A estrutura parlamentar, que insere em suas discussões a palavra dos grupos opositores, e a forma processual, que almeja o compromisso e possibilita o julgamento público de seu resultado, não deixam dúvidas quanto a sua capacidade de tomada de decisão em âmbitos cujas questões políticas dividem opiniões na sociedade.[1188] Assim, a reserva de lei parlamentar não se limita somente às questões relacionadas às restrições diretas ao direitos fundamentais, mas é exigida sua intervenção nas questões

---

[1184] MONCADA, Luís Cabral de. *Lei e Regulamento*. pp. 869 e ss, em especial, pp. 876-880 e 882-884. Aliás, a figura da lei de bases deve ser utilizada somente quando permitida constitucionalmente (assim, no que se refere aos direitos fundamentais, nos casos das alíneas "i" e "d" do artigo 164 e "f", "g", "n", "t", "u" e "z" do artigo 165 da CRP) ou no âmbito da competência concorrente do Governo e do Parlamento, no restante dos casos da competência absoluta e relativa, deve o Parlamento definir o conteúdo da matéria para além das bases gerais (*Idem*, pp. 888-890).

[1185] STAUPE, Jürgen. *Parlamentsvorbehalt und Delegationsbefugnis*. p. 218. Em sentido semelhante: SÁ, Luís. *O lugar da Assembleia da República no sistema político*. pp. 271 e 334 e ss.

[1186] STAUPE, Jürgen. *Parlamentsvorbehalt und Delegationsbefugnis*. p. 246.

[1187] Assim, artigo 161 da CRP e artigo 48 c/c 21, 22 e 24 e artigo 62, § 1 c/c artigo 49 da CF.

[1188] STAUPE, Jürgen. *Parlamentsvorbehalt und Delegationsbefugnis*. pp. 249-250.

6. DELIMITAÇÃO DE CRITÉRIOS DOGMÁTICOS PARA A DIVISÃO DE COMPETÊNCIAS...

supraindividuais cujos efeitos no âmbito das liberdades individuais não seriam, muitas vezes, sequer mensuráveis.

Conforme anteriormente referido na análise dos critérios dogmáticos oferecidos pela teoria da essencialidade, a adoção do conceito do "politicamente controverso" para a identificação da reserva parlamentar não oferece uma fórmula de aplicação certa e previsível[1189] e só pode ser assim definido diante do caso concreto.[1190] Poder-se-ia partir da afirmação de que politicamente controversas são as questões em que os grupos relevantes da sociedade divergem quanto a pontos fundamentais ou detalhes importantes.[1191] Para além disso, várias são as situações cuja qualidade de controversalidade pode ser identificada já de imediato e que influenciam direitos fundamentais, fazendo parte da reserva parlamentar aqui discutida. Passa-se à definição de cada uma delas.

Um forte indício para identificar a importância política de uma questão é mensurar o tamanho do círculo de pessoas afetadas pela regulamentação.[1192] Ademais, dir-se-ia que as decisões que sejam de longo prazo e tenham consequências para os direitos das próximas gerações, ou seja, que definam o "futuro da Nação" sobre alguns aspectos, devem ser tomadas pelo Parlamento.[1193]Esse é o caso, por exemplo, das questões ambientais, da determinação de pontos básicos sobre a educação ou sobre regulamentações sobre armamentos. Assim, a Lei brasileira nº 6.938/81 que versa sobre a Política Nacional do Meio Ambiente e que conceitua em nível nacional termos como "degradação ambiental", "poluidor" e "poluição", para além da definição de princípios, objetivos e instrumentos que servem à materialização do direito ambiental no Brasil, salientando como finalidade a "preservação e restauração dos recursos ambientais com vistas à sua utilização racional e disponi-

---

[1189] UMBACH, Dieter C. *Das Wesentliche an der Wesentlichkeitstheorie.* p. 121; CLEMENT, Walter. *Der Vorbehalt des Gesetzes, insbesondere bei öffentlichen Leistungen und öffentlichen Einrichtungen.* pp. 171-172.

[1190] *BVerfGE* 49, 89 (*kalkar I*) in EICHBERGER, Michael; GRIMM, Dieter; KIRCHHOF, Paul (org). *Entscheidungen des Bundesverfassungsgerichts – Studienauswahl.* Band 1. p. 475.

[1191] STAUPE, Jürgen. *Parlamentsvorbehalt und Delegationsbefugnis.* p. 250; BUSCH, Bernhard. *Das Verhältnis des Art. 80 Abs. 1 S. 2 GG zum Gesetzes- und Parlamentsvorbehalt.* pp. 51-54.

[1192] STAUPE, Jürgen. *Parlamentsvorbehalt und Delegationsbefugnis.* p. 251; MÜLLER, Georg. *Inhalt und Formen der Rechtssetzung als Problem der demokratischen Kompetenzordnung.* p. 111.

[1193] STAUPE, Jürgen. *Parlamentsvorbehalt und Delegationsbefugnis.* p. 252; BUSCH, Bernhard. *Das Verhältnis des Art. 80 Abs. 1 S. 2 GG zum Gesetzes- und Parlamentsvorbehalt.* pp. 51-54.

AS RESTRIÇÕES AOS DIREITOS FUNDAMENTAIS POR ATO NORMATIVO DO PODER EXECUTIVO

bilidade permanente" (artigo 4, inciso VI). Também as normas que tenham efeitos incertos, que envolvam prognoseses e tenham caráter experimental,[1194] devem ser emitidas pelo órgão que dispõe de bases informacionais vindas das comissões especializadas e que permite a discussão e a análise dos riscos e dos perigos potenciais envolvidos nessas questões controversas.[1195] Assim, por exemplo, a lei que regulamenta a pesquisa científica com células-tronco embrionárias para fins terapêuticos e que pondera questões como o direito à vida e à dignidade humana do embrião, cuja importância requer a previsão de instâncias especializadas e que funcionem como fiscalizadores e concedam a autorização de licença para a pesquisa, a previsão também de um Comitê Central de Ética, a cuja apreciação e aprovação os projetos de pesquisa com células-tronco poderiam ser submetidos, bem como a proposição de uma *cláusula de subsidiariedade*, permitindo as pesquisas com embriões humanos somente quando outros meios científicos não demonstrarem ser adequados para os mesmos fins.[1196]

Questões que influenciem as finanças do Estado, resultando em grandes gastos para o bem comum são de responsabilidade do Parlamento.[1197] Isso porque, já que o Estado tem que lidar com um orçamento limitado e com um crescimento no número de tarefas de sua competência, a decisão sobre que meios são empenhados para quais tarefas e

---

[1194] STAUPE, Jürgen. *Parlamentsvorbehalt und Delegationsbefugnis.* pp. 252-253.

[1195] *Idem*, p. 253.

[1196] Aliás, a Lei 11.105 foi objeto de discussão no Brasil em ADI 3510, em que fora questionada a constitucionalidade do artigo 5º, único dispositivo na lei que regulamenta a utilização, para fins de pesquisa, de células-tronco embrionárias obtidas de embriões humanos produzidos por fertilização *in vitro*. O Ministro Gilmar Mendes, em seu voto, apreciou a insuficiência da regulamentação das pesquisas em células-tronco em apenas um artigo (ADI 3510, voto do Ministro Gilmar Mendes, pp. 11 e ss.) de forma a comparar a lei com a legislação estrangeira que estabelece a regulamentação da pesquisa científica em células-tronco, concluindo pela insuficiência da lei brasileira em razão, entre outros argumentos, da falta de regulamentação de um Comitê Central de Ética, assim como de um órgão fiscalizador competente que disponha sobre as licenças e, mais importante, da *cláusula de subsidiariedade*, já que pesquisas indicam a possibilidade de utilização meios alternativos (*Idem*, pp. 18 e 26-27).

[1197] MÜLLER, Georg. *Inhalt und Formen der Rechtssetzung als Problem der demokratischen Kompetenzordnung.* p. 115; STAUPE, Jürgen. *Parlamentsvorbehalt und Delegationsbefugnis.* p. 252; BUSCH, Bernhard. *Das Verhältnis des Art. 80 Abs. 1 S. 2 GG zum Gesetzes- und Parlamentsvorbehalt.* pp. 51-54.

o decorrente estabelecimento das prioridades políticas se inserem na reserva do legislador.[1198] Aliás, os grandes gastos do Estado influenciam a economia interna, causando inflação ou estimulando-a regional ou setorialmente, afetando diretamente o direito de propriedade do cidadão, de forma que pode-se inclusive dizer que o Estado funcionaria como empregador, consumidor e investidor no âmbito econômico.[1199] Assim, no Brasil e em Portugal, a lei orçamentária que prevê as receitas e as despesas do Estado para o ano seguinte, embora seja elaborada pelo Executivo, é condicionada à votação e à aprovação do Legislativo. Por isso também a importância de que a lei que impõe e eleva tributo advenha de decisão parlamentar, considerando que deve ser ponderada na restrição do direito fundamental a finalidade de arrecadação e utilização dos recursos financeiros.[1200]

É também importante referir a relevância da lei parlamentar em âmbitos em que haja um interesse forte do Poder Executivo na atuação eficiente da administração que conflita com a liberdade individual.[1201] A lei serve aí como controle da função da execução normativa administrativa, de que são exemplos os âmbitos da execução penal, direito de polícia, utilização de dados, etc. Nesse sentido, a lei brasileira de acesso a informações, Lei n. 12527/11, regula como será feito o tratamento das informações pessoais e regulamenta no artigo 31 restrições a informações pessoais quando houver necessidade de "proteção do interesse público e geral preponderante", habilitando os agentes públicos a ter acesso às informações pessoais do cidadão sem autorização.

Ademais, as questões que representem inovações ou alterações de um estado, ou seja, que modifiquem fundamentalmente a situação jurídica, e não somente corrijam uma questão marginal ou desenvolvam algum aspecto, devem ser objeto de lei parlamentar.[1202] Nesse sentido, também são as normas que refletem decisões fundamentais ou leis-quadro, que signifiquem decisões políticas, econômicas, educacionais ou

---

[1198] MÜLLER, Georg. *Inhalt und Formen der Rechtssetzung als Problem der demokratischen Kompetenzordnung.* p. 115

[1199] *Idem, ibidem.*

[1200] *Idem, ibidem.*

[1201] STAUPE, Jürgen. *Parlamentsvorbehalt und Delegationsbefugnis.* p. 259.

[1202] *Idem*, pp. 255-257.

sociais de significado essencial.[1203] Por fim, a lei é a forma necessária para a concretização das normas constitucionais abertas.[1204]Em todas as situações em que a Constituição não prevê de forma exaustiva uma situação, seja incompleta ou não conclusiva, é objeto da norma parlamentar preencher as lacuna,[1205] bem como são seu objeto de regulamentação as finalidades estatais dispostas na Constituição, devendo torná-las vinculantes. Assim, a escolha dos objetivos, a determinação das prioridades e dos meios para a concretização dessas finalidades depende do consenso parlamentar em torno delas.[1206]

Quanto à relação das restrições aos direitos fundamentais e os regulamentos administrativos em geral, pode-se partir do pressuposto de que o tratamento da matéria dos direitos fundamentais envolve níveis de maior ou menor intensidade legislativa. Assim, parte-se de um núcleo mais importante, as restrições a esses direito, cuja densidade legislativa exigida é em grau máximo, mas cuja concretização dos pormenores e dos detalhes secundários o legislador pode deixar para o poder regulamentar.[1207] Dir-se-ia mesmo que é possível a concessão de espaço discricionário à administração no âmbito das restrições aos direitos fundamentais, desde que relativamente a aspectos secundários da regulamentação[1208]que não altere a previsão legal restritiva. A possibilidade de utilização de conceitos indeterminados em leis que restrinjam direitos fundamentais pode ser considerada se a insegurança causada por eles não tenha nenhum efeito ou "efeito praticamente sem significado" sobre o exercício do direito, ou seja, que os efeitos sejam pouco nocivos para o seu exercício.[1209] Significa isso dizer que "nem toda a eventualidade e todo o prejuízo insignificante" devem ser incluídos na descrição legislativa.[1210] Como exemplo de norma regulamentar que concretiza o conceito indeterminado contido em uma restrição a direito funda-

---

[1203] *Idem*, p. 257.

[1204] *Idem*, p. 260.

[1205] *Idem*, pp. 260-261.

[1206] MÜLLER, Georg. *Inhalt und Formen der Rechtssetzung als Problem der demokratischen Kompetenzordnung.* p. 155.

[1207] MONCADA, Luís Cabral de. *Lei e Regulamento.* pp. 1029 e ss.

[1208] *Idem*, p. 1031, nota n. 1590.

[1209] MÖLLER, Johannes; PAPIER, Hans-Jürgen. Das Bestimmtheitsgebot und seine Durchsetzung. p. 201.

[1210] *Idem*, p. 201.

6. DELIMITAÇÃO DE CRITÉRIOS DOGMÁTICOS PARA A DIVISÃO DE COMPETÊNCIAS...

mental de forma a inovar e, por fim, resolver a colisão de direitos primeiramente harmonizada em lei parlamentar é o Despacho Ministerial n. 23.976/2003 que densifica conceito da Lei da Televisão portuguesa. A lei prevê a possibilidade de restrição aos direitos exclusivos de operadores de transmissão quando os "acontecimentos sejam objeto de interesse generalizado do público", possibilitando sua transmissão a outros operadores interessados. O Decreto Ministerial define, então, uma lista do que seriam acontecimentos "objeto de interesse generalizado do público", dos quais fariam parte, por exemplo, a Final da Taça de Portugal de futebol e um jogo por jornada do Campeonato Nacional de Futebol da 1a Liga, o que, conforme aqui se considera, inova o ordenamento de forma a mostrar-se indispensável para a solução da restrição no caso concreto e, por isso, exorbita a competência regulamentar em matéria de restrição a direitos fundamentais.[1211] Faria sentido a capacidade de regulamentação desses aspectos pelo Poder Executivo se o legislador tivesse, pelo menos, exemplificado o que seriam acontecimentos de grande interesse para o público, concedendo, nesse caso, elementos para a ponderação. Assim como nos casos já exemplificados sobre a definição do grau de risco de acidente de trabalho para fins de incidência de seguro ou de situações que possibilitem tratamento diferenciado aos presos em sistema prisional, o que deve ficar claro é que a eventual atribuição de certa autonomia à administração quanto aos pressupostos essenciais da restrição deve ser evitada, tanto quanto possível, com a definição de parâmetros, padrões ou exemplos em lei que possam orientar a administração.

[1211] Assim, a conclusão também de: MANCHETE, Rui Chancerelle. Conceitos indeterminados e restrições aos direitos fundamentais por via regulamentar in *Estudos em homenagem ao Professor Doutor Joaquim Moreira da Silva*. Lisboa, 2005. pp. 727-735, embora o autor se refira somente à alínea "c" do Despacho, pois "todos os restantes acontecimentos desportivos podem (..) enquadrar-se dentro dos critérios de factos que, do ponto de vista desportivo, se revestem de importância para a sociedade portuguesa. São-no pelo seu caráter internacional e pela participação representativa de Portugal através de selecções nacionais, ou de equipas que concitam o interesse e o apoio unidirecional e maioritário da sociedade portuguesa" (*Idem*, p. 725). A alínea "c" refere-se a "um jogo por jornada do Campeonato Nacional de Futebol da 1ª Liga, envolvendo necessariamente uma das três equipas melhor classificadas nos campeonatos das últimas cinco épocas, considerando para o efeito o cômputo acumulado das respectivas classificações no conjunto dessas épocas".

Pode-se considerar como indicativo para a impossibilidade de delegação da matéria de restrição direta a um direito fundamental o efeito da norma no âmbito jurídico individual, ou seja, a decisão de restringir um direito fundamental cabe ao legislador ordinário quando interfere na esfera individual de forma especialmente intensiva,[1212] o que significa que atuações superficiais ou decisões que interferem de forma quase irrelevante no âmbito de proteção de um direito podem ser delegadas.[1213] Para tanto, poder-se-ia dizer que o grau de intensidade é medido segundo uma ideia de razoabilidade, ou seja, com base nos efeitos e nos resultados da intervenção "na exclusiva perspectiva das suas consequências na esfera pessoal daquele que é desvantajosamente afectado pela restrição".[1214] Assim, medir-se-ia a necessidade de lei parlamentar segundo uma lógica de sua aplicação quando o efeito restritivo na liberdade ou autonomia do indivíduo fosse particularmente importante para o indivíduo em si. Nesses termos, quase toda atuação direta restritiva de um direito fundamental de liberdade, ou pelo menos, a decisão de restringir diretamente um direito quando há ponderações importantes a serem feitas ou quando, considerando unicamente o indivíduo afetado, o efeito da restrição intervém na liberdade de forma relevante, deve ser tomada pelo Parlamento. Ademais, também a importância do direito fundamental a ser restringido indica a obrigatoriedade da norma parlamentar no caso concreto.

Conclui-se, portanto, que a reserva parlamentar, para que seja respeitada, exige um certo grau de determinação dos preceitos jurídicos, que depende das particularidades do objeto a ser regulamentado.[1215] Os direitos fundamentais considerados individualmente, sua importância e exigências previstas constitucionalmente contribuem para a especificação da norma a ser emitida pelo legislador. Nesse sentido, deve ele,

---

[1212] MÜLLER, Georg. *Inhalt und Formen der Rechtssetzung als Problem der demokratischen Kompetenzordnung*. p. 112.

[1213] STAUPE, Jürgen. *Parlamentsvorbehalt und Delegationsbefugnis*. p. 245.

[1214] NOVAIS, Jorge Reis. *As restrições aos direitos fundamentais não expressamente autorizadas pela Constituição*. pp. 765.

[1215] MÖLLER, Johannes; PAPIER, Hans-Jürgen. Das Bestimmtheitsgebot und seine Durchsetzung. p. 185. Assim, referindo que a exigência constitucional é de uma norma "suficientemente determinada" e não de uma formulação *totalmente* determinada: GASSNER, Ulrich M. Gesetzgebung und Bestimmtheitsgrundsatz in *Zeitschrift für* Gesetzgebung, n. 11, 1996. p. 56.

tanto quanto possível, prever a *finalidade* da lei e descrever os *meios* para atingi-la, bem como definir medidas e critérios decisórios e pontos de referência para a ponderação de interesses no caso concreto.[1216] Sobre esses aspectos não é permitido ao legislador emitir conceitos jurídicos indeterminados e cláusulas gerais, de modo a transmitir poderes ao Poder Executivo em forma de uma "delegação escondida", a não ser que junto a esses conceitos haja a definição de elementos para a ponderação, exemplos ou da exigência de elementos processuais a serem cumpridos.[1217] Tais exigências garantem, no mínimo, que o legislador defina os critérios utilizados pela administração para cumprir os conceitos indeterminados previstos na lei e ofereçam elementos para que o juiz aprecie a legitimidade da atuação administrativa.[1218] Ademais, cumprem o requisito de determinação, a exemplificação de casos na própria lei, proporcionando pontos de referência para a escolha entre diferentes formas de atuação para quem a realiza, e a definição de exceções às regras nela definidas.[1219] Tal definição serve como orientação para a atuação administrativa e judiciária que cumpre e afere o cumprimento da lei.[1220] Ao contrário, quando, por exemplo, o âmbito a ser regulamentado for incerto ou esteja sujeito a circunstâncias que se alterem rapidamente, pode o legislador fazer uso de conceitos indeterminados.[1221]

6.3.2. Indicadores para a admissibilidade da intervenção normativa do Poder Executivo no âmbito normativo de direitos fundamentais

Discutir-se-ão, aqui, os casos em que os critérios anteriormente propostos não sejam evidentes e, por isso, não haja a imprescindibilidade da norma parlamentar, ou seja, propor-se-ão os indicadores que confirmem a capacidade de delegação normativa pelo Parlamento ao Poder Executivo relativamente à matéria de direitos fundamentais. Tais critérios referem-se a uma lógica orgânico-funcional e indicam uma maior capa-

---

[1216] STAUPE, Jürgen. *Parlamentsvorbehalt und Delegationsbefugnis.* pp. 284-285.
[1217] *Idem*, pp. 289-290.
[1218] *Idem*, p. 290.
[1219] *Idem*, pp. 285-286.
[1220] *Idem*, p. 285.
[1221] MÖLLER, Johannes; PAPIER, Hans-Jürgen. Das Bestimmtheitsgebot und seine Durchsetzung. p. 189.

cidade da administração ou do Governo em regulamentar alguns âmbitos que envolvam direitos fundamentais.

O legislador ordinário, conforme já referido, pode limitar-se às questões importantes, com relevância jurídico-fundamental, complexas e que reflitam uma controvérsia ou importância política. Por isso, dir-se-ia que é papel do Poder Executivo retirar da responsabilidade do legislador as situações menos importantes, não controversas e que tangenciem os direitos fundamentais de forma quase irrelevante.[1222] São essas, em geral, situações que envolvem matérias como o âmbito econômico e social e do meio ambiente, quando o legislador ordinário se utiliza de conceitos indeterminados nas hipóteses e consequências normativas a ponto de capacitar o agente administrativo de poderes discricionários.[1223] Nesses casos, a concessão de espaços em que a administração age interpretando a lei e escolhendo entre várias consequências ou realizando uma consequência que no texto legislativo é imprecisa, de poderes de prognose e estratégia em relação a um futuro incerto, ou mesmo de espaço em que a administração se encontra diante da necessidade de especificação de conceitos técnicos de que dispõe conhecimento, se faz apenas com a definição de objetivos concretos na letra da lei que dependem da análise circunstancial.[1224]Passa-se à analise de algumas dessas situações.

Em certos casos, pode a administração agir restritivamente sem habilitação legislativa ou em concretização de habilitação insuficientemente densa. Dir-se-ia que as exigências da reserva de lei são afastadas em âmbito de restrições de direitos fundamentais quando a restrição ao direito se tratar de uma decisão pacífica, que o legislador teria previsto, caso tivesse a oportunidade, ou seja, quando for uma atuação normativa que não disponha de forma diferente daquilo que o próprio Parlamento faria.[1225] Ademais, as restrições que tangenciem de forma quase irrelevante o âmbito de proteção de um direito e que assim sejam "toleráveis e pacificamente aceites no quadro da vida social dos nossos dias" podem ser atuadas sem lei que previamente as disponha, bem como aquelas in-

---

[1222] STAUPE, Jürgen. *Parlamentsvorbehalt und Delegationsbefugnis.* p. 267.

[1223] MONCADA, Luís S. Cabral de. *Ensaio sobre a lei.* pp. 127 e 122.

[1224] *Idem*, pp. 123-125.

[1225] NOVAIS, Jorge Reis. *As restrições aos direitos fundamentais não expressamente autorizadas pela Constituição.* p. 867 e 876-877.

6. DELIMITAÇÃO DE CRITÉRIOS DOGMÁTICOS PARA A DIVISÃO DE COMPETÊNCIAS...

tervenções que afetem aspectos marginais do direito.[1226] É ainda possível que a administração aja no sentido de restringir um direito fundamental em casos de "necessidade ou urgência administrativa", ou seja, quando "pela gravidade, actualidade e relevância dos danos que pretende evitar" o bem por ela protegido seja *manifestamente superior*" ao direito fundamental restringido, que a decisão restritiva não seja controversa que só possa ser resolvida pelo processo parlamentar e quando a inexistência de habilitação não resulte de "intenção deliberada do legislador".[1227] Para além disso, é perfeitamente aceitável que, ao interpretar o âmbito de proteção do direito fundamental constitucionalmente previsto, a administração desconsidere como nele inseridas condutas que sejam socialmente danosas e reprováveis, bem como aquelas que fazem parte do conceito de ilícito no sentido jurídico-material, competência que é atribuída a todos os poderes constituídos.[1228]

Assim, exemplifica-se com o direito de manifestação. No Brasil, a Constituição prevê que, independentemente de autorização, todos podem se reunir pacificamente e sem armas, desde que não frustrem outra reunião e que a autoridade competente seja avisada;[1229] em Portugal, a norma constitucional dispõe que, sem qualquer autorização, todos podem se reunir pacificamente e sem armas.[1230] Em Portugal, existe lei disciplinando os aspectos principais do direito à reunião e à manifestação, mas é certo que "inúmeras razões, como sejam as de preservação da ordem pública, do direito à segurança das pessoas e dos seus bens ou até da própria fluidez do tráfego, podem e devem conduzir (...) as autoridades administrativas a interromper a sua realização ou alterar os trajectos e datas previstos".[1231] Esse não é o caso, entretanto, de restrição do Poder Executivo que, com o intuito de manter a ordem pública, emite decreto distrital para vedar a realização de manifestações públicas com a utilização de carros, aparelhos e objetos sonoros em determinados espaços

---

[1226] *Idem*, p. 867.

[1227] *Idem*, p. 866.

[1228] *Idem*, pp. 868-869. Assim, exemplifica o autor com o caso em que "a Segurança Social recusa a inscrição a indivíduos que declaram exercer a *profissão* de contrabandista ou de traficante de estupefacientes" (*Idem*, p. 869) (grifos do autor).

[1229] Artigo 5º, XVI da CF.

[1230] Artigo 45 da CRP.

[1231] NOVAIS, Jorge Reis. *As restrições aos direitos fundamentais não expressamente autorizadas pela Constituição*. pp. 847-848.

da Capital Federal brasileira, mais precisamente, na Praça dos Três Poderes, Esplanada dos Ministérios, Praça do Buriti e vias adjacentes. Isso porque, a inexistência de legislação prévia que regulamente o direito de manifestação no Brasil e a falta de indícios sobre os quais a administração pública possa realizar as ponderações no caso concreto, aliado ao fato de que a Praça dos Três Poderes simboliza a reunião em um só lugar dos poderes constituídos brasileiros e a limitação da utilização de instrumentos sonoros corresponde a um elemento essencial da liberdade de manifestação, sem a qual a manifestação do direito se tornaria "emudecida",[1232] tornam a via do decreto instrumento impróprio para a restrição. Ao contrário, em tempo de repetidos episódios de manifestações em um cenário político conturbado, poderia a administração, havendo a necessidade e eventual urgência, limitar a utilização dos aparelhos sonoros em certos horários, bem como restringir parcialmente o acesso a determinadas vias a fim de respeitar as ocasiões de maior fluxo de carros.[1233]

[1232] Assim, voto do Ministro Lewandowski, ADIM 1969-4/DF, p. 9. O referido decreto foi julgado inconstitucional pelo STF justamente com a justificação, no voto de dois dos ministros, de que não haveria sentido a regulamentação da matéria por decreto, mas que eventuais colisões que justifiquem a restrição da liberdade de manifestação e de reunião demandam legislação que as discipline (ADIM n. 1969/DF, voto do Ministro Eros Grau e voto do Ministro Gilmar Mendes).

[1233] Assim: voto do Ministro Lewandowski, ADIM 1969-4/DF, p. 10. É importante referir que parte da doutrina portuguesa não aceita a utilização de regulamentos independentes em matéria reserva à lei. Isso porque, partindo de uma ideia de uma maior exigência de densidade normativa em relação às matérias essenciais, a Constituição portuguesa prevê que a lei habilitante dos regulamentos independentes deve conter "a competência subjetiva e objetiva para sua emissão" (artigo 112, n. 7), requisitos que dizem respeito a um mínimo de determinação e que somente valem para matérias fora do âmbito da reserva de lei (MONCADA, Luís Cabral de. *Lei e Regulamento*. pp 1010 e ss; COUTINHO, Luís Pedro Pereira. Regulamentos independentes do Governo. pp. 1044 e ss.; CORREIA, Sérvulo. *Legalidade e autonomia contratual nos contratos administrativos*. pp. 239 e 245). Entende-se, aqui, que a emissão de eventual regulamento independente em matéria de restrição em direito fundamental deve ser evitada, tanto quanto possível, em consonância com o que se defende sobre a concessão de autonomia à administração e a densidade legislativa exigida nesse âmbito. Entretanto, como no exemplo referido, há razões que eventualmente justificarão a emissão de norma restritiva de direto fundamental pela administração, nomeadamente, quando se tratar de decisão pacífica, tangenciar de forma quase irrelevante o âmbito de proteção do direito ou em casos de "necessidade ou urgência administrativa" (assim, conforme já citado: NOVAIS, Jorge Reis. *As restrições aos direitos fundamentais não expressamente autorizadas pela Constituição*. pp. 866-867 e

6. DELIMITAÇÃO DE CRITÉRIOS DOGMÁTICOS PARA A DIVISÃO DE COMPETÊNCIAS...

Pode acontecer também de o legislador ordinário utilizar na lei restritiva conceitos indeterminados ou conceder à administração uma margem de atuação referente a ponderações no caso concreto.[1234] Cabe ao legislador, nesses casos, "dar indicações sobre os elementos a revelar nos juízos de ponderação e prognose", levando-se em conta como regra geral, de qualquer forma, que a norma que delega a restrição ao direito fundamental deve, tanto quanto possível, conter os elementos essenciais da intervenção, ou seja, devem ser definidos pelo legislador ordinário o objeto, a finalidade e a medida da competência restritiva de direitos fundamentais.[1235] Sobre a concretização de conceitos relativos à restrição por norma do Poder Executivo, pode-se mencionar uma lei que proíba a "venda de estupefacientes sem receita médica", vindo o regulamento a "declarar quais os produtos devem ser considerados como tais", conhecimento de que dispõe o órgão executivo especializado.[1236]

Quanto às prestações referentes à dimensão positiva dos direitos fundamentais, se é certo que as decisões essenciais no âmbito dos direitos fundamentais sociais que envolvem ponderações e divisões de recurso são de prerrogativa do legislador ordinário, também deve ser atribuída uma margem decisória à administração, como "entidade prestadora e constitutiva de deveres positivos",[1237] compartilhando com o Parlamento a função de eliminar dificuldades concretas e igualar o acesso aos bens materiais.[1238] Assim, as exigências de determinação do conteúdo, da finalidade e da quantificação da medida são mais rigorosas quando o Legislativo autoriza a normação do Executivo no âmbito das

---

876-877). Nesses casos, é necessário ter em conta que, mais importante que definir a forma regulamentar utilizada pela administração relativamente à matéria, é a fiscalização procedida sobre tal forma de agir administrativo, que deve respeitar o restante das exigências previstas para as restições legislativas.

[1234] NOVAIS, Jorge Reis. *As restrições aos direitos fundamentais não expressamente autorizadas pela Constituição*. pp. 846-847.

[1235] Assim, conforme a jurisprudência do Tribunal suíço: MÜLLER, Georg. *Inhalt und Formen der Rechtssetzung als Problem der demokratischen Kompetenzordnung*. p. 186.

[1236] Assim, exemplo referido em: ABREU, Jorge Manuel Coutinho de. *Sobre os regulamentos administrativos e o princípio da legalidade*. Coimbra: Almedina, 1987. p. 60, referindo o autor o exemplo como tipo de regulamento executivo de conceitos técnico-científicos (*Idem*, p. 59).

[1237] AYALA, Bernardo Diniz de. *O (défice de) controlo judicial da margem de livre decisão administrativa*. Lisboa: Lex, 1995. p. 58.

[1238] *Idem*, p. 58.

restrições do que quando a transmissão de competência se dá no âmbito das promoções do Estado.[1239] A administração, de modo a dar conta às demandas do Estado Social, tem sua atuação normativa também guiada por razões de eficácia, de forma a equacionar, em suas decisões que envolvem o cálculo e organização de despesas decorrentes da prestação dos direitos sociais, "variáveis relativamente irredutíveis, tais como a baixa dos custos", que são "instáveis e conjunturais", e, por outro lado, considerar as garantias da igualdade, da proporcionalidade, da justiça e da imparcialidade.[1240] Para tanto, também caberá à administração, em certas situações de cumprimento da lei, fazer uso de uma margem de livre apreciação,[1241] procedendo a escolhas de cunho financeiro que serão sempre guiadas por critérios objetivos previamente definidos ("critérios de atribuição e de garantia"),[1242] ponderando a "reserva do possível" na concretização de direitos fundamentais.[1243] Assim, por exemplo, é o caso de portaria do Ministério da Saúde que estabelece parâmetros de cobertura assistencial no âmbito do Sistema Único de Saúde – SUS,[1244] dispondo sobre o acesso a leitos hospitalares, especificando a quantidade mínima de leitos de Unidade de Tratamento Intensivo disponíveis

---

[1239] SPANNER, Hans. Grenzen des Rechts zum Erlass von Verordnungen und Satzungen nach der Rechtsprechung des Bundesverfassungsgerichts in *Bayerische Verwaltungsblatter*, n. 8, 1986, p. 227, o que não significa dizer que os requisitos não devam ser "suficientemente determinados" quando a transferência do poder normativo é de um agir estatal.

[1240] MONCADA, Luís Cabral de. Direito Público e eficácia in *Estudos de Direito Público*. Coimbra: Coimbra editora, 2001. pp. 165-168, 196 e 206. Referindo-se à utilização de ditames de eficiência retirados dos serviços privados e a preocupação, da administração da sociedade atual, em produzir e render em termos econômicos e as desvantagens a isso relacionadas, principalmente no que diz respeito à compressão dos "ingredientes éticos" na realização das tarefas administrativas: SOARES, Rogério Guilherme Ehrdardt. *Direito público e sociedade técnica*. Coimbra: Atlântica editora, 1969. p. 171; *Idem*, Princípio da legalidade e administração constitutiva in *Boletim da Faculdade de Direito*, vol. LVII. Coimbra, 1981. p. 176.

[1241] Referindo que o "pensamento da justiça material" exige que as características dos casos concretos sejam levadas em conta pela administração, só sendo possível com uma menor determinação da lei e uma considerável margem de apreciação daquela: GASSNER, Ulrich M. Gesetzgebung und Bestimmtheitsgrundsatz. p. 41.

[1242] CORREIA, Sérvulo. *Legalidade e autonomia contratual nos contratos administrativos*. p. 292.

[1243] AYALA, Bernardo Diniz de. *O (défice de) controlo judicial da margem de livre decisão administrativa*. pp. 68 e 72-73.

[1244] O SUS consiste no conjunto de ações e serviços de saúde, prestados por órgãos e instituições públicas federais, estaduais e municipais, cujas competências estão dispostas no artigo 200 da CF e é regulamentado pelas Leis n. 8.080/90 e 8.142/90.

6. DELIMITAÇÃO DE CRITÉRIOS DOGMÁTICOS PARA A DIVISÃO DE COMPETÊNCIAS...

nos hospitais de acordo com o número de habitantes de cada região.[1245] Certo é que a atribuição ao administrador da tarefa de preencher as lacunas da lei, intuindo o direito para a situação da exigência material concreta, concede ao juiz poderes de aferição da sua conduta regulamentar conforme os "princípios fundamentais materiais" da justiça, da imparcialidade e da proporcionalidade.[1246]

Principalmente, quando se trata da realização do mínimo essencial e a administração encontra-se diante da falta de regulamentação legislativa que proporcione a prestação do direito social, dir-se-ia que cabe à administração a concretização do dever.[1247] Nesses casos, a concretização do dever de ação do Estado é normalmente realizada com uma prestação certa e única,[1248] sem a qual o indivíduo estaria impedido de exercer suas liberdades fundamentais. Tal conduta da administração implica que sua discricionariedade esteja *reduzida a zero* e pode ocasionar restrições em direitos fundamentais que colidam com a promoção das prestações relativas ao conteúdo mínimo.[1249]

Ademais, a regulamentação do Poder Executivo serve à necessidade de uma norma flexível, de rápida adaptação e capaz de ser mudada facilmente se comparada ao laborioso processo parlamentar.[1250] São esses os casos das normas que atualizam valores conforme um índice fixado em

---

[1245] A Portaria MS/GM n. 1101/2002 dispõe em seu item 3.5: Necessidade de Leitos Hospitalares. Em linhas gerais, estima-se a necessidade de leitos hospitalares da seguinte forma: a) Leitos Hospitalares Totais = 2,5 a 3 leitos para cada 1.000 habitantes; b) Leitos de UTI: calcula-se, em média, a necessidade de 4% a 10% do total de Leitos Hospitalares; (média para municípios grandes, regiões, etc.); c) Leitos em Unidade de Recuperação (pós-cirúrgico): calcula-se, em média, 2 a 3 leitos por Sala Cirúrgica; d) Leitos para pré-parto: calcula-se, no mínimo, 2 leitos por Sala de Parto." É nesse âmbito que tem mais sentido falar na utilização de regulamentos indepentes pela administração em matéria de direitos fundamentais (defendendo, na doutina portuguesa, a emissão de tal tipo regulamentar em virtude justamente da necessidade de conformação das exigências do Estado Social: QUEIRÓ, Afonso Rodrigues. Teoria dos Regulamentos, 1ª parte. pp. 12-13).

[1246] SOARES, Rogério Guilherme Ehrdardt. Princípio da legalidade e administração constitutiva. pp. 189-191.

[1247] GELLERMANN, Martim. *Grundrechte in einfachgesetzlichem Gewande.* pp. 386-387.

[1248] *Idem,* p. 387.

[1249] NOVAIS, Jorge Reis. *As restrições aos direitos fundamentais não expressamente autorizadas pela Constituição.* pp. 867-868.

[1250] STAUPE, Jürgen. *Parlamentsvorbehalt und Delegationsbefugnis.* p. 262; FLEINER, Thomas. *Die Delegation als Problem des Verfassungs- und Verwaltunsrechts.* p. 135; EBERLE, Carl Eugen. Gesetzvorbehalt und Parlamentsvorbehalt. p. 492.

lei, em que a decisão essencial da concessão da prestação de direito fundamental cabe ao Parlamento, e cuja conveniência de regulamentação em um instrumento normativo flexível e que responda rapidamente à inflação monetária prepondera. Assim, por exemplo, na ADI n. 4568/DF, no Brasil, foi discutida a possibilidade de reajuste anual e majoração do valor do salário mínimo no período de 2012-2015, por meio de decreto do Presidente da República, valendo-se de parâmetros especificados exaustivamente na lei que o fixa primariamente seu artigo 1o e que está em conformidade com o artigo 7º, inciso IV, da CF que dispõe que "são direitos dos trabalhadores urbanos e rurais (...): IV – salário mínimo, fixado em lei (...)".[1251] Ficou, então, decidido que teria sido atribuído ao Poder Executivo apenas o poder de concretizar o conteúdo da lei, sem inovação no ordenamento jurídico, aplicando-a de forma estritamente vinculada ("aplicação aritmética, nos termos legalmente previstos, dos índices fixados pelo Congresso Nacional")[1252] e, por isso, conforme a Constituição.[1253] A norma parlamentar, nesse caso, serve à ponderação e à definição da forma e do sentido do financiamento da tarefa estatal e da divisão de recursos e sobrecargas sociais que a decisão acarreta.[1254]

Vê-se também a necessidade de regulamentação de questões pelo Poder Executivo pela proximidade das circunstâncias e maior conhecimento das situações, quando se trata de questões dinâmicas ou em desenvolvimento, ou seja, no âmbito da relação do direito e outras ciências,[1255] em que a dinâmica das questões técnicas se sobrepõe à está-

---

[1251] Os artigos 1º e 2º da Lei n. 12.382/2011 dispõem que: Art. 1. O salário mínimo passa a corresponder ao valor de R$ 545,00 (quinhentos e quarenta e cinco reais) (...) Art. 2. Ficam estabelecidas as diretrizes para a política de valorização do salário mínimo a vigorar entre 2012 e 2015, inclusive, a serem aplicadas em 1o de janeiro do respectivo ano. § 1º Os reajustes para a preservação do poder aquisitivo do salário mínimo corresponderão à variação do Índice Nacional de Preços ao Consumidor – INPC, calculado e divulgado pela Fundação Instituto Brasileiro de Geografia e Estatística – IBGE, acumulada nos doze meses anteriores ao mês do reajuste (...) § 4º A título de aumento real, serão aplicados os seguintes percentuais (...) (dá-se a especificação dos percentuais por ano). § 5º Para fins do disposto no § 4º, será utilizada a taxa de crescimento real do PIB para o ano de referência, divulgada pelo IBGE até o último dia útil do ano imediatamente anterior ao de aplicação do respectivo aumento real.

[1252] ADI 4.568/DF, Voto da Ministra Carmen Lúcia, p. 7.

[1253] Assim, ADI 4.568/DF, em especial, voto ministro Luiz Fux.

[1254] STAUPE, Jürgen. *Parlamentsvorbehalt und Delegationsbefugnis.* p. 277.

[1255] *Idem,* p. 264.

tica do Direito. A capacidade de desenvolvimento constante dos *standards* técnicos pressupõe medidas normativas que possam ser mudadas facilmente e que ofereçam uma maior proteção aos direitos fundamentais justamente por sua natureza dinâmica.[1256] O campo da "discricionariedade técnica", ou seja, a especificação em ato normativo administrativo de conceitos previstos em lei com recurso a outras ciências é a principal função do CONAMA, no Brasil, órgão que é responsável pelo estabelecimento de normas e de padrões compatíveis com o meio ambiente ecologicamente equilibrado.[1257] Assim, por exemplo, é caso de resolução que define os estágios de regeneração da vegetação, o que seria vegetação primária (que não sofreu degradação) e secundária (já em regeneração) para fins de possibilidade de intervenção na vegetação da Mata Atlântica brasileira.[1258] É importante notar que a norma que antecede a resolução, a lei parlamentar que pondera os elementos econômicos, ambientais, as finalidades de utilidade pública ou de pesquisas científicas para a intervenção no meio ambiente e que resolve sobre a existência de competência normativa do órgão administrativo é imprescindível. Ademais, normas, por exemplo, que regulamentem a segurança contra incêndios em edificações ou a sinalização de trânsito e transporte de produtos perigosos, bem como a regulamentação de questões pedagógicas nas escolas, em que novos resultados científicos são esperados em curto espaço de tempo e que exigem a liberdade do professor, bem como a flexibilidade das escolas, são casos que exigem a normação de seus detalhes por outros instrumentos que não a lei.[1259] Nesse sentido são também as situações de experimentação normativa, em que não há certeza sobre a inovação, e que demandam uma "tentativa" do Poder Executivo ao executar a decisão fundamental do legislador

---

[1256] EBERLE, Carl Eugen. Gesetzvorbehalt und Parlamentsvorbehalt. p. 492.

[1257] SARLET, Ingo Wolfgang (coord.). As resoluções do CONAMA e o princípio da legalidade: a proteção ambiental à luz da segurança jurídica. p. 9.

[1258] A resolução concretiza norma da Lei n. 11428/06 (Lei da Mata Atlântica), que regula a forma de utilização de seus recursos dentro de condições que assegurem a preservação do meio ambiente, dispondo em seu artigo 4º: "a definição de vegetação primária e de vegetação secundária nos estágios avançado, médio e inicial de regeneração do Bioma Mata Atlântica, nas hipóteses de vegetação nativa localizada, será de iniciativa do Conselho Nacional do Meio Ambiente".

[1259] STAUPE, Jürgen. *Parlamentsvorbehalt und Delegationsbefugnis.* p. 265; EBERLE, Carl Eugen. Gesetzvorbehalt und Parlamentsvorbehalt. p. 491.

ordinário.[1260] Isso não significa que a proteção dos direitos fundamentais e a capacitação da regulamentação do detalhamento não deva ser primeiramente prevista em lei.

A necessidade de decisões descentralizadas e da maior proximidade do órgão com o objeto, o lugar ou com os aspectos regionais são indicativos para a delegação da responsabilidade normativa pelo Legislativo a outros órgãos.[1261] Principalmente, quando a proximidade com a situação signifique um aumento na consideração e na ponderação dos interesses em causa pelo Executivo, que possibilite a participação dos cidadãos e dos agentes administrativos envolvidos na regulamentação, dir-se-ia que a administração executa melhor as garantias do próprio processo parlamentar.[1262] Ao contrário, a proximidade com o objeto não justifica restrições a direitos fundamentais, como é o exemplo da regulamentação da revista íntima nos presídios, cuja necessidade de lei para evitar que os estabelecimentos prisionais submetam os visitantes a procedimentos invasivos e constrangimentos é imprescindível.

A administração e o Governo são, em razão da proximidade e do conhecimento da matéria, mais indicados para a emissão de normas de sua própria organização, mesmo que indiretamente venham a interferir em direitos fundamentais.[1263] Ao legislador nesse âmbito cabe traçar os pontos principais da estrutura organizacional e os princípios processuais de importância fundamental, possibilitando que as regras organizatórias da administração acompanhem as mudanças da estrutura organizatória e métodos de trabalho administrativos.[1264] Motivos de eficácia, ou seja, de uma "melhor e mais racional adequação do Governo à prossecução das suas atribuições" preponderam sobre a vertente democrática da reserva de lei e impedem que o legislador interfira de forma intensa nesse âmbito.[1265] A administração emite, em ordem a padronizar e disciplinar

---

[1260] STAUPE, Jürgen. *Parlamentsvorbehalt und Delegationsbefugnis*. p. 265.

[1261] *Idem*, p. 270.

[1262] EBERLE, Carl Eugen. Gesetzvorbehalt und Parlamentsvorbehalt. p. 492.

[1263] MÜLLER, Georg. *Inhalt und Formen der Rechtssetzung als Problem der demokratischen Kompetenzordnung*. p. 153.

[1264] *Idem, ibidem*.

[1265] MONCADA, Luís Cabral de. Direito Público e eficácia. pp. 198-200. É importante referir que, no âmbito jurídico brasileiro, existe a previsão no artigo 84, VI, da CF de competência do Presidente da República para a emissão de regulamentos de organização e funcionamento da administração federal, que não dependem da existência de legislação anterior

6. DELIMITAÇÃO DE CRITÉRIOS DOGMÁTICOS PARA A DIVISÃO DE COMPETÊNCIAS...

suas atuações, regulamentos internos, de que são exemplo as circulares, as instruções, as portarias, etc. Tais atos normativos internos têm a finalidade de auto-organização de seu funcionamento, podendo, eventualmente, ter efeitos sobre os particulares, situação que exige a previsão legislativa anterior que o autorize e predetermine seu âmbito de atuação. [1266] Certo é que órgãos com maior legitimidade democrática, como é o caso das Universidades, a lei que a antecede possibilita sua atuação discricionária e interpretativa, ao contrário de outros órgãos com menor legitimidade, a que a lei deve suprir mediante um maior detalhamento das disposições de sua organização e de seu funcionamento. [1267]

Ainda sobre a emissão normativa no âmbito da auto-organização, cumpre dizer que as normas emitidas por ordens profissionais no sentido de regulamentar o exercício profissional não devem tangenciar, de forma direta e inovatória, direitos fundamentais. Assim, por exemplo, se uma lei autoriza que a ordem profissional dos médicos deve dispor sobre "os deveres profissionais (...), em especial, sobre a publicidade", não pode o estatuto da ordem profissional prever norma que diga que "toda a publicidade é proibida ao médico" e que somente são possibilitadas as "publicações de resenhas científicas em publicações da área de especialização". [1268] Isso porque o legislador não possibilitou que a ordem profissional restringisse a ponto de proibir o exercício do direito do exercício da profissão e a liberdade de expressão, mas apenas que regulamentasse o uso da publicidade na área médica.

Considera-se como outro aspecto que pode afetar direitos fundamentais a existência de imprevisibilidade que demanda do Estado que reaja perante a situação de forma imediata, como são os casos das decisões no âmbito da política conjuntural, monetária e infraestrutural. [1269]

(CYRINO, André Rodrigues. *O poder regulamentar autônomo do Presidente da República*. p. 76), embora respeitem o princípio da legalidade (JÚNIOR, José Levi Mello do Amaral. Decreto autônomo. pp. 533-534).

[1266] MONCADA, Luís Cabral de. Direito Público e eficácia. p. 1068.

[1267] *Idem*, pp. 1070-1071.

[1268] Exemplo mencionado em: DEGENHART, Christoph. *Staatsrecht I*. p. 140, Nm. 342, embora o autor comente o caso no sentido de que a lei autoriza a restrição e, mesmo que o faça de forma geral, referindo apenas que "limitações à publicidade poderiam ser emitidas", a restrição faria parte da regulamentação "da forma e sentido do exercício profissional segundo autorização" (*Idem*, p. 142, Nm. 346).

[1269] OSSENBÜHL, Fritz. Der Vorbehalt des Gesetzes und seine Grenzen. p. 34.

Assim, por exemplo, ao incentivar empresas de pequeno porte, mediante redução da carga tributária e concessão de benefícios econômicos, o Estado interfere na liberdade econômica das empresas concorrentes. [1270] Nesses casos, o Poder Executivo atua normativamente seguindo os objetivos fixados anteriormente em lei.

Os motivos os quais levam a regulamentação de uma matéria pelo Poder Executivo são a necessária flexibilidade da regulamentação, a incapacidade do legislador ordinário para decidir sobre determinados assuntos, a importância de um processo decisório rápido que assegure a própria existência do Estado ou que evitem o desenvolvimento de tensões ou conflitos ou o fato de serem questões de pouca importância política ou econômica.[1271] Tais razões "de eficiência, de flexibilidade, de proximidade dos factos"[1272] possibilitam que o legislador ordinário conceda espaço para a administração atuar normativamente no âmbito dos direitos fundamentais, emitindo regulamentos de desenvolvimento, concretização, adaptação de norma legislativa e de execução, desde que para regular "questões secundárias ou menos importantes".[1273] Dir-se-ia, segundo as diferenças orgânico-funcionais, havendo uma proteção ótima de direitos fundamentais por meio da regulamentação pelo Poder Executivo ou a necessidade, diante de um objeto em desenvolvimento, de uma normação que se adapte rapidamente às mudanças do conhecimento técnico sobre um determinado âmbito material, que se extrairia um mandamento constitucional para a delegação ao Poder Executivo.[1274]

[1270] Assim, a Lei brasileira n. 9.841, de 5 de outubro de 1999 (Estatuto da Microempresa e da Empresa de Pequeno Porte), é regulamentada pelo Decreto n. 3.474/2000, assegurando as facilidades a esse tipo de empresa.

[1271] MÜLLER, Georg. *Inhalt und Formen der Rechtssetzung als Problem der demokratischen Kompetenzordnung*. p. 166.

[1272] ANDRADE, José Carlos Vieira de. Autonomia regulamentar e reserva de lei. p. 14.

[1273] *Idem*, pp.12-15.

[1274] STAUPE, Jürgen. *Parlamentsvorbehalt und Delegationsbefugnis*. pp. 280-281.

Conclusões

Enfim, a partir do que fora exposto, far-se-á algumas considerações conclusivas.

1. O sistema semipresidencial de governo português concede ao Governo uma "competência legislativa normal",[1275] ou seja, a Constituição portuguesa atribui originalmente ao Governo capacidade para legislar – assim a competência exclusiva, que diz respeito a sua própria organização e funcionamento, e a competência concorrencial, função essa que tem caráter residual. Ademais, o Governo executa a tarefa de complementar as leis de bases parlamentares e, ainda, legisla, quando autorizado pelo Parlamento, a respeito das matérias elencadas no artigo 165 da CRP, nas quais se incluem os direitos fundamentais. Por fim, o Governo exerce a competência normativa ao editar regulamentos no cumprimento das funções administrativas, que possuem a forma de regulamentos de execução, regulamentos independentes e regulamentos autônomos.

2. O regime parlamentar alemão atribui ao Poder Executivo uma reduzida atuação normativa, não havendo na LF a previsão de um "direito de legislar" e tampouco um poder autônomo,[1276] reflexo da concessão da exclusividade da função legislativa ao Poder Parlamentar,

---

[1275] Assim, por todos, VAZ, Manuel Afonso. *Lei e reserva de lei.* p. 437.
[1276] BRADURA, Peter. *Staatsrecht.* pp. 636, Rn. 16.

órgão por excelência da produção normativa. A intervenção do Governo atribuída pela LF alemã limita-se à emissão de normas jurídicas infralegais,[1277] que têm natureza de lei em sentido material – regulamentos jurídicos (*Rechtsverordnungen*), que são as leis autorizadas, e estatutos jurídicos (*Satzungen*), esses últimos, instrumentos normativos das entidades da administração indireta e das autoridades da administração autônoma – ou são resultado do cumprimento da função administrativa, no caso da emissão das prescrições administrativas (*Verwaltungsvorschriften*). A Lei Fundamental alemã não define que matérias *podem* ser delegadas pelo Parlamento ao Governo e se poder-se-ia falar em proibição de delegação referente a alguns conteúdos, questões que são problematizadas pela doutrina e jurisprudência germânica.

3. O sistema presidencial brasileiro tem como característica principal o "desequilíbrio crônico entre os poderes",[1278] que permite a preponderância do Presidente da República no exercício de suas funções relativamente aos outros órgãos[1279] e resulta no abuso de suas capacidades normativas.[1280] A Constituição brasileira concede ao Poder Executivo uma capacidade normativa "anômala",[1281] que significa a emissão das medidas provisórias em situações de relevância e urgência, bem como a possibilidade de atuar quando autorizado (leis delegadas), em cujas matérias insuscetíveis de delegação estão inseridos os direitos individuais. Por fim, o presidente da República é capacitado de emitir regulamentos no cumprimento de sua função administrativa (regulamento em sentido estrito, que divide-se em regulamentos de execução e regulamentos organizatórios), bem como cabe à administração pública o exercício do poder regulamentar em sentido lato.[1282]

4. O conceito de restrição a direitos fundamentais adotado na exposição é o que inclui *todas as atividades* (ação) legislativas (e, portanto,

---

[1277] IPSEN, Jörn. *Allgemeines Verwaltungsrecht*. pp. 30, Nm. 105 e 108 e 78-79, Nm. 290.

[1278] MARIOTTI, Alexandre. *Teoria do Estado*. p. 83.

[1279] *Idem, ibidem*; FILHO, Manoel Gonçalves Ferreira. *Curso de Direito Constitucional*. pp. 145-146.

[1280] MARIOTTI, Alexandre. *Teoria do Estado*. pp. 83-84; FILHO, Manoel Gonçalves Ferreira. *Curso de Direito Constitucional*. pp. 146 e 221-222.

[1281] MELLO, Celso Antônio Bandeira de. O poder normativo do Executivo no Brasil. p. 193.

[1282] CLÈVE, Clèmerson Merlin. *Atividade legislativa do Poder Executivo*. p. 301 e 316-317

abstratas) que sejam "modificativas do conteúdo dos direitos fundamentais e que, do ponto de vista da sua dimensão subjetiva, são desantajosas ou negativas para os titulares reais ou potenciais dos respectivos direitos"[1283] e que devam ser aferidas conforme os parâmetros de legitimidade constitucional. Isso não exclui a existência de legislação que não tenha a intenção ou efeitos restritivos, ou seja, que melhorem, possibilitem, concretizem ou desenvolvam condições para o exercício do direito fundamental, não submetidas aos mesmos critérios de controle.[1284] É importante ter em conta, todavia, que, em algumas situações, ao configurar o direito o legislador acaba por, indiretamente, fazer refletir "efeitos adversos" ao princípio jusfundamental e, portanto, limitá-lo.[1285] Quando a restrição ao direito fundamental não é justificável com apoio nos requisitos formais e materiais constitucionalmente previstos que asseguram sua legitimidade, tratar-se-á de uma *violação* ao direito fundamental e será, portanto, inconstitucional.

5. A literatura e jurisprudência alemã se empenham em sistematizar, classificar e teorizar o instituto de reserva de lei desde o século XIX, o que leva ao reconhecimento de sua contribuição e ao estudo da concepção majoritariamente defendida no desenvolvimento da dogmática atual, qual seja, a teoria da essencialidade. Segundo essa teoria, as *decisões essenciais* do Estado, em observância aos princípios democrático e de Estado de Direito, são *reservadas* unicamente ao Parlamento e emitidas por meio de lei formal. A decisão é considerada essencial quando é relevante para a realização dos direitos fundamentais ou quando apresenta caráter controverso ou de importância política para o Estado. O Tribunal Constitucional alemão empenha-se em desenvolver categorias dogmáticas que possam quantificar as categorias da *relevância*, ao

---

[1283] NOVAIS, Jorge Reis. *As restrições aos direitos fundamentais não expressamente autorizadas pela Constituição*. p. 227.

[1284] *Idem*, p. 179.

[1285] Assim: *Idem*, p. 189; BOROWSKI, Martin. La restricción de los derechos fundamentales. p. 55; MACHADO, Jónatas E.M. *Liberdade de Expressão*. pp. 712-713; COUTINHO, Luís Pedro Pereira. *As faculdades normativas universitárias no quadro do direito fundamental à autonomia universitária*. p. 123, nota 237; e, ANDRADE, José Carlos Vieira de. *Os direitos fundamentais na Constituição Portuguesa de 1976*. pp. 216 e ss, especialmente, nota 72.

AS RESTRIÇÕES AOS DIREITOS FUNDAMENTAIS POR ATO NORMATIVO DO PODER EXECUTIVO

aferir a ação conforme o critério da "intensidade da intervenção na esfera do direito fundamental", e da *controversalidade política* caso a caso.

6. As críticas direcionadas à teoria da essencialidade são, principalmente, no sentido da incapacidade dos princípios democrático e de Estado de direito para fundamentar seus preceitos, da inadequação dos seus pressupostos teóricos ao direito constitucional alemão e da incapacidade contributiva dos seus critérios dogmáticos para a solução do problema da divisão de competências normativas entre o Poder Legislativo e o Poder Executivo. De qualquer forma, considera-se a existência de argumentos que indicam um favorecimento do Parlamento na tomada das decisões essenciais e que permitem a consideração, pelo menos, da ideia da essencialidade como forma de orientar a divisão de competências material quando não houver solução abstrata para tal ou quando se estiver diante de "zonas duvidosas".[1286] São eles a garantia da publicidade da tomada de decisão no âmbito parlamentar e a atribuição, pela LF alemã, ao Parlamento do papel de "determinar os traços principais do bem comum estatal segundo o sentido, a finalidade e a essência",[1287] limitando o Poder Executivo a agir somente quando autorizado. Ademais, não se pode ignorar a capacidade da teoria de fundamentar a *finalidade* e *sentido* da reserva de lei em qualquer Constituição ao atribuir aos representantes do povo o papel de decidir sobre as questões especialmente importantes para determinada sociedade, proporcionando a previsibilidade dessas decisões, e ao possibilitar a definição de uma "medida mínima" do que deve ser previsto em lei, o que seria a decisão essencial, sem que o Parlamento esteja preso somente a emissão desse conteúdo, podendo regulamentar para além do essencial.[1288]

7. A divisão material de competência prevista no texto constitucional português, nomeadamente nos artigo 164 e 165 da CRP, não responde a questão da extensão da reserva parlamentar no âmbito dos direitos fundamentais, já que atribuí relativamente ao Parlamento o tratamento da

---

[1286] NOVAIS, Jorge Reis. *As restrições aos direitos fundamentais não expressamente autorizadas pela Constituição*. pp. 878-879.

[1287] CLEMENT, Walter. *Der Vorbehalt des Gesetzes, insbesondere bei öffentlichen Leistungen und öffentlichen Einrichtungen*. p. 130.

[1288] ARNAULD, Andreas von. *Die Freiheitsrechte und ihre Schranken*. p. 160.

CONCLUSÕES

matéria, ficando o Governo apto a atuar normativamente sobre direitos, liberdades e garantias somente quando autorizado. Optou-se por não conceder um sentido rígido e literal à alínea *b* do artigo 165 da CRP, ou seja, não se considera que seja reservado ao legislador tratar de "tudo o que respeite a direitos, liberdades e garantias",[1289] já que o Poder Executivo, ao fazer uso de suas atribuições normativas, acaba por tangenciar direitos fundamentais.[1290] A reserva material de lei na Constituição portuguesa, devido a impossibilidade de sua definição "de uma vez por todas",[1291] pode ser comprimida em algumas situações, permitindo a definição daquilo que deve ser objeto de regulamentação relativamente aos direitos fundamentais diante da apreciação das situações em concreto, considerando os contributos da teoria da essencialidade para tal.

8. A previsão de obrigatoriedade de autorização expressa para emissão de leis restritivas de direitos fundamentais na CRP (artigo 18, n. 2) tem um sentido de "apelo" aos poderes constituídos do caráter de excepcionalidade e da necessidade de justificação de todo o tipo de restrição aos direitos fundamentais, sejam elas autorizadas ou não.[1292] É certo que há situações em que, "por força da interdependência das diversas dimensões da liberdade",[1293] "da necessidade de cooperação social",[1294] dos "diversos interesses na esfera social"[1295] e "do papel de garante a desempenhar pelo Estado",[1296] haja necessidade de que o legislador venha a restringir direitos sem autorização constitucionalmente expressa.[1297] Quanto ao sistema constitucional de reservas na Constituição

---

[1289] Assim, a opinião crítica de: NOVAIS, Jorge Reis. *As restrições aos direitos fundamentais não expressamente autorizadas pela Constituição.* pp. 872-876, em especial, p. 875.

[1290] *Idem*, pp. 872 e 875.

[1291] COUTINHO, Luís Pedro Pereira. Regime orgânico dos direitos, liberdades e garantias e determinação normativa. p. 537.

[1292] NOVAIS, Jorge Reis. *As restrições aos direitos fundamentais não expressamente autorizadas pela Constituição.* pp. 587-588 e 596-597

[1293] ALEXANDRINO, José de Melo. *A estruturação do Sistema de Direitos, Liberdades e Garantias na Constituição Portuguesa*, v. II. p. 479.

[1294] *Idem, ibidem.*

[1295] *Idem, ibidem.*

[1296] *Idem, ibidem.*

[1297] Assim, em Portugal, os autores citados em nota n. 948 do capítulo IV da exposição e NOVAIS, Jorge Reis. *As restrições aos direitos fundamentais não expressamente autorizadas pela Constituição.* pp. 285 e 569.

portuguesa, dir-se-ia que os casos de reservas qualificadas são aqueles que o legislador pôde prever a forma de atuação do legislador ordinário e condicionou atividade legislativa a prossecução de algum fim ou a realização de outro direito e, diversamente, no caso de reservas simples, concedeu-lhe um poder maior para definir os "bens, interesses e fins" da intervenção legislativa.[1298] Os direitos previstos sem reservas estão igualmente aptos a entrar em conflito com outros direitos e bens, sendo submetidos aos mesmos critérios de controle das restrições autorizadas, havendo, porém, uma maior margem de controle do juiz constitucional, que afere a razoabilidade ou oportunidade das opções e ponderações que justificaram a intervenção pelo legislador.[1299]

9. O artigo 68, §1 da Constituição brasileira, que dispõe sobre as leis delegadas, estabelece como matéria proibida de delegação à normação do Poder Executivo os direitos individuais (II). Mesmo sendo a matéria objeto de reserva absoluta de lei parlamentar, excluiu-se o entendimento de que tudo o que diga respeito aos direitos fundamentais deve ser regulamentado pelo legislador ordinário. Considerou-se, assim como na interpretação do texto constitucional português, útil o contributo da teoria da essencialidade, no sentido de servir como *topoi* para a definição daquilo que o legislador deve proporcionar em termos normativos, considerada a situação em concreto, em especial a importância da decisão a ser tomada, o tipo de direito fundamental envolvido e a qualidade da intervenção.[1300]

10. A norma que dispõe que "ninguém será obrigado a fazer ou deixar de fazer alguma coisa senão em virtude de lei" (artigo 5º, inciso II) da Constituição brasileira permite, em conjugação com a reserva absoluta de lei prevista no artigo 68 e um entendimento unitário da Constituição que encarrega o Parlamento da função geral de emitir leis e da restrição da liberdade e da propriedade, a extração da exigência de lei

---

[1298] NOVAIS, Jorge Reis. *As restrições aos direitos fundamentais não expressamente autorizadas pela Constituição.* p. 599.
[1299] *Idem*, pp. 600-602.
[1300] Assim, para a Constituição portuguesa: *Idem*, pp. 876 e 879-880.

CONCLUSÕES

formal para a restrição a direitos fundamentais. [1301] Tal como na Constituição portuguesa, entendeu-se que as reservas dispostas em alguns dispositivos de direitos fundamentais da Constituição brasileira repercutem na necessidade de maior ou menor argumentação sobre a decisão de restringir – seja a reserva simples, qualificada ou esteja o direito previsto sem reservas – e têm reflexo na margem de controle pelo juiz constitucional. A aferição constitucional, conforme os critérios de Estado de Direito, é, entretanto, indiferenciada, sendo uma norma restritiva sempre submetida a "justificação e controle plenos". [1302]

11. A identificação da racionalidade material subjacente à divisão de poderes normativos nas Constituições portuguesa e brasileira permite a conclusão de sua conformidade com os pressupostos explicativos da teoria da essencialidade. A Constituição portuguesa considera a Assembleia da República como o "órgão legislativo por excelência ou primeiro órgão legislativo do Estado", [1303] capacitando-a de decidir sobre as questões políticas fundamentais (artigos 161, 164 e 165) e sobre os direitos fundamentais (assim, alíneas dispostas no artigo 164 e, principalmente, alínea "b" do artigo 165). Também a análise da Constituição brasileira evidencia uma "preferência constitucional pela fonte parlamentar", [1304] ficando claro através da previsão de sua competência para tratar das matérias da União (artigo 48 c/c 21, 22 e 24 da CF), que reflete decisões de caráter essencial para o funcionamento do Estado, bem como da definição de seus aspectos fundamentais, além da atribuição da normação dos direitos individuais, havendo inclusive proibição de sua delegação ao Poder Executivo (artigo 68, §1, II). Assim, em ambos os textos consti-

---

[1301] Nesse sentido: PEREIRA, Jane Reis Gonçalves. *Interpretação constitucional e direitos fundamentais*. p. 305.

[1302] No âmbito português: NOVAIS, Jorge Reis. *As restrições aos direitos fundamentais não expressamente autorizadas pela Constituição*. p. 596; assim, também: SILVA, Virgílio Afonso da. Os direitos fundamentais e a lei. p. 616.

[1303] MIRANDA, Jorge. Lei. pp. 376-377; *Idem, Manual de Direito Constitucional*. Tomo V. pp. 166 e 191; MEDEIROS, Rui; MIRANDA, Jorge. *Constituição portuguesa anotada*. Tomo II. p. 497; COUTINHO, Luís Pedro Pereira. Regime orgânico dos direitos, liberdades e garantias e determinação normativa. pp. 537-538.

[1304] Júnior, José Levi Mello do Amaral. Comentário ao artigo 62, *caput*, in CANOTILHO, José Joaquim Gomes; MENDES, Gilmar Ferreira; SARLET, Ingo Wolfgang; STRECK, Lenio Luiz (coords.), *Comentários à Constituição do Brasil*. p. 1146.

tucionais, os legisladores constituintes estabeleceram um núcleo de matérias para a competência do Poder Legislativo que refletem as *decisões essenciais* do Estado. Por isso, o Parlamento é, em ambas Constituições, o órgão responsável pela atuação primária interventiva em direitos fundamentais, argumento que é corroborado, além dos pressupostos da teoria da essencialidade, pela combinação da exigência de lei formal prevista nos artigos 18, n. 2, e 5º, II, bem como pela divisão material de competências normativas das duas Constituições, que elegem o Parlamento como órgão responsável pelo tratamento normativo da matéria dos direitos fundamentais.

12. Mesmo que se diga que os argumentos que sustentam a legitimidade do Parlamento para a tomada das decisões essenciais utilizados pela teoria da essencialidade sejam insuficientes para convencer sobre uma obrigatoriedade de sua atuação primária nas intervenções normativas aos direitos fundamentais, a explicação conforme uma coerência entre as características orgânico-funcionais do Parlamento o elegem como o órgão mais competente para restringir direitos fundamentais. Assim, a composição plural do órgão parlamentar, a eleição direta de seus membros, a existência de representação dos grupos minoritários, a transparência e formalidade do seu processo decisório e a possibilidade de participação de opinião técnica em seus trabalhos são argumentos que reforçam a reserva de lei parlamentar para a restrição de direitos fundamentais. A maior aptidão do Parlamento para tomar decisões nesse âmbito faz com que a restrição aos direitos fundamentais seja considerada como inserida em seu núcleo de funções.

13. A ligação entre a forma de regulamentação, o processo e o órgão competente e a matéria sobre a qual recairá a decisão[1305] possibilita a conclusão pela imposição de uma reserva parlamentar relacionada à normação de âmbitos ou elementos da matéria de direitos fundamentais. Há a necessidade delimitação de critérios que possam auxiliar na definição do conteúdo e da extensão das decisões nesse âmbito e que sejam segundo uma distribuição de competências conforme as caracte-

---

[1305] STAUPE, Jürgen. *Parlamentsvorbehalt und Delegationsbefugnis.* p. 201.

rísticas funcionais e estruturais de cada órgão.[1306] Assim, dir-se-ia que as restrições diretas a um direito fundamental quando existe uma situação problemática entre o Estado e o indivíduo devem ter definidas em lei o *se*, *até onde* e o *como* da intervenção. Nesse sentido, são exemplos os elementos essenciais do imposto e a tipificação do ilícito criminal, definição da incriminação e da sanção correspondente. Aceita-se, nesses casos, a atribuição de margem de decisão ao administrador e o uso de conceitos indeterminados em termos limitados.

14. Os problemas complexos que envolvem a ponderação de vários interesses individuais e comunitários, em que haja a necessidade de definição do âmbito de proteção de diversos direitos e a intervenção de um âmbito amplo de opiniões na função de emissão legislativa, também são objeto da lei formal. Assim, são exemplos, a atividade prestacional do Estado relacionada à dimensão positiva dos direitos fundamentais e que deve respeitar a medida da *proibição de insuficiência*; os debates que tenham como objeto a proteção dos direitos das minorias; decisões que sejam de longo prazo e tenham consequências para as próximas gerações; normas que tenhas efeitos incertos, que envolvam prognoseses e tenham caráter experimental; âmbitos em que haja um interesse do forte do Poder Executivo na atuação eficiente da administração que conflitua com a liberdade individual; questões que representem inovações ou alterações de um estado, bem como a concretização de normas constitucionais abertas e das finalidades constitucionais são todas decisões de responsabilidade do Parlamento.

15. O indicativo para a impossibilidade de delegação da matéria de restrição direta a um direito fundamental é o efeito da norma no âmbito jurídico individual, ou seja a decisão de restringir um direito fundamental cabe ao legislador ordinário quando interfere na esfera individual de forma especialmente intensiva,[1307] o que significa que atuações superficiais ou decisões que interferem de forma quase irrelevante no âmbito de proteção de um direito podem ser delegadas.[1308]A lei que versa so-

---

[1306] *Idem*, p. 192.

[1307] MÜLLER, Georg. *Inhalt und Formen der Rechtssetzung als Problem der demokratischen Kompetenzordnung.* p. 112.

[1308] STAUPE, Jürgen. *Parlamentsvorbehalt und Delegationsbefugnis.* p. 245.

bre direitos fundamentais deve prever sua *finalidade* e descrever os *meios* para atingi-la, bem como definir medidas e critérios decisórios e pontos de referência para a ponderação de interesses no caso concreto.[1309]

16. As características de estrutura e a forma do processo decisório das normas emitidas pelo Governo e pela administração permitem a conclusão de um âmbito em matéria de direitos fundamentais que ele pode ou deve interferir. Assim, as decisões menos importantes, não controversas e que os tangenciem de forma quase irrelevante,[1310]bem como as restrições de direitos fundamentais quando tratar-se de uma decisão pacífica, que o legislador teria previsto caso tivesse a oportunidade[1311] ou quando o legislador fizer uso, nas leis restritivas, de conceitos indeterminados ou conceder à administração uma margem de atuação referente a ponderações no caso concreto,[1312] são casos de decisões que podem ser atribuídas ao Poder Executivo. Ademais, cabe ao Governo ou à administração decidir no âmbito dos direitos fundamentais quando: tenha que proceder escolhas de cunho financeiro no âmbito dos direitos prestacionais e concretizar diretamente o dever de ação referente ao mínimo existencial; houver a necessidade de resolver questões que necessitam de uma norma flexível, de rápida adaptação e capaz de ser mudada facilmente; for para regulamentar questões que o fazem competente pela proximidade das circunstâncias e maior conhecimento das situações, principalmente quando envolvem a relação entre o direito e outras ciências;[1313]quando haja a exigência de decisões descentralizadas e da maior proximidade do órgão com o objeto, lugar ou com aspectos regionais, como é o caso da sua própria organização; e, por fim, quando haja a demanda de que o Estado reaja perante a situação de forma imediata, como são os casos das decisões no âmbito da política conjuntural, monetária e infraestrutural.

[1309] *Idem*, pp. 284-285.

[1310] *Idem*, p. 267.

[1311] NOVAIS, Jorge Reis. *As restrições aos direitos fundamentais não expressamente autorizadas pela Constituição*. p. 867 e 876-877.

[1312] *Idem*, pp. 846-847.

[1313] STAUPE, Jürgen. *Parlamentsvorbehalt und Delegationsbefugnis*. p. 264.

REFERÊNCIAS

ABRAHÃO, Marcela Rosa. *Os direitos fundamentais de liberdade e a omissão legislativa: o não-fazer e o fazer insuficiente como violação dos deveres do legislador*. Lisboa, 2012 (relatório de mestrado).

ABREU, Jorge Manuel Coutinho de. *Sobre os regulamentos administrativos e o princípio da legalidade*. Coimbra: Almedina, 1987.

ACHTERBERG, Norbert. Das Parlament im modernen Staat in *Deutsches Verwaltungsblatt*, n. 18, 1974. pp. 693-707.

_____. *Probleme der Funktionenlehre*. München: C.H.Beck, 1970.

_____. Soziokonformität, Kompetenzbereich und Leistungseffizienz des Parlaments in *Deutsches Verwaltungsblatt*, n. 21, 1972. pp. 841-847.

ALBERS, Marion. Faktische Grundrechtsbeeinträchtigungen als Schutzbereichsproblem in *Deutsches Verwaltungsblatt*, 1996. pp. 233-242.

ALEXANDRINO, José de Melo. *A estruturação do Sistema de Direitos, Liberdades e Garantias na Constituição Portuguesa*, volume II – A Construção Dogmática. Coimbra: Almedina, 2006.

_____. A preponderância do Governo no exercício da função legislativa in *Elementos de direito público lusófono*. Coimbra: Coimbra editora, 2011. pp. 95-106.

_____. A greve dos juízes – segundo a Constituição e a Dogmática Constitucional in *Estudos em Homenagem ao Professor Doutor Marcello Caetano no Centenário do seu Nascimento*, vol. I. Coimbra:Coimbra editora, 2006. pp. 747-788.

_____. A indivisibilidade dos Direitos do Homem à luz da dogmática constitucional in *O discurso dos direitos*. Coimbra: Coimbra editora, 2011. pp. 179-203.

_____. *Direitos Fundamentais – Introdução Geral*. 2ª edição. Lisboa: Principia, 2011.

ALEXY, Robert. *Theorie der Grundrechte*. Baden-Baden: Suhrkamp, 1994.

AMARAL, Diogo Freitas de. *Governos de Gestão*. 2ª edição revista e actualizada. Cascais: Principia, 2002.

ANDRADE, José Carlos Vieira de. Autonomia regulamentar e reserva de lei in *Estudos em Homenagem ao Prof. Doutor Afonso Rodrigues Queiró*, v. I, Coimbra, 1984. pp. 1-35.

_____. *Os direitos fundamentais na Constituição Portuguesa de 1976*. 4ª ed. Coimbra: Almedina, 2009.

ANDRADE, Paes de; BONAVIDES, Paulo. *História constitucional do Brasil*. 9ª edição. Brasília: OAB editora, 2008.

ANSCHÜTZ, Gerhard. *Die Verfassung des Deutschen Reichs vom 11. August 1919*. 14 Auflage. Darmstadt: Aalen: 1987.

APEL, Hans. *Der deutsche Parlamentarismus – Unreflektierte Bejahung der Demokratie?* Reinbek: Rowohlt Taschenbuch, 1968.

ARAUJO, Luiz Alberto David; JÚNIOR, Vidal Serrano Nunes. *Curso de Direito Constitucional*. 12a edição. São Paulo: Saraiva, 2008.

ARMIN, Hans Hebert v. Zur "Wesentlichkeitstheorie" des Bundesverfassungsgerichts in *Deutsches Verwaltungsblatt*, n. 24, 1987. pp. 1241-1249.

ARNAULD, Andreas von. *Die Freiheitsrechte und ihre Schranken*. Baden-Baden: Nomos, 1999.

ARRUDA, Rejane Alves de. Regime Disciplinar Diferenciado: três hipóteses e uma sanção in: *Revista Síntese de Direito Penal e Processual Penal*, Porto Alegre, ano VI, n. 33, ago/set 2005. pp. 35-38.

ATALIBA, Geraldo. Poder regulamentar do Executivo in CLÈVE, Clèmerson Merlin; BARROSO, Luís Roberto, *Direito constitucional: organização dos poderes da República*. Coleção doutrinas essenciais, v. 4. São Paulo: RT, 2011. pp. 461-491.

ÁVILA, Humberto Bergmann. *Medida Provisória na Constituição de 1988*. Porto Alegre: Fabris, 1997.

AXER, Peter. *Normsetzung der Exekutive in der Sozialversicherung – Ein Beitrag zu den Voraussetzungen und Grenzen untergesetzlicher Normsetzung im Staat des Grundgesetzes*. Tübingen: Mohr Siebeck, 2000.

AYALA, Bernardo Diniz de. *O (défice de) controlo judicial da margem de livre decisão administrativa*. Lisboa: Lex, 1995.

AZEVEDO, Luiz Henrique Cascelli. Comentário ao artigo 49, *caput*, in CANOTILHO, José Joaquim Gomes; MENDES, Gilmar Ferreira; SARLET, Ingo Wolfgang; STRECK, Lenio Luiz (coords.), *Comentários à Constituição do Brasil*. São Paulo: Saraiva/Almedina, 2013. p. 1017.

BARROS, Suzana de Toledo. *O princípio da proporcionalidade e o controle de constitucionalidade das leis restritivas de direitos fundamentais*. Brasília: Brasília Jurídica, 2000.

REFERÊNCIAS

Barroso, Luís Roberto. Apontamentos sobre o princípio da legalidade (delegações legislativas, poder regulamentar e repartição constitucional das competências legislativas) in *Temas de Direito Constitucional*. Rio de Janeiro: Renovar, 2001. pp. 165-188.

Bastos, Celso Ribeiro; Martins, Ives Gandra. *Comentários à Constituição do Brasil*. 2o Volume. 3a edição. São Paulo: Saraiva, 2004.

_____; Martins, Ives Gandra. *Comentários à Constituição do Brasil*. 4º Volume, tomo I. 3a edição. São Paulo: Saraiva, 2002.

Baptista, Eduardo Correia. *Os direitos de reunião e de manifestação no direito português*. Coimbra: Almedina, 2006.

Barber, N.W. Prelude to the separation of powers in *Cambridge Law Journal*, n. 60, march 2001. pp. 59-88.

Bethge, Herbert. Der Grundrechtseingriff in *VVDStRL* 57, 1998. pp. 7-52.

Bin, Roberto; Pitruzzela, Giovanni. *Diritto Costituzionale*, 12ª edizione. Torino: G. Giappichelli Editore, 2011.

Bleckmman, Albert. Zum materiellrechtlichen Gehalt der Kompetenzbestimmungen des Grundgesetzes in *Die Öffentliche Verwaltung*, n. 4, 1983. pp. 129-135.

Böckenförde, Ernst-Wolfgang. *Die Organizationsgewalt im Bereich der Regierung*. Berlin: Duncker & Humblot, 1964.

Borowski, Martin. Abwehrrechte als grundrechtliche Prinzipien in Sieckmann, Jan-R. (org.) *Die Prinzipientheorie der Grundrechte: Studien zur Grundrechtstheorie Robert Alexys*. Baden-Baden: Nomos Verlag, 2007. pp. 81-104.

_____. La restricción de los derechos fundamentales in *Revista Española de Derecho Constitucional*, n.59 , mayo/ago., 2000. pp. 29-56.

Bradura, Peter. *Staatsrecht*. 4. Auflage. München: Beck, 2010.

Brandão, Rodrigo. Emendas constitucionais e restrições aos direitos fundamentais in revista eletrônica de Direito do Estado, n. 12, 2007. Disponível em: http://www.direitodoestado.com/revista/REDE-12-OUTUBRO-2007--RODRIGO%20BRANDAO.pdf. Acesso em: 12/8/2014.

Brüning, Christoph. Voraussetzungen und Inhalt eines grundrechtlichen Schutanspruchs – BVerwG, NVwZ 1999, 1234 in *JuS* 2000, n. 10. pp. 955- 959.

Bryde, Brun-Otto. Art. 80 (Erlass von Rechtsveordnungen, Zustimmung des Bundesrates) in KUNIG, Philip. *Grundgesetz-Kommentar*. Band 3. München: C. H. Beck, 2003. pp. 233-259.

Bulos, Uadi Lammêgo. *Constituição Federal anotada*. São Paulo: Saraiva, 2005.

Bumke, Christian. *Der Grundrechtsvorbehalt: Untersuchungen über die Begrenzung und Ausgestaltung der Grundrechte*. Baden-Baden: Nomos, 1998.

AS RESTRIÇÕES AOS DIREITOS FUNDAMENTAIS POR ATO NORMATIVO DO PODER EXECUTIVO

BUSCH, Bernhard. *Das Verhältnis des Art. 80 Abs. 1 S. 2 GG zum Gesetzes- und Parlamentsvorbehalt.* Berlin: Duncker & Humblot, 1992.

CANARIS, Claus-Wilhelm. *Direitos Fundamentais e direito privado.* Trad. Ingo Wolfgang Sarlet e Paulo Mota Pinto.Coimbra: Almedina. 2006.

CANOTILHO, José Joaquim Gomes. *Constituição dirigente e vinculação do legislador: contributo para uma compreensão das normas constitucionais programáticas.* Coimbra: Coimbra editora, 1982.

_____. A Lei do Orçamento na Teoria da Lei in *Boletim da Faculdade de Direito de Coimbra, Estudos em Homenagem ao Prof. Doutor J. J. Teixeira Ribeiro,* II. Coimbra, 1979. pp. 543-583.

_____. *Direito Constitucional e Teoria da Constituição.* 7ª ed. Coimbra: Almedina, 2007.

_____. Governo in *Dicionário Jurídico de Administração Pública,* V, Lisboa: (s/ed.), 1993. pp. 16-32.

_____. Dogmática de Direitos Fundamentais e Direito Privado in *Estudos sobre Direitos Fundamentais,* 2ª edição. Coimbra: Coimbra editora, 2008. pp. 191-215.

_____. Relatório sobre programa, conteúdos e métodos de um curso de teoria da legislação in *Boletim da Faculdade de Direito,* vol. LXIII. Coimbra, 1987. pp. 405-494.

_____. Teoria da legislação geral e teoria da legislação penal in *Boletim da Faculdade de Direito da Universidade de Coimbra: Estudos em Homenagem ao Prof. Dr. Eduardo Correia,* Coimbra, 1984. pp. 827-857.

_____; MOREIRA, Vital. *Constituição da República Portuguesa anotada,* 4a edição revista. Vol. II. Coimbra: Coimbra editora, 2010.

_____; MOREIRA, Vital. *Os poderes do Presidente da República – especialmente em matéria de defesa e política externa.* Coimbra: Coimbra editora, 1991.

CARRAZZA, Roque Antonio. *Curso de direito constitucional tributário.* 23 ed. São Paulo: Malheiros, 2007.

CARVALHO, Salo de; WUNDERLICH, Alexandre. O suplício de Tântalo: a Lei 10.792/03 e a consolidação da política criminal do terror in CARVALHO, Salo de (Org.). *Leituras constitucionais do sistema penal contemporâneo.* Rio de Janeiro: Lumen Juris, 2004. pp. 383-386.

CASTRO, Carlos Roberto Siqueira. *O devido processo legal e os princípios da razoabilidade e da proporcionalidade.* 5a edição. Rio de Janeiro: Forense, 2010.

CLEMENT, Walter. *Der Vorbehalt des Gesetzes, insbesondere bei öffentlichen Leistungen und öffentlichen Einrichtungen.* Tübingen: Sofort-Druck, 1987.

CLÉRICO, Laura. *Die Struktur der Verhältnismässigkeit.* Baden-Baden: Nomos, 2001.

REFERÊNCIAS

CLÈVE, Clèmerson Merlin. *Atividade legislativa do Poder Executivo*. 3ª edição. São Paulo: Revista dos Tribunais, 2011.

_____; SARLET, Ingo Wolfgang; STRECK, Lenio Luiz. Os limites constitucionais das resoluções do Conselho Nacional de Justiça (CNJ) e Conselho Nacional do Ministério Público (CNMP) in *Revista da ESMESC*, v. 12, n. 18, 2005. pp. 15-24.

COCOZZA, Francesco. *Il Governo nel procedimento legislativo*. Milano: Giuffrè, 1989.

CONTERAS, Ana M. Carmona. *La configuración constitucional del Decreto-ley*. Madrid: Centro de Estudios Polyticos y Constitucionales, 1997.

CORREIA, Maria Lúcia da Conceição Abrantes Amaral Pinto. *Responsabilidade do Estado e dever de indemnizar do legislador*. Coimbra: Coimbra editora, 1998.

CORREIA, Sérvulo. *Legalidade e autonomia contratual nos contratos administrativos*. Coimbra: Almedina, 2013.

_____. *O direito de manifestação: âmbito de protecção e restrições*. Coimbra: Almedina, 2006.

COUTINHO, Luìs Pedro Pereira. *As faculdades normativas universitárias no quadro do direito fundamental à autonomia universitária: o caso das universidades públicas*. Coimbra: Almedina, 2004.

_____. *Regime orgânico dos direitos, liberdades e garantias e determinação normativa. Reserva de parlamento e reserva de acto legislativo* in *Revista Jurídica*, n.24, Lisboa: A.A.F.D, abr. 2001. pp. 533-595.

_____. *Regulamentos independentes do Governo* in *Perspectivas Constitucionais – Nos 20 Anos da Constituição de 1976*, v. III, Jorge Miranda (org.). Coimbra: Coimbra Editora. pp. 979-1064.

_____. *Sobre a justificação das restrições aos direitos fundamentais* in *Estudos em Homenagem ao Prof. Doutor Sérvulo Correia*, v. I, Lisboa, 2010. pp. 557-574.

CREMER, Wolfram. Art. 80 Abs. 1 S. 2 GG und Parlamentsvorbehalt – Dogmatische Unstimmigkeiten in der Rechtsprechung des Bundesverfassungsgerichts in *Archiv des öffentlichen Rechts*, n. 122, 1997. p. 248-267.

CYRINO, André Rodrigues. *O poder regulamentar autônomo do Presidente da República: a espécie regulamentar criada pela EC n. 32/2001*. Belo Horizonte: Fórum, 2005.

DANTAS, Francisco Wildo Lacerda. O Estado-de-Direito e as medidas provisórias in *Revista dos Tribunais*, ano 79, abril 1990, v. 654. pp. 238-244.

DAVIS, Dennis M. Socio-economic rights: the promise and limitation – The South African experience in BARAK-EREZ, Daphne; GROSS, Ayeal (eds.),

Exploring Social Rights: between theory and practice. Oxford: Hart Publishing, 2011.pp. 193-212.

Degenhart, Christoph. *Staatsrecht I –Staatsorganisationsrecht*, 28ª edição. Heidelberg: C.F. Müller, 2012.

Dieckmann, Charlotte. *Der Vorbehalt des Führerwillens und der Vorbehalt des Gesetzes im nationalsozialistischen Verfassungsrechts*. Düsseldorf: Nolte, 1937.

Dietlein, Johannes. *Die Lehre von den grundrechtlichen Schutzpflichten*. 2a edição. Berlin: Duncker & Humblot, 2005.

Dimoulis, Dimitri; Martins, Leonardo. *Teoria geral dos direitos fundamentais*. 3a edição. São Paulo: Revista dos Tribunais, 2011.

Dourado, Ana Paula. O princípio da legalidade fiscal na Constituição portuguesa in *Perspectivas constitucionais. Nos 20 anos da Constituição de 1976*. Volume II. Coimbra: Coimbra editora, 1997. pp.429-474.

Eberhard, Harald; Öhlinger, Theo. *Verfassungsrecht*. 9. Auflage. Wien: Facultas. wuv, 2012.

Eberle, Carl-Eugen. Gesetzesvorbehalt und Parlamentsvorbehalt in *Die Öffentliche Verwaltung*, n. 12. 1984. Pp. 485-493.

Eckhoff, Rolf. *Der Grundrechtseingriff*. Köln: Carl Heymanns Verlag, 1992.

Ehrlich, Wolfgang. *Der Vorbehalt des Gesetzes in der deutschen Verfassungsentwicklung*. Borna-Leipzig: Robert Noske, 1934.

Eichberger, Michael; Grimm, Dieter; Kirchhof, Paul (org). *Entscheidungen des Bundesverfassungsgerichts – Studienauswahl*. Band 1. 3 Auflage. Tübingen: Mohr Siebeck, 2007.

_____. *Entscheidungen des Bundesverfassungsgerichts – Studienauswahl*. Band 2. 3 Auflage. Tübingen: Mohr Siebeck, 2007.

Entscheidungen des Bundesverwaltungsgerichts, Band 47. Berlin: Carl Heymanns, 1975.

Entscheidungen des Bundesverwaltungsgerichts, Band 56. Berlin: Carl Heymanns, 1979.

Entscheidungen des Bundesverwaltungsgerichts, Band 57. Berlin: Carl Heymanns, 1979.

Erichsen, Hans-Uwe. Zur staatlich-schulischen Erziehungsauftrag und zur Lehre vom Gesetzes- und Parlamentsvorbehalt in *Verwaltungsarchiv*, n. 69, 1978. pp. 387-397.

Farias, Edilsom Pereira de. *Colisão de direitos: a honra, a intimidade, a vida privada e a imagem versus a liberdade de expressão e informação*. 2a edição. Porto Alegre: Sergio Antonio Fabris, 2000.

_____. Restrição de Direitos Fundamentais in *Revista Seqüência*, n. 41, 2000. pp. 67-82.

FERRAZ, Anna Candida da Cunha. Comentário ao artigo 49, inciso X, in CANOTILHO, José Joaquim Gomes; MENDES, Gilmar Ferreira; SARLET, Ingo Wolfgang; STRECK, Lenio Luiz (coords.), *Comentários à Constituição do Brasil*. São Paulo: Saraiva/Almedina, 2013. pp. 1034-1038.

_____. Comentário ao artigo 58, *caput*, in CANOTILHO, José Joaquim Gomes; MENDES, Gilmar Ferreira; SARLET, Ingo Wolfgang; STRECK, Lenio Luiz (coords.), *Comentários à Constituição do Brasil*. São Paulo: Saraiva/Almedina, 2013. pp. 1088-1092.

_____. Comentário ao artigo 58, §1, in CANOTILHO, José Joaquim Gomes; MENDES, Gilmar Ferreira; SARLET, Ingo Wolfgang; STRECK, Lenio Luiz (coords.), *Comentários à Constituição do Brasil*. São Paulo: Saraiva/Almedina, 2013. pp. 1092-1095.

FILHO, Manoel Gonçalves Ferreira. *Curso de Direito Constitucional*. 34ª edição. São Paulo: Saraiva, 2008.

FILHO, Marcílio Toscano Franca; FRANCA, Nevita Maria Pessoa de Aquino. A força normativa das diretrizes do Conselho Nacional de Saúde no Brasil.

FLEINER, Thomas. *Die Delegation als Problem des Verfassungs- und Verwaltunsrechts*. Freiburg: Universitätsverlag Freiburg Schweiz, 1972.

FONTES, Vera Cecília Gonçalves; SEGATTO, Antônio Carlos. Legiferação do Poder Executivo: as resoluções do CONAMA in *Revista Jurídica da UniFil*, ano V, n. 5. pp. 24-37.

FRANCO, Alberto Silva. A medida provisória e o princípio da legalidade in *Revista dos Tribunais*, ano 78, out. 1989, v. 648. pp. 366-369.

FREITAS, Juarez. *O controle dos atos administrativos e os princípios fundamentais*. 3ª edição. São Paulo: Malheiros, 2004.

FREITAS, Luiz Fernando Calil. *Direitos fundamentais: limites e restrições*. Porto Alegre: Livraria do Advogado, 2007.

FRESA, Carlo. *Provvisorietà com forza di legge e gestione degli stati di crisi*. Padova: Cedam, 1981.

FRIAUF, Karl. Zur Rolle der Grundrechte im Interventions- und Leistungsstaat in *DVBL*, 1971. pp. 674-682.

GALLWAS, Hans-Ulrich. *Faktische Beeinträchtigungen im Bereich der Grundrechte: ein Beitrag zum Begriff der Nebenwirkungen*. Berlin: Dunckler &Humblot, 1970.

GARCIA, Emerson. Poder normativo primário dos Conselhos Nacionais do Ministério Público e de Justiça: a génese de um equívoco in *MPMG jurídico*, ano I, n. 4, fev./mar. 2006. pp.10-14. Disponível em: https://aplicacao.

mp.mg.gov.br/xmlui/bitstream/handle/123456789/832/1.1%20Poder%20 normativo%20prim%c3%a1rio%20dos%20CNMP.pdf?sequence=1. Acesso em: 30/09/2013.

GASSNER, Ulrich M. Gesetzgebung und Bestimmtheitsgrundsatz in *Zeitschrift für Gesetzgebung*, n. 11, 1996. pp. 37-56.

GELLERMANN, Martin. *Grundrechte in einfachgesetzlichem Gewande*. Tübingen: Mohr Siebeck, 2000.

GEERLINGS, Jörg. Die Finanzierung parteinaher Stiftungen im Lichte der vom Bundesverfassungsgericht entwickelten Wesentlichkeitstheorie in *Zeitschrift für Parlamentsfragen*, n. 4, 2003. pp. 768-777.

GIOVINE, Alfonso di. *Introduzione allo Studio della riserva di legge nell'ordinamento constituzionale italiano*. Torino: G. Giappichelli, 1969.

GRABITZ, Eberhard. *Freiheit und Verfassungsrecht*. Tübingen: Mohr Siebeck, 1976.

GRAU, Eros Roberto. Medidas provisórias na Constituição de 1988 in *Revista dos Tribunais*, ano 79, agosto 1990, v. 658. pp. 240-242.

GRASSNER, Ulrich M. *Kriterienlose Genehmigungsvorbehalte im Wirtschaftsverwaltungsrecht*. Berlin: Duncker & Humblot, 1994.

GRAU, Eros Roberto. *O direito posto e o direito pressuposto*. 6ª edição. São Paulo: Malheiros, 2005.

GRIFFITH, J.A.G.; RYLE, Michael. *Parliament: functions, practice and procedures*. London: Sweet & Maxwell, 1989.

GRUPP, Klaus. Zur Mitwirkung des Bundestages bei dem Erlass von Rechtsverordnungen in *Deutsches Verwaltungsblatt*, n. 5, 1974. pp. 175-183.

GUSY, Christoph. Der Vorrang des Gesetzes in *Juristische Schulung*, n. 23, 1983. pp. 189-194.

HÄBERLE, Peter. *Die Wesensgehaltgarantie des Art. 19 Abs. 2 Grundgesetz: Zugleich ein Beitrag zum institutionellen Verständnis der Grundrechte und zur Lehre vom Gesetzesvorbehalt*. Karlsruhe: Müller, 1962.

HAMILTON, Alexander; MADISON, James; JAY, John. *O federalista*. 2a edição. Tradução de Viriato Soromenho-Marques e João C.S. Duarte. Lisboa: Fundação Calouste Gulbenkian, 2011.

HELLER, Hermann. Der Begriff des Gesetzes in der Reichsverfassung in *Veröffentlichungen der Vereinigung der Deutschen Staatsrechtslehrer*, n. 4, 1928. pp. 98-133.

HEUN, Werner. Das monarchische Prinzip und der deutsche Konstitutionalismus des 19. Jahrhunderts in IPSEN, Jörn; JORTZIG-SCHMIDT, Edzard. *Recht, Staat, Gemeinwohl. Festschrift für Dietrich Rauschning*. Köln: Carl Heymanns, 2000. pp. 41-57.

REFERÊNCIAS

HÖFLING, Wolfram. Grundrechtstatbestand – Grundrechtsschranken – Grundrechtsschrankenschranken in *Jura*, 1994. pp. 169-173.

_____. *Offene Grundrechtsinterpretation.* Berlin: Duncker & Humblot, 1987.

HÖMIG., Dieter. Grundlagen und Ausgestaltung der Wesentlichkeitslehre in *Festgabe 50 Jahre Bundesverwaltungsgericht.* Köln/Berlin/Bonn/München: Carl Heymanns, 2003. pp. 273-289.

IMBODEN, Max. *Das Gesetz als Garantie rechtsstaatlicher Verwaltung.* Basel/Stuttgart: Helbing & Lichtenhahn, 1954.

IPSEN, Jörn. *Allgemeines Verwaltungsrecht*, 8ª edição. München: Vahlen, 2012.

ISENSEE, Josef. *Wer definiert die Freiheitsrechte?.* Heidelberg, Karlsruhe: C.F.Müller Juristischer Verlag, 1980.

JACHMANN, Monika. Die Bindungswirkung normkonkretisierender Verwaltungsvorschriften in *Die Verwaltung*, n. 28, 1995. pp. 15-31.

JARASS, Hans. Bindungswirkung von Verwaltungsvorschriften in *Juristische Schulung*, n. 39, 1999. pp. 105-112.

JELLINEK, Georg. *Gesetz und Verordnung.* 2. Auflage. Tübingen: Mohr Siebeck, 1919.

JESCH, Dietrich. *Gesetz und Verwaltung.* 2 Auflage. Tübingen: Mohr Siebeck, 1968.

JESUS, Damásio de. *Estatuto do desarmamento: medida provisória pode adiar o início de vigência de norma penal incriminadora?* pp. 7-8 Disponível em: http://www.amprs.org.br/arquivos/comunicao_noticia/damasio51.pdf. Acesso em: 18/05/2015.

JÚNIOR, José Cretella. *Comentários à Constituição brasileira de 1988.* Vol I. Rio de Janeiro: Forense Universitária, 1990.

JÚNIOR, José Levi Mello do Amaral. Comentário ao artigo 62, *caput*, in CANOTILHO, José Joaquim Gomes; MENDES, Gilmar Ferreira; SARLET, Ingo Wolfgang; STRECK, Lenio Luiz (coords.), *Comentários à Constituição do Brasil.* São Paulo: Saraiva/Almedina, 2013. pp. 1145-1155.

_____. Decreto autônomo: questões polêmicas in DI PIETRO, Maria Sylvia Zanella (org), *Direito regulatório: temas polémicos.* Belo Horizonte: Fórum, 2009. pp. 529-540.

KADRI, Omar Francisco do Seixo. *O Executivo legislador: o caso brasileiro.* Coimbra: Coimbra editora, 2004.

KEMPEN, Bernhard. *Der Eingriff des Staates in das Eigentum: Voraussetzung, Ausgleich und Abwehr durch den Bürger.* Köln/Berlin/Bonn/München: Heymann, 1991.

KISKER, Gunter. Neue Aspekte im Streit um den Vorbehalt des Gesetzes in *Neue Juristische Wochenschrift*, n. 30, 1977. pp. 1313-1321.

AS RESTRIÇÕES AOS DIREITOS FUNDAMENTAIS POR ATO NORMATIVO DO PODER EXECUTIVO

_____. Zuständigkeit des Parlaments für politische Leitentscheidungen in *Zeitschrift für Parlamentsfragen*, 1978. pp. 53-62.

KLEIN, Hans. Rechtsqualität und Rechtswirkung von Verwaltungsnormen in *Festgabe für Ernst Forsthoff*. München: C.H.Beck, 1967. pp. 163-187.

KLOEPFER, Michael. Der Vorbehalt des Gesetzes im Wandel in *Juristen Zeitung*, 15\16, 1984. pp. 685-695.

_____. *Verfassungsrecht*. Band I. München: C.H.Beck, 2011.

KONZAK, Olaf. Die Änderungsvorbehaltsverordnung als neue Mitwirkungs-form des Bundestages beim Erlass von Rechtsverordnungen in *Deutsches Verwaltungsblatt*, n. 19, 1994. pp.1107-113.

KREBS, Walter. *Vorbehalt des Gesetzes und Grundrechte*. Berlin: Duncker & Humblot, 1975.

_____. Zum aktuellen Stand der Lehre vom Vorbehalt des Gesetzes in *Jura*, 1979. pp. 304-313.

KUHL, Thomas. *Der Kernbereich der Exekutive*. Baden-Baden: Nomos, 1993.

LABAND, Paul. *Das Budgetrecht nach den Bestimmungen der Preussischen Verfassungs- -Urkunde unter Berücksichtigung der Verfassung des Norddeutschen Bundes*. Berlin: Gruyter, 1871.

LEITÃO, J. M. Silva. *Constituição e direito de oposição: a oposição política no debate sobre o Estado contemporâneo*. Coimbra: Almedina, 1987.

LERCHE, Peter. *Bayerisches Schulrecht und Gesetzesvorbehalt*. München: Bayerisches Staatsministeriums für Unterricht und Kultus, 1981.

_____. Grundrechtlicher Schutzbereich, Grundrechtsprägung und Grundrechtseingriff in J. Isensee/P. Kirchhof, *Handbuch des Staatsrechts der Bundesrepublik Deutschland*, Band V, Heidelberg: C.F. Müller 1992. pp. 739-773.

_____. *Übermass und Verfassungsrecht*. Köln/Berlin/München/Bonn: Carl Heymanns, 1961.

LINDNER, Josef Franz. "Grundrechtseingriff" oder "grundrechtswidriger Effekt"? – Plädoyer für einen grundrechtsdogmatischen Pradigmenwechsel in *Die Öffentliche Verwaltung*, n. 18. 2004. pp. 765-774.

LÖHNING, Bernd. *Der Vorbehalt des Gesetzes im Schulverhältnis*. Berlin: Duncker & Humblot, 1974.

LÖSCHE, Peter. Der Bundestag – kein „trauriges", kein „ohnmächtiges" Parlament in *Zeitschrift für Parlamentsfragen*, n. 4, 2000. pp. 926-936.

LÜBBE-WOLF, Gertrude. *Die Grundrechte als Eingriffsabwehrrechte*. Baden Baden: Nomos, 1988.

MACHADO, Jónatas E.M. *Liberdade de Expressão: dimensões constitucionais da esfera pública no sistema social*. Coimbra: Coimbra editora, 2002.

REFERÊNCIAS

MACHETTI, Pablo Santolaya. *El regímen constitucional de los Decretos-leyes*. Madrid: Tecnos, 1988.

MAGIERA, Siegfried. *Parlament und Staatsleitung in der Verfassungsordnung des Grundgesetzes*. Berlin; Duncker & Humblot, 1979.

MALLMANN, Walter. Schranken nichthoheitlicher Verwaltung in *Veröffentlichungen der Vereinigung der Deutschen Staatsrechtslehrer*, n. 19, 1961. pp. 165-205

MANCHETE, Rui Chancerelle. Conceitos indeterminados e restrições aos direitos fundamentais por via regulamentar in *Estudos em homenagem ao Professor Doutor Joaquim Moreira da Silva*. Lisboa, 2005. pp. 719-735.

MARIOTTI, Alexandre. *Teoria do Estado*. Porto Alegre: Síntese, 1999.

MARTEL, Letícia de Campos Velho. Terminalidade da vida e limitação consentida de tratamento: um olhar jurídico sobre a resolução 1805/2006 do Conselho Federal de Medicina. Disponível em: http://www.publicadireito.com.br/conpedi/manaus/arquivos/anais/bh/leticia_de_campos_velho_martel.pdf. Acesso em: 11/05/2015.

MARTENSON, Stern. Parlament, Öffentlichkeit und Medien in SCHNEIDER, Hans-Peter; ZEH, Wolfgang, *Parlamentsrecht und Parlamentspraxis in der Bundesrepublik Deutschland*. Berlin/New York: Gruyer, 1989. pp. 261-288.

MATOS, André Salgado de. O direito ao ensino – Contributo para uma dogmática unitária dos direitos fundamentais in *Estudos em Homenagem ao Professor Doutor Paulo de Pitta e Cunha*, vol. III. Coimbra: Almedina, 2010. pp. 395-470.

MAZZUOLI, Valerio de Oliveira. Comentário ao artigo 49, inciso II in CANOTILHO, José Joaquim Gomes; MENDES, Gilmar Ferreira; SARLET, Ingo Wolfgang; STRECK, Lenio Luiz (coords.), *Comentários à Constituição do Brasil*. São Paulo: Saraiva/Almedina, 2013. pp. 1022- 1024.

MEDEIROS, Rui. Direitos, Liberdades e Garantias e Direitos Sociais: entre a unidade e a diversidade in *Estudos em Homenagem ao Professor Doutor Sérvulo Correia*, vol. I, Lisboa, 2010. pp. 657-683.

MEDEIROS, Rui; MIRANDA, Jorge. *Constituição portuguesa anotada*. Tomo I. 2ª edição. Coimbra: Coimbra editora, 2010.

_____. *Constituição portuguesa anotada*. Tomo II. Coimbra: Coimbra editora, 2006.

MELLO, Celso Antônio Bandeira de. *Curso de Direito Administrativo*, 25ª edição. São Paulo: Malheiros, 2008.

_____. O poder normativo do Executivo no Brasil in LEITE, George Salomão; SARLET, Ingo Wolfgang; TAVARES, André Ramos (org.), *Estado constitucional e organização do poder*. São Paulo: Saraiva, 2010. pp. 193-208.

MENDES, Gilmar Ferreira. *Direitos fundamentais e controle de constitucionalidade: estudos de direito constitucional.* 2a edição. São Paulo: Instituto Brasileiro de Direito Constitucional, 1999.

_____. Os direitos individuais e suas limitações: breves reflexões in MENDES, Gilmar Ferreira; COELHO, Inocêncio Mártires; BRANCO, Paulo Gustavo Gonet, *Hermenêutica constitucional e direitos fundamentais.* Brasília: Brasília Jurídica, 2000. pp. 197-322.

_____. Questões fundamentais de técnica legislativa in *Revista eletrônica sobre a reforma do Estado*, n. 11, 2007. Disponível em: http://www.direitodoesta-do.com/revista/RERE-11-SETEMBRO-2007GILMAR%20MENDES.pdf. Acesso em: 13/08/2014.

_____; VALE, André Rufino do. Comentário ao artigo 5, inciso II, in CANOTI-LHO, José Joaquim Gomes; MENDES, Gilmar Ferreira; SARLET, Ingo Wolfgang; STRECK, Lenio Luiz (coords.), *Comentários à Constituição do Brasil.* São Paulo: Saraiva/Almedina, 2013. pp. 243-249.

MESCHEDE, Helmut. *Delegation der Rechtsetzungsbefugnis auf die Exekutive unter besonderer Berücksichtigung des Art. 80 Abs. 1 S. 1 und 2 des GG.* Dissertation. Würzburg, 1963.

MEZEY, Michael L. Congress within the U.S. Presidential System in THURBER, James A., *Divided Democracy: cooperation and conflict between the President and the Congress.* Washington: Congressional Quarterly, 1991. pp. 9-37.

MIRANDA, Jorge. A competência do Governo na Constituição de 1976 in *Estudos sobre a Constituição*, v. III, Lisboa, 1979. pp. 633-652.

_____. A intervenção do Presidente da República e do Tribunal Constitucional in MIRANDA, Jorge; SOUSA, Marcelo Rebelo de (coord.), *A feitura das leis*, vol. II. Oeiras: INA, 1986. pp. 273-290.

_____. Decreto in *Dicionário Jurídico de Administração Pública*, II, Lisboa: (s/ed.), 1974. pp. 312-416.

_____. Lei in *Dicionário Jurídico de Administração Pública*, V, Lisboa: (s/ed.), 1993. pp. 353-399.

_____. *Manual de Direito Constitucional – Direitos Fundamentais*, 5ª edição. Tomo IV. Coimbra: Coimbra editora, 2012.

_____. *Manual de Direito Constitucional – Actividade constitucional do Estado*, 4ª edição. Tomo V. Coimbra: Coimbra editora, 2010.

_____. Necessidade de um órgão consultivo central? in MIRANDA, Jorge; SOUSA, Marcelo Rebelo de (coord.), *A feitura das leis*, vol. II. Oeiras: INA, 1986. pp. 221-230.

_____. O actual sistema português de actos legislativos in *Legislação*, n. 2, 1991. pp. 7-27.

_____. O Governo e o processo legislativo parlamentar in MIRANDA, Jorge; SOUSA, Marcelo Rebelo de (coord.), *A feitura das leis*, vol. II. Oeiras: INA, 1986. pp. 293- 304.

_____. Sobre a reserva constitucional da função legislativa in MIRANDA, Jorge (org.), *Perspectivas Constitucionais. Nos 20 anos da Constituição de 1976*. Vol. II. Coimbra: Coimbra editora, 1997. pp. 883-905.

MIRANDA, Yara. Autorização legislativa in *Dicionário Jurídico de Administração Pública*, 3º Supl. Lisboa: (s/ed.), 2007. pp. 68-73.

MÖLLER, Johannes; PAPIER, Hans-Jürgen. Das Bestimmtheitsgebot und seine Durchsetzung in *Archiv des* öffentlichen Rechts, n. 122, 1997. pp. 177-211.

MONCADA, Luís Cabral de. *A reserva de lei no actual Direito Público alemão*. Separata da Revista Estado e Direito. Lisboa: 1992.

_____. Direito Público e eficácia in *Estudos de Direito Público*. Coimbra: Coimbra editora, 2001.

_____. *Ensaio sobre a lei*. Coimbra: Coimbra editora, 2002.

_____. Legalidade, procedimento normativo e "rule of law"; uma perspectiva comparada in *Polis*, Ano I/II, ns. 4/5, 1995. pp. 91-127.

_____. *Lei e Regulamento*. Coimbra: Coimbra editora, 2002.

MONIZ, Ana Raquel Gonçalves. A titularidade do poder regulamentar no direito administrativo português in *Boletim da Faculdade de Direito da Universidade de Coimbra*, vol. LXXX, 2004. pp. 483-562.

MORAES, Alexandre de. *Presidencialismo*. 2ª edição. São Paulo: Atlas, 2013.

MORAIS, Carlos Blanco de. *As Leis Reforçadas – As Leis Reforçadas pelo procedimento no âmbito dos critérios estruturantes das relações entre actos legislativos*. Coimbra: Coimbra editora, 1998.

_____. As metamorfoses do semipresidencialismo português in *Revista Jurídica*, n. 22. Lisboa: A.A.F.D.L, 1998. pp.141-160.

_____. *Curso de Direito Constitucional – As funções do Estado e o poder Legislativo no ordenamento português*, 2ª edição. Tomo I. Coimbra: Coimbra editora, 2012.

_____. *Direito Constitucional II: sumários desenvolvidos*. Lisboa: AAFDL: 2004.

MÜLLER, Friedrich. *Die Positivität der Grundrechte*. 2ª edição. Berlin: Duncker & Humblot, 1990.

_____. *Métodos de trabalho do direito constitucional*. 3ª ed. Rio de Janeiro: Renovar, 2005.

MÜLLER, Georg. *Inhalt und Formen der Rechtssetzung als Problem der demokratischen Kompetenzordnung*. Basel und Stuttgart: Helbing & Lichtenhahn, 1979.

MURSWIEK, Dietrich. Grundrechte als Teilhaberechte, soziale Grundrechte in J. Isensee/P. Kirchhof, *Handbuch des Staatsrechts der Bundesrepublik Deutschland*, Band V, Heidelberg: C.F. Müller 1992.

NABAIS, José Casalta. Os Direitos Fundamentais na Jurisprudência do Tribunal Constitucional in *Por uma liberdade com responsabilidade: estudos sobre direitos e deveres fundamentais*. Coimbra: Coimbra Editora, 2007. pp. 9-60.

NETO, Diogo de Figueiredo Moreira. Interferências entre poderes do Estado in *Revista de Informação Legislativa*, v.26, n. 103, jul./set. 1989. pp. 5-26.

NEVERMANN, Knut. Lehrplanrevision und Vergesetzlichung – verfassungsrechtliche Grenzen der Parlamentarisierung curricularer Entscheidung in *Verwaltungsarchiv*, n. 71, 1980. pp. 241-264.

NEVES, A. Castanheira. *Metodologia jurídica: problemas fundamentais*. Coimbra: Coimbra Editora, 1993.

_____. O princípio da legalidade criminal: o seu problema jurídico e o seu critério dogmático in *Digesta: escritos acerca do direito, do pensamento jurídico, da sua metodologia e outros*. Volume I. Coimbra: Coimbra editora, 1995. pp. 349-473.

NIEBUHR, Joel de Menezes. *O novo regime constitucional da medida provisória*. São Paulo: Dialética, 2001.

NIERHAUS, Michael. Bestimmtheitsgebot und Delegationsverbot des Art. 80 Abs. 1 Satz 2 GG und der Gesetzesvorbehalt der Wesentlichkeitstheorie in BURMEISTER, Joachim, *Festschrift für Klaus Stern zum 65. Geburtstag*. München: C.H. Beck, 1997. pp. 717-732.

NOLTE, Georg. Ermächtigung der Exekutive zur Rechtsetzung. Lehren aus der deutschen und der amerikanischen Erfahrung in *Archiv des öffentlichen Rechts*, n. 118, 1993. pp. 378-413.

NOVAIS, Jorge Reis. *As restrições aos direitos fundamentais não expressamente autorizadas pela Constituição*. Coimbra: Coimbra editora, 2003.

_____. *Direitos fundamentais e Justiça Constitucional em Estado Democrático de Direito*. Coimbra: Coimbra editora, 2012.

_____. *Direitos fundamentais: trunfos contra a maioria*. Coimbra: Coimbra editora, 2006.

_____. *Direitos Sociais: Teoria Jurídica dos Direitos Sociais enquanto Direitos Fundamentais*. Coimbra: Coimbra editora, 2010.

_____. O Tribunal Constitucional e os direitos sociais *in Direitos Fundamentais: Trunfos contra a maioria*. Coimbra: Coimbra editora, 2006. pp. 189-209.

_____. *Os princípios constitucionais estruturantes da República Portuguesa*. Coimbra: Coimbra editora, 2011.

REFERÊNCIAS

_____. *Semipresidencialismo – Teoria do Sistema de Governo Semipresidencial*, v. I. Coimbra: Almedina, 2007.

_____. *Separação de poderes e limites da competência legislativa da Assembleia da República*. Lisboa: Lex, 1997.

OSSENBÜHL, Fritz. Abwägung im Verfassungsrecht in Erbguth (et. al), *Abwägung im Recht*, Köln: Carl Heymanns Verlag, 1996. pp. 25-41.

_____. Autonome Rechtsetzung der Verwaltung in J. Isensee/P. Kirchhof, *Handbuch des Staatsrechts der Bundesrepublik Deutschland*, Band III, Heidelberg: C.F. Müller 1996. pp. 425-462.

_____. Der Vorbehalt des Gesetzes und seine Grenzen in GÖTZ, Volkmar; KLEIN, Hans Hugo; STARCK, Christian, *Die öffentliche Verwaltung zwischen Gesetzgebung und richterlicher Kontrolle*. München: C.H. Beck, 1985. pp. 09-35.

_____. Satzung in J. Isensee/P. Kirchhof, *Handbuch des Staatsrechts der Bundesrepublik Deutschland*, Band III, Heidelberg: C.F. Müller 1996. pp. 463-495.

_____. *Verwaltungsvorschriften und Grundgesetz*. Bad Homburg: Gehlen, 1968.

OTERO, Paulo. *Legalidade e Administração Pública: o sentido da vinculação administrativa à juridicidade*. 2ª reimpressão. Coimbra: Almedina, 2011.

_____. *O Poder de Substituição em Direito Administrativo – Enquadramento dogmático-constitucional*, vol. II. Lisboa: LEX, 1995.

PAPIER, Hans-Jürgen. Der Vorbehalt des Gesetzes und seine Grenzen in GÖTZ, Volkmar; KLEIN, Hans Hugo; STARCK, Christian, *Die öffentliche Verwaltung zwischen Gesetzgebung und richterlicher Kontrolle*. München: C.H. Beck, 1985. pp. 36-67.

_____. Der Wesentlichkeitsgrundsatz – am Beispiel des Gesundheitsreformgesetzes in *Vierteljahresschrift für Sozialrecht*, n. 2, 1990. pp. 123-137.

_____. *Die finanzrechtlichen Gesetzesvorbehalte und das grundgesetzliche Demokratieprinzip*. Berlin: Duncker & Humblot, 1973.

PEREIRA, Jane Reis Gonçalves. *Interpretação constitucional e direitos fundamentais: uma contribuição ao estudo das restrições aos direitos fundamentais na perspectiva da teoria dos princípios*. Rio de Janeiro: Renovar, 2006.

PETERS, Hans. *Die Verwaltung als eigenständige Staatsgewalt*. Krefeld: Scherpe, 1965.

_____. Verwaltung ohne gesetzliche Ermächtigung? in *Verfassungsrecht und Verwaltungswirklichkeit. Festschrift für Hans Huber zum 60. Geburtstag*. Bern: Stämpfli & Cie, 1961. pp. 206-221.

PIÇARRA, Nuno. *A separação dos poderes como doutrina e princípio constitucional: um contributo para o estudo das suas origens e evolução*. Coimbra: Coimbra editora, 1989.

PIEROTH, Bodo; SCHLINK, Bernhard. *Grundrechte, Staatsrecht II*. 25 ed. Heidelberg: C.F.Müller, 2009.

PIETZCKER, Jost. Vorrang und Vorbehalt des Gesetzes in *Juristische Schulung*, n. 10, 1979. pp. 710-715.

PIRES, Rita Calçada. Da supremacia funcional da lei parlamentar: contributo para a sistematização da teoria geral da lei no sistema de fontes do direito constitucional português in CAUPERS, João; GOUVEIA, Jorge Bacelar (coord.), *Estudos de direito público*. Lisboa: Âncora, 2006.

PITRUZZELLA, Giovanni. *La legge di conversione del Decreto Legge*. Padova: Cedam, 1989.

PRAÇA, José Joaquim Lopes. *Direito Constitucional portuguez*, vol. III. Coimbra: Coimbra editora, 1997.

OTERO, Paulo. *Conceito e fundamento da hierarquia administrativa*. Coimbra: Coimbra editora, 1992.

QUEIRÓ, Afonso Rodrigues. Teoria dos Regulamentos, 1ª parte in *Revista de Direito e Estudos Sociais*, ano XXVII, 1980. pp. 1-19.

QUEIROZ, Cristina. *Direitos Fundamentais – Teoria Geral*. 2ª Edição. Coimbra: Coimbra editora, 2010.

_____. *O Parlamento como factor de decisão política*. Coimbra: Coimbra editora, 2009.

_____. *O Sistema de Governo Semi-Presidencial*. Coimbra: Coimbra editora, 2007.

_____. *O Sistema político e constitucional português*. Lisboa: AAFDL, 1992.

RAMOS, Carlos Roberto. *Da medida provisória*. Belo Horizonte: Del Rey, 1994.

RÁO, Vicente. *As delegações legislativas no parlamentarismo e no presidencialismo*, v. I. São Paulo: Max Limonad, 1966.

RENGELING, Hans-Werner. Vorbehalt und Bestimmtheit des Atomgesetzes in *Neue Juristische Wochenschrift*, n. 44, 1978. pp. 2217-2223.

ROCHA, Cármen Lúcia Antunes. Medidas provisórias e princípio da separação de poderes in MARTINS, Ives Granda da Silva (coord.), *Direito contemporâneo: estudos em homenagem a Oscar Dias Corrêa*. Rio de Janeiro: Forense Universitária, 2001. pp. 44-69.

ROTH, Wolfgang. *Faktische Eingriffe in Freiheit und Eigentum: Struktur und Dogmatik des Grundrechtstatbestandes und der Eingriffsrechtfertigung*. Berlin: Dunker & Humblot, 1994.

ROTHENBURG, Walter Claudius. Medidas provisórias e suas necessárias limitações in *Revista dos Tribunais*, ano 82, abril 1993, v. 690. pp. 313-319.

ROTTMANN, Frank. Der Vorbehalt des Gesetzes und die grundrechtlichen Gesetzesvorbehalte in *EuGRZ*, 11, 1985. p. 277- 297.

REFERÊNCIAS

RUPP, Hans Heinrich. *Grundfragen der heutigen Verwaltungslehre.* Tübingen: Mohr Siebeck, 1965.

_____. Die "Verwaltungsvorschriften" im grundgesetzlichen Normensystem. Zum Wandel einer verfassungsrechtlichen Institution in *Juristische Schulung*, n.10, 1975. pp. 609-617.

SÁ, Luís. *O lugar da Assembleia da República no sistema político.* Lisboa: Caminho, 1994.

SALAS, Javier. *Los Decretos-leyes en la Constitución española de 1978.* Madrid: Civitas, 1979.

SANCHIS, Luis Prietro. Diez Argumentos a propósito de los pincipios in *Jueces para La Democracia*, n. 26, 1996. pp. 41-49. Disponível em: http://dialnet.unirioja.es/servlet/articulo?codigo=174663. Acesso em: 18/06/2012.

SARLET, Ingo Wolfgang. *A eficácia dos direitos fundamentais.* 10ª ed. Porto Alegre: Livraria do Advogado, 2009.

_____ (coord.). As resoluções do CONAMA e o princípio da legalidade: a proteção ambiental à luz da segurança jurídica in *Revista Jurídica*, v. 10, n. 90, abr./maio 2008. pp. 01-25. Disponível em: http://www.planalto.gov.br/ccivil_03/revista/Rev_90/Artigos/PDF/IngoWolfgang_Rev90.pdf. Acesso em: 20/05/2013.

SARTORI, Giovanni. *Engenharia constitucional.* Sérgio Bath (trad.). Brasília: editora UNB, 1996.

SATTA, Filippo. *Principio di legalità e pubblica amministrazione nello Stato democratico.* Padova: Cedam, 1969.

SELMER, Peter. Der Vorbehalt des Gesetzes in *Juristische Schulung*, n. 11, 1968. pp. 489-499.

SCHÄFER, Jairo Gilberto. *Direitos Fundamentais: proteção e restrição.* Porto Alegre: Livraria do Advogado, 2001.

SCHERZBERG, Arno. *Grudrechtsschutz und "Eingriffsintensität".* Berlin: Duncker & Humblot, 1989.

SCHNAPP, Friedrich. Grenzen der Grundrechte in *JuS*, 1978, n. 11. pp. 729-735.

SCHNEIDER, Hans. Autonome Satzung und Rechtsverordnung: Unterschiede und Übergänge in: *Festschrift für Philipp Möhring zum 65. Geburtstag*, 1965. pp. 521-542.

SCHNEIDER, Hans-Peter. Das parlamentarische System in BRENDA, Ernst; MAIHOFER, Werner; VOGEL, Hans-Jochen, *Handbuch des Verfassungsrechts der Bundesrepublik Deutschland*, Teil I, 1984. pp. 239-293.

SCHNEUER, Ulrich. Die Lage des parlamentarischen Regierungssystems in der Bundesrepublik in *Staatstheorie und Staatsrecht – Gesammelte Schriften*, 1978. pp. 361-382.

AS RESTRIÇÕES AOS DIREITOS FUNDAMENTAIS POR ATO NORMATIVO DO PODER EXECUTIVO

SCHWAN, Eggert. *Zuständigkeitsregelungen und Vorbehalt des Gesetzes*. Dissertation, 1971.

SCHMITT, Carl. *Die geisteschichtliche Lage des heutigen Parlamentarismus*. 2 Auflage. München/Leipzig: Duncker & Humblot, 1926.

SILVA, José Afonso da. *Comentário contextual à Constituição*. São Paulo: Malheiros, 2005.

_____. *Curso de Direito Constitucional positivo*. 24ª edição. São Paulo: Malheiros, 2005.

_____. *Processo constitucional de formação das leis*. 2a edição. São Paulo: Malheiros, 2006.

SILVA, Pablo Rodrigo Alflen. A problemática das leis penais em branco em face do direito penal do risco in CARVALHO, Salo de (Org.). *Leituras constitucionais do sistema penal contemporâneo*. Rio de Janeiro: Lumen Juris, 2004. pp. 21-46.

SILVA, Vasco Pereira da. *A cultura a que tenho direito*. Coimbra: Almedina, 2007.

SILVA, Virgílio Afonso da. *Direitos Fundamentais: conteúdo essencial, restrições e eficácia*. São Paulo: Malheiros, 2009.

_____. O conteúdo essencial dos direitos fundamentais e a eficácia das normas constitucionais in *Revista de Direito do Estado*, n. 4, 2006, pp. 23-51.

_____. Os direitos fundamentais e a lei: a Constituição brasileira tem um sistema de reserva legal? in NETO, Cláudio Pereira de Sousa; SARMENTO, Daniel; BINENBOJM, Gustavo, *Vinte anos da Constituição Federal de 1988*. Rio de Janeiro: Lumen Juris, 2009. pp. 605-618.

SOARES, Rogério Guilherme Ehrdardt. *Direito público e sociedade técnica*. Coimbra: Atlântica editora, 1969.

_____. Princípio da legalidade e administração constitutiva in *Boletim da Faculdade de Direito da Universidade de Coimbra*, vol. LVII, 1981. pp. 167-191.

SOUSA, Marcelo Rebelo de; ALEXANDRINO, José de Melo. *Constituição da República Portuguesa comentada*. Lisboa: Lex, 2000.

_____. *O sistema de Governo português – antes e depois da revisão constitucional*, 3ª edição revista e actualizada. Lisboa: Cognitio, 1984.

SPANNER, Hans. Grenzen des Rechts zum Erlass von Verordnungen und Satzungen nach der Rechtsprechung des Bundesverfassungsgerichts in *Bayerische Verwaltungsblatter*, n. 8, 1986. pp. 225-231.

STAHL, Friedrich Julius. *Das monarchische Prinzip*. Heidelberg: Mohr, 1845.

STARCK, Christian. Autonomie und Grundrechte: zur regelungsbefugnis öffentlich-rechtlicher Autonomieträger im Grundrechtsbereich in *Archiv des öffentlichen Rechts*, n. 92, 1967. pp. 449-479.

_____. Die Grundrechte des Grundgesetzes in *JuS*, 1981, n. 4. pp. 237-246.

REFERÊNCIAS

STAUPE, Jürgen. *Parlamentsvorbehalt und Delegationsbefugnis – Zur "Wesentlichkeitstheorie" und zur Reichweite legislativer Regelungskompetenz, insbesondere im Schulrecht.* Berlin: Duncker & Humblot, 1985.

STERN, Klaus. *Das Staatsrecht der Bundesrepublik Deutschland.* Band III/1, Allgemeine Lehren der Grundrechte. München: C.H.Beck, 1988.

_____. *Das Staatsrecht der Bundesrepublik Deutschland.* Band III/2, Allgemeine Lehren der Grundrechte. München: C.H.Beck, 1994.

_____. Die Grundrechte und ihre Schranken in P. Bradura/Dreier (orgs.), *Festschrift 50 Jahre Bundesverfassungsgericht,* v. 2, 2001. pp. 1-34.

_____. Idee und Elemente eines Systems der Grundrechte in Isensee/P. Kirchhof, *Handbuch des Staatsrechts der Bundesrepublik Deutschland,* Band V, Heidelberg: C.F. Müller, 1992. pp. 45-100.

STRECK, Lenio Luiz; OLIVEIRA, Marcelo Andrade Cattoni de Oliveira. Comentário ao artigo 59 in CANOTILHO, José Joaquim Gomes; MENDES, Gilmar Ferreira; SARLET, Ingo Wolfgang; STRECK, Lenio Luiz (coords.), *Comentários à Constituição do Brasil.* São Paulo: Saraiva/Almedina, 2013. pp. 1117-1123.

_____. Comentário ao artigo 61 in CANOTILHO, José Joaquim Gomes; MENDES, Gilmar Ferreira; SARLET, Ingo Wolfgang; STRECK, Lenio Luiz (coords.), *Comentários à Constituição do Brasil.* São Paulo: Saraiva/Almedina, 2013. pp. 1138-1145.

STÖRRING, Lars Peter. *Das Untermassverbot in der Diskussion.* Berlin: Duncker & Humblot, 2009.

TAVARES, André Ramos. *Curso de direito constitucional.* 7ª edição. São Paulo: Saraiva.

TRAVINCAS, Amanda Costa Thomé. Procusto e o mito da forma: o conteúdo essencial como limite às restrições aos direitos fundamentais e o problema da redução da eficácia das normas in *Anais do XIX Encontro Nacional do CONPEDI,* 2010. pp. 4677-4702.

UMBACH, Dieter C. Das Wesentliche an der Wesentlichkeitstheorie in MAUZ, Theodor; ROELLECKE, Gerd; ZEIDLER, Wolfgang, *Festschrift Hans Joachim Faller.* München: C.H. Beck, 1984. pp. 111-131.

URBANO, Maria Benedita Malaquias Pires. *Representação política e Parlamento: contributo para uma teoria político-constitucional dos principais mecanismos de proteção do mandato parlamentar.* Tese de doutorado. Coimbra, 2004.

VALE, André Rufino do. *Estrutura das Normas de Direitos Fundamentais: repensando a distinção entre regras, princípios e valores.* São Paulo: Saraiva, 2009.

VALLE, Jaime. *A participação do Governo no exercício da função legislativa.* Coimbra: Coimbra editora, 2004.

VARI, Filippo. *La conversione del decreto-legge*. Roma: Bardi editore, 2004.

VASCONCELOS, Pedro Carlos Bacelar de. *A separação dos poderes na Constituição americana: do veto legislativo ao executivo unitário – a crise regulatória*. Coimbra: Coimbra editora, 1994.

VAZ, Manuel Afonso. *Lei e reserva de lei: a causa da lei na Constituição portuguesa de 1976*. Porto: UCP, 1996.

_____ (et.al.). *Direito Constitucional: o sistema constitucional português*. Coimbra: Coimbra editora, 2012.

VELLOSO, Carlos Mário da Silva. Do poder regulamentar in *Revista de Direito Público*, ano XVI, jan./mar.1983, n. 65. pp. 39-50.

VELOZO, José António. Natureza Jurídica da Lei de Meios in *Scientia Juridica*, 1968. (Separata).

VOGEL, Klaus. Gesetzgeber und Verwaltung in *Veröffentlichungen der Vereinigung der Deutschen Staatsrechtslehrer*, n. 24, 1966. pp. 125-179.

WINKLER, Markus. *Kollisionen verfassungsrechtlicher Schutznormen*. Berlin: Duncker & Humblot, 2000.

ZIMMER, Gerhard. *Funktion-Kompetenz-Legitimation: Gewaltenteilung in der Ordnung des Gurndgesetzes*. Berlin: Duncker & Humblot, 1979.

ÍNDICE

INTRODUÇÃO   13

PARTE 1. CONTEXTUALIZAÇÃO DO PROBLEMA NO ÂMBITO JURÍDICO-CONSTITUCIONAL PORTUGUÊS, ALEMÃO E BRASILEIRO E DELIMITAÇÃO DAS PREMISSAS DOGMÁTICAS   19

Capítulo 1. Os Atos Normativos do Poder Executivo em Diferentes Sistemas Constitucionais   21

Capítulo 2. Conceitos Fundamentais da Dogmática das Restrições aos Direitos Fundamentais   75

PARTE 2. ALTERNATIVAS TEÓRICAS PARA A SOLUÇÃO DO PROBLEMA   107

Capítulo 3. A Construção da Dogmática Alemã da Reserva de Lei   109

Capítulo 4. A Competência para Restrição A Direitos Fundamentais Na Constituição Portuguesa   173

Capítulo 5. Os Artigos Relacionados às Restrições aos Direitos Fundamentais na Consituição Brasileira   193

Capítulo 6. Delimitação de Critérios Dogmáticos para a Divisão de Competências no Âmbito de Regulamentação de Direitos Fundamentais   209

CONCLUSÕES 271

Referências 281